철학카페에서
작가를 만나다
2

철학카페에서 작가를 만나다

2

시간
언어 편

김용규 지음

웅진 지식하우스

“

내가 너보다도
너를 더 사랑하는 거 알아?

”

두드려요, 천국의 문을

세상이 어두워지고 있어요, 보이지 않을 정도로.
나는 느껴요, 천국의 문을 두드리고 있다는 것을.
두드려, 두드려, 나는 두드리고 있어요, 천국의 문을.
_ 밥 딜런, 〈두드려요, 천국의 문을〉 중에서

삶이 비루하고 위험해졌다. 그래서 철학카페가 다시 문을 열었다. 《철학카페에서 문학 읽기》(2006), 《철학카페에서 시 읽기》(2011)에 이어 다시 5년 만이다. 정황이 정황인 만큼 이번에는 주인장 혼자가 아니라 시인 김선우, 소설가 윤성희, 시인 심보선, 소설가 김연수 등 젊은 예술가들과 함께 힘을 모았다. 리모델링도 했다. 공연장, 강연장, 대담장을 따로 만들었다. 그 안에서 우리는 파국으로 치닫는 시절과 재앙 같은 삶을 멈출 방법을 불같이 뜨겁고 얼음같이 차갑게 모색했다. 혁명에 대해, 이데올로기에 대해, 시간에 관해, 언어에 관해 공연하고, 강연하고, 대담했다. 그곳에서 나는 불타는 얼음을, 사라진 출구를 잠시, 잠시나마 또렷이 보았다. 이제 그 길모퉁이 카페로 당신을 초대한다.

인간은 누구나 개인으로 태어나 시민으로 살아간다. 아니, 개인이자 시민으로 산다. 이 말은 우리가 개인으로만 살 수 없고 시민으로만 살 수도 없다는 것, 또 그래서도 안 된다는 것을 뜻한다. 따라서 우리는 매 순간 개인으로서 그리고 시민으로서 어떻게 살아야 하는가 하는 문제와 마주친다. 이 책은 그 가운데 '개인으로서 우리가 어떻게 살아야 하는가'를 '시간'과 '언어'라는 주제를 통해 조명했다. 이제 알아보겠지만, 이 두 가지가 우리의 삶과 세계 그리고 역사를 구성하는 결정적 요소이기 때문이다.

우리가 시간을 세상 모든 것을 파괴하고 삼켜버리는 크로노스chronos: 물리적 시간로만 파악한다면 우리 자신과 세계 그리고 역사는 단지 흘러가버리는 것, 무의미하고 값어치 없는 것이 되고 만다. 우리가 언어를 사실을 전하는 도구로만 간주한다면 우리의 삶과 인류 문명은 분명 지금처럼 풍요롭게 발달하지 못했을 것이다. 우리는 시간을 과거와 미래가 현재에 존재하는 카이로스kairos: 심리적 시간로 파악하고, 언어를 허구를 통해 가상의 실재를 창조하는 도구로 사용함으로써, 인간성과 역사와 문명을 구축해왔다. 또 앞으로도 그래야 한다. 이것이 요점이다. 그런데 왜? 또 어떻게? 바로 이것이 당신이 이 책에서 만나게 될 내용이다.

1부 〈시간〉 윤성희 편에서는, 사뮈엘 베케트의 희곡 〈크라프의 마지막 테이프〉를 낭독 공연으로 각색해 무대에 올렸다. 시간의 파괴성과 그것을 극복하는 방법을 깨닫게 하기 위해서다. 강연에서는 아우구스티누스, 키르케고르, 오스카 쿨만 등이 설파한 카이로스의 본질을 살펴보고, 그것을 통해 마르셀 프루스트, 버지니아 울프 그리고 윤성희의 작품을 조명해보았다. 또한 벤야민, 타우베스, 바디우, 아감벤, 네

그리, 지젝 같은 진보 성향의 학자들이 사도 바울의 서신들, 특히 로마서에 대한 새로운 해석과 "지금시간" "메시아적 시간" "혁명의 시간" "남겨진 시간"과 같은 용어를 통해 새롭게 설정하려는 카이로스적·유물론적 역사관을 들여다보았다.

그렇다. 인간은 결코 시간의 희생물이 아니다. 우리는 시간의 파괴성을 극복하고 삶과 세계와 역사를 의미 있고 가치 있게 만들 수 있는 놀라운 가능성을 지닌 존재다. 그래서 거짓으로 과거를 미화하여 자서전을 쓰는 어느 여인의 이야기를 다룬 소설 〈부메랑〉을 출간한 윤성희 작가와 함께 그 구체적 방법을 진지하게 탐색했다. 나는 울프가 개발한 '터널 파기'라는 기법, 곧 크로노스인 '외적 시간'과 카이로스인 '내적 시간'이 항상 함께 흐르게 하는 방법을 해법으로 소개했고, 윤성희 작가는 이야기가 이야기하게 하는 기법, 예컨대 자서전처럼 자신의 삶에 대한 이야기가 자기가 진정 누구인가를 이야기하게 하는 방법에 대해 정성껏 설명했다.

2부 〈언어〉 심보선 편에서는, 장 지로두의 희극 〈벨락의 아폴로〉를 역시 낭독 공연으로 각색해 스포트라이트 아래 세웠다. 사실을 사실대로 밝히는 '불의 언어'와 허구를 통해 삶을 풍요롭게 하는 '물의 언어'가 서로 어떻게 다른지를 보여주기 위해서다. 강연에서는 아리스토텔레스, 빌라도 그리고 오늘날 우리가 사용하는 불의 언어, 지상의 언어로서의 라티오ratio와 헤라클레이토스, 예수, 사도 요한, 하이데거가 설파한 물의 언어, 천상의 언어로서의 로고스logos가 각각 어떤 일을 하고, 그중 어느 것이 오늘날 우리의 삶과 가정과 사회를 천국으로 만들 수 있는지를 짚어보았다.

그렇다. 언어가 인간과 문명을 만들었다. 유발 하라리가 《사피엔스》에서 역설했듯이 인류는 언어를 통해 인종·혈통·종교·문화 등이 전혀 다를 수없이 많은 이방인들과 유연하게 협력하여 대규모 집단을 이뤄냄으로써 오늘날 우리가 되었다. 그래서 《슬픔이 없는 십오 초》를 낸 심보선 시인과 언어가 만드는 지옥과 천국에 대해 진솔하게 이야기했다. 나는 인간은 불의 언어가 없이는 살 수 없지만 불의 언어만으로 사는 인간은 인간이 아니라는 것을 설명했고, "물의 언어라는 것은 천상과 천하를 계속 이어주고 왔다 갔다 하는 그런 언어"라는 심보선 시인은 물의 언어로서의 시詩의 목적이 "사실을 넘어서는 행복한 현실을, 사실을 극복하는 행복한 현실을 만들어주는 것"이라고 거듭 강조했다.

개인으로서의 우리가 어떻게 살아야 하는가에 대해서 하나의 답이 있을 수 없다. 또 있어서도 안 된다. 모두가 힘을 모아 그리고 각자가 정성을 다해, 천국의 문을 두드려야 한다. 두드린다고 언제나 열리는 것은 아니겠지만, 두드리지도 않으면 열리지 않을 것은 분명하다. 시간과 언어에 관한 관점과 생각이 자신과 세계 그리고 역사를 구성한다면, 우리의 지극한 두드림만이 천국의 문을 열 것이다. 이 책은 그 두드림을 위해 당신에게 건네는 조그만 방망이다. 두드려, 두드려, 두드리자, 천국의 문을!

2016년, 가을을 보내며 청파동에서

김용규

차례

3장   대담: 소설가 윤성희

시간

윤성희 편

기억이여Memory!
당신이 구원의 열쇠를 쥐고 있다.
작은 가로등은 계단 위에서 동그라미를 그리며 비추고 있다.
_ T. S. 엘리엇

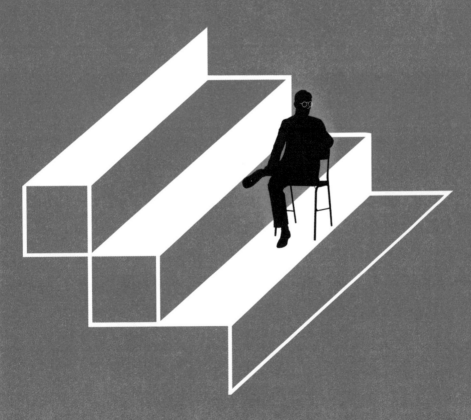

1장

+

공연 :
크라프의 마지막 테이프

시간은 모든 것을 삼켜버린다.

Tempus edax rerum.

_ 오비디우스

언젠가는 우리 모두 세월을 따라

당신이 이 글을 볼 때는 계절이 어디쯤 가고 있을까? 나는 여름이 떠나가는 정동길 조그만 카페에 앉아 노트북을 펴놓고 이 글을 쓰고 있다. 창밖엔 비가 내린다. 비가 그치면 가을이 올 것이다. 빗물에 젖은 유리창에 비친 창밖 풍경이 덜 마른 수채화 같다. 그 속으로 노란 우산을 쓴 젊은 연인들이 서로를 부둥켜안은 채 어디론지 걸어간다. 문득 내게도 저런 때가 있었나 싶다. 돌아보니 내 젊음은 소낙비처럼 지나갔다.

조지 버나드 쇼G. B. Shaw, 1856~1950는 "젊음은 젊은이들에게 주기에는 너무 아깝다"고 투덜거렸다. "내가 신이라면 청춘을 인생의 마지막에 배치했을 것이다"라는 불만은 아나톨 프랑스A. France, 1844~1924

가 터뜨렸다. 이런 말들에는 분명 노인의 시샘이 숨어 있다. 그렇다. 시샘이다! 사랑하는 사람의 허리를 껴안고 10월의 가로수 길을 걷던 포근한 기억이 아련해질수록 머리에 그런 생각이 자주 드는 법이다. 6월의 숲속에서 소나기를 맞으며 나누던 비릿한 입맞춤의 감촉이 아득해질수록 입에서 그런 말이 자꾸 튀어나오는 법이다. 그런데 왜 갑자기 그런 말들이 떠올랐을까?

맞은편 테이블에서 털북숭이 장딴지가 드러난 반바지 차림의 청년이 북극의 빙하라도 녹일 듯이 빨간 립스틱을 바른 여인에게 하얀 생크림을 떠먹여주고 있다. 풍경이다. "저 혼자 피는 풍경인지 / 내가 그리는 풍경인지 / 그건 잘 모르겠지만"(정현종, 〈사람이 풍경으로 피어나〉중에서) 여하튼 샘이 나도록 아름다운 풍경이다. 사실은 그래서 아무리 아까워도 젊음은 젊은이들에게 주어야 한다. 그런데 젊음이 이리 샘나는 걸 보면 나도 이제 노인이 되어가는가 보다. 시간이란 무엇일까?

도둑이 담 넘듯 나이가 60을 훌쩍 넘자, 언제부턴지 가슴 한구석이 서늘해지기 시작했다. 가끔은 마음이 바람 든 무처럼 온통 스산해지는데, 그럴 때는 사실 대책이 없다. "이제 와 새삼 이 나이에 / 실연의 달콤함이야 잊겠냐마는 / 왠지 한곳이 비어 있는 내 가슴이 / 잃어버린 것에 대하여"라고 못으로 녹슨 철판을 긁는 듯 절규하는 최백호의 노래를 들으며 소주라도 한 병 비우면 좀 나을 것도 같지만 그런 소박한 낭만마저 이제 건강이 허락하지 않는다. 이문세의 〈광화문 연가〉를 들으며 커피를 마시는 게 고작이다.

이젠 모두 세월 따라 흔적도 없이 변하였지만

덕수궁 돌담길엔 아직 남아 있어요

다정히 걸어가는 연인들

언젠가는 우리 모두 세월을 따라 떠나가지만

언덕 밑 정동길엔 아직 남아 있어요

눈 덮인 조그만 교회당

향긋한 오월의 꽃향기가

가슴 깊이 그리워지면

눈 내린 광화문 네거리 이곳에

이렇게 다시 찾아와요

    내가 사는 곳에서는 덕수궁이 그리 멀지 않다. 그러다 보니 종종 광화문 교보문고에 들러 책을 사고 정동 쪽으로 걸어 올라가 덕수궁 돌담길을 지나 집으로 향하는 일이 잦다. 가을이 오고 은행나무 잎들이 정동길 하늘과 땅을 온통 노랗게 물들일 때면 산책 삼아서라도 자주 이 길을 걷는다. 가끔은 지금처럼 카페에 들러 커피를 마시고, 가끔은 벤치에 앉아 오가는 사람들을 구경하거나 거리 악사의 연주도 듣고, 또 가끔은 〈광화문 연가〉를 작사·작곡한 고 이영훈 기념상 주변을 서성이며 그의 노래를 흥얼거리기도 한다.

    그때마다 하는 짓은 다르지만, 떠오르는 상념은 한결같다. 이제는 모두 세월 따라 흔적도 없이 사라져간 사람들에 관한 기억들이다. "너를 얼마나 사랑하는지 알지? 내가 너보다도 너를 더 사랑하는 거 알아?" 이제는 내가 딸에게 해주는 이런 말들을 나에게 들려주었던 얼굴, 얼굴, 그리운 얼굴들, 세월이 흘러도 사라지지 않는 이 기억들을 모두 모으면 나는 마침내 알 수 있을까, 내게 주어진 시간의 의미를? 시간이란 무엇일까?

2012년 5월 21일 서녘이 다시 노랗게 물들 즈음, 행사를 위해 집을 나섰다. 예술가의 집으로 향하는 길에 차가 덕수궁 앞을 지나 광화문으로 향할 때, 나는 다시 〈광화문 연가〉를 흥얼거렸다. "향긋한 오월의 꽃향기가 / 가슴 깊이 그리워지면 / 눈 내린 광화문 네거리 이곳에 / 이렇게 다시 찾아와요 / 언젠가는 우리 모두 세월을 따라 떠나가지만……." 그날 나는 이처럼 흘러가도 남아 있는 우리들의 시간에 대해 이야기하기로 기획해놓았다.

우선 낭독 공연으로는 1969년에 노벨문학상을 받은 사뮈엘 베케트 S. B. Beckett, 1906~1989가 1958년에 발표한 〈크라프의 마지막 테이프La Dernière Bande〉가 무대에 오를 것이다. 걸작을 쓰기 위해, 즐기는 술과 성생활도 절제하고, 가족들과도 멀리 지내고, 행복과 여유가 무엇인지도 모른 채 젊은 시절을 보낸 어느 늙은 작가의 가슴 아픈 회상을 그린 작품이다. 〈고도를 기다리며〉만큼 널리 알려지진 않았지만, 시간의 의미를 이야기하기 딱 좋은 작품이어서 골랐다.

함께 대담을 나눌 문인으로는 단편 〈부메랑〉으로 2011년 황순원문학상을 받은 윤성희 작가를 초대해놓았다. 내가 보기에 그는 과거와 기억으로 직물을 짜는 페넬로페다. 마치 실타래를 풀듯 이야기를 이어가며 지나간 시간들을 끌어모아 드디어는 의미의 양탄자 하나를 엮어내는 그의 화법이 지닌 비밀을 캐물어보고 싶었기 때문이다. 그리하면 드러날까, 시간의 비밀이? 나는 다시 설렜다.

기억이 인간을 구원한다고?

어느 여름날이었다. 딸아이가 조르는 바람에 뮤지컬 〈캣츠〉를 보러 갔다. 그 몇 년 전에도 함께 본 적이 있기에, 두 번째 보는 판이다. 그 래서 입으로는 가격도 만만치 않은데 뭣하러 같은 걸 두 번씩 보냐고 투덜거렸지만, 마음 한편으로는 솔깃한 데가 있어서 못 이기는 척 따라나섰다. 사실은 나도 이 작품을 좋아하기 때문인데, 특히 늙은 퇴물 고양이 그리자벨라가 부르는 〈메모리Memory〉를 들을 때면 왠지 남의 일 같지가 않다.

〈메모리〉는 멜로디도 아름답지만, 가사도 의미심장하다. 특히 "기 억이여 / 달빛을 바라보아요 / 기억에 당신을 맡겨보아요 / 그리고 열 고 들어가요 / 만일 당신이 그곳에서 행복의 의미를 찾는다면 / 새로 운 삶이 시작될 거예요"라는 구절이 그렇다.

잘 알려져 있듯이, 뮤지컬 〈캣츠〉는 1948년 노벨문학상을 받은 〈황 무지〉의 시인 엘리엇T. S. Eliot, 1888~1965이 쓴 우화 시집 《지혜로운 고 양이가 되기 위한 지침서The Old Possum's Book of Practical Cats》를 원작 으로 한 작품이다. 그런데 원작에는 작품을 관통하는 중심 이야기가 없다. 마치 옴니버스영화처럼 이런저런 고양이들의 사연을 차례로 소 개하는데 동화 같은 내용들이 가득하다. 그러니 서점에 가면 당연히 동화책 코너에 진열되어 있다.

딸아이의 말에 따르면, '뮤지컬계의 모차르트'라 할 수 있는 작곡가 앤드루 로이드 웨버A. L. Webber가 이 우화를 뮤지컬 무대에 올리고자 했을 때 그동안 함께 일해오던 작사가 팀 라이스와 연출가 해럴드 프린스가 동참하기를 거절했다. 새로운 파트너를 찾던 웨버는 프로듀서 캐머런 매킨토시C. Mackintosh를 만났다. 그리고 그가 연출가 트레버 넌T. R. Nunn을 소개했는데, 그것이 '신의 한 수'였다.

트레버 넌은 28세라는 젊은 나이에 로열 셰익스피어 극단의 예술 감독에 오른 재원이다. 비록 대형 상업극을 연출해본 경험이 없었지만, 정통 고전극에서 뼈가 굵은 그는 흥행의 핵심인 스토리텔링에 대한 예리한 감각과 풍부한 문예적 지식이 있었다. 그는 먼저 엘리엇의 우화를 무대에 올리려면 원작을 관통하는 중심 이야기가 필요하다고 판단했다. 그래서 이야기를 뜯어고치기로 했다.

트레버 넌은 '고양이는 아홉 개의 삶을 산다'는 서양 속담에서 착안해 고양이들 가운데 한 마리가 선택되어 새로운 삶을 부여받는 '젤리클 무도회'를 고안해냈다. 기독교 문화에서 살아온 서양 사람들의 뇌리에 깊숙이 뿌리박힌 '구원salvation'이라는 테마를 중심 이야기로 끌어들인 것이다. 그리고 그 이야기 틀에다 엘리엇이 창조해낸 고양이 캐릭터들을 안성맞춤으로 끼워 넣은 다음, 구원을 받는 고양이로 원작에는 없는 그리자벨라라는 캐릭터를 창조해냈다.

그뿐 아니다. 트레버 넌은 웨버가 작곡한 뮤지컬 넘버들이 개성 넘치는 고양이들의 특성을 잘 드러냈지만 클라이맥스를 장식할·대표곡은 없다고 판단했다. 문예에 조예가 깊었던 그는 곧바로 엘리엇의 시 〈공허한 밤의 광시곡Rhapsody On a Windy Night〉을 떠올렸다. 그리고 그것을 뮤지컬 〈캣츠〉의 스토리에 적합하게끔 바꿔 가사를 만들었다. 이 가사에 웨버가 아름답고 서정적인 곡을 붙였다. 이렇게 탄생한 것이 그리자벨라가 부르는 〈메모리〉다.

〈메모리〉의 가사를 살펴보면, 트레버 넌이 엘리엇의 시를 깊이 이해하고 있었음을 한눈에 알아챌 수 있다. 그의 가사가 〈공허한 밤의 광시곡〉이 지닌 시적 정서와 주제를 잘 살려냈기 때문이다. 〈공허한 밤의 광시곡〉은 밤 12시에서 시작하여 1시 30분, 2시 30분, 3시 30분, 4시 이렇게 5단계로 전개되는데, 시간의 흐름에 따라 황폐해지고 퇴락해가는 삶의 모습과 구원을 향한 갈망을 그려내고 있다. 그 가운데 특히 '4시'에 전개되는 마지막 연을 보면, 그것이 〈메모리〉 가사의 모태가 되었음을 알 수 있다.

(······)
가로등은 말했다.
04시라고.
여기 문 앞에 젊은 여자가 서 있다.
기억이여!
당신이 구원의 열쇠를 쥐고 있다.
작은 가로등은 계단 위에서 동그라미를 그리며 비추고 있다.
올라가라.
침대는 개방되어 있다; 벽에는 칫솔이 걸려 있다.
현관에서 신발을 벗고, 잠을 자라. 새로운 삶을 준비하라.
칼의 마지막 비결秘訣

4시가 되자, 엘리엇이 3시 30분을 묘사한 연에서 "덧문 내린 방 안의 매춘부 냄새 그리고 회랑의 퀼런과 바의 칵테일 냄새"라고 표현한 퇴폐하고 타락한 밤이 마침내 끝난다. 새벽이 가까워오고 타버린 잿더미에서 피어오르듯 연기처럼 어렴풋이 떠오르는 기억들. 계단 위의 집, 정돈된 침대, 욕실 벽에 걸린 칫솔, 평안한 잠, 그 이후에 다시 시작될 새로운 삶!

엘리엇은 잠을 자야만 다시 깨어날 수 있다는, 죽어야만 다시 살 수 있다는—일찍이 사도 바울이 예수의 십자가 사건과 연결해 설파했던—갱생recapitulātĭo의 비법(로마서 6: 11)을 "잠을 자라. 새로운 삶을 준비하라. // 칼의 마지막 비결the last twist of the knife"이라 노래했다. 트레버 넌이 바로 이 놀라운 삶과 죽음의 비결을 〈메모리〉의 가사 안에 "나는 해 뜨는 걸 기다려야 해요. / 나는 새로운 삶을 생각해야 해요. / 그리고 절대 포기해서는 안 돼요. / 새벽이 오면 / 오늘 밤도 역시 추억이 되겠지요. / 그리고 새날이 시작될 거예요"라고 써넣었다. 또한 늙은 고양이 그리자벨라가 죽어서 새 삶을 얻으려고 계단을 따라 올라가는 장면을 통해 무대 위에 생생하게 구현해냈다.

트레버 넌은 엘리엇의 작품에 대한 넓고 깊은 이해를 토대로 이 작업을 정교하고 조화롭게 이뤄냈다. 그 결과 엘리엇의 전혀 다른 두 작품, 《지혜로운 고양이가 되기 위한 지침서》와 〈공허한 밤의 광시곡〉이 어느 때는 팔레트 위의 붉은색과 푸른색이 한데 섞여 신비로운 보랏빛 색깔을 만들어내는 것처럼, 또 어느 때는 한 화분에 심어진 두 그루의 다른 색 장미가 한데 어우러져 더욱 풍성하고 아름다운 모습을 자아내는 것처럼, 뮤지컬 〈캣츠〉 안에서 예술적인 풍경을 만들어냈다.

탁월한 한 연출가의 재능을 통해 스토리를 떠받치는 등뼈이자 작품을 대표하는 뮤지컬 넘버가 된 〈메모리〉는 곧바로 전 세계 사람들의 사랑을 받았다. 1981년 영국 웨스트엔드 초연 때는 그리자벨라 역을 맡았던 일레인 페이지E. Paige가 불렀지만, 이후 헤아릴 수 없이 수많은 가수들이 리메이크했다. 그중에서 나는 요즘 젊은 가수들이 부른 것보다 바브라 스트라이샌드B. Streisand가 부른 것을 즐겨 듣는다.

한밤중
길에는 아무 소리도 들리지 않아요.
달님은 기억을 잃었을까요?
그냥 홀로 웃고 있네요.
가로등 불빛 아래
시든 낙엽들이 내 발 옆에 쌓여가네요.
바람은 슬피 흐느끼기 시작했어요.

기억이여,
달빛 속에서 나는 홀로
지나온 날들을 떠올려요.
그때는 나도 아름다웠지요.
나는 기억해요,
행복이 무엇인지 알았던 때를.
그 기억이 다시 살아나게 해줘요.

가로등들은 모두

운명을 경고하는 것 같고

누군가의 투덜거리는 소리가 들리는 듯해요.

가로등이 꺼지면

곧 아침이 오겠지요.

빛이여,

나는 해 뜨는 걸 기다려야 해요.

나는 새로운 삶을 생각해야 해요.

그리고 절대 포기해서는 안 돼요.

새벽이 오면

오늘 밤도 역시 추억이 되겠지요.

그리고 새날이 시작될 거예요.

연기 자욱한 날의 끝은 불타버리고

아침이 풍기는 퀴퀴하고 차가운 냄새.

가로등 불빛은 죽고, 또 한 밤이 지나고

새날이 밝아오네요.

나를 만져봐요.

나는 이제 떠나거든요.

햇살이 좋았던 그날의

추억과 함께 홀로.

나를 만져보면

행복이 무엇인지 알게 될 거예요.

보세요. 새날이 밝았잖아요.

'기억이 인간을 구원해준다'는 것은 서양 사람들이 지닌 매우 특별한 생각이다. 뒤에서 살펴보겠지만, 그 대표적인 예를 우리는 마르셀 프루스트M. Proust, 1871~1922의 장편소설 《잃어버린 시간을 찾아서》에서 찾을 수 있다. 그 비결인즉, 인간에게 기억은 단지 과거의 일들을 떠올려주는 데서 그치지 않고, 저도 모르게 잃어버린 '삶의 의미와 가치' 그리고 궁극적으로는 '자기 자신'을 되찾아주는 일을 한다는 것이다.

그렇다! 인간은 기억을 통해서 자기가 누구인지, 자기 삶의 의미와 가치가 무엇인지를 깨닫는 존재다. 그래서 엘리엇은 〈공허한 밤의 광시곡〉에서 "기억이여! / 당신이 (구원의) 열쇠를 쥐고 있다"고 읊은 것이고, 〈캣츠〉에서 그리자벨라도 "기억이여 / 달빛 속에 나는 홀로 / 지나온 날들을 떠올려요 / 그때는 나도 아름다웠지요 / 나는 기억해요 / 행복이 무엇인지 알았던 때를 / 기억이 다시 살아나게 해줘요"라고 노래하는 것이다.

〈메모리〉 가사 중 프루스트의 《잃어버린 시간을 찾아서》와 연관해 흥미로운 것은 "나를 만져봐요Touch me"라는 대목이다. 왜 갑자기 나를 만져보라는 것일까? 작사가 자신이 아니고서야 그 누구도 알 수 없지만 짐작할 수는 있다. 내 생각에는 트레버 넌이 〈메모리〉 가사를 쓸 때 엘리엇의 작품뿐 아니라 프루스트의 작품들에도 깊은 이해가 있었던 것 같다. 역시 뒤에서 확인하겠지만 《잃어버린 시간을 찾아서》에서 프루스트가 그린 구원은 어떤 '신체적 감촉'을 통해 무의지적으로 돌연 떠오르는 기억에 의해 이뤄지기 때문이다.

프루스트는 이 같은 구원의 메커니즘을 켈트족의 신앙에서 배웠다고 했다. 켈트족은 죽은 이들의 혼이 나무나 돌 또는 짐승들 안에 들어가 사로잡혀 있다가, 어떤 사람이 우연히 그것에 손을 대거나 하면 그 영혼이 깨어나서 그 사람을 부르는데, 그 사람이 그 목소리를 알아들으면 죽음에서 해방되어 다시 살아난다는 신앙을 지녔다고 한다. 트레버 넌이 "Touch me"라는 가사를 쓸 때 바로 이 같은 구원의 메커니즘을 염두에 두었던 것이 아닐까?

우리는 누구나 시간 안에서 산다. 미래에서 와 과거로 흘러가는 시간은 우리의 삶도 한갓 '흘러가는 것' '무의미한 것'으로 만들어버린다. "세월이 덧없다"든지 "인생이 무상하다"라는 말이 그래서 나왔다. 따라서 이런 덧없음과 허무에 물들지 않으려면, 기억을 통해 삶의 의미와 가치가 드러나게 해야 한다. 그리고 아름다운 추억을 만들기 위해 매 순간 노력해야 한다. 추억이 없는 사람은 기억할 것도 없기 때문이다. 〈캣츠〉를 보고 돌아오는 길은 딸아이의 손을 꼬옥 쥐고 걸었다. 그 감촉과 추억이 먼 훗날 그에게 되살아나길 바라면서!

그녀의 몸 위에 다시 한 번 엎어지는 거야!

행사장에 도착하니 제작진이 이런저런 준비를 하고 있었다. 낭독 공연 리허설도 하고 있는데 뜻밖의 변화가 있었다. 베케트의 〈크라프의 마지막 테이프〉는 주인공이 과거에 자기가 해놓은 녹음테이프를 꺼내 들어가며 독백을 하는 모노드라마monodrama다. 당연히 배우는 한 사람만 필요하다. 그런데 배우 둘이 뭔가를 주고받으며 연습을 하고 있지 않은가!

물론 희곡에는 주인공의 독백과 테이프에서 흘러나오는 소리가 각각 표기되어 있기 때문에, 마치 두 사람이 대화하는 것처럼 나타나 있긴 하다. 나 역시 원고를 그런 식으로 각색해 넘겼다. 그렇다고 해도 배우 두 명이 필요한 건 아니지 않은가. 무슨 영문인지 알아보니, 주인공 크라프의 늙은 역을 하지웅 배우가 맡고, 내레이션과 녹음테이프를 통해 재생되는 크라프의 젊은 역을 안재현 배우가 각각 나눠 맡기로 했다는 것이다. 총연출을 맡은 양연식 씨의 아이디어인데 좋은 착상이라고 생각했다.

잠시 후 윤성희 작가가 도착해 첫인사를 나누었다. 순간 나는 그에게서 다감하고 편안한 느낌을 받았는데, 사실은 그 때문에 약간 당황스러웠다. 왜냐하면 대담에서 윤성희 작가와 영국의 소설가 버지니아 울프V. Woolf, 1882~1941, 두 작가의 이미지를 겹쳐놓고 이야기해보려고 마음먹고 있었기 때문이다. 울프가 누구인가! 편안하기는커녕 지나치게 예민했던 작가가 아니던가! 잘될까? 잠시 이런 생각을 하는 사이, 행사를 알리는 사회자의 인사말과 함께 공연이 시작되었다.

어느 날 늦은 저녁,
누추한 방,

권태로워 보이는 늙은이 크라프가 테이블 앞에 앉아 있다.

꾀죄죄하고 통 좁은 검은 바지가 그에게 너무 짧아 보인다.

역시 낡고 소매 없는 검은 조끼에는 네 개의 넓은 주머니가 달려 있다.

그 하나에 매달린 묵직한 은시계와 그 시곗줄.

때가 낀 흰 셔츠는 목 언저리가 열려 있고 깃이 없다.

모양이 이상한 더러운 반장화는 적어도 사이즈가 48은 됨 직한데, 폭이 매우 좁고 끝이 뾰족하다.

(사이)

창백한 얼굴, 보랏빛 도는 코, 흐트러진 잿빛 머리, 수염도 덥수룩하다.

심한 근시인데 안경은 안 썼다. 귀도 멀었다. 매우 독특한 쉰 목소리지만 억양은 분명하다. 걸음걸이가 매우 힘들어 보이는 69세의 노인이다.

테이블 위에는 마이크로폰이 달린 녹음기와, 녹음된 테이프가 든 상자가 여러 개 놓여 있다. 한편에 포도주 병과 잔이 놓여 있다.

멍하니 허공을 바라보고 있던 크라프가 마침내 어떤 생각이 떠올랐다는 듯 녹음기에 몸을 구부리고 스위치를 누르고 듣는 자세를 취한다. 딱 30년 전 자신이 녹음해놓은 테이프다.

크라프　(녹음기 스위치를 누른 다음, 가슴을 앞으로 내밀어 두 팔꿈치를 테이블에 얹고 귀에 댄 손은 녹음기 쪽으로 하고 얼굴은 객석을 향한다.)

테이프　오늘 서른아홉 살이 되었다. 튼튼하기가 짝짓기 하는 수

사슴의 울음소리 같다. 그 옛날 몸이 허약할 때와는 딴판이다. 그리고 지적인 면에서는…… 파도와 비교할 때…… (잠시 주저하다가) 물마루 또는 그 언저리에 달했다고 볼 수 있다.

　(사이) 오늘 저녁은 유난히 조용하다. 귀를 곤두세우지만 아무 소리도 들리지 않는다. 이맘때면 언제나 늙은 미스 맥글로움이 노래를 부르는데, 오늘은 조용하다. 그녀가 소녀 시절에 불렀던 노래라는데, 그녀에게 소녀 시절이 있었다는 게 믿기지 않는다. 하지만 좋은 할머니다. (사이) 내가 그 나이가 되었을 때 나도 노래를 부를까? 아닐 거야. (사이) 나도 소년 시절에 노래를 했던가? 천만에. 도대체 내가 노래를 해본 적이 있었던가? 없지!

　(사이) 조금 전에 옛날에 녹음해둔 테이프들을 이것저것 들어봤다. 장부를 조사해보지 않았지만 적어도 10년 전쯤 일을 녹음한 테이프다. 그 당시 나는 비앙카하고 붙었다 떨어졌다 하며 키더 가(衙)에서 살고 있었다. 지금 생각해보니, 그 생활을 청산하길 잘했다! 아무럼 잘한 일이고말고. 도대체 희망이 없는 나날이었으니까!

　(사이) 그녀의 눈동자에 감탄했던 것밖에는 별로 기억나는 게 없다. 하지만 무척이나 포근한 눈동자였어. 아! 느닷없이 그 눈동자들이 다시 보이다니! 따사로웠지! (사이) 비길 데 없이 아름다운 눈동자였어!

　(사이) 이런 젠장……. (사이) 지나간 일이나 돌이켜본다는 일은 언짢은 일이지만 ― (크라프는 녹음기를 끄고 잠깐 생각에 잠기더니 다시 튼다.) ― 그러나 한 번쯤 다시 들어보면…… (주저한다.) 꽤 유익하단 말씀이야. 새로운 1년의 회고를 담는 데서 내가 예전엔 그렇게 바보였나 좀 믿기 어려울 지경이지. 그때의 목소리! 오 정말로, 그 숨소리! 크

쿡. (짤막한 웃음, 크라프도 덩달아 웃는다.) 또 그 부질없는 결심들이라니! 크쿡. (짤막한 웃음, 크라프도 덩달아 웃는다.) 특히 술을 줄일 것이라니! (크라프만 짧게 웃는다.) 8천여 시간 중 1,700시간을 술집에서 보내면서, 20퍼센트 이상, 아니, 깨어 있는 시간의 40퍼센트라고나 할까. 그러고도 술을 줄여? (사이) 또 성생활을 줄이기 위한…… (머뭇거린다.) 갖가지 계획들. 아버지의 최근 병세. 맥 빠진 행복의 추구. 도달하기 힘든 여유. 그러니 청춘 시절을 비웃으며 청춘이 지나간 것을 신에게 감사하지 않을 수 있겠는가! (사이, 갑자기 풀이 죽어) 하지만 그건 거짓말이다.

(사이) 걸작을 써내겠다는 환상. 신의 섭리에 대한 반항으로 (짧게 웃는다.) 끝을 맺을 생각이다. (이번엔 길게 웃자, 크라프도 같이 웃는다.) 그런데 그 비참함을 겪고 남은 게 뭐람? 정거장 플랫폼에 서 있던 초록색 외투를 입은 여자? 아니야!

(사이) 돌이켜보면 (크라프는 스위치를 끄고 생각에 잠긴다. 시계를 보고 포도주를 따라 마신다.)

크라프   (노래한다.)
어느덧 한낮은 지나고,
밤이 가까이 다가오누나.
저녁의 그림자.
(발작적인 기침. 입을 닦은 뒤, 녹음기를 다시 켜고 듣는 자세를 취한다.)

테이프　　지난날들이 다시 돌아와주길 바라는 눈동자로 옛일들을 생각하면, 당연히 운하 옆 그 집이 생각난다. 그 집에서 어느 늦가을에 어머니가 돌아가셨지. 오랜 과부 신세 끝에 (크라프는 깜짝 놀란다. 그리고 녹음기를 꺼 테이프를 약간 뒤로 감고 다시 튼다.) 그 집에서 어느 늦가을에 어머니가 돌아가셨지. 오랜 과부 신세 끝에 임종을 맞고…….
(크라프가 녹음기를 끄고 앞을 멍하니 쳐다본다.)

크라프　　오랜 과부 신세 끝에 임종을 맞고…….
(크라프가 다시 스위치를 눌러 녹음기를 켠다. 그때 조용하고 서글픈 음악이 흐른다.)

테이프　　운하 제방 곁에 있는 그 벤치에서 오랫동안 홀로 산 어머니 집 창문을 볼 수 있었다. 살을 에는 바람을 맞으며 나는 거기에 앉아 어머니가 돌아가시기를 빌고 또 빌었다. (사이) 늘 보던 두세 명의 사람들, 보모들, 어린이들, 늙은 남자들, 개들을 제외하곤 지나가는 사람 하나 없었다. 모두 나와 인사할 만한 사람들이었다. 오, 내가 그 임종 자리에 모습을 나타냈다면 말이다. (사이) 아, 젠장…… (사이) 내가 거기 있었어야 했는데. (크라프는 스위치를 끄고, 생각에 잠긴다. 잠시 후 스위치를 다시 켠다.) 그때 차양이 내려졌다. 롤러로 올렸다 내렸다 하는 방식의 차양이었는데, 갈색에다 때가 꼬질꼬질 묻어 있었지. 마침내 모든 게 끝나고 지나가버린 것이다.
(사이) 그때 나는 공을 손에 쥔 채 잠시 넋을 놓고 앉아 있었나 봐. 강아지가 마구 짖어대며 내 손을 할퀴어댔지. 나는 생각을 간추릴 수

가 없어서 조그맣고 하얀 강아지한테 그저 공만 던지고 있었어. 퍼뜩 고개를 쳐들고 보니 내가 그러고 있었던 거야.

(사이)

아, 제기랄······.

(사이)

그 잊을 수 없는 3월의 밤이 올 때까지는 정신적으로 말할 수 없이 황폐하고 곤궁했던 한 해였다. 결코 잊을 수 없을 그 제방 끝이며 사납게 울부짖던 바람. 그 속에서 나는 갑자기 모든 것을 본 것이다. 마침내 비전을 잡게 되었다. (사이) 내가 그때 별안간 본 것은 이런 것이었다. (사이) 그것은 내가 지금까지 한평생 살면서 믿어온 신념인데 (크라프는 조바심이 나서 스위치를 끄고 테이프를 앞으로 돌린 다음 다시 스위치를 누른다.) 등대 불빛 속에서 거대한 화강암 바위 위로 물거품이 흩어져 날고, 풍향계가 프로펠러처럼 맹렬히 돌고 있던 그때, 나는 마침내 깨달았던 것이다. 내가 늘 떨쳐버리려고 애썼던 어둠이야말로 사실은 내가 가장 사랑하는 것이라는, 아, 제기랄······. (크라프가 욕설을 퍼부으며 급히 스위치를 끈다. 한참 후 테이프를 앞으로 돌린 다음 다시 스위치를 누른다.)

자정이 지났다. 그토록 고요한.

(조명이 조금 밝아지고)

크라프   지금 막 30년 전의 나라는 바보 녀석의 넋두리를 들어보았다. 내가 그 정도로 못났을 줄이야, 믿기 어려울 정도다. 아무튼 모든 우여곡절이 지나가버렸다니 천만다행이다. (사이) 하지만 그녀의 그 눈동자! 그 안에 모든 것이 다 들어 있었다. 모든 것이! 여러 세기

동안 이 늙어 빠지고 더러운 지구 덩어리에는 어둠도 있지만 빛도 있고, 굶주림도 있지만 질펀한 향연도 있지! (소리친다.) 그렇고말고! (사이) 그런데 그런 것들을 모두 놓치다니! 그리고 제기랄! 마치 어린애들이 숙제하듯이, 마음을 가두고 그 잘나 빠진 작품에나 매달리다니! 병신 머저리 같은 작자!

(사이. 약간 풀이 빠져) 아, 하긴, 그 녀석이 옳았는지도 모르지! (사이) 어쩌면 그가 옳았는지도 몰라. (사이) 쳇, 할 말이 없다. 하지만! 지금 산다는 게 뭐냐! 더러운 변기에 구역질이나 해대는 것과 뭐가 달라! 흥청망청 말잔치나 하며 살다니!

(갑자기 흥을 내며) 그래도 지난 50만 분 중에서 가장 행복한 순간이었어. (사이) 팔린 것은 열일곱 권. 그중 열한 권은 외국 공공 도서관에 도맷값에 팔렸다고 한다. 나도 꽤 유명해졌다고나 할까. 한 권에 1파운드 6실링 몇 펜스, 아마 8펜스였을 거야.

(사이. 다시 풀이 죽어) 그럼 뭐 하나? 이제 여름이 다 가도록 겨우 한두 차례 밖에 나가볼 뿐이다. 공원에 앉아 덜덜 떨면서 몽상에 잠겨, 몽상 속에서 나 자신을 불살라버렸으면 하고 바라는걸! 내 주위엔 개미 새끼 한 마리도 보이지 않았다. (사이) 《에피》를 다시 읽느라 눈을 망쳤다. 하루 한 페이지씩 읽어도 눈물이 났다. (사이) 《에피》…….

(사이) 그녀와 행복해질 수도 있었을 텐데! 저 발트 해변에서, 소나무 숲도 있고 모래언덕도 있는 거기서, 그녀와 행복해질 수도 있었을 텐데! (사이) 나는 행복했던가? (사이) 그녀는 행복했던가?

(사이) 쳇! 파니는 한두 번 왔었지. 뼈만 앙상한 늙은 창녀의 모습으로. 그녀와 한 그 짓, 뭐 별로 대단한 것은 못 되었지만, 그래도 뻐근한

게 가랑이를 발로 한 번 찬 것보다는 낫다고 할 수 있었지. 마지막 번에는 그리 나쁘지도 않았어. "당신 나이에 잘도 하시네요" 하더군. (웃음) 난 일생 동안 그녀를 위해 아껴두었다고 대꾸해줬지.

(사이) 한번은 예배당 저녁기도에도 참석했어. 어릴 때처럼. (사이. 다시 노래한다.)

어느덧 한낮은 지나고,
밤이 가까이 다가오누나.
저녁의 그림자—(기침을 한다. 거의 들리지 않는 소리로)
아직도 하늘가에 걸려 있는데—(숨을 헐떡이며)
꾸벅꾸벅 졸다가 예배당 의자에서 떨어졌지.

(사이) 밤이면 가끔 이런 생각을 해보곤 했지. 걸작을 쓰겠다는 최후의 노력이 수포로 돌아가버리면 그때는…….

(사이. 화를 내며) 아! 빌어먹을! 이제 그놈의 술은 그만 마시고 가서 자빠져 자기나 해! 이런 헛소리는 내일 아침 계속해도 되잖아! 아니면 아예 그만두거나.

(사이. 용기를 내어) 저 어둠 속에서 버티면서 다시 방황을 해보는 거야! 다시 한 번 크리스마스이브에 깊고 좁은 골짜기에 들어가 빨갛게 익은 산딸기를 따는 거야! (사이) 다시 한 번 안개 자욱한 일요일 아침에 그녀와 함께 크로간 산에 올라가 우두커니 서서 종소리를 듣는 거야! (사이) 그런저런 일들을 (사이) 다시 한 번 해보는 거라구! (사이) 모든 비참했던 일들을 (사이) 다시 한 번 해보는 거야! (사이) 한 번으

로는 부족해! (사이) 그녀의 몸 위에 다시 한 번 엎어지는 거야!

(긴 시간. 갑자기 그는 녹음기에서 테이프를 꺼내 멀리 던져버리고 새 테이프를 녹음기에 넣는다. 그리고 자기가 찾는 곳까지 돌린다. 앞을, 관객을 응시하며 녹음기를 다시 튼다.)

테이프　　　우린 보트를 타고 나가 호숫가에서 헤엄을 쳤어. 그 후 보트를 호수 한가운데로 저어 나가 물결에 내맡겼지. 그녀는 보트 바닥에 누워 있었어. 손을 머리 뒤로 돌리고, 눈을 감은 채. 불타는 듯한 태양이 쏟아졌고, 한 가닥 소슬바람이 불었지. 물결은 탄력 있게 출렁거렸어. 그녀의 허벅지에 뭔가 긁힌 자리가 눈에 띄었어. 어찌 된 일인지 물었더니, 구스베리 열매를 따러 갔었다고 했어. 이제 우리는 가망이 없으니, 관계를 계속할 필요가 없다고 말하자, 그녀는 눈을 감은 채 고개를 끄덕였어. (사이) 나를 좀 보라 했더니, 잠시 후 (사이) 햇살 때문에 눈을 가늘게 뜨고 날 바라보다 다시 감았어. 내가 몸을 기울여 그녀 얼굴에 그늘을 만들어주자, 그녀의 눈이 다시 열렸지. (사이) 난 참을 수 없었어. (사이) 보트는 갈대밭 속으로 흘러들었지. 갈대들이 한숨을 지으며 뱃머리에 몸을 뉘고 쓰러져갔어! 나는 그녀의 젖가슴에 얼굴을 파묻고 그녀의 손에 손을 포갠 채 그녀 위에 쓰러졌어. 우리는 움직이지 않고 누워 있었어. 그러나 우리 밑에서 모든 것이 움직였기 때문에, 우리 또한 상하좌우로 움직였어.

(사이) 자정이 지났다. 이렇게 조용하긴 처음이다. 천지가 온통 사라진 듯하다.

(사이) 여기에서 이번 녹음은 끝마친다. 3번 상자 (사이) 5번 릴.

(사이) 어쩌면 내 생에 좋은 시절은 지나가버린 것 같다. 행복할 수 있는 기회도 있었는데. 그러나 그 시절이 다시 왔으면 하고 바라진 않겠다. 지금 내게 그때 그 열정이 있는 것도 아닌 바에야. 그렇다! 나는 그 시절이 다시 왔으면 하고 바라진 않는다!

(크라프는 움직이지 않고 멍하니 앞을 바라보고 있다. 빈 테이프가 침묵 속에서 여전히 돌고 있다.)

2장

+

강연:
시간의 두 얼굴

흐름으로 인하여 모든 것은 존재하면서도
모든 것, 따라서 그것은 심지어 그것조차,
존재하면서도 존재하지 않는다.
그것에 대해 이야기하자.
_ 사뮈엘 베케트

이 쓸쓸함, 이 덧없음을

프랑스 바스피레네 지방에 있는 위뤼뉴Urrugne 교회 한편에는 해시
계가 놓여 있다. 중세에 만들어진 해시계들이 자주 그렇듯이, 그것에
는 라틴 문구가 하나 새겨져 있다. "Vulnerant omnes, ultima necat
모든 시간은 상처를 입히고 마지막에는 죽인다." 옳은 말이다. 이것이 시간이 우
리에게 하는 일이다. 누구나 다 아는 사실이지만, 읽고 나면 왠지 쓸쓸
하고 덧없어진다. 이 쓸쓸함, 이 덧없음을 교회가 노린 것이다.

그런데 과연 그런가? 진정 우리는 시간 앞에서 속수무책일 수밖에
없는가? 인간이란 그리도 무기력하고 유한한 존재일 수밖에 없는가?
이 쓸쓸함, 이 덧없음을 극복할 수 있는 무슨 방도가 없을까? 이런 생
각 역시 중세 교회가 해시계에 그 문구를 새겨 넣으며 치밀히 계산했

던 전략이지만, 바로 그것, 그 불가능한 가능성을 찾아보자는 것이 그 날 강연과 이 글의 목적이다.

밤안개 속에서 우는 뱃고동 소리 같은 여운을 남기고 공연이 끝났다. 강연을 할 차례가 왔다. 나는 베케트의《크라프의 마지막 테이프》를 매개로, 철학자들이 보통 '시간성時間性, Zeitlichkeit'이라고 일컫는 '시간의 본질'에 대해 잠시 생각해보자는 말로 입을 열었다. 요컨대 과거를 짊어지고 미래를 마주한 우리에게 시간이란 무엇인가를 살펴보자는 말이었다.

《크라프의 마지막 테이프》는 베케트가 그에게 노벨문학상을 안겨준《고도를 기다리며》(1953)를 무대에 올린 지 꼭 5년 후에 발표한 단막극이다. 인간의 실존적 조건이 지닌 부조리l'absurdité를 뛰어난 기법으로 표현했던 '베케트의 완숙기'에 쓴 작품인 셈이다. 베케트는 아일랜드 출신이지만, 1938년 이후 프랑스에서 살았다. 처음에는 영어로 전위적인 시·소설·희곡 등을 발표했지만, 1945년 이후로는 프랑스어로 글을 썼다. 눈여겨보고자 하는 것은 이때부터—정확히는 소설《아무것도 아닌 것을 위한 소설과 텍스트들Nouvelles et Textes Pour rien》(1955)부터—그의 작품이 전혀 몰라보게 달라졌다는 사실이다.

영어로 글을 쓰던 초기 베케트는 같은 아일랜드 출신 선배 작가이자 당시 이미 대가 반열에 오른 제임스 조이스J. A. Joyce의 강력한 영향 아래 있었다. 그래서 '조이스 풍의 대상'을, '조이스 식 기법'으로 표현했다. 다시 말해 개인의 내면에서 일어나는 심리적 사건들에 대해 다국적 언어를 사용하고, 다양한 인용문을 삽입하며, 또 여러 복합적인 형식을 혼용하는 식으로 탐색했다. 그러나 프랑스어로 쓴 1950년대 작품들에서는 이 모든 것을 버렸다. 프랑스의 철학자 알랭 바디우A. Badiou의 표현을 빌리자면, 베케트는 표현의 대상과 기법 모두에서 오직 "경험의 복잡성을 몇몇 주요한 기능으로 축소"하고, 글쓰기를 통하여 인간의 "본질적 규정을 구성"하는 데에만 몰두했다.

바디우는《베케트에 대하여》에서, 베케트의 이런 새로운 글쓰기에 '유적인 것le générique에 대한 글쓰기'라는 아리송한 이름을 붙이고, 특별한 의미를 부여했다. 이때 바디우가 말하는 '유類'란 모든 개별 인간들이 속하는 '인류'를 뜻한다. 따라서 '유적인 것에 대한 글쓰기'란 당연히 '인류에 대한 글쓰기'라는 의미인데, 이게 도대체 무슨 뜻이며 그것이 어떻게 가능할까?

조금 과장된, 그래서 조금 어렵게 느껴지는 '유적인 것에 대한 글쓰기'라는 표현을 통해 바디우가 하려는 말은 알고 보면 단순하다. 그것은 베케트가 1950년대부터 개별적 인간의 심리가 지닌 어떤 특별한 것이 아니라, 모든 인간에게 가장 공통적이고 근원적이면서 어떤 보편적인 것, 곧 그가 "유적인 인류의 본질"이라고 말하는 것에 대한 글을 쓰기 시작했다는 뜻이다. 그리고 이 글쓰기에 베케트가 동원한 수법이 "엄격한 경제성(절약)의 원칙에 의해", 작품에서 "정황상 장식으로 여겨지는 모든 것, 부수적인 유희에 해당하는 모든 것"을 제거하는 것이다. 바디우는 이에 대해 다음과 같이 설명했다.

장식들의 감산減算은 베케트의 작품들 안에서 그 내적인 메타포를 지닌다. 말하자면 유적인 글쓰기의 픽션을 실재화하는 등장인물들은 텍스트 전체에 걸쳐 본질적이지 않은 술어들, 의복들, 대상들, 소유물들, 몸의 부위와 언어의 단편들을 잃는다. 베케트는 빈번하게 유적인 기능들이 도래하기 위해 잃어야만 하는 것들의 목록을 작성한다. 그리고 그는 장식과 헛된 소유물을 불쾌한 수식어를 통해 우스꽝스러운 것으로 만든다. 그럼으로써 그는, 오로지 부수적이고 거추장스러운 것들을 잃어버리고 흩뜨릴 때만이 유적인 인류의 본질을 이해할 수 있다는 점을 지적하는 것이다.

여기서 잠깐, 첫머리에 나오는 "감산減算"이라는 용어에 주목하자. 우리는 〈혁명〉 김선우 편에서 우리말로는 '빼기' '뺄셈' 또는 '감산'이라고 책마다 다르게 번역되어 있는 바디우의 용어 'soustraction'이 무엇을 의미하는지를 자세히 살펴보았다. 그것은 고대 신플라톤주의 철학에서 중세 동방정교의 신학과 근대 미켈란젤로의 조각법을 거쳐 현대 민주주의 이론에 이르기까지 부단히 이어져 내려오는 특별한 사유 방법으로, 인간이 어떤 대상의 본질에 다가갈 수 있는 두 가지 방법— 첨가의 방식via di porre과 제거의 방식via di levare—가운데 하나였다.

중세 신학자들에 의해 '부정의 길negative way'이라고도 불렸던 이 방법은 모든 부수적인 것, 부적합한 것, 부당한 것들을 제거하고, 부정하고, 떼어내고, 금욕하고, 절제함으로써 사물과 삶의 진리에 이르는 기법이다. 르네상스 시대의 화가이자 조각가였던 미켈란젤로 Michelangelo Buonarroti, 1475~1564가 바로 이 기법으로 조각을 했다. 그는 예컨대 한 마리의 사자를 조각하려 하면 돌덩어리에서 사자의 형상에 적합하지 않은 부분을 모두 제거함으로써 그 안에 갇혔던 사자가 저절로 모습을 드러내게 했다. 오늘날에는 바디우와 지젝 같은 좌파 지식인들이 바로 이 기법을 민주주의에 부적합한 것들을 제거하는 정치적 원리로 사용하고 있다(이에 관한 자세한 내용은 〈혁명〉 김선우 편의 '미켈란젤로 프로젝트'에서 볼 수 있다).

바디우에 따르면, 1950년대 이후 베케트가 바로 이 유서 깊은 '감산'이라는 방법으로 "인류의 형상에서 모든 여흥거리를 제거"하고, '유적인 인류의 본질에 대한 놀라운 탐색enquête'을 시도했다. 그 때문에 베케트의 작품에서 가장 먼저 겉으로 드러나는 것이 인간과 세계의 '초라함dénuement'이다. 그래서 기존의 평론가들은 베케트의 작품이 "인류의 비극적인 황폐함, 부조리한 포기 상태"를 묘사하고 고발하는 것으로 해석해왔다. 하지만 바디우는 그것을 강하게 거부하며 다음과 같이 주장했다.

> 베케트가 우리에게 초라함의 극치를 보여주는 주체를 제시할 때, 이는 사실 경험의 우여곡절 속에서 정황적이고 처참한 모든 장식을 어쩔 수 없이 잃어버리는 데 성공한 주체다. 형이상학적 거지라는 '허무주의적' 세속성에 비추어 베케트를 해석하는 경향은 거부되어야 한다. 베케트가 우리에게 말하는 것은 살롱의 절망보다 더 깊이 사유된 것이다. 파스칼과 매우 유사하게, 베케트는 인류의 형상에서 모든 여흥거리를 제거하는데, 이는 인류의 기능들이 지닌 긴밀한 연동을 검토하는 것을 가능하게 하기 위함이다. 초라함이라는 픽션의 장치는 '등장인물'들의 현시를 점진적으로 정화시키는 작동인이다.

바디우는 베케트가 제시하는 "초라함의 극치를 보여주는" 주체, 곧

"인류의 형상에서 모든 여흥거리를 제거"함으로써 "스스로의 정화에 성공한 주체"의 예로, 극단적인 금욕을 실행한 《팡세》의 저자 블레즈 파스칼B. Pascal, 1623~1662을 들었다. 그가 말년에 예수의 고행을 뒤따른다는 뜻에서 뾰족뾰족한 못 끝이 박힌 쇠 띠를 차고, 말 털로 짠 고행의苦行衣를 입고, 단식을 감행했기 때문이다. 하지만 내 생각에는 물 한 병과 담요 한 장만 걸치고 황량한 사막으로 나가 살았던 고대 동방 정교의 '은둔 수도사들'의 이미지가 베케트의 무대와 인물들에 더 잘 어울린다.

'황야의 별'로 불렀던 성 안토니우스St. Antonius, 251~356가 그랬듯이, 그들은 자기 재산을 모두 가난한 사람들에게 나눠주고 황야로 나가 동굴 속에서 살았다. 짐승 가죽으로 옷을 지어 입고 날곡식과 소금만 먹으며 금욕과 수도 생활을 했다. 끝없는 기도와 고행 그리고 환상 속에서 온갖 욕망과 싸우며, 오직 바디우가 '유적인 것'이라고 표현한 신과 인간과 구원에 관한 질문들을 붙들고 살았다.

바디우는, 칸트의 비판Critique철학을 구축한 세 가지 질문 ─ 나는 무엇을 알 수 있는가? 나는 무엇을 해야 하는가? 나는 무엇을 희망할 수 있는가? ─ 이 있듯이, 1950년대 이후 베케트에게도 그의 문학을 낳은 세 가지 질문이 있다고 지적했다. 그것이 《아무것도 아닌 것을 위한 소설과 텍스트들》에 다음과 같이 드러나 있다.

내가 갈 수 있다면 나는 어디로 갈 것인가? 내가 만약 존재할 수 있다면 나는 무엇일 것인가? 내가 만약 목소리를 가지고 있다면 나는 무엇을 말할 것인가?

바디우가 보기에 이 세 가지 질문이 베케트가 찾아낸 인류의 형상에서 모든 장식적인 것, 모든 부수적인 것, 모든 여흥거리를 제거하게 하는 질문, 곧 유적인 인류의 본질에 대한 탐색을 가능하게 하는 '유적인' 질문이다. 그리고 그것이 1950년대 베케트의 작품에 등장하는 인물들을 정화하여 개별적인 인간이 아니라 '유적인' 인간으로 구성하게 했다. 바디우는 다음과 같이 단언했다.

　　1960년까지 그리고 그 시기를 조금 더 지난 시점까지, 가장 많이 알려진 베케트의 저작에서 '등장인물'은 언제 어디서나 여정(가는 것)의 인간, 부동성(있는 것)의 인간 그리고 독백(말하는 것)의 인간이었다.

1958년 출간된 《크라프의 마지막 테이프》는 '가장 많이 알려진 저작'은 아니지만, 내가 보기에는 이 작품의 주인공 크라프가 바로 바디우가 말하는 '유적인' 인간이다. 여정의 인간, 부동성의 인간, 독백의 인간이다. 크라프는 우리 모두가 그렇듯이—이것이 바로 그가 유적인 인간이라는 징표다—어디론지 (의미 있는 곳으로) 가고 싶고, (의미 있는) 무엇으로 있고 싶고, 무언가 (의미 있는 것을) 말하고 싶지만, 가지도 있지도 말하지도 못하고, 그 자리에서, 아무것도 아닌 채, 말이 아닌 말(독백)을 하는 인물이다.

그런데 이게 누구던가? 어디서 본 듯한 인물이 아닌가? 만일 당신이 베케트의 작품들에 관심이 있다면 너무나 자주 만난 인물일 것이고, 설령 그렇지 않더라도 베케트의 '가장 많이 알려진 저작'인 《고도를 기다리며》를 통해 이미 만나본 두 주인공, 블라디미르Vladimir와 에스트라공Estragon이다. 그들도 역시 어디론지 가고 싶고, 무엇으로 있고 싶고, 무언가 말하고 싶지만, 가지도 있지도 말하지도 못하고, 그 자리에서 아무것도 아닌 채, 말이 아닌 말을 하는 사람들이 아니던가! 바디우가 보기에는 바로 이것이 베케트가 파악한 '유적인 인류의 형상'이다. 내가 보기에는 《고도를 기다리며》에 나오는 다음 장면이 그에 대한 하나의 기념비다.

에스트라공 자, 그만 떠나자.

블라디미르 안 돼.

에스트라공 왜?

블라디미르 고도를 기다리고 있으니까.

에스트라공 참, 그렇군.

(······)

에스트라공 자, 그럼 가볼까?

블라디미르 응, 가세나.

(그들은 꼼짝 않는다.)

두 사람의 언어와 행동이 보여주는 이 절대적 무의미, 이 절대적 무가치를 보라! 우리는 《크라프의 마지막 테이프》에서도 그것을 다시 한 번 확인할 수 있다.

베케트의 '시간 마술'

평론가들은 베케트의 연극들을 부조리극absurdes theater으로 분류한다. 우리말로 부조리不條理는 '조리에 맞지 않음' '이해할 수 없음'을 뜻한다. 카뮈A. Camus나 사르트르J. P. Sartre 같은 실존주의 작가들이 부조리를 말할 때도 세계와 그 안에서의 삶이 지닌 '이해할 수 없음' '어처구니없음'을 의미한다. 부조리극은 이 같은 이해할 수 없음과 어처구니없음을, 기존의 극에서 필수적으로 설정되어 관객에게 이해를 주는 모든 극적인 요소(시간적 배경, 공간적 배경, 인물의 성격 그리고 보통 도입→상승→절정→반전→하강→파국으로 전개되는 구성)들을 과감하게 제거함으로써 표현한다.

예컨대 외젠 이오네스코E. Ionesco 1909~1994의 《대머리 여가수》〈왕은 죽어가다〉나 에드워드 올비E. Albee 1928~2016의 《누가 버지니아 울프를 두려워하는가?》 또는 2005년 노벨문학상을 받은 해럴드 핀터H. Pinter 1930~2008의 〈생일 파티〉〈관리인〉, 그리고 무엇보다도 베케트의 《고도를 기다리며》 같은 작품이 그렇다. 그래서 누가 이들 연극을 부조리극이라 할 때, 그것은 그 작품에서 관객에게 이해를 줄 만한 전통적 장치들이 철저하게 제거되었음을 지적하는 것이다. 부조리극을 '반反연극anti-théâtre'이라고 하는 것도 그래서인데, 바디우 같으면 어김없이 '감산'이라는 용어를 사용했을 이 일을 위해 베케트가 자주 사용하는 '특출한' 기법이 있다.

극에서 '사건의 전개를 제거함'으로써, 무대 위에 '변화 없는 시공간時空間'을 창조하는 것이다. 전통적인 연극에서 시간의 흐름과 공간의 변화는 사건의 전개를 통해 표현된다. 하지만 베케트의 작품들에서는 사건이 전개되지 않는다. 따라서 그의 무대에는 시간의 흐름과 공간의 변화가 없고, 베케트의 인물들은 아무 변화도 일어나지 않는 '끔찍한' 시공간에 갇힌다. 그 결과 그들도 나름대로 무엇인가 이야기하고 행동하지만, 그 말이나 행동은 아무 의미가 없다. 사건이 없으면 변화가 없고, 변화가 없으면 의미도 없다! 이게 무슨 뜻인가 싶어 지금 당신의 고개가 갸웃해졌다면, 잠시 《고도를 기다리며》를 살펴보자.

막이 오르면, 무대 위에는 말라비틀어진 나무가 한 그루 덩그러니 서 있다. 희곡에도 "시골길, 나무 한 그루", 이 두 마디만 쓰여 있다. 관객에게 어떤 이해를 제공하는 특정한 역사적 또는 지리적 시공간이 아니라는 뜻이다. 거기에 등장한 블라디미르와 에스트라공이라는 두 인물은 어디에서 오는지, 왜 오는지, 언제 오는지, 누구인지도 모르는 고도Godot를 하염없이 기다린다. 이 역시 관객에게 아무런 정보도 제공하지 않는 인물 설정이다. 그러나 온다는 고도는 끝내 오지 않고, 그렇다고 별다른 사건도 일어나지 않는다.

그래서 두 사람은 그저 시간을 죽이기 위해 지난 일을 회상하기도 하고, 고도에 대해 이야기도 하며, 잠을 자기도 하고, 다투기도 하며 또 스스로 목을 맬 공상도 한다. 그런 가운데 럭키와 포조라는 인물들이 그곳을 지나가지만 역시 별다른 사건도 없고 변화도 일어나지 않는다. 이어 정체 모를 한 소년이 나타나 고도가 오늘 저녁에는 오지 못하지만 내일은 틀림없이 올 것이라고 전하고 간다. 그러자 두 사람은 밤을 보내기 위해 어디로 가려고 하며 (그러나 가지 않고) 1막이 끝난다.

그래도 관객은 고도가 누구인지, 언제 올지, 등장인물이 왜 그를 기다리는지에 대해 이해하는 바가 전혀 없다. 2막에서도 거의 같은 내용을 다시 한 번 반복한 다음, 연극은 아주 끝난다.

베케트의 극에는 이처럼 사건도, 시간도, 공간도 없다. 무대 자체가 하나의 부조리다. 그래서 부조리극이라 하는 것이지만, 베케트는 그것을 통해 인간과 세계의 가장 근원적 요소인 부조리를 관객이 '이해하게' 하는 게 아니라 '체험하게' 한다. 그런데 그 '이해할 수 없는 체험'이 관객을 '인간의 실존'이라는 새로운 이해의 장으로 이끌고 간다. 바디우의 말을 빌려 표현하자면, "그럼으로써 그(베케트)는 오로지 부수적이고 거추장스러운 것들을 잃어버리고 흩뜨릴 때만이 유적인 인류의 본질을 이해할 수 있다는 것"을 우리가 이해하게 해준다. 그리고 바로 그 유적인 인류의 본질에 충실하게 살아야 한다는 것을 마침내 깨닫게 해준다. 이것이 베케트의 의도이고, 그것이 전부다. 과연 그런지, 이제 《크라프의 마지막 테이프》를 보자.

이야기는 69세 생일을 맞은 크라프가 젊어서부터 늘 하던 습관대로 지난 1년간의 기억을 담아놓기 위해 녹음을 하는 장면에서 시작한다. 그러다가 그는 30년 전인 39세 생일 때 녹음했던 테이프를 찾아 듣게 된다. 이 녹음테이프에는 그로부터 또 10여 년 전, 그러니까 크라프가 20대에 녹음한 테이프를 들어본 소감이 담겨 있다. 30년 전 크라프는 10여 년 전의 자기가 어리석었다고 스스로 비웃는다.

또 그 부질없는 결심들이라니! 특히 술을 줄일 것이라니! 8천여 시간

중 1,700시간을 술집에 보내면서, 20퍼센트 이상, 아니, 깨어 있는 시간의 40퍼센트라고나 할까. 그러고도 술을 줄여? 또 성생활을 줄이기 위한…… 갖가지 계획들. 아버지의 최근 병세. 맥 빠진 행복의 추구. 도달하기 힘든 여유. 그러니 청춘 시절을 비웃으며 청춘이 지나간 것을 신에게 감사하지 않을 수 있겠는가!

그러나 곧바로 "하지만 그건 거짓말이다"라고 실토하며 이내 속내를 털어놓는다. "걸작을 써내겠다는 환상, 신의 섭리에 대한 반항으로 끝을 맺을 생각이다. 그런데 그 비참함을 겪고 남은 게 뭐람?"이라고 말이다. 이로써 관객은 크라프가 젊어서부터 걸작을 쓰겠다는 야심 때문에 즐기는 술과 성생활도 줄이려 하고, 가족들과도 소원하게 지내며, 행복과 여유가 뭔지도 모르는 채 2~30대 젊은 시절을 보낸 작가라는 것을 알게 된다.

테이프 속의 크라프는 생의 중반이라고 할 수 있는 39세밖에 안 되었지만, 이미 지난 세월에 놓쳐버린 소중한 것들을 후회하고 있다. 특히 글을 쓰기 위해 헤어진 비앙카라는 여인과 오랫동안 과부로 살다 쓸쓸하게 죽은 어머니에 대한 자책감 때문에 안타까워한다. 그런데 문제는 그 후 30년이 지나 이제 69세가 되었지만 그의 삶이 크게 달라지지 않았다는 데에 있다. "지금 막 30년 전의 나라는 바보 녀석의 넋두리를 들어보았다. 내가 그 정도로 못났을 줄이야, 믿기 어려울 정도다"라고 또다시 한탄하지만, 그는 지금도 여전히 자기가 원하는 삶은 내팽개친 채 "마치 어린애들이 숙제하듯이, 마음을 가두고 그 잘나 빠진 작품에나" 매달려 산다.

그 덕에 책을 열일곱 권 내고, 그중 열한 권은 외국 공공 도서관에 팔리기도 하는 등 나름 유명해지긴 했다. 하지만 크라프는 "그럼 뭐하나?"라고 곧바로 한탄한다. 여름이 다 가도록 겨우 한두 차례 밖에 나가, 공원에 홀로 앉아 공포스러운 몽상에 잠길 뿐이라고 불만을 토로하기도 한다. 이처럼 일상적 삶이 주는 행복과 담을 쌓고 작품에만 매달려 살아온 자신의 생활을 "더러운 변기에 구역질이나 해대는 것과 뭐가 달라! 흥청망청 말잔치나 하며 살다니!"라고 한탄한다. "걸작을 쓰겠다는 최후의 노력이 수포로 돌아가버리면 그때는……"이라며 자살할 생각까지 한다.

크라프는 이처럼 지난 세월을 돌아볼 때마다 과거의 삶을 후회하며 새로운 삶을 살려고 한다. 하지만 그는 항상 제자리에 머물러 있다. 때문에 생일을 맞을 때마다 그가 하는 말도 의미 있는 말이 아니다. 그것은 테이프에서 반복되는 독백처럼 그저 '소리'일 뿐이다. 크라프는 전 생애를 걸쳐 《고도를 기다리며》에서 블라디미르와 에스트라공이 보여준 마지막 장면—"그럼 가볼까?"/"응, 가세나."/(그들은 꼼짝 않는다)—을 반복해서 재연했을 뿐이다.

그렇기 때문에 작품 전체를 통틀어 가장 안타깝고 서글픈 것은 그가 더 이상 어디론지 갈 수도 없고, 무엇이 될 수도 없고, 무언가 (의미 있는 것을) 말할 수도 없게 되어, 곧 모든 존재 가능성이 사라진 다음에도 여전히 그 자리에서, 여전히 아무것도 아닌 채, 여전히 말이 아닌 말을 하는 마지막 장면이다. 그 말이 아닌 말은 아이러니하게도 이랬다. "다시 한 번 해보는 거야!"

크라프가 다시 한 번 해보고 싶은 일이 무엇이던가? 그것은 걸작을 쓰는 것도, 백만장자가 되는 것도, 역사에 남는 인물이 되는 것도 아니다. 오히려 그가 젊었을 때 "모든 비참했던 일들"이라고 비하한 극히 일상적이고 사소한 일들이다. 그는 그저 "저 어둠 속에서 버티면서 다시 방황을 해보는 것" "다시 한 번 크리스마스이브에 깊고 좁은 골짜기에 들어가 빨갛게 익은 산딸기를 따는 것" "다시 한 번 안개 자욱한 일요일 아침에 그녀와 함께 크로간 산에 올라가 우두커니 서서 종소리를 듣는 것" "그녀의 몸 위에 다시 한 번 엎어지는 것", 당시에는 얼마든지 쉽게 할 수 있었던 그런 일들을 다시 한 번, 꼭 한 번만 해보고 싶은 것이다.

그러나 아무리 원하고 바라도 한 번 지나가버리면 그처럼 사소한 일들마저 결코 허락하지 않는 것이 우리가 아는 시간의 '냉엄하고 잔인한' 본성이다. 서양인들이 크로노스chronos라고 부르는 이 시간은 시위를 떠난 화살처럼 모든 인간적인 소망과 희망을 매몰차게 뿌리치고 오직 죽음이라는 과녁을 향해 빠르게 날아갈 뿐이다. 그래서 드라마는 크라프가 회한과 절망 그리고 체념 속에 망연자실하는 모습을 보여주며 막을 내린다.

그렇다! 우리가 사는 시간에는 과거로 되돌아가는 역전도, 건너뛰는 비약도, 멈춰 서는 정지도, 되풀이하는 반복도 없다. 그런데 그것이 진실인가? 그것이 전부인가? 정말 인간은 이처럼 나약하고 속수무책인가? 아니다! 그렇지 않다! 이제부터 베케트가 부린 마술을 보자! 그는 《크라프의 마지막 테이프》에서 시간을 마음대로 조작하는 '마술'을 현란하게 펼쳤다. 노벨문학상을 받은 노련한 극작가답게 그는 녹음기라는 기계 조작을 이용해 시간의 역전, 비약, 정지, 반복을 무대 위에 자유자재로 실현해 보였다. 그것을 통해 베케트는 한 인간이 젊은 시절에 가졌던 사랑과 욕망, 중년에 품었던 회의와 희망 그리고 말년에 감당해야 하는 회한과 절망을 관객의 눈앞에 동시에 펼쳐놓아 한눈에 드러나게 했다.

이 얼마나 놀라운 기법인가. 내가 보기에는 베케트가 녹음기를 통해 보여준 '시간 마술'은—20세기 초에 제임스 조이스, 마르셀 프루스트, 버지니아 울프와 같은 아방가르드avant-garde, 前衛藝術 작가들이 개발한 '의식의 흐름stream of consciousness'처럼—문학이 시간 안에서 발굴해낸 또 하나의 '존재 가능성'(하이데거)이자 '사건'(바디우)이다. 그것이 하이데거M. Heidegger가 강조한 기획투사Entwurf를 통해서든, 바디우가 말하는 충실성fidélité을 통해서든, '진리가 진리로' 드러나게끔 하는 가능성과 계기를 제공하기 때문이다. 그렇다. 바로 여기에 우리에게 매 순간 상처를 입히고 마지막에는 죽이는 크로노스에서 벗어날 '실낱같은' 희망이 있다! 베케트가 그 좁은 탈출구를 찾아낸 것이다!

크라프의 비극은 녹음기를 이용한 시간 마술이 제공한 존재 가능성과 사건을 포착하지 못한 것에 기인하지만, 베케트는 자신의 작품들 곳곳에 이 같은 희망과 탈출구를 때로는 명시적으로 때로는 암시적으로 열어 보였다. 예를 들어 "불모의 땅, 그러나 완전히 그렇지는 않은"(〈이제 그만〉), "계속해야 한다. 난 계속할 수 없다. 난 계속할 것이다"(〈이름 붙일 수 없는 것들〉) 같은 대사들이 지시하는 희망과 탈출구가 그것이다. 뒤에서 다시 다루겠지만, 바디우가 "베케트의 모든 재능은 거의 과격할 정도의 긍정을 지향하고 있었던 것"이라고 평한 것이 그래서이고, 슬로베니아의 철학자 슬라보예 지젝S. Zizek이 부단히 실패하는 혁명을 이야기할 때마다 "다시 시도하라. 또 실패하라. 더 낫게 실패하라!"(《최악을 향하여》)는 베케트의 잠언箴言을 인용하는 것도 그래서다.

철학적인 관점에서 보면, 베케트가 한 일은 녹음기라는 장치를 통해 우리가 일상에서 체험하는 시간과는 전혀 다른 새로운 시간의 가능성을 드러내 보인 것이다. 그것은 오직 우리의 마음 안에 존재하며, 사건에 의해서 흐르고, 우리가 보통 '기억' 또는 '회상'이라고 부르는 것을 통해 드러나며, 때로는 과거로 또 과거의 과거로 거슬러 흐르고, 때로는 건너뛰고, 정지하며, 되풀이되기도 하는 그런 시간이다. 서양 철학과 신학에서는 이런 시간을 카이로스kairos라고 한다.

나는 그날 강연에서 바로 이 시간에 대해, 이 희망에 대해, 이 탈출구에 대해 이야기하고 싶었다. 이 시간을 통해서만 인간은 중세 해시계에 새겨진 시간의 폭력성을 극복할 수 있기 때문이다. 이 시간 안에서만 인간은 자기가 누구인지, 진정 원하는 것이 무엇인지, 또 역사가 무엇인지, 무엇을 위해 살아야 하는지를 깨달을 수 있기 때문이다. 다시 말해 오직 이 시간에 의해서만 인간은 자기의식과 역사의식을 획득할 수 있기 때문이다. 이에 대해서 나는 할 말이 무척 많은 편이다. 그래서 강연에서는 시간상 건너뛴 내용들을 보충해 정리하자면, 이후 강연은 대강 다음과 같이 이어졌다.

에피쿠로스에게 종려나무 가지를

고대를 대표하는 신학자 아우구스티누스A. Augustinus, 354~430는 신에게 바치는 그의《고백록》에서 시간이 무엇인지를 알기가 얼마나 어려운지 다음과 같이 호소했다.

> 우리는 시간을 말할 때도 확실히 그것을 이해하나이다. 다른 사람이 시간에 대해 말할 때도 그것을 이해하나이다. 그럼에도 시간은 대체 무엇이옵니까? 누가 내게 묻지 아니하면, 나는 그것이 무엇인지를 아나이다. 하지만 누가 내게 물어 그것을 설명하려 하면, 나는 알지 못하나이다.

그렇다! 우리는 시간 안에서 태어나 시간 안에서 살기 때문에, 누구나 그것이 무엇인지 알고 있지만 말로 표현하기는 쉽지 않다. 이유야 사람에 따라 분분하다. 그중 우리의 이야기와 관련해 중요한 것은 시간에는 적어도 두 가지의 얼굴이 있는데 그것들이 서로 상반되고 이질적이기 때문이다. 이 점에서 시간은 야누스Janus다. 죽음으로 인도하는 문지기이자 구원에 이르게 하는 안내자다. 그중 하나는 일찍이 기원전 4세기에 그리스 철학자 아리스토텔레스Aristoteles, BC 384~BC 322가 규정한 '물리적 시간'이고, 다른 하나는 일찍이 성서에 나타나 있고 플라톤과 플로티노스의 형이상학에서 발견되고 5세기에 아우구스티누스가 계승·심화한 '심리적 시간'이다.

아리스토텔레스는《물리학》《형이상학》등에서 시간이 운동은 아니지만 운동을 떠나서는 형성되지 않는다면서, "운동과 관련된 어떤 수數" 또는 "운동의 척도"로 파악했다. 그가 말하는 운동kinēsis이란 장소의 변화뿐만 아니라 양의 변화, 질의 변화 같은 상태의 변화까지 포함한 모든 '물리적 변화'를 뜻한다. 이 말은 아리스토텔레스는 시간을 '물리적 변화의 척도' 또는 그것을 나타내는 '수'로 파악했다는 것을 뜻한다. 그것은 '자연의 시간'이고 '끊임없이 흘러가는 시간'이다. 어디로부터인지 다가와, 우리를 지나, 또 어디론지 사라져간다. 때문에 우리는 이 시간을 언제나 '현재'로만 지각하고 경험할 수밖에 없다.

물론 우리는 물리적 시간도 '과거(이전)' '현재(지금)' '미래(이후)'로 이어지는 선線처럼 생각할 수는 있다. 그러나 사실은 아니다. 지금 당장 시계를 보라. 과거는 '이미' 존재하지 않고 미래는 '아직' 존재하지 않기 때문에, 우리가 시계판에서 실제로 확인할 수 있는 것은 매번 '지금nunc', 곧 현재라는 시점時點뿐이다. 게다가 그 '지금'마저도—마치 기하학에서 점點이 위치만 있을 뿐 길이〔延長〕가 없는 것처럼—사실인즉 한없이 나뉘어 분산되는 찰나刹那일 뿐, 어떤 시간적 연장延長도 아니다. 물리적 시간에는 수많은 찰나들이 지금, 지금, 지금, 지금…… 이렇게 무한히 계속될 뿐이다. 이것이 아리스토텔레스가 규정한 물리적 시간성이다.

위뤼뉴 교회 해시계에 적힌 라틴 문구—"모든 시간은 상처를 입히고 마지막에는 죽인다"—가 알려주듯이, 또 우리의 서글픈 경험이 말해주듯이, 물리적 시간은 육체와 정신 그리고 삶 자체까지 하나하나 파괴해간다. 여기에는 역전도, 비약도, 정지도, 반복도 없다. 태어나는 모든 어린아이는 나자마자 늙기 시작하여 결국에는 죽는다. 이 점에서 시간은 그 누구도 피해가지 못하는 폭력적 파괴자, 곧 크로노스다. 그리스신화에서 크로노스는 자기 자식을 낳는 대로 잡아먹는 끔찍한 신이지 않은가. 그것은 이 시간 안에서 경험하는 우리의 삶이 단지 죽어가는 것, 흘러가고 마는 것, 허무하기 짝이 없는 것, 무의미하고 값어치 없는 것이 되고 만다는 것을 의미한다.

사람들은 예나 지금이나 물리적 시간의 이 같은 파괴적인 속성에 놀라고, 그에 대한 속수무책에 당황할 수밖에 없다. 로마의 시인 베르길리우스P. Vergilius Maro, BC 70~BC 19가 그의 《전원시》에서 "시간은 모든 것을 가져간다. 심지어 마음까지도"라고 한탄하고, 영국의 문호 윌리엄 셰익스피어W. Shakespeare, 1564~1616가 그의 장시 〈루크리스의 능욕〉에서 다음과 같이 비아냥거린 것도 그래서다.

시간이여!
너는 청춘을 좀먹는 자, 거짓 즐거움의 못된 노예이며,
슬픔을 구경하는 천박한 자, 죄악을 진 말이며,
미덕의 올가미다. 너는 모든 것을 낳고,
또한 모든 존재하는 것을 소멸시킨다.
(……)
오만한 건축물을 네 힘으로 폐허화하고
빛나는 황금 탑을 먼지로 더럽힌다.

물리적 시간은 이처럼 세상의 모든 것을 좀먹게 하고, 소멸시키고, 없애고, 종결시키고, 폐허로 만들고, 더럽히고, 무의미하고, 무가치하

게 만든다. 때문에 이 시간 안에서 개인은 자기 정체성identité을 정립할 수 없고, 국가와 민족은 역사의식을 형성할 수 없다. 그 결과 자기또는 자신들이 누구인지, 왜 살아야 하는지, 또 어떻게 살아야 하는지를 파악할 수가 없다. 바로 여기에 우리의 삶에 짙게 드리워진 실존적불안과 절망 그리고 모든 허무주의가 발을 딛고 있다. 이런 이유에서시간의 파괴성은 고대부터 인간이 극복해야 할 가장 중요하고 심각한문제였다.

인간의 삶에는 예나 지금이나 삶 자체를 위협하는 위험과 이에 따른공포가 잠재해 있다. 특히 정통 종교들과 법률, 의료 제도 등 각종 사회적 안전장치들이 아직 없었던 고대인들의 삶은 오늘날 우리들의 삶과는 전혀 다른 의미에서 극심한 위험과 공포에 노출되어 있었다. 그중에서도 왕권과 같은 절대적 권력, 불운·질병 같은 악마적惡靈的 세력그리고 숙명으로 인식되는 죽음에 대한 공포가 다른 무엇보다도 컸다.때문에 동서양을 막론하고 고대인들은 이런 불가항력적인 것들을 모두 신적神的인 것으로 파악하고, 그것들을 속절없이 두려워하며 떨어야 했다.

문명이 시작되자마자 이에 대한 대책이 강구되었고, 자연히 다양한해답들이 제시되었다. 독일의 철학자 카를 야스퍼스K. Jaspers, 1883~1969가 축의 시대die Achsenzeit라고 이름 붙인 '인류 문명의 놀라운 개명기BC 800~BC 200'에 쏟아져 나온 많은 지혜와 지식이 직간접적으로 이와연관되어 있다. 그중 하나가 기원전 4세기경 사모스 섬에서 태어나 활동한 에피쿠로스Epicouros, BC 341~BC 270의 쾌락주의hedonism다.

에피쿠로스는 — 아리스티포스Aristippos, BC 435?~BC 366?가 창시한 키레네학파Cyrenaics 사람들과 달리—단순히 감각적 쾌락을 추구한 사람은 아니었다. 그는 "쾌락hedone을 동물적이고 육체적인 것으로만 비하하는 사람은 그들 자신이 그런 사람임을 반증하는 것에 불과하다. 왜냐하면 그들은 육체적인 쾌락밖에 모르기 때문이다"라고 오히려 감각적 쾌락주의자들을 비난했다. 쾌락을 유일한 선善으로 간주했지만, 그가 말하는 쾌락은 쾌감의 증가에서 얻어지는 이른바 '방탕자의 쾌락'이 아니라, 오히려 고통의 감소에서 오는 '마음의 평정', 곧 아타락시아ataraxia였다.

'철학의 임무는 신과 죽음 같은 초자연적 힘이 동반하는 불가항력적 공포에서 인간을 해방하는 것이다'라고 생각했다는 점에서, 에피쿠로스는 동시대를 풍미한 스토아철학자들과 마찬가지로 소크라테스, 플라톤 이후 그리스 사상의 숭고함과 위대함을 잇고 있다. 그는 신이라는 이름으로 이야기되는 모든 불가항력적 공포에 떠는 많은 사람들에게—마치 플라톤이 그랬던 것처럼, 그러나 그 자신의 특유의 방법으로—다음과 같은 '위로의 복음'을 전했다.

만일 신들이 존재한다면, 저 무한한 우주 어딘가에서 지복한 생활을 하고 있다. 신들은 인간을 괴롭히지도 않으며, 인간이 괴로워하는 것을 바라지도 않는다. 그리고 만일 신들이 존재한다면 우리들, 지상의 피조물보다는 행복한 삶을 산다는 점에서 신들인 것이다. 신들은 쾌락 속에서 살며 더할 나위 없는 지복 속에서 쉬고 있고, 다른 신이나 인간들 일에는 간섭하지 않는다.

"이것이 에피쿠로스의 즐거운 신학이다. 모든 에피큐리언은 신들의 그림자가 없는 하늘 밑에서 신성을 발견한다." 독일의 철학자 루트비히 마르쿠제L. Marcuse, 1894~1979가 《행복론》에서 한 말이다. 2천 년이 지난 후 니체에게서나 다시 발견되는 이 '즐거운 신학'에서는 악마적 세력이나 죽음이 공포의 대상일 수 없다. 아우구스티누스가 "그리스 철학자들의 학파는 어느 것이나 악령이나 마녀를 믿었다. 다만 에피쿠로스학파만은 예외였다"고 한 것도 그래서였다.

에피쿠로스는 또한 "모든 일은 그대가, 곧 오늘 여기에 살고 있는 인간으로서의 그대가 행복하게 산다는 데 달려 있다. 그대는 신이나 그의 사원을 위해, 국가나 강력한 문화를 위해 살고 있는 것이 아니다. 그대는 그대의 단 한 번뿐인 유일한 인생을 행복으로 가득 채우기 위해 존재한다"고 가르쳤다. 이 점에서 그는 위대한 선배들과 경쟁자인 스토아철학자들이 선택한 길과는 전혀 상반되는 길을 갔다. 죽음처럼 우리의 삶을 위협하는 불가항력적 공포에 대항하여 싸우는 길로서 에피쿠로스가 선택한 것은 '내세의 삶에 대한 희망'이 아니라 '현세의 삶에서 느끼는 행복'이었다.

그래서 에피쿠로스는 오직 '지금', 곧 현재에 몰두할 것을 권했다. '카르페 디엠Carpe diem, quam minimum credula postero; 지금을 잡아라, 되도록 내일이라는 말은 최소한만 믿어라'이라는 로마 시인 호라티우스Q. Horatius Flaccus, BC 65~BC 8의 금언도 바로 여기서 나왔다. 마치 풀 속에 숨어 있는 산딸기 열매를 한 알 한 알 찾아 따듯이, 그때그때를 행복하게 살라는 뜻이다. 그럼으로써 바람처럼 흘러가버려 '이미' 존재하지 않는 과거 때문에 생기는 회한과 절망 그리고 신기루처럼 멀리 있어 '아직' 존재하지 않는 미래에서 오는 불안과 공포를 떨쳐버리라는 뜻이다.

현세적인 시간관에서 나온 지혜다! 같은 맥락에서 에피쿠로스는 "가장 무서워해야 할 악, 곧 죽음은 우리와는 아무 관계도 없다. 우리가 살아 있는 한 죽음은 존재하지 않고, 죽음이 찾아왔을 때 우리는 더이상 살아 있지 않기 때문이다"라는 다분히 논리적이고 설득력 있는위로의 말도 남겼다. 2300년쯤 지나 프랑스의 실존철학자 장 폴 사르트르가 기꺼이 계승한 이 같은 가르침들은 숱한 위험과 공포에 노출되어 있던 고대인들에게 큰 위로와 용기가 되었다. 때문에 그로부터 7백년쯤 후에 전혀 다른 시간관을 바탕으로 기독교 신학을 정초한 아우구스티누스마저도 "나중에 그리스도가 세상에 나타나지 않았다면 나는에피쿠로스에게 종려나무 가지를 바쳤을 것"이라고 고백했던 것이다.

그러나 313년 콘스탄티누스 대제가 〈밀라노칙령〉을 발표하여 기독교를 공식 승인한 뒤로 에피쿠로스의 현세적 시간관과 쾌락주의는 차츰 자취를 감추었다. 기독교가 '카이로스'라는 새로운 시간관을 전파하고, 현세가 아니라 '내세에서의 행복'을 교훈했기 때문이다. 그런데놀랍게도 현대에 와서 쾌락주의가 갑자기 다시 살아났다. 단순히 부활한 것이 아니라 득세했다! 키레네학파적 의미에서든 에피쿠로스적 의미에서든, 쾌락주의는 현대인의 생활철학이자 대중문화의 핵심 코드가 되었다. 우리는 이제 눈만 뜨면 어디서든 아리스티포스와 에피쿠로스를 보고 만날 수 있다.

무엇 때문일까? 기독교가 쇠퇴했기 때문일까? 기계적 세계관에 기초한 근대 문명이 물리적 시간관을 주입한 탓일까? 신, 절대 가치, 이성, 역사, 혁명 같은 '큰 이야기grands récits; 거대담론'들을 몰아내고, 세속적이고 일상적이며 개인적인 '작은 이야기petit récit'들이 진리로 정당화한 포스트모던 시대이기 때문일까? 그것도 아니면 소비를 바탕으로 유지되는 후기자본주의가 쾌락주의를 강요한 탓—이에 대해 우리는 〈혁명〉 김선우 편에서 자세히 살펴보았다—일까? 맞다. 이 모든 역사적·사회적 요인들이 힘을 모아 현세적 시간관과 쾌락주의를 다시 살려냈다.

그러나 그게 다는 아니다. 강연에서 내가 이야기하고자 한 또 다른 이유가 있다. 우리는 20세기에 만들어진 걸출한 두 작품에서 그 '또 다른' 이유를 추적해볼 수 있다. 하나는 (강연에서는 다룬) 그리스의 문호 니코스 카잔차키스N. Kazantzakis, 1883~1957의 《그리스인 조르바》이고, 다른 하나는 (강연에서는 다루지 않았지만) 스웨덴이 낳은 거장 잉마르 베리만I. Bergman, 1918~2007 감독의 영화 〈제7의 봉인The Seventh Seal〉이다. 내가 보기에는 이 두 작품은 참혹했던 2차 세계대전 이후 부활한 에피쿠로스적 시간관과 쾌락주의에 대한 위대한 찬가이자 오마주hommage다. 전자는 삶에 대한 두려움 때문에, 후자는 죽음에 대한 두려움 때문에 에피쿠로스에게 종려나무 가지를 바치는 내용이다.

카잔차키스의 삶, 베리만의 죽음

《그리스인 조르바》는 작가가 실존 인물인 조르바와 함께한 몇 달간의 경험을 적은 1인칭 소설이다. 이 소설의 주인공인 작가가 바로 삶에 대한 두려움 때문에 에피큐리언이 되어가는 인물인데, 조금 자세히 살펴보자면 이렇다.

크레타 섬으로 가는 배를 기다리던 어느 항구에서 작가가 조르바를 우연히 만난다. 작가는 "인생은 재미있는 연극이어서 촌놈이나 바보만이 무대로 뛰어올라가 연기에 가담한다는 듯이" 방관적으로 살아왔다. 그런 만큼 삶에 대한 후회와 두려움이 많다. 한 번도 무대에 직접 올라가본 적이 없기 때문이다. 반면에 "'왜요'가 없으면 아무 짓도 못 하는가요? 가령 하고 싶어서 한다면 안 됩니까?"라고 대드는 조르바는 말 그대로 "하고 싶은 대로" "화끈하게" 살아왔다. 그런 만큼 그에게는 삶에 대한 후회나 두려움 따위가 전혀 없다.

작가는 "섬약한 손과 창백한 얼굴, 피투성이가 되어 진창에 굴러보지 못한" 자신을 부끄러워하고, 조르바는 "나는 아무도, 아무것도 믿지 않아요. 오직 조르바만 믿지"라고 자기 자신을 자랑스러워한다. 이처럼 서로가 서로에게 이질적인데도—사실은 바로 그렇기 때문에—두 사람은 보자마자 의기투합하여 함께 섬으로 가서 갈탄 광산을 빌려 동업을 시작한다. 작가는 사장으로 조르바는 현장 감독으로 일하는데, 이때도 작가는 "일꾼들에게 임금을 주는" 방관자에 불과하고, 조르바는 "일을 어정쩡하게 하면 끝장나는 겁니다"라며 열정을 쏟는다.

여성관계에서도 마찬가지다. 조르바는 섬에 도착하자마자 과부인 호텔 여주인을 꿰찬다. 그러나 작가는 매혹적인 젊은 과부를 이야기가 거의 끝나갈 때까지 멀리서 훔쳐보기만 한다. 소설은 결국 두 여인이 차례로 죽고 사업이 망한 다음, 두 사람이 헤어지며 끝난다. 그러나 작가는 그동안 조르바에게서 후회와 두려움 없이 사는 방법을 배웠는데, 조르바의 가르침은 이랬다.

예컨대 뭘 먹고 싶으면 "목구멍이 미어지도록 처넣어 다시는 그놈의 생각이 안 나게" 하는 것이다. 담배, 술, 여자에 대한 욕망도 마찬가지다. 조르바는 인간의 욕망은 "금욕주의 같은 걸로는" 도저히 다스릴 수 없기 때문에 이 방법만이 "사람이 자유를 얻는 도리"라고 우겨댄다. 한껏 욕망을 충족함으로써 삶에 대한 후회와 두려움에서 벗어나라는 말이다. 한데 이 '나름의 비법'이 우리에게 전혀 낯설지가 않다. 앞서 보았듯이 적어도 2300년 전에 아리스티포스와 에피쿠로스가 쾌락주의라는 이름으로 이미 진지하게 교훈했기 때문이다.

내가 보기에 조르바는 '20세기를 산 에피쿠로스'다. 그의 행동을 얼핏 보면 키레네학파의 아리스티포스를 닮기도 했지만, 그의 생각은 에피쿠로스에 더 가깝다. 에피쿠로스는 "그대는 단 한 번뿐인 유일한 인생을 행복으로 가득 채우기 위해 존재한다"고 가르쳤다. 같은 말을 조르바는 "산다는 게 뭘 의미하는지 아시오? 허리띠를 풀고 말썽거리를 만드는 게 바로 삶이오"라고 표현했다. 에피쿠로스는 또 "모든 일은 그대가, 곧 오늘 여기에 살고 있는 인간으로서의 그대가 행복하게 산다는 데 달려 있다"고 교훈했는데, 조르바는 "나는 어제 일어난 일은 생각 안 합니다. 내일 일어날 일은 묻지도 않지요. 내게 중요한 것은 오늘, 이 순간에 일어나는 일입니다"라고 중얼댔다.

그렇다! 이것이 하나의 방법일 수 있다. 바람처럼 흘러가버린 과거나 신기루처럼 멀리 있는 미래는 모두 잊고 오직 현재에만 몰두하는 것이 피할 수 없는 시간의 파괴성과 빠져나올 수 없는 허무의 늪에서 우리 스스로를 구할 수 있는 가장 간단하고 현실적인 방법인지도 모른다. 적어도 삶에 대한 후회나 두려움 따위는 전혀 없을 것이다. 그래서 오늘날 우리가 조르바에게 기꺼이 종려나무 가지를 바치는지도 모른다.

물론 그것이 전부는 아니다. 두려움은 양날의 칼을 가졌다. 그것은 삶과 죽음 둘 모두에 스며 있고, 둘 모두에서 나온다. 그런데 지금 우리는 어떤 시대를 살고 있는가? 〈혁명〉 김선우 편에서 자세히 살펴보았듯이, 독일의 사회학자 울리히 벡U. Beck, 1944~2015이 이름 지은 '위험사회risk society', 곧 우리가 당면한 위험을 지금까지 유효했던 제도적 방안(과학기술·사회제도)으로 통제하거나 보상할 수 있다는 믿음이 깨져버린 사회에 살고 있지 않은가! 폴란드 출신 사회학자 지그문트 바우만Z. Bauman은《유동하는 공포》에서 오늘날 예측할 수도, 통제할 수도 없이 우리를 덮쳐오는 위험과 공포의 성격을 다음과 같이 규정했다.

> 밀란 쿤데라가 간결하게 요약한 것처럼, 세계화가 낳은 '인류의 단일화'란 근본적으로 '달아날 곳이 아무 데도 없다는 뜻'이다. 그 누구도 안전한 쉼터를 찾을 수 없다. 유동적 근대 세계에서는 위험과 공포조차 유동적이다. 아니면 유체라기보다 기체와 같을까? 위험도 공포도 흐르며, 스미며, 배어든다. 아직 그런 흐름을 막아낼 장벽은 발명되지 않았다.

인간을 소름끼치게 하는 위험과 공포가 무엇이던가? 그것은 '탈출구 없음No Exit'이다. 바우만은 지금 우리가 그렇다는 것인데, 인간에게서 삶의 두려움과 죽음의 공포는 상호 의존 관계에 있다. 살 수 있는 용기와 죽을 수 있는 용기 역시 마찬가지다. 때문에 삶을 긍정하지 못하는 것이 죽음을 긍정하는 것을 의미하는 것이 아니다. 오히려 긍정되지 않는 삶의 뒷면에는 죽음의 공포가 있다. 베리만 감독의 영화

〈제7의 봉인〉이 바로 이 문제를 다루었다.

죽음의 악마가 전 유럽을 할퀴었던 2차 세계대전이 끝난 다음, 베리만은 죽음의 공포 앞에서 속수무책으로 절망하고 두려워하며 떨고 있는 인간의 실존을 그리기 위해 페스트가 전 유럽을 휩쓸던 14세기를 시대적 배경으로 잡았다. 기독교가 공식적으로 인정된 4세기 이후 천년이 되는 때, 즉 '천년왕국'이 끝나는 때라는 생각에서 나온 종말론이 팽배했던 시기이기도 했다. 유대계 독일인 사회학자 노베르트 엘리아스N. Elias, 1897~1990는 그의 저서 《죽어가는 자의 고독》에서 그 시기의 상황을 다음과 같이 설명했다.

> 14세기에 죽음의 공포가 눈에 띄게 증가했다. 도시가 성장하고 역병이 강력한 힘으로 전 유럽을 휩쓸었다. 사람들은 자신의 주변을 포위하고 있는 죽음에 대해 두려워했다. 성직자와 탁발승들이 이 공포를 더 강화시켰다. 그 당시 회화와 서적들에는 죽음의 무도danse macabre라는 모티브가 등장했다.

폭풍우가 지나간 하늘 너머로 커다란 낫을 든 사신死神을 따라 사람들이 춤추며 어디론지 가고 있는 모습이 '죽음의 무도'다. 베리만은 이 춤을 영화의 마지막 장면으로 잡고, 검은 실루엣으로 처리했다. 훗날 영화사에 기록된 이 장면에서 양차 세계대전의 참혹을 경험한 당시 관객은—2천 년이나 믿어온 신에게, 2백 년이나 추구해온 인간성humanity에서도 보호받지 못한 채—죽음의 공포 앞에 적나라하게 노출되어 있는 '인간 실존의 적나라한 모습'을 생생하게 보았던 것이다.

그 덕에 영화는 큰 성공을 거두었다.

"일곱째 인을 떼실 때에 하늘이 반시 동안쯤 고요하더니 내가 보매 하나님 앞에 시위한 일곱 천사가 있어 일곱 나팔을 받았더라"(요한계시록 8: 1~2). 영화는 구름이 가득 낀 검은 하늘을 독수리 한 마리가 나는 장면을 배경으로, 세계의 종말과 심판을 알리는 묵시록의 한 구절이 내레이션으로 나오며 시작한다.

10년 전 십자군으로 출정했다가 1351년 페스트가 창궐하던 고국으로 돌아온 기사 안토니우스 블로크는 종자 옌스와 함께 바닷가에서 잠들었다가 깨어나 아침기도를 올린다. 그리고 체스 판을 챙기려고 몸을 돌릴 때, 얼굴에 백회칠을 하고 중세 수도사의 검은 외투를 둘러쓴 사람이 다가온다. "당신 누구요?"라고 묻는 블로크에게 그는 "나는 죽음일세"라고 답한다. 블로크는 자신의 죽음을 조금이라도 미루기 위해 '죽음'과 내기 체스를 시작한다. 그럼으로써 그는 죽음과 심판이 있기 전까지 '반시 동안쯤'의 말미를 얻게 되는데, 베리만 감독의 카메라는 그 말미 동안 일어난 일들을 쫓아간다.

페스트로 전 국민의 3분의 1이 이미 사망한 당시 스웨덴에서는 곳곳에 뒹구는 시체들이 죽음의 그림자를 짙게 드리우고 있었다. 이에 두려워하며 떠는 인간들은 불안과 고통 그리고 광기에 가득 차 수많은 종말론적 전조들을 드러낸다. 베리만은 광신자, 편태鞭笞 고행자(채찍으로 자기 몸을 때리는 고행을 하는 사람), 참회자, 마녀사냥꾼, 시체 절도자, 간통자, 환시자 등 죽음 앞에 선 인간들의 실존을 차례로 드러내 보여준다. 이들을 살펴보면 일부는 고통을 통해(광신자, 편태 고행자,

참회자), 다른 일부는 쾌락을 통해(시체 절도자, 간통자)—즉 상반된 길을 통해—죽음의 공포에서 벗어나려 노력한다. 그런데 공통점은 모두가 실패한다는 것이다.

마지막 장면에서 이들은 모두 '죽음의 무도'를 추며 사신을 따라간다. 젊은 아내를 홀로 두고 십자군으로 나가 10년이나 신을 위해 싸웠던 주인공 기사 블로크도, 휴머니스트인 그의 종자 옌스도 마찬가지다. 옌스는 시체를 강탈하는 거짓 사제 라발에게 강간당할 뻔한 여인을 구해주고, 광대 요프도 도와주며, 마녀로 몰려 화형당하는 어린 소녀에게 물을 주기도 하는 선한 인간이다. 그럼에도 죽음의 대열에서 제외되지 못한다. 그런데 예외가 있다. 광대 요프와 그의 아내 미아다. 바로 여기에 베리만이 영화 〈제7의 봉인〉을 통해 하고 싶은 이야기의 핵심이 들어 있다.

요프와 미아는 단순하고 소박한 사람들이다. 관객도 없는 떠돌이 극단의 보조 광대로 언제나 생계가 위협받고 있고, 온 세상이 죽음과 그에 대한 공포로 뒤덮였지만, 그들은 삶과 죽음 그 어느 것에도 두려움이 없는 사람들이다. 이들은 단지 하루하루 주어진 일상의 삶을 기뻐하고 감사하며 서로 사랑하는 사람들이다. 때문에 죽음과 악마적인 세력이 지배하는 가혹한 현실과 그것에서 나온 내세의 삶에 대한 고통스럽고도 부질없는 희망 사이에서 절망하지도 않는다.

이 점에서 그들은 진정한 에피큐리언이다. 기사 블로크를 만났을 때 미아는 "사람들은 왜 걸핏하면 스스로를 괴롭히려 드는지 모르겠어요"라고 묻는다. 그를 두고 하는 말이다. 블로크는 미아가 건네는 산딸기와 우유를 받아먹으며 자신의 고통과 죄책감을 잠시나마 잊고 '현세적 행복의 순간'을 경험하게 된다. 이에 블로크는 "여기 당신네 부부와 함께 앉아 있으려니까 모든 게 사실이 아닌 것 같구려. (……) 이 순간을 잊지 못할 거요. 이 고요함, 이 황혼, 딸기 그릇, 우유 그릇, 저녁놀에 물든 당신들의 얼굴, 수레 안에서 잠든 미카엘……. 이 기억은 나에게 하나의 커다란 충만함 그 자체가 될 것이오"라고 감사한다. 뒤늦게야 일상적 삶이 주는 행복의 소중함을 깨달은 것이다.

베리만이 의식했든 안 했든 간에 영화 〈제7의 봉인〉이 제시하는 해법은 다분히 에피쿠로스적이다. 이런 관점에서 보면, 기사와 광대 요프의 관계는 《그리스인 조르바》에서 작가와 조르바의 관계와 같다. 기사와 작가는 모두 '살 줄도 모르고 죽을 줄도 모르는' 인간들이다. 그래서 삶에 대한 불안과 죽음에 대한 공포에 시달린다. 광대 요프와 조르바는 '살 수 있는 용기도 죽을 수 있는 용기도' 함께 지녔다. 따라서 삶에 대한 불안과 죽음에 대한 공포가 없다. 당연히 기사는 광대 요프를, 작가는 조르바를 부러워할 수밖에 없다.

그렇다! 지금을 잡아라, 되도록 내일이라는 말은 최소한만 믿어라! 바로 이것이 2300년 전 에피쿠로스가 아테네 근교의 고요하고 아름다운 전원에서 가르친 지혜이고, 카잔차키스와 베리만 감독이 2차 세계대전이 휩쓸고 간 황무지에서 다시 찾아낸 철학이다. 에피쿠로스는 다음과 같이 경고했다.

우리는 단 한 번 태어날 뿐 두 번 태어나지는 못한다. 우리는 죽은 다음에는 이미 존재하지 않는다. 영원히. 그런데 그대들은 그대들이 가진 유일한 것, 곧 현재 이 시간에 주목하지 않는다. 마치 그대들이 내일을 마음대로 할 수 있는 것처럼!

이제 드러났다. 왜 우리가 오늘날 에피쿠로스에게 열광하는지가! 근대 이후 우리의 삶이 오직 현재만이 존재하는 물리적 시간에 맞춰져 있고(이 시간에는 탈출구가 없다!), 근대 세계가 불러온 위험사회에서 우리가 유동하는 공포와 함께 살고 있기 때문이다(이 공간에도 탈출구가 없다!). 신이 죽고 자본주의의 폭력이 난무하는 황량한 세계에서 지금 우리는 《그리스인 조르바》의 작가처럼 삶을 두려워하고, 〈제7의 봉인〉의 기사처럼 죽음을 두려워하며 살고 있다. 그래서 바로 우리가 '그때그때를 즐기라'는 에피쿠로스의 가르침에 열광하는 것이다. 아니면 그리 살지 않을 무슨 다른 수가 있겠는가?

마음아, 네 안에서 내가 시간을 재는구나!

1830년 7월 27일, 7월혁명의 첫날 밤, 파리 곳곳에서 사람들이 시계탑을 향해 총을 쏘아댔다. 얼핏 보면 흥분과 광란이 불러온 미친 짓 같았지만, 아니었다. 발터 벤야민W. Benjamin, 1892~1940이 〈역사의 개념에 대하여〉에 소개한 〈반란, 파리 시민들에게 헌정된 시〉에는 그 이유가 다음과 같이 씌어 있다.

누가 믿을 것인가! 사람들 말로는 시간에 격분하여

새 여호수아들이 모든 시계탑 밑에서

그날을 정지시키기 위해 시계판에 총을 쏘아댔다고 한다.

그때부터 3천 년 전 여호수아는 승리를 위해 "태양아, 너는 기브온 위에 머무르라. 달아, 너도 아얄론 골짜기에서 그리할지어다"(여호수아 10: 12)라고 하늘을 향해 외쳤다. 그날 태양이 온종일 중천에 머물렀고 달이 온종일 골짜기에 멈추었다. 이후부터 이 시간, 태양과 달이 사는 물리적 시간을 파괴하고 인간의 삶과 역사를 여는 이 신비로운 시간의 존재를 유대교인들과 기독교인들이 믿는다. 그것을 보통 '카이로스'라 한다. 이제부터는 그 이야기를 하자.

에피쿠로스로부터 7백 년쯤 뒤—신의 힘을 빌려 해와 달을 멈추게 하지 않고서도, 시계탑을 향해 헛되이 총을 쏘아대지 않고서도—물리적 시간의 파괴성을 극복할 수 있는 다른 한 가지 방법을 아우구스티누스가 찾아냈다. 신약 시대의 가장 뛰어난 신학자이자 동시에 탁월한 철학자였던 그는 이 문제를 우리가 얻을 수 있는 '새로운 시간적 가능성'을 찾아냄으로써 해결했다.

초기 기독교 교리를 정초했던 고대 신학자들이 으레 그랬듯이, 아우구스티누스는 성서에 나타난 비합리적인 종교적 계시들을 플라톤에서 플로티노스로 이어진 그리스 존재론 전통의 합리적인 이론으로 체계화하는 데 평생을 바쳤다. 은유적으로 표현하자면, 그는 평생을 한 손에는 성서를, 다른 한 손에는 플로티노스의 《엔네아데스》를 들고 살았던 거목이다. 그의 시간론도 역시 히브리 전통의 시간개념과 그리스 전통의 시간관의 융합에서 나왔다.

한 손으로, 아우구스티누스가 죽는 순간까지 놓지 못했던 신·구약성서에는 시간이 '일정한 기간'(욥기 14: 13, 스바냐 3: 19, 다니엘 2: 16, 사도행전 1: 21, 19: 23, 고린도전서 16: 7), '역사적 시점'(지혜서 8: 8, 마태복음 2: 7, 2: 16, 사도행전 1: 6, 1: 7), '기회'(요한계시록 2: 21), '결정적인 때'(마태복음 8: 29, 26: 18, 마가복음 1: 15, 누가복음 19: 44, 베드로전서 4: 17, 고린도전서 4: 5, 요한계시록 11: 18), '신에 의해 지정된 시간'(누가복음 14: 17, 마가복음 14: 35, 요한복음 7: 6, 7: 8, 7: 30, 8: 20, 13: 1, 고린도전서 4: 5, 에베소서 1: 9, 요한계시록 3: 10, 9: 15, 14: 7) 등으로 나타나 있다.

신·구약성서 그 어느 곳에도 시간의 의미가 명시적으로 나타나거나 설명되어 있지 않다. 또 구약성서에는 잇단iddan, 제만zĕman 같은 히브리어로 표기되었고, 그리스어를 사용한 신약성서에도 경우에 따라 호라hōra, 크로노스, 카이로스로 각각 다르게 표기되어 있다. 그럼에도 한 가지는 분명하다. 구약의 히브리 선지자들과 신약의 기독교 사도들로 이어진 히브리 전통에서는 시간을 아리스토텔레스가 말하듯 '운동에 의해 드러나는 물리적인 척도'가 아니라, '사건에 의해 드러나는 역사적인 척도'로 파악했다는 사실이다.

예수는 하나님의 '때'를 강조하며 '하나님의 나라basileia tou theou'와 '새로운 시대Aion'를 선포했다. "때가 이르기 전에"(마태복음 5: 29), "내 때가 가까이 왔으니(마태복음 26: 18), "때가 찼고 하나님의 나라가 가까이 왔으니"(마가복음 1: 15), "깨어 있으라. 그때가 언제인지 알지 못함이니라"(마가복음 13: 33), "어찌 이 시대는 분간하지 못하느냐"(누가복음 12: 56), "때가 가까이 왔다 하겠으나"(누가복음 21: 8), "내 때가 아직 차지 못하였으니"(요한복음 7: 8), "때가 이르면 다시는 너희에게 비유로 이르지 않고"(요한복음 16: 25)라는 가르침에서 보는 바와 같이, 예수에게 시간은 '어떤 진리 사건이 성숙되어 이루어지는 순간 또는 기간'을 의미한다.

사도 바울도 당연히 시간을 "이때에 자기의 의로움을 나타내사"(로마서 3: 26), "또한 너희가 이 시기를 알거니와"(로마서 13: 11), "이와 같이 지금도 은혜로 택하심을 따라 남은 자가 있느니라"(로마서 11: 5), "그러므로 때가 이르기 전 곧 주께서 오시기까지 아무것도 판단하지 마라"(고린도전서 4: 5), "그때가 단축하여진 고로"(고린도전서 7: 29), "그리스도 안에서 때가 찬 경륜을 위하여 예정하신 것이니"(에베소서 1: 9)에서처럼 예수와 같은 의미로 사용했다. 차츰 보겠지만, 이 시간은 '매 순간 상처를 입히고 마지막에는 죽이는' 시간이 아니라 오히려 '매 순간 다시 태어나게 하고 마지막에는 구원하는' 시간이다.

다른 한 손으로, 아우구스티누스가 젊은 시절 밤낮으로 잡고 살았던 플로티노스의 《엔네아데스》에 따르면, "시간은 결코 물리적인 것이 아니다." 공간이 연장延長을 재는 척도이듯, 시간이란 지속持續을 재는 척도인데, 그러한 시간을 파악하는 주체가 우리의 마음이다. 따라서 마음이 없다면 지속과 운동은 있을지라도 시간은 없다. 시간은 '마음 밖에서' 파악할 수 없고 오직 '마음 안에서' 드러난다. 이 말을 플로티노스는 "시간은 마음의 삶이다"라고 표현했는데, 이것이 오늘날 학자들이 이 시간을 '심리적 시간'이라고 표현하는 계기가 되었다.

그런데 이때 플로티노스가 말하는 마음psyche은 현대 심리학에서 말하는 '심리psychology'보다는 우리가 통상 말하는 '영혼soul'에 더 가깝다. 그것은 '영혼의 시간'이다. 플로티노스에 따르면, 영혼이 시간을 잰다. 우리의 영혼 안에 비록 부분적으로나마 신이 들어와 있듯이, 시간에도 역시 부분적으로나마 영원이 들어와 있다. 그래서 우리가 시간을 인식할 수 있다. 이런 생각을 그는 플라톤에게서 얻었다. 플라톤은 《티마이오스》에서 시간을 다음과 같이 규정했다.

　본성상 영원한 신은 그의 영원성을 피조물에게 부여할 수 없어서, 영원의 변화하는 모상을 만들어 그것을 세계에 자신의 내적 질서와 동시에 부여하였습니다. 그럼으로써 단일성hen을 견지하는 영원을 수에 따라 진행하는 영원의 모상aionion eikon으로 창조하였는데, 이것이 우리가 시간이라고 부르는 것입니다.

　플라톤에게 시간은 영원의 모상이다. 모상模像이란 '본떠서 만든 모형'을 뜻한다. 개개의 사물(예컨대 사과)이 이데아(예컨대 사과의 이데아)의 모상이라는 것과 같은 이치다. 이데아idea와 영원은 모두 원형paradigm이고, 사물들과 시간은 각각의 모상eikon이다. 원형은 불변하고 완전하지만, 모상은 수시로 변하고 불완전하다.

　플라톤의 이데아론에 따르면, 불변하고 완전한 이데아가 변하는 개별 사물 안에 '부분적으로 들어分與, Methexis' 있다. 때문에 그것(사과)이 비록 수시로 변하고 불완전하지만 존재하고, 우리가 그것(사과)을 인식할 수 있다. 마찬가지로 불변하고 완전한 영원이 시간 안에 부분적으로 들어 있다. 때문에 시간이 비록 수시로 변하고 불완전하지만 존재하며, 우리가 시간을 인식할 수 있다. 거꾸로 보면 이 말은 수시로 변하고 불완전한 개개의 사물(사과)들이 우리가 불변하고 완전한 이데아(사과의 이데아)를 인식할 수 있는 가능성이듯, 수시로 변하고 불완전한 시간이 우리가 불변하고 완전한 영원을 인식할 수 있는 가능성이라는 것을 의미한다.

그렇다! 플라톤의 철학에서 시간은 우리의 영혼이 신의 본성인 영원을 인식할 수 있는 가능성이다. 그럼으로써 시간은 우리가 신에게로 다가갈 수 있는 가능성을 열어놓는다. 삶이란 신을 향해 열려 있는 창문이다! 이것이 우리에게 주어진 시간의 의미이자 가치이다. 그러다 언젠가 우리의 영혼이 신에게 이르면, 그때는 시간이 더 이상 존재하지 않는다. 플라톤이 《티마이오스》에서 언급한 "일자一者 속에 머물러 있는 영원함"이 있을 뿐이다. 시간의 끝에 영원이 있다. 신이 있다. 구원이 있다. 이것이 플로티노스가 계승한 플라톤 철학의 구세적救世的 성격이다. 그리고 바로 그것이 고대 신학자들이 플라톤을 "그리스어로 저술한 모세"라고 높이고, 중세 수도사들이 플라톤의 철학을 '구원의 철학perennis philosophia'이라고 부른 이유다.

플라톤과 플로티노스의 시간론에 깃든 구세적인 성격이 히브리 전통의 시간개념과 그리스적 시간개념을 '카이로스'라는 그리스어를 통해 하나로 묶은 연결 고리가 되었다. 아우구스티누스가 그 일을 했다. 이 작업을 통해 그가 새롭게 규정한 카이로스는 그리스 존재론 전통에서 말하는 '심리적 시간'이자 '영혼의 시간'이고, 동시에 히브리 전통에 의해 전해진 '역사적 시간'이자 '구원(또는 해방)의 시간'이다. 그리스철학과 히브리 종교의 산물인 이 시간은 지나간 과거와 다가올 미래가 현재 안에 모두 들어와 있는 시간이자, 매 순간 인간과 세계를 다시 태어나게 하고 마지막에는 구원(또는 해방)으로 이끄는 시간이다.

뭐라고? 그런 시간이 정말 가능한가? 그것이 대체 어떻게 가능한가? 혹시 지금 당신이 이런 생각 때문에 고개가 갸웃해졌다면, 한번 이렇게 생각해보자. 당신의 마음이 지금 기쁘거나 또는 슬프다면, 그건 무엇 때문인가? 대개의 경우 그것은 찰나에 불과한 지금 이 순간 때문에 생긴 것이 아니다. 그것은 분명 지나간 과거의 어떤 일(설령 그것이 조금 전 일이라고 할지라도)이나, 다가올 미래의 어느 일(설사 그것이 먼 훗날에 일어날 일이라고 할지라도)과 연관되어 있다. 그렇지 않은가? 바로 이것이 우리가 매양 체험하는 심리적 시간이다.

또한 당신이 지금 만일 개인적 구원이나 사회적 혁명 또는 종교적 개벽, 곧 어떤 "새 하늘과 새 땅"을 바라거나 구상한다고 해도, 그것 역시 지나간 과거의 어떤 일이나, 다가올 미래의 어느 일과 연관되어 있다. 그렇지 않은가? 이것이 우리가 경험하는 역사적 시간이다. 이런 의미로 보면, 인간의 삶에서, 또 역사에서, 과거와 미래는 단순히 '지나가버린 것' 또는 '아직 오지 않은 것'이 아니다. 오히려 매 순간순간 현재로 존재하고, 현재에 영향을 끼치며, 현재를 구성하는 요소로 작용하는 어떤 것이다. 바로 이것이 아우구스티누스가 찾아낸 새로운 시간성인데, 그는《고백록》에서 다음과 같이 설명했다.

그러므로 과거와 현재와 미래라는 세 가지 시간이 있다고 말하는 것은 옳지 못합니다. 차라리 과거의 현재 praesens de praeteritis, 현재의 현재 praesens de praesentibus, 미래의 현재 praesens de futuris, 이 세 가지의 때가 있다고 말하는 편이 옳을 것입니다. 이 셋은 모두 우리 마음靈魂, anima 안에 있습니다. 그렇지 않으면 내가 그것을 알 수 없기 때문입니다. 과거의 현재는 기억memoria이고, 현재의 현재는 직관cotutitus이며, 미래의 현재는 기대expectatio입니다.　　　　　　　　　_ 《고백록》 11권 20장 중에서

미래 일들이 아직 존재하지 않음을 누가 부정하는가? 그러나 마음속에는 여전히 미래의 것들에 대한 기대가 존재한다. 과거의 일들이 더 이상 존재하지 않음을 누가 부정하는가? 그러나 여전히 마음속에는 과거의 일들에 대한 기억이 있다. 현재의 일들이 한순간 사라지므로 길이를 가지고 있지 않음을 누가 부정하겠는가? 하지만 마음의 직관은 지속되고 그것을 통해 있을 것(미래)은 없어질 것(과거)으로 옮겨 지나간다.

_ 《고백록》 11권 28장 중에서

요컨대, 우리의 마음이 과거는 기억으로, 현재는 직관으로, 미래는 기대로 언제나 생생하게 존재한다는 뜻이다. 이런 의미에서 아우구스티누스는 "내 마음아, 결국 네 안에서 내가 시간을 재는구나!"라고 경탄했다.

인간은 기억이다

아우구스티누스에 따르면, 이처럼 우리의 마음 안에는 이미 지나간 과거와 아직 다가오지 않은 미래를 마치 '바로 눈앞에 보이듯 현재 안에 들어와 있게 — 곧 현전現前, prae-esse하게 — 하는 매우 특별한 능력'

이 있다. 그는 이 능력을 '상기의 힘vis memoriae'이라고 이름 붙였는데, 그것은 "새로운 여러 가지 상을 지나간 것과 연관시키고, 이렇게 해서 미래의 행위나 사건이나 희망을 구성하게" 하는 인간 정신의 독특한 능력이다. 이런 의미에서 인간의 기억memória은 단순히 저장된 데이터가 재생되는 컴퓨터의 메모리와는 전혀 다르다.

그게 뭐 별거냐 싶겠지만, 그렇지 않다. 예를 들어 당신의 눈앞에 의자가 하나 놓여 있는데, 너무 낡아서 볼품도 없고 쓸모도 없어 주변 사람들이 그것을 버리라 한다고 하자. 하지만 그것이 돌아가신 당신의 부모가 30년 동안 사용한 의자, 어린 당신을 무릎에 앉혀놓고 책을 읽어주던 의자라면 이야기가 조금 달라진다. 당신은 그 의자를 쉽게 버릴 수 없을 것이다. 왜냐하면 당신의 기억이 그 의자가 무엇인지를, 다시 말해 그것의 의미와 가치를 드러내기 때문이다. 이것이 바로 인간의 기억이 하는 일이고, 컴퓨터의 메모리는 결코 할 수 없는 일이다.

과거와 미래를 각각 기억과 기대를 통해 현전하게 하는 '상기의 힘'을 통해 시간은 무한히 분산disténtio되어 없어지는 점點으로 존재하지 않고, 집중inténtio되어 불변하는 하나의 통일체가 된다. 그리고 이 집중된 시간의 통일체 안에서 과거는 사라져버리는 '허무한 것'이 아니며, 현재가 그저 스쳐 지나가는 '무의미한 것'도 아니며, 미래 역시 다가올지 안 올지 모르는 '불안한 것'이 아니다. 그럼으로써 시간은, 매 순간이 지나가는 바람처럼 사라지는 것이 아니기에, 《고백록》에서 보듯이 그 순간을 사는 사람들에게 삶의 의미와 가치 그리고 책임을 부여한다. 마찬가지로 역사도, 그것이 매 시대가 구름처럼 사멸하지 않고 전체에 이바지하기에, 《신국론》에서 보듯이 그 시대를 사는 사람들에게 역사적인 의미와 가치 그리고 책임을 부여한다.

아우구스티누스는 오직 이 새로운 시간성—우리는 이것을 현전성現前性, prae-esse이라고 하자—을 통해, 우리는 매 순간 상처를 입히고 마지막에는 죽이는 물리적인 시간의 끔찍한 파괴성을 끝내는 극복할 수 있다고 교훈했다. 우리의 삶과 역사가 결코 무의미하고 무가치하지 않다고 애써 위로했다. 바로 이것이 아우구스티누스의 시간론에 깔린 심오한 사유이고 또한 학자로서 그의 탁월함이자 종교인으로서 그의 위대함이다.

상기의 힘에 의해 새롭게 구성된 시간은 '인간의 시간적 가능성 전체'이며, '인간 정체성의 본질'이자 '역사의 본질'이기도 하다. 우리는 이 시간에 의해서만 현재 및 미래에 관련된 모든 태도가 가능해지며, 그 힘의 도움이 있어야 자기 자신과 역사를 반성적으로 의식하고 구성해나갈 수 있기 때문이다. 독일 튀빙겐대학교의 철학 교수 프리드리히 큄멜F. Kümmel이 "인간은 그 가능성에서 볼 것 같으면 기억을 소유하고 있지만, 그 본질에서 볼 것 같으면 인간은 기억이다"라고 잘라 말한 것도 바로 이런 의미에서다.

여기서 분명히 밝히고 가야 할 매우 중요한 사안이 하나 있다. 아우구스티누스의 용어 'vis memoriae'를 문자대로 옮기면 '기억의 힘' 또는 '회상의 힘'이 된다. 그런데 학자들은 이 말을 보통 '상기의 힘'이라고 번역한다. 이유가 그것이다. '다시 생각해냄' 또는 '재기억'이라는 뜻을 가진 상기想起는 플라톤의 용어인 '아남네시스anamnesis'를 우리말로 옮긴 것인데, 여기에는 플라톤의 인식론을 떠받치는 흥미로운 신화가 붙어 있다.

플라톤의 《파이돈》에 따르면, 우리의 영혼은 이 세상에 태어나기 전에 모든 사물들의 원형인 이데아들을 기억하고 있다. 그러나 태어날 때 '망각의 강' 레테Lethe를 건너면서 그 이데아들을 잊어버렸다. 그렇지만 완전히 지워진 것은 아니어서, 예컨대 우리가 장미꽃을 보면 우리의 영혼은 잊어버렸던 장미꽃의 이데아를 '다시 생각해내' 그것이 무엇인지, 그것의 의미와 가치가 무엇인지를 알아차린다. 이처럼 플라톤에게 모든 인식은 재기억, 곧 상기인데, 아우구스티누스가 우리의 영혼에서 그런 일을 하는 능력에 'vis memoriae'라고 이름 붙였기 때문에 우리가 '상기의 힘'으로 번역한 것이다.

그런데 여기서 주목해야 할 것은 아우구스티누스가 'vis memoriae'라는 용어를 사용한 탓에 ─ 게다가 우리가 그것을 '상기의 힘'이라고 번역한 탓에 ─ 이 말이 아우구스티누스가 뜻하는 과거와 미래, 모두를 현전하게 하는 능력이 아니라, 단지 '과거를 현전하게 하는 능력'으로 오해된다는 사실이다. 다시 말해 아우구스티누스의 용어 'vis memoriae'에서 히브리적 요소인 '미래를 현전하게 하는 힘'이 떨어져 나가고 그리스적 요소인 '과거를 현전하게 하는 힘'만 남게 되었다는 말이다.

이제 곧 보겠지만 서양철학과 기독교 신학에서 매우 중요한 논란을 일으키는 문제인데, 실제로 그런 오해와 남용이 중세 교회에서 횡행했고, 근대 이후─키르케고르가 이 문제를 정리하기 전까지, 아니 벤야민이 '지금시간'을 설파한 뒤에도, 현대신학자 오스카 쿨만이 '구속사의 현재'의 성격을 밝힌 다음에도, 더구나 아감벤이 《남겨진 시간》에서 '메시아적 시간'을 설파한 지금까지도—기독교 신학과 교회 안에 여전히 남아 있다.

이유는 크게 보아 두 가지다. 하나는 심리적인 것으로, 예수를 처형한 유대교를 향한 적대감과 초기 기독교 교리를 정립하는 도구로 쓰였던 그리스철학에 대한 친밀감 때문이다. 시간적으로 보면 유대교는 미래에 이뤄질 메시아Messiah를 바라고 기다리는 종교이며, 그리스 사상은 과거에 이뤄진 망각을 상기하는 철학이라는 사실을 떠올려보자. 바로 여기서 다른 이유 하나가 도출된다. 그것은 교리적인 것으로, 기독교가 전통적으로 미래의 어느 시점에 새 예루살렘New Jerusalem을 건설할 '메시아'보다, 과거의 어느 시점에 십자가에서 죽었다 다시 살아나 죄인을 구원한 '그리스도Christos'를 더 선호하기 때문이다. 다시 말해 종말론보다는 구원론을 더 중요한 교리로 삼기 때문이다.

이게 대체 무슨 소리인가? 또 그런 사실이 왜 그리 중요한가? 앞서 이미 살펴보았듯이 카이로스라는 개념 안에는 미래에 일어날 어떤 것을 바라고 기다리는 히브리 종교적 요소와 과거에 망각된 어떤 것을 상기하는 그리스철학적 요소가 함께 들어 있기 때문이다. 게다가 이제 차츰 보겠지만 이 두 요소가 서로를 조명하고 뒷받침할 때만이 제구실을 할 수 있기 때문이다. 이에 대해서는 19세기 덴마크의 철학자이자 신학자였던 쇠렌 키르케고르S. A. Kierkegaard, 1813~1855가 어느 누구보다 정확히 분석하고 확실히 설명했다.

강연에서는 역시 시간상 건너뛰었지만 여기서 이에 대해 간략하게나마 살펴보려는 이유가 있다. 그것이 아우구스티누스에 이르러 기독교적 시간관이자 역사관으로 새롭게 정립된 카이로스를 계보학적으로 탐구하는 등뼈가 되기 때문이다. 나아가, 벤야민 이후 타우베스J. Taubes, 바디우, 아감벤, 네그리A. Negri, 지젝 같은 진보 성향의 학자들이 사도 바울의 서신들—특히 로마서—에 대한 새로운 해석과 "메시아적 시간" "혁명의 시간" "남겨진 시간" 같은 용어를 통해 새롭게 설정하려는 유물론적 역사관을 이해하는 징검다리가 되기 때문이다. 계보학적 고찰의 의의는 지금까지 배제되어온 역사적 사실을 재평가하고 오해를 바로잡는 데에 있다.

1855년 10월 2일 코펜하겐 길거리에서 쓰러진 키르케고르는 다음 달 1일 세상을 떠났다. 42세였다. 죽을 때 그는 "폭탄은 터져서 그 주위를 불사른다"는 말을 남겼다. 20세기 전반에 그 폭탄이 마침내 터져 오늘날 우리가 실존주의라고 일컫는 거대한 문학적·철학적 사조에 불을 질렀다. 그 불이 향후 50년간 전 유럽 대륙을 활활 태웠다. 하이데거, 야스퍼스, 사르트르, 카뮈, 마르셀, 베르댜예프 등에 의해 전개된 실존주의는 형식과 내용에서 서로 차이가 있긴 하지만, 수평화를 야기하는 집단주의에 대한 혐오, 대중 및 대중화한 삶에 대한 반항, 자기 자신으로 존재하려는 용기, 인간 존재의 의미에 대한 탐구라는 공통점이 있다는 점에서 키르케고르의 화인火印이 깊게 박혀 있다. 오늘날 그를 실존주의의 선구자로 평가하는 것이 그래서다.

그러나 키르케고르 자신의 생각은 전혀 달랐다. 〈나의 저작자로서 활동에 대한 관점〉이라는 글에 "나는 종교적 저술가이며 또 언제나 그러하였다"라고 썼듯이, 그는 거의 모든 글을 기독교와 연관해 썼으며 스스로를 종교적 저술가로 여겼다. 《일기》에는 "내 저작 활동의 사상

전체는 어떻게 사람은 그리스도인이 되는가 하는 것이다"라는 글도 남겼다. 키르케고르를 이해하는 데 매우 중요한 이 말을 우리는 그가 평생 '어떻게 사람은 진정한 또는 주체적 인간이 되는가'라는 실존적 문제와 싸우며 살았다는 것으로 해석해야 한다. 그에게는 진정한 그리스도인이 진정한 인간이기 때문이다.

키르케고르에게 사람이 그리스도적으로 산다는 것은 인간이 인간적으로 산다는 보편적이고 실존적인 문제의 특수한 표현에 불과했다. 중세철학의 거두인 프랑스 철학자 에티엔 질송É. H. Gilson, 1884~1978이 《존재란 무엇인가》에서 "키르케고르가 단순히 종교의 이름 안에서 저항했다면, 그것은 기독교 역사 속에서는 물론 철학사 속에서도 전혀 새로운 것이 아니었을 것이다. 그러나 키르케고르는 어떤 다른 것을 행하였다"고 했을 때, 그가 말한 "어떤 다른 것"이 바로 인간의 실존實存, existence에 대한 탐구다. 그렇다. 키르케고르는 자신의 말대로 세속화한 기독교인들을 계몽하려고 투쟁했던 '종교적 저술가'다. 동시에 그는 우리의 평가대로 속물화한 인간의 삶을 개선하기 위해 싸웠던 '실존주의 철학자'다.

'나는 생각한다. 고로 존재한다'가 아니라, '나는 행위한다. 고로 존재한다'고 선언한 키르케고르에게, '그리스도인'이 된다는 것은 '그리스도인'으로 생각하는 것이 아니라 '그리스도인'으로 행위하는 것이다. 단순히 교회에 나간다는 사실, 그래서 스스로를 '그리스도인'으로 생각한다는 사실이 그가 '그리스도인'임을 뜻하지 않고, 단순히 인간으로 태어났다는 사실, 그래서 스스로를 인간으로 생각한다는 사실이 그가 인간임을 뜻하지 않는다. 그는 겉치레로 살지 말라고 했다. '그리스도인'이 되려면 진정한 '그리스도인'으로 행동하고, 인간이 되려면 진정한 인간으로 행동하라는 뜻이다. 바로 이 같은 삶의 태도를 그는 '실존'이라 했다.

키르케고르는 스스로 자신이 그리스도인이라는 이름을 받기에 부적합하다고 생각했다. 이유는 기독교가 자신에게 부적합해서가 아니라, 진정한 그리스도인이 되는 것이 너무도 어렵고 고상한 과업이라서 그 자신이 결코 성취하지 못할 것이라고 생각했기 때문이다. 그러나 그는 진정한 인간이 되는 일을 결코 포기하지 않았다. 그는 도구적 이성에 의해 지상낙원utopia이 만들어지고 요식적 신앙생활에 의해 천상낙원이 보장되리라는 19세기식 계몽주의에 젖어 있던 대중 그리고 그렇게 가르치던 당시 교회와 숨을 거둘 때까지 온몸으로 투쟁했다. 그리고 무엇보다도 사람이 진정한 인간으로 사는 길을 혼신의 힘을 다해 탐구했다. 그것이 그의 실존이었다. 키르케고르의 시간론은 바로 이처럼 순수하고 고귀한 땅에서 자란 한 그루 외로운 나무가 맺은 향기로운 열매다.

키르케고르의 '반복'

"들에 있는 나무에는 / 꽃의 향기 / 뜰에 있는 나무에는 / 열매의 향기."

키르케고르가 그의 시간론이 담긴 《반복》의 첫머리에 인용해놓은 3세기 그리스 작가 플라비우스 필로스트라투스F. Philostratus, 170~247의 시구다. 키르케고르는 세상에서 받은 수없이 많은 상처로 멍든 가슴에 숭고함과 자부심을 간직하고, 이 저서가 그 자신에게서 번져 나오는 꽃의 향기, 열매의 향기가 되길 염원한 듯하다. 과연 그런지 보자.

키르케고르의 시간론을 떠받치는 두 개의 기둥이 있다. 반복反復, Wiederholung과 동시성同時性, Gleichzeitigkeit이다. '반복'은 1843년에 키르케고르가 베를린에 머물면서 완성한 동명의 저서《반복》에서 제시한 '진리에 이르는 길'이자 '실존을 이루는 방법'이다. 우리가 여기서 주목해야 할 것은 그가 '감히' 플라톤의 상기와 유대교의 대망待望, Haabet에 대립하는 개념으로 반복이라는 새로운 개념을 제시했다는 점이다.

플라톤의 '상기'에 대해서는 앞에서 살펴보았다. 그것은 인간이 과거부터 영원히 지속되고 있는 진리, 즉 시간적 내용이 무의미해지는 무시간적 진리인 이데아와 관계하는 방법이다. 그런데 그것은 내재적이고 후향적後向的이다. 모든 진리가 벌써 자기 자신의 영혼 안에 있기 때문이다. 다시 말해 상기는 영원한 진리를 향하고 있지만, 시간적 지평에서 보면 언제나 망각된 과거로 향하는 정신운동이다. 키르케고르가 보기에 바로 이것이 문제다. 그것에는 망각에 의해 이미 희미해진 과거에 대한 끝 모를 슬픔과 불안이 은폐되어 있다.

그런데 키르케고르에게 진리는 실존의 문제이고, 실존은 후향적인 과거의 문제가 아니라 전향적前向的인 미래의 문제이기 때문이다. 따라서 상기가 진정한 상기가 되기 위해서는 과거가 앞으로 실현되어 성취될 미래의 어떤 것에 의해 자극되고 견인되어 되살아나야 한다. 예컨대 앞으로 이뤄질 '자신의 구원'이나 '하나님 나라의 도래'에 대한 희망과 기대만이 '예수의 부활'이라는 희미해진 과거를 되살려낼 실존적 힘을 갖고 있다. 키르케고르가 보기에 바로 이것이 플라톤의 상기가 안고 있는 또 다른 문제다.

유대교의 '대망'도 영원한 진리를 향하고 있다. 메시아의 도래로 이루어질 새 예루살렘을 '바라고 기다리는 것'이 히브리어로 유대인들의 신앙인 대망이다. 그렇기에 대망은 시간적 지평에서 보면 언제나 미래로 향하는 전향적 정신 활동이다. 일찍이 "아브라함이 그 땅을 여호와 이레라 하였으므로 오늘까지 사람들이 이르기를 여호와의 산에서 준비되리라 하더라"(창세기 22: 14)에 들어 있는 그들의 조상 아브라함의 고백인 "여호와 이레Jehovah Jireh; 여호와께서 준비하셨다"라는 말에서 예시한 사상이 곧 대망이다. 신이 예정해놓은 것을 믿고 바라고 기다린다는 뜻이다. 키르케고르가《반복》에서 예로 든 욥이 또한 그랬다.

키르케고르는 아브라함과 욥이 보인 대망의 종교적인 의미가 무엇인지를 누구보다도 잘 알고 있었다. 그래서 그는 시간론이 담긴 또 하나의 중요한 저서《순간》에서 진리가 공간적으로는 영혼 안에, 시간적으로는 과거에 들어와 있다는 상기보다는, 아직은 구현되지 않았고 그래서 그것을 바라고 기다린다는 대망이 더 종교적이라면서 "유대교는 과연 이 점에서 그리스 사상보다 우월한 것이다"라고 평가했다. 그러나 그는 대망이 기다리는 대상의 완전성과 언제나 그것을 향해 진보하고 있다는 생각 때문에 천진무구한 낙관론으로 기울어 세속화世俗化, secularization할 위험이 있다고 지적했다. 한 걸음 더 나아가 낙관적으로 세속화한 대망은 '최종적인 것'을 언제까지나 미래에 유보한다고 날카롭게 비판했다. 그가 보기에 유대인들이 예수를 거부했던 것이 그래서다.

예수 당시에 살았던 유대인들에게는 '대망된 자', 곧 메시아가 와버린 것이 혼란스러울 수밖에 없다. 왜냐하면 '와야 할 자'는 언제나 '아직 오지 않음'으로써 '와야 할 자'로 대망되는 것이기 때문이다. 미래가 완료된 후에는 대망은 그 의미를 상실한다. 그래서 그들은 예수를 십자가에 매달아 죽였고, 다시금 메시아를 대망하는 신앙을 경건敬虔 속에서 유지해야만 했다. 때문에 설령 예수가 다시 오더라도 그들은 죽일 수밖에 없다. 키르케고르는 이러한 경건을 "휴식하는 경건" "악마적 경건"이라고 비판했다. 최종적인 것을 언제까지나 미래에 유보하는 것, 바로 이것이 키르케고르가 보기에 대망이 지닌 문제다.

그뿐 아니다. 미래에 발생할 것이지만 아직은 없을 뿐 아니라 지금까지 결코 없었던 그 어떤 것을 바라고 기다리는 대망에도 언제나 심연을 모를 회의와 불안이 함께한다. 따라서 대망이 진정한 대망이 되기 위해서는 미래가 이미 실현되어 성취된 과거의 어떤 것에 의해 규정되고 뒷받침되어야 한다. 예컨대 '성육신'과 '부활'처럼 과거에 진리로서 실현된 것이 뒷받침되어야만 아직은 다가오지 않은 '구원'이나 '하나님의 나라' 같은 불안한 미래와 싸울 힘이 생긴다. 키르케고르가 보기에 바로 이것이 대망이 안고 있는 또 다른 문제다.

키르케고르는 상기와 대망은 모두 진리를 향하고 있긴 해도 이와 같은 문제들을 각각 안고 있는 이교도적 방법이라 판단했다. 또한 당시 기독교가 안고 있는 세속화 문제가 상기와 대망 같은 비기독교적 요소들에 의한 기독교의 헬레니즘화Hellenisierung와 유대교화Judaisierung에서 왔다고 판단하고 강하게 저항했다. 그리고 그 대안으로 '반복'을 제시했다.

키르케고르에 따르면, 반복은 "전향적으로는 미래를 대망하면서, 후향적으로는 과거를 상기하는" 정신운동이다. 또한 그것은 '미래를 향해 과거를 회복하면서 과거를 향해 미래를 투사하는' 정신운동이다. 지금 당신에게 혹시 '이게 갑자기 무슨 말인가' 하는 생각이 든다면, 나는 수학기호들 가운데 무한대(∞)를 떠올려보라고 권하고 싶다. 그런 다음 이 기호의 좌우 양 끝을 각각 과거와 미래라 하고, 두 원이 만나는 지점을 현재라고 가정해보자. 그러면 반복이라는 정신운동은 현재를 기점으로 과거와 미래가 연결되어 서로 조명하며 무한히 순환하는 구조로 드러난다.

내가 보기에 키르케고르가 말하는 반복이 바로 이 같은 순환 구조를 취한 정신 작용이다. 여기에서 미래를 향한 전향적 활동인 대망은 과거에 의해 조명되고, 과거를 향한 후향적 활동인 상기는 미래에 의해 조명된다. 다시 말해 '도래할 하나님의 나라'에 대한 대망은 '이미 나타난 예수 그리스도'에 의해 뒷받침되어 밝혀지고, '이미 나타난 예수 그리스도'에 대한 상기는 '도래할 하나님의 나라'에 의해 되살아나 밝혀진다. 이처럼 '서로 조명하며 무한히 반복하는 정신의 순환 작용'을 키르케고르가 간단히 줄여 '반복'이라고 이름 지은 것이다. 그리고 이에 대해 놀랄 만한 자긍심을 품었다. 《반복》에 다음과 같은 구절이 실려 있다.

기대만을 원하는 자는 비겁하다. 회상만을 원하는 자는 추잡하다. 그러나 반복을 원하는 자는 참된 인간이다. 그리고 반복이라는 것을 근본적으로 이해하고 그것을 의식하면 할수록 그는 깊이 있는 인간이 된다. 그러나 인생이 반복이고 반복으로 인생이 아름답다는 것을 이해하지 못하는 자는 자기 자신에게 유죄판결을 내린 자이고 어차피 면할 길이 없는 운명 속에서 자멸할 수밖에 없다. 왜냐하면 기대란 보기에는 먹음직한 과일이지만, 배를 부르게 해주지는 못한다. 회상 또한 서글퍼질 정도의 노잣돈일 뿐, 이것 역시 배를 부르게 해주지는 못한다. 그러나 반복은 일용할 빵이다.

스위스 출신의 현대신학자 오스카 쿨만O. Cullmann, 1902~1999이 《그리스도와 시간》에서 서술한 '구속사Heilsgeschichte'에서나 그 같은 순환 구조를 다시 찾아볼 수 있는 반복이라는 정신 활동에서는 "미래적인 것이 과거적인 것으로 되풀이하여 도래"하고, "과거적인 것이 미래적인 것으로 되풀이하여 상기"된다. 키르케고르는 《불안의 개념》에서 이 말을 "영원한 것은 미래적인 것이며 또한 동시에 과거적인 것이다"라고도 표현했다. 그리고 이 영원한 것이 키르케고르가 정리한 진리의 개념이다.

반복에 의해 밝혀지는 진리는 상기론에서처럼 과거에 내재하는 것이 아니고 대망에서처럼 미래에서 도래하는 것이 아니다. 그것은 시간을 초월해 있다. 예컨대 기독교인에게 성육신과 부활은 과거적인 것이면서 동시에 미래적인 것으로 영원한 것이다. 그리고 이 진리는 반복에 의해 현재 안에 모습을 드러낸다. 이러한 현재, 곧 진리가 자신을 드러냄으로써 과거적인 것이면서 동시에 미래적인 것이며 영원한 것이 되는 현재를 키르케고르는 '시간의 충만die Flle der Zeit'이라는 말로도 표현했다. 결핍이 없는 시간, 완성된 시간이라는 뜻이다. 이런 현재가 지닌 시간성을 그는 '동시성Gleichzeitigkeit'이라고 이름 붙였다. 무슨 뜻인가?

'동시성'과 '순간'

키르케고르가 말년의 저작 《그리스도교의 훈련》《순간》 등에서 열정적으로 개진한 동시성은 기독교적 신앙을 규정하는 실존론적 개념이다. 그는 《순간》에서 동시성이 "전 생애를 걸고 얻은 사상"일뿐더러 "모든 저작 활동이 지향했던 노선"이라고 고백했는데, 이때 그가 말하는 동시성은 당연히 그리스도와의 동시성이다. 키르케고르는 "절대자와의 관계에서는 오직 하나의 때, 곧 현재밖에 없다"고 단정했다. 또한 "동시성은 신앙의 조건이며, 가장 엄밀하게 규정하여 그것이 바로 신앙이다"라고 주장했다. 이때도 동시성의 기준이 되는 것은 자기 자신이 아니라 언제나 그리스도다. 그리고 바로 이것이 키르케고르가 20세기를 풍미한 무신론적 실존주의자들과 다른 점이다.

실존주의자들은 누구나 인간은 자기 자신의 부단한 실존적 결단—예컨대 키르케고르의 '반복', 사르트르의 '앙가주망engagement', 하이데거의 '기획투사' 등—을 통해서만 실존한다고 주장한다. 하지만 이때 그 사람이 결단을 통해 도달하려는 목적지가 서로 다르다. 하이데거와 사르트르 같은 20세기 실존주의자들에게 기획투사나 앙가주망의 목적은 스스로 선택한 자기, 이른바 본래적 자기das eigentliche Selbst가 되는 것이다. 그것은 독일 출신의 현대신학자 파울 틸리히P. Tillich,

1886~1965가 《존재의 용기》에서 적절히 표현한 것처럼, 신이 죽은 공허한 세계에서 절망한 인간이 "자기 자신으로서 존재하려는 용기"의 표출이다.

　그러나 일찍이 《죽음에 이르는 병》에서 키르케고르는 이 같은 인간의 '자기 창조' 또는 '자기실현'은 "멋진 외관"을 지녔지만 "그저 공중누각을 쌓을 뿐이며, 끊임없이 공중에 칼을 휘두를 뿐"이라고 비판한 적이 있다. 이 차이가 질송이 실존에 대한 키르케고르의 사유를 20세기 실존주의자들의 사유와 구분하여 "순수 실존주의"라고 명명한 까닭이다. 키르케고르에게서 '도래할 하나님의 나라'를 '이미 나타난 예수 그리스도'를 통해 대망하게 하고, '이미 나타난 예수 그리스도'를 '도래할 하나님의 나라'를 통해 상기하는 반복의 목적은 그리스도와 관계를 맺음으로써 진정한 인간, 곧 그리스도적 인간이 되는 것이다.

　《그리스도교의 훈련》에서 키르케고르는 우리가 그리스도와 관계를 맺고자 한다면 그리스도와 '동시성의 상황'에 들어가야만 한다고 했다. 다시 말해 2천 년이라는 시간을 건너뛰어 그리스도와 동시대인이 되어야만 한다는 것이다. 도대체 그것이 어떻게 가능한가에 대해서는, 그가 말하는 동시대가 '같은 시대'를 의미하지 않고 '같은 상황'을 뜻한다고 답했다. 그리고 인간은 반복에 의해서, 오직 그것을 통해서만 그리스도와의 동시성을 획득하는 '순간Augenblick'에 선다고 했다.

　'순간'이라는 말에 주목하자! 순간에 대한 철학적 사유를 처음 개진한 사람은 플라톤이다. 그가 대화록 《파르메니데스》 편에서 '돌연한 것'을 뜻하는 'to exaiphnēs'라는 그리스어로 표기한 순간은 '운동이 정지stasis'로, '정지가 운동'으로 변하는 어떤 시점이다. 플라톤은 그것은 분명 운동과 정지 사이에 존재하지만, 시간적 연장이 없다는 점에서 시간 속에는 존재하지 않는 어떤 '기이한 것atopon'이라고 규정했다.

키르케고르는 《불안의 개념》에서 순간에 관한 플라톤의 규정을 언급하면서, 그가 순간을 '존재하지 않는 것' '보이지 않는 것'으로 만들어버렸다고 비판했다. 키르케고르의 순간은 영원과 시간, 신과 인간, 과거와 미래가 만나는 극적인 현재로 존재한다. 그것은 영원이 시간 안으로, 신이 인간 안으로 돌입함으로써, 시간이 영원 안으로, 인간이 신 안으로 진입하는 이행 또는 변화의 '지금'이다. 그렇다면 이것이 무엇인가? 아우구스티누스가 설파한 과거와 미래가 현전하는 '현재'가 아니던가! 맞다. 키르케고르의 순간은 반복에 의해서 그리스도와의 동시성을 획득하는 '매 순간'이다. 그것은 훗날 오스카 쿨만이 "앞으로 향하여 그리고 뒤로 향하여 연결된 지금"이라는 말로 규정한 "구속사의 현재"다. 또한 뒤에서 보겠지만, 그것은 벤야민이 "그 미래 속의 매초는 메시아가 들어올 수 있는 작은 문"이라고 설명한 '지금시간'이자, 아감벤이 메시아적 시간으로 규정한 '지금 이때'다.

위대한 학자들이 종종 보이는 특징 가운데 하나가 자신이 빚진 이전 세대 학자의 이론을 마치 아예 보지도 못한 것처럼 모르는 체한다는 것이다. 그들이 도저히 갚을 수 없는 재화를 그곳에서 가져왔으면서도 그에 대한 언급이 전혀 또는 거의 없다. 내가 보기에 키르케고르는 아우구스티누스의 시간론에 대해 그랬다. 나중에 보겠지만, 벤야민이 또 키르케고르에게 그랬다. 키르케고르가 아우구스티누스의 《고백록》과 《신국론》을, 벤야민이 키르케고르의 《반복》이나 《순간》을 읽지 않았을까? 나는 그리 생각하지 않는다. 그렇다면 왜 그럴까? 대부분의 경우 주장하는 내용이 똑같거나 거의 비슷하더라도 그것을 통해 도달하고자 하는 목적이 서로 다르기 때문이다. 이럴 때 보통은 새로운 전문용어términus téchnǐcus를 만들어서, 빌려온 내용을 자신의 목적에 합당하게 바꾸어 사용한다. '무시하고 변용하기'다. 그렇다고 해서 개인적인 이유가 전혀 없는 것은 아니다.

키르케고르에게 그것은 그가 숨을 놓는 순간까지 당시 덴마크 국교회와 이길 수 없는 싸움을 했기 때문이다. 그래서 그는 시간에 대한 자신의 이론을 덴마크 국교회는 물론이고 신·구교 모든 교파가 전범으로 삼는 아우구스티누스의 이론과 연관시키고 싶지 않아 아예 모르는 척 건너뛰었다. 그리고 그 시원인 플라톤의 '상기'와 아브라함과 욥의 '대망'에서 직접 이끌어내는 작업을 감행했다. '반복' '동시성' '순간'과 같은 새로운 전문용어들도 만들어 사용했다.

그 내막을 어떻게 알았냐고 묻고 싶겠지만, 간단하다. 그가 자신의 시간론을 대중의 속물근성과 국교회의 위선을 규탄하기 위해 발간한 소책자 《순간》—9호까지 발간되고 10호는 원고로 남았다— 에 실은 것이 그 증거다. 세속화한 기독교와 그것에 함몰된 대중을 비판하기 위한 자신의 시간론을 아우구스티누스와 연관해 실을 수는 없지 않았겠는가. 그러나 같은 샘에서 길어낸 물은 맛이 같은 법이다. 그것을 우리는 이미 확인했다. 두 물맛이 '결코' 무시하지 못할 만큼 같다. 두 사람이 모두 자신의 시간론을 플라톤의 '상기'와 아브라함과 욥의 '대망'에서 이끌어냈기 때문이다.

그런데 여기서 예상치 못한 뜻밖의 일이 벌어졌다. 그것은 아우구스티누스가 설파한 상기의 본래 의미, 곧 그것이 플라톤의 상기처럼 그리고 당시 교회가 견지했던 시각처럼, 단지 '과거가 현전하게 하는 일'을 하는 것이 아니라, 과거와 미래 둘 모두를 현전하게 하는 일을 한다는 사실이 다시 부각되었다. 그 결과 기독교 시간론과 역사론에 ─ 신학이 자기 안에 들어와 있는 히브리적 요소보다 그리스적 요소에 더 친근해짐으로써, 또 교회가 종말론보다 구원론에 더 치중함으로써 ─ 잘못 씌운 허물이 백일하에 드러났다. 그러니 당시 교회가 키르케고르를 눈엣가시처럼 여긴 것도 당연한 일이었다.

잘 알려진 대로, 기독교 신학은 그리스철학과 히브리 종교, 헬레니즘과 헤브라이즘이 만나 돋아난 기이한 땅, 곧 차가운 빙하와 뜨거운 용암이 만나 일구어진 신비스러운 토양에서 태어나 그곳에서 자라났다. 그 탓에 기독교 신학은 역사 내내 '마치 집 안에 들어와 사는 손님' 같은 두 이교도적 요소들을 몰아내기 위해 싸워야 했다. 하지만 그림자가 있는 곳에는 빛도 있는 법이어서, 바로 그 덕에 서로 상이한 두 요소가 '마치 신전을 지탱하는 기둥들'처럼 기독교 신학을 견실하게 떠받치며 풍요로운 자양분을 꾸준히 제공했다. 바로 그런 일이 키르케고르에 의해 기독교 신학의 시간관과 역사관에 일어났다.

19세기 기독교 신학의 처지에서 보면, 키르케고르는 아우구스티누스가 기독교적 시간론과 역사관으로 정립한 카이로스에 낀 오해를 떨쳐내고 본래 의미와 균형을 회복하는 데 도움을 주었다. 그뿐 아니라 그것을 실존주의라는 새로운 사상과 언어로 되살려냄으로써 신학에 새로운 피를 공급했다. 그로부터 거의 백 년 후, 2세기 리옹Lyon의 감독 이레나에우스Irenaeus, 130~202가 개척했던 '구속사' 연구에 천착한

오스카 쿨만이 키르케고르가 정립한 실존적 시간론을 기독교 신학의 언어와 사상으로 재정립함으로써 본래 위치로 되돌려놓았다.

흥미로운 점은 이때 쿨만도 키르케고르를 일절 언급하지 않았다는 것이다. 이 또한 '무시하고 변용하기'였다. 어쨌든 카이로스라는 시간성은 서양 철학과 신학 속에서 부단히 중요한 역할을 담당해왔는데, 그것이 50년 후에는 벤야민과 그의 추종자들에 의해 '새로운' 유물론적 역사관으로 다시 한 번 탈바꿈한다. 이에 대해서는 뒤에서 다시 이야기하도록 하자.

정리해보면, 인간에게 진리와 신을 파악하게 하는 작용인 아우구스티누스의 '상기'가 키르케고르가 말하는 '반복'이다. 그것을 통해 드러나는 시간성이 아우구스티누스에게서는 '현전성'이고 키르케고르에게서는 '동시성'이다. 또한 아우구스티누스의 '현재'가 키르케고르의 '순간'이다. 아우구스티누스가 인간은 '상기'를 통해 시간을 과거와 미래가 현전하는 현재로 만들어야 신과 진리를 찾을 수 있다고 교훈했듯이, 키르케고르는 사람은 '반복'을 통해 매 순간을 미래적인 것이며 또한 동시에 과거적인 것으로 만들어야 그리스도와 동시대인이 될 수 있다고 주장했다.

둘은 각각 고대 신학과 근대 철학에서 이루어진 시간에 관한 중요한 학문적 성과다. 그런데 우리는 철학자나 신학자가 아니다. 때문에 이제 우리가 알고 싶은 것은 이 같은 시간관 또는 역사관이 우리의 삶에 그리고 역사에 어떻게 작용하며 어떤 영향을 끼치는가 하는 것이다. 강연에서는 이 이야기를 주로 했다.

잃어버린 시간, 되찾은 시간

마르셀 프루스트의 7부작 장편소설 《잃어버린 시간을 찾아서》는 상기로서의 기억이 우리 삶에서 구체적으로 어떻게 일어나는지, 또 무엇을 하는지를 알려주는 대표적인 예다. 그중 가장 널리 알려진 것이 1부 〈스완네 집 쪽으로〉에 나오는 '마들렌 에피소드'다.

작품의 주인공 마르셀은 어느 겨울날 어머니가 건넨 마들렌 한 조각을 차에 적셔 먹다가, 마들렌 부스러기가 섞인 차 한 모금이 입천장에 닿는 순간 일찍이 느껴보지 못한 "강렬한 쾌감"을 경험한다. 이 쾌감을 매개로 그는 오랫동안 잊었던 콩브레Combray의 어느 일요일 아침을 회상하게 된다. 차에 섞인 마들렌 부스러기가 입천장에 닿는 순간의 감각이, 어린 시절 아침 인사를 하러 레오니 숙모에게 갔을 때 그녀가 따뜻한 보리수 꽃차에 마들렌 한 조각을 담가준 일과 그 당시 콩브레에서 있었던 이런저런 기억을 연이어 떠올리게 해주었기 때문이다.

프루스트는 이러한 회상을 "무의지적 기억mémoire involontaire"이라고 표현했다. 의지와 무관하게 우연히 돌발적으로 떠오른 기억이라는 뜻이다. 그런데 이처럼 어느 순간 어떤 계기에 의해 갑자기 일어나는 '무의지적 기억'은 단지 잊었던 옛일을 떠올리게 해주는 것으로 끝나지 않는다. 그것은—아우구스티누스의 '상기'처럼 또한 키르케고르의 '반복'처럼—과거를 떠올려 현재와 나란히 겹쳐놓음으로써 그때까지는 감춰져 있던 삶의 진실을 드러내 보여주는 일을 한다.

'시간의 병치併置', 곧 '과거나 미래를 현재와 나란히 겹쳐서 놓는다'는 개념은 아우구스티누스와 키르케고르의 시간론을 구성하는 핵심 개념이다. 그것이 만들어내는 현상을 프루스트가 무의지적 기억이라 한 것이다. 따라서 프루스트의 무의지적 기억은 아우구스티누스가 설파한 상기, 키르케고르가 말하는 반복처럼 우리에게 잃어버린 자기의 정체성 그리고 삶의 의미와 가치를 되찾아주는 일을 하며, 한 걸음 더 나아가 미래를 희망하고 기대하게 만든다.

우리의 마음에서 일어나는 이러한 현상, 다시 말해 부의지적 기억에 의한 시간의 병치를 프랑스의 소설가이며 저술가인 앙드레 모루아A. Maurois, 1885~1967가 '환상적인' 예를 들어 알기 쉽게 설명했다.

이때 시간의 영역에서 일어나는 일들을 정확하게 이해하고자 한다면, 이른바 입체경이라고 불리는 기구가 공간의 영역에서 어떻게 작동하는가를 생각해보면 될 것이다. 이 장치에는 두 장의 영상이 나타나는데 이 두 영상은 같은 대상에 대한 영상임에도 불구하고 완전히 동일한 영상이 아니다. 왜냐하면 두 개의 영상은 각각 한 눈에 맞춰져 있고, 서로 동일하지 않다는 바로 이 이유 때문에 두 개의 영상은 우리에게 뚜렷한 입체감을 주게 되는 것이다. 사실적 입체감을 갖는 하나의 대상은 우리의 양 눈에 각각 다른 영상을 제공해주기 때문이다. (……) 입체경을 만들어내는 공간적 입체상의 환각은 바로 여기에 기인한다. 프루스트는 입체경이 공간 속에서 만들어낸 것과 동일한 현상이 시간 속에서 '현재의 감각과 과거에의 상기Sensation Présente-Souvenir Absent'의 일치로 일어난다는 것을 발견했다. 이 일치가 시간적 입체상의 환각을 창조하고, 이로 인해 시간을 재발견하고, 또 느끼게 해주는 것이다.

모루아는 오늘날 우리가 보는 3D 영상에 해당하는 입체경立體鏡의 제작 원리가 서로 다른 각도에서 보이는 두 개의 영상이 나란히 겹침으로써 실제보다 생생한 입체 영상을 얻어내는 것이라는 사실을 먼저 설명한다. 그리고 이와 마찬가지로 기억, 곧 '과거에의 상기'가 과거와 현재라는 서로 다른 시간의 영상을 나란히 겹쳐놓음으로써 입체적이고 생생한 시간의 입체상을 만들어내, 이전까지는 감춰져 있던 삶의 진실을 드러내 보여준다 한다.

　《잃어버린 시간을 찾아서》의 마지막 권인 〈되찾은 시간〉에는 1권에 나온 '마들렌 에피소드'에 견줄 만큼 중대한 의미가 있는 사건이 다시 한 번 나온다. 샤를뤼스 대공의 초청으로 대공의 저택 안마당에 들어가던 중 마르셀은 어쩌다 울퉁불퉁한 포석鋪石에 발부리가 부딪힌다. 그때까지 자신의 문학적 재능이 고갈되었다는 생각으로 실망에 빠져 있던 그는 발부리에서 느끼는 반듯하지 못한 포석의 감각이 베네치아의 산마르코 대성당Basilica di San Marco 영세소領洗所에 깔린 포석의 감각으로 이어지며 갑자기 다시 한 번 강렬한 쾌감을 맛보게 된다.

　여기에서 주목해야 할 것은 이번에도 역시 '신체적 감촉'에서 오는 쾌감이라는 사실이다. 우리는 앞에서 뮤지컬 〈캣츠〉를 연출한 트레버 넌이 〈메모리〉 가사를 쓸 때 갑자기 "Touch me"라는 말과 함께 "나를 만져보면 / 행복이 무엇인지 알게 될 거예요"라는 '아리송한' 구절을 넣은 이유를 생각해보았다. 그것은 트레버 넌이 프루스트의 《잃어버린 시간을 찾아서》에 나타난 구원이 어떤 '신체적 감촉'을 통해 돌연 떠오르는 기억에 의해 이뤄진다는 것을 알고 있었다는 추측을 가능하게 한다는 내용이었다.

프루스트는 이 같은 구원의 메커니즘을 켈트족의 민속신앙에서 배웠다고 했는데, 트레버 넌이 뮤지컬 〈캣츠〉에서 상기로서의 기억에 의해 구원받는 늙은 고양이 그리자벨라라는 캐릭터를 새로 만들고, 그녀가 부르는 〈메모리〉 가사에 이 메커니즘을 다시 한 번 차용한 것이다. 〈되찾은 시간〉에서는 대공의 저택 안마당에서 포석에 발부리가 부딪힌 마르셀의 감촉이 켈트족 신화에서 신체적 접촉이 죽은 사람의 영혼을 되살려낸다는 바로 그 일을 마르셀에게 한다.

마들렌이 입천장에 닿는 촉감에 의해 콩브레에서 느낀 쾌감을 체험하는 것과 비슷한 일련의 현상이 그동안 마르셀에게 없었던 것은 아니다. 하지만 그 영문을 몰랐는데, 마르셀은 이번에야말로 그 이유 모를 강렬한 쾌감의 원인을 찾고야 말겠다고 결심한다. 그리고 '주방에 인접한 작은 서재'에서 사색에 잠긴다. 그 사색을 통해 밝혀지는 것이 '되찾은 시간Le Temps retrouvé'이다. 그것은 '잊었다가 되찾는다'는 의미, 즉 단순히 '과거의 기억을 되살린다'는 의미에서 되찾은 시간이 아니다. '잃어버린 시간'이 '잊어버린 시간'이 아니듯, '되찾은 시간'도 '다시 기억난 시간'이 아니라는 뜻이다.

프루스트가 말하는 '되찾은 시간'이란 과거와 현재, 과거의 공간과 현재의 공간이 겹치면서 만들어진 '시간적·공간적 입체상'을 통해 '잊어버린〔忘却〕' 것이 아니라 '잃어버린〔喪失〕' 삶의 진실과 의미가 되살아나는 시간이다. 그래서 프루스트는 '되찾은 시간'을 "초시간적 존재"라고도 했고, 프랑스 철학자 폴 리쾨르P. Ricoeur, 1913~2005는 《시간과 이야기》에서 "시간마저도 유예시키는 영원성"이라고 표현했다. 그것은 과거, 현재, 미래로 분산시켜 흘러가버리게 하는 물리적 시간인 크로노스의 파괴성에서 해방된 시간이자 구원의 시간, 곧 카이로스다.

《잃어버린 시간을 찾아서》에서 주인공 마르셀이 반복되는 무의지적 기억들을 통해—특히 주방 서재에서의 회상을 통해—되찾은 삶의 진실은 소설을 쓰는 것이다. 소설가가 되려다 좌절함으로써 "자신을 열등한 존재, 우발적이고 죽게 마련인 존재"라고 느끼고 "결코 다시는 글을 쓸 수 없을 것"이라고 생각하던 마르셀은 시공간적 입체상을 통해 잃어버렸던 자신의 정체성을 찾아내고 다시 소설을 쓰려고 마음먹는다. 그에게 희망이 생긴 것이고, 그의 삶이 구원받게 된 것이다.

프랑스의 평론가 조르주 풀레G. Poulet, 1902~1991는 그의 《인간적 시간에 대한 연구》에서 이에 관해 다음과 같이 평가했다.

따라서 프루스트의 사상에서 〔무의지적〕 기억은 기독교 사상에서의 은총처럼 초자연적 역할을 한다. (……) 회상이란 인간이 혼자 힘으로는 빠져나올 수 없는 허무로부터 인간을 구출하기 위해서 찾아온 '천상의 구원'인 것이다. 그래서 프루스트 작품들에서 회상은 인간적인 동시에 초인적 형상을 띠고 끊임없이 나타난다.

풀레는 무의지적 기억이 인생을 아름답게 만드는 신의 은총임을 말하고 있다. 부단히 흘러가며 우리의 삶을 무의미하게 만드는 시간의 파괴성을 극복하는 길이라는 뜻이다. 그래서 풀레는 기억이—프루스트가 《잃어버린 시간을 찾아서》 곳곳에서 표현한 대로—삶의 "기반"이고, "깊은 광맥"이며, 삶이 "아직도 의지하고 있는 견고한 지반"이고 "구원"이라고 강조한다. 이런 사실을 감안해 생각해보면, 우리의 과거는 '물리적 시간' 안에서 아직 미완성으로 남아 우리를 기다리고 있다고 할 수 있다. 그것이 현재에 상기되어 '심리적 시간'으로 재구성되기까지는, 다시 말해 되찾은 시간이 되기까지는 아직 미완성으로 남아 있다. 프루스트는 3부 〈게르망트가의 사람들〉에서 다음과 같이 쓰고 있다.

> 우리는 우리의 생활을 거의 유익하게 이용하지 않는다. 그래서 여름날의 황혼이나, 겨울의 때 이른 밤에는, 평화나 기쁨이 언제까지 깃들어 있을 것같이 생각되는 시간이 '미완성'인 채 남아 있다. 그러나 우리는 그러한 시간을 결코 잃어버리고 만 것은 아니다. 오래지 않아 다시 새로운 쾌락의 순간이 노래할 때면, 그 순간 또한 마찬가지로 가느다란 선이 되어 사라지겠지만, 미완성의 시간은 거기에 풍요한 오케스트라를 만들어낼 수 있는 근거를 가져다주는 것이다.

이렇게 보면, 인간의 삶 전체가 상기의 힘에 의해서 언젠가 그 진실한 모습이 드러나기를 기다리고 있는 미완성체다. 과거는 현재의 어느 시점에서 드러날 진실을 기다리고 있는 미완성체이고, 현재는 또 미래의 어느 시점에서 완성될 미완성체다.

그렇다면 우리는 이제부터라도 상기를 통해 미완성으로 남아 있는 과거의 아름답고 소중한 것들을 발견해내야 하지 않을까? 잃어버린 시간과 공간을 되찾아 삶의 풍요한 오케스트라를 만들어야 하지 않을까? 동시에 미래의 어느 날에 완성될 진실을 위해 현재에 아름답고 소중한 추억들을 심어놓아야 하지 않을까? 그래야만 모든 것을 허무에 빠뜨리는 시간의 파괴성에서 해방되지 않을까? 또한 그래야만 삶이 품고 있는 숱한 절망에도 불구하고 결코 무릎 꿇지 않는 존재를 향한 용기도 생기지 않을까? 이것이 프루스트가 《잃어버린 시간을 찾아서》를 통해 우리에게 전해준 지혜이자 선물이다.

우물쭈물하다가 내 이럴 줄 알았지

아우구스티누스와 키르케고르 그리고 프루스트 덕분에 이제 우리에게는 사실상 두 가지의 시간적 가능성이 주어졌다는 것이 드러났다. '물리적 시간'인 크로노스와 '심리적 시간'인 카이로스다. '분산되는 시간'과 '집중되는 시간'이라고도 할 수 있다. 우리 육체는 그것이 자연물인 한, 좋든 싫든 물리적 시간을 살 수밖에 없다. 여기에는 다른 가능성이 전혀 없다. 하지만 우리의 마음은 다르다. 물리적 시간을 살 수도 있고 심리적 시간을 살 수도 있다. 편편이 '분산되는 시간'을 살 수도 있고 하나로 '집중되는 시간'을 살 수도 있다. 모든 것을 무의미하게 만드는 '존재물의 시간'을 살 수도 있고 모든 것의 의미와 가치를 드러내는 '존재의 시간'을 살 수도 있다.

선택은 우리 각자에게 달려 있다. 그리고 그것은 우리가 어떤 사람이냐에 달려 있다. 다시 말해 그것은 우리 각자의 삶의 철학 또는 취향에 따라 달라질 수 있다. 만일 당신이 에피쿠로스나 그의 사도인 조르바가 교훈한 것처럼 쾌락적인 삶을 살기를 원한다면, 당신의 마음은 흔쾌히 물리적 시간을 살 것이다. 그러나 만일 당신이 아우구스티누스와 프루스트가 교훈한 것처럼 자신의 정체성을 확립하고 의미와 가치가 있는 삶을 살기를 원한다면, 당신의 마음은 기꺼이 심리적 시간을 살 것이다. 간단하다. 하지만 현실에서도 그럴까? 유감스럽게도 우리의 경험이 그렇지 않다는 것을 말해준다.

그리스 크레타Creta 섬에 가면, 니코스 카잔차키스의 무덤이 쓸쓸히에게 해를 내려다보고 있다. 거대한 십자가를 앞세우고 넓고 육중한 직사각형 돌 위에 서 있는 그의 묘비에는 그가 생전에 써놓았다는 문구가 새겨져 있다. "나는 아무것도 바라지 않는다. 나는 아무것도 두려워하지 않는다. 나는 자유다Den elpizo tipota, Den forumai tipota, Eimai eleftheros." 멋지다! 그래서 세대를 건너뛰어 지금까지 전 세계 수많은 사람들이 그곳을 찾고, 그 묘비명을 입에 담는다. 그런데 내 생각에는 그런 묘비명은 사실인즉 바라는 것도 많고 두려운 것도 많아 결코 자유롭지 못했던 사람이 쓰는 법이다.

자고로, 영혼을 사랑하는 수도승은 영혼의 승리를 바라고 육체의 패배를 두려워하지 않는다. 그러나 육체를 사랑하는 난봉꾼은 육체의 승리를 바라고 영혼의 패배에는 관심조차 없다. 그런데 카잔차키스는 영혼과 육체 모두를 사랑하고 각각의 승리를 바랐다. 어떻게 아냐고? 증거가 있다. 육체의 승리를 원할 때 그는 《그리스인 조르바》라는 난봉꾼 중 난봉꾼에 관한 이야기를 썼다. 영혼의 승리를 바랄 때 그는 《성자 프란체스코》라는 수도승 중의 수도승에 관한 이야기를 썼다. 이처럼 원하고 바라는 것이 많은 사람은 그만큼 두려움도 많은 법이고, 그만큼 자유로울 수가 없다. 그러니 그가 어찌 아무것도 두렵지 않았으며 또한 자유로웠겠는가!

그렇다면 조지 버나드 쇼의 묘비명인 "우물쭈물하다가 내 이럴 줄 알았지"와 함께 아마도 세상에서 가장 유명한 카잔차키스의 묘비명은 다음과 같이 바뀌어야 하지 않을까? "나는 모든 것을 바란다. 나는 모든 것을 두려워한다. 나는 자유롭지 못하다." 이 얼마나 솔직한가! 난 봉꾼만으로도, 수도승만으로도 살 수 없다는 것, 그래서 우물쭈물하며 산다는 것, 육체의 쾌락과 영혼의 안락 가운데 어느 것 하나도 포기할 수 없다는 것, 그래서 결국 그 어느 것도 성취하지 못한다는 것, 그래서 모든 것이 두렵다는 것, 그래서 항상 자유롭지 못하다는 것, 이것이 당신과 나, 사실은 우리 모두가 맞닥뜨린 실존적 상황이고, 우리 모두의 묘비명이 아닐까?

여기서 여실히 드러나는 문제가 있다. 우리의 마음이 물리적 시간과 심리적 시간 사이에서 양자택일을 하지 못하고 사람에 따라 정도의 차이만 있을 뿐 우물쭈물하며 산다는 사실이다. 우리는 보통 아무 생각 없이 시계와 달력으로 표기되는 물리적 시간 안에서 그날그날을 산다. 그러다 해가 바뀐다든지, 건강이 나빠졌다든지, 실직을 했다든지, 아니면 《잃어버린 시간을 찾아서》의 마르셀처럼 삶의 의미를 잃어버렸다든지 하는 어떤 계기를 맞았을 때 비로소 과거를 뒤돌아보거나 미래를 계획해보는 심리적 시간을 갖는다.

이 점에서라면 〈크라프의 마지막 테이프〉에서 크라프도 우리와 다를 바가 전혀 없었다. 크라프는 평소에는 아무 의식 없이 물리적 시간을 살았다. 그러다가 1년에 '단 한 번' 생일을 맞아 녹음을 할 때만, 그것도 기계 조작을 통해 과거의 자기와 현재의 자기를 연결함으로써 심리적 시간을 마련해보려고 노력했다. 1년에 한 번! 그것마저도 가져보지 않은 사람에 비하면 기특하긴 하다. 그러나 바로 그 때문에 크라프는 녹음을 할 때마다 과거의 자기를 비웃지만, 조금도 변할 수가 없었다. 쇼의 표현을 빌리자면, '우물쭈물'한 것이다. 그래서 그는 자기가 진정 원하는 것이 무엇인지를 모르고 살다가, 삶의 소중한 모든 것을 잃고서야 뼈저리는 회한과 절망 속에서 망연자실할 수밖에 없었다.

여기서 잠시 바디우 정치철학의 방법론인 빼기(또는 제거의 방법)를 다시 떠올려보자. 앞에서 바디우는 1950년대 이후 베케트의 인물들이 '인류의 형상에서 모든 여흥거리를 제거함'으로써 비록 초라하지만 '스스로의 정화에 성공한 주체'라고 규정했다. 그리고 그 예로 극단적 금욕을 실행했던 말년의 파스칼을 들었다. 그런데 크라프를 보자. 그 역시 젊은 시절부터 좋아하는 술 줄이기, 성생활 절제, 애인·가족과의 단절 등 '거의' 수도승과 같은 금욕을 하며 살았다. 모든 여흥거리를 제거함으로써 초라해지기도 했다. 바디우가 말하는 빼기를 꾸준히 해왔다는 말이다. 하지만 그가 스스로의 정화에 성공했는가?

아니다! 그랬더라면 그가 마지막 장면에서 그렇게 망연자실하지 않았을 것이다. 이유가 뭘까? '우물쭈물'이다! 크라프는 결코 수도승도 아니면서 난봉꾼도 아니고, 여전히 난봉꾼이면서 수도승이었다.《고도를 기다리며》에서 블라디미르와 에스트라공이 그렇듯이, 또한 우리가 보통 그렇듯이, 크라프는 우물쭈물했다. 다시 말해 그는 어디론지 의미 있는 곳으로 가고 싶고, 뭔가 의미 있는 존재로 있고 싶고, 뭔가 의미 있는 것을 말하고 싶었지만, 가지도 있지도 말하지도 못하고, 그

자리에서 아무것도 아닌 채, 말이 아닌 말을 하는 인물이다.

강연에서 나는 '그것이 인간의 실존적 상황이려니' 하고 넘어갈 문제가 아니라고 강조했다. 왜냐하면 오늘이냐 내일이냐 하는 차이가 있을 뿐, 우리도 머지않아 크라프와 같은 모습으로 망연자실 앉아 있게 될 것이기 때문이다. 그리고 묘비명에 "우물쭈물하다가 내 이럴 줄 알았지"라고 쓰게 될 것이기 때문이다. 그럼 어떻게 살아야만 한다는 말인가? 그래서 소개한 작품이 버지니아 울프의 《댈러웨이 부인》인데, 그것이 그날 초대한 윤성희 작가의 〈부메랑〉과도 연관되어 있다. 내가 보기에는 바로 이 두 작품이 크라프와 같은 처지에 놓인 우리가 회한과 절망 그리고 망연자실에서 빠져나올 수 있는 비법을 각각 다르게 가르쳐준다. 강연은 다시 다음과 같이 이어졌다.

울프의 '터널 파기'

프루스트는 최후의 위대한 모험가다. 이 소설 이후에 무엇을 더 쓸 수 있겠는가? 그는 영원히 사라져가는 것을 구체적으로, 그것도 이렇게 놀라운 불후의 형식으로 형상화하는 데 성공했다. 우리는 이 책을 손에서 내려놓는 순간, 한숨을 몰아쉴 수밖에 없다.

20세기 초, 마르셀 프루스트, 제임스 조이스 등과 함께 '의식의 흐름'이라는 새로운 기법을 사용하여 아방가르드 문학을 개척한 버지니아 울프가 프루스트의 《잃어버린 시간을 찾아서》를 두고 한 시샘 어린 한탄이다. 그럼에도 울프는 그 밥상에 수저 하나를 더 올려놓았다. 1925년에 발표한 《댈러웨이 부인》이 그것이다. 뭔가 더 쓸 것이 있었던 것이다. 그것이 무엇일까?

소설은 1923년 6월의 어느 날 하루를 서술하고 있다. 이야기는 주인공 클러리서 댈러웨이Clarissa Dalloway 부인이 저녁 파티에 사용할 꽃을 사러 집을 나서는 아침부터 파티가 진행되는 저녁까지 이어진다. 그사이에 일어나는 특별한 사건은 없다. 프루스트나 조이스의 소설들과 마찬가지로 《댈러웨이 부인》은 '시간의 흐름'을 따라 순차적으로 전개되는 줄거리에 비중을 두지 않는다. 그 대신, 인물들의 '의식의 흐름'을 따라 돌발적으로 떠오르는 주관적 체험과 생각, 감정 등에 초점을 맞춘다.

원제목이 '시간The Hours'이었던 이 작품에는 런던탑에 걸린 빅벤이 매 30분마다 알려주는 '외적 시간'과 인물들의 의식에 따라 구성되는 '내적 시간'이—마치 두 개의 선율이 함께 흐르며 화음을 이루는 다성음악polyphony처럼—뒤섞여 흐른다. 예를 들면, 집을 나서 런던의 웨스트민스터 상가를 걸어가던 댈러웨이 부인은 아무 영문 없이 젊은 시절에 이루지 못했던 낭만적 사랑을 떠올린다. 이때 빅벤이 울리고 그녀는 소스라치게 놀라며 회상에서 깨어나 현실로 돌아온다. 이후에도 그녀는 또다시 다른 회상에 잠기다가 거리에서 아는 사람을 만나는 따위의 일들을 통해 다시 현실로 돌아오는 것을 반복한다.

댈러웨이 부인만 그런 것이 아니다. 이 소설의 다른 등장인물들도 마찬가지다. 이들에게는 빅벤의 종소리를 따라 단선적으로 흘러가는 '외적 시간' 사이에 갑자기 떠오르는 '내적 시간', 곧 추억이나 예측이

로저 프라이, 〈버지니아 울프(Virginia Woolf)〉, 1917
ⓒ Wikimedia Commons

"마치 땅속에 묻힌 고구마들처럼 주렁주렁 매달려" 나타난다. 리쾨르가 《시간과 이야기》에서 적절히 언급했듯이, "시간 속에서 일어나는 모든 것에 의해 앞으로 나아감과 동시에, 과거 속으로 이리저리 여행을 떠남으로써 뒤로 물러가기도 하는 것이다." 그러면서 현실 세계와 내면세계, 일상성과 내적 성찰, 과거의 자기와 현재의 자기가 연결되고 뒤섞인 진실이 드러난다.

"리얼리즘 작가들의 끔찍한 서사 방식. 점심 식사 때부터 저녁 식사 때까지의 경과를 서술하는 것, 그것은 현실적이지도 않고 옳은 일도 아니다. 그저 관습일 뿐이다"라고 비판한 적이 있는 울프는 자신이 개발한 새로운 서술 기법을 "터널 파기"라고 이름 지었다. 그녀는 이 기법을 통해 자신의 내면에 있는 '아름다운 동굴들'—자신이 진정 원하는 것, 즉 인간성·해악·깊이 등—이 서로 연결될 것이고 마지막에는 모든 동굴들이 환하게 드러나리라고 믿었다. 그래서 일기에 "내가 터널을 파는 과정이라고 부른 것, 즉 필요에 따라 과거를 여러 차례로 나누어 이야기하는 기법을 더듬어가며 발견하는 데 1년이 걸렸다"고 자신의 성취에 대해 자부심을 드러내기도 했다.

《댈러웨이 부인》에서 클러리서는 매우 특이한 인물이다. 중견 국회의원의 "완벽한 안주인"인 그녀는 외적으로는 허영과 위선에 가득 찬 사교계를 대변한다. 파티가 있는 그날 밤에도 그녀는 마치 버킹엄 궁에서 손님을 맞는 여왕처럼 파티의 중심에 서 있다. 그래서 그녀의 옛 애인이었던 피터 월시Peter Walsh조차 그녀가 속물이 되었다고 생각한다. 하지만 그녀의 내면은 사실상 속물들이 득실대는 사교계를 참기 어려워하고 혐오하며, 자신만의 공간과 시간에서만 마음의 안정과 평화를 느끼는 매우 불안하고 이중적인 성격이다. 때문에 그녀에게는 빅 벤이 상징하는 외적 시간과 터널 파기로 나타나는 내적 시간이 항상 뒤섞여 함께 흐르며, "언제나, 단 하루일지라도, 산다는 것이 아주, 아주 위험하게 생각되었다."

이 점에서 댈러웨이 부인은 이 작품의 다른 주요 인물인 셉티머스 스미스Septimus W. Smith와 맥이 닿아 있다. 1차 세계대전에 참가했다 얻은 정신적 외상에 시달리는 퇴역 군인인 그는, 군중의 환호를 받으며 황태자가 지나가는 공간과 때마다 빅벤이 울려대는 시간을 견디기 힘들어한다. 권위와 권력을 나타내는 외적 시간(또는 세계)—리쾨르는 '기념비적 시간temps monumental'이라 이름 붙였다—은 그에게 과거 전장의 고통과 연관되어 있다. 때문에 그는 외적 시간이 흐르는 현실의 삶에 두려움을 안고 적응하지 못하는 인물이며, 광기와 제정신 사이의 알 수 없는 영역에 자신만의 시간(또는 세계)을 만들어 살고 있다.

《댈러웨이 부인》의 미국판 서문에 버지니아 울프는 자살한 셉티머스가 클러리서 댈러웨이 부인의 "분신"이라고 썼다. 틀린 말이다! 파티 도중 셉티머스의 자살 소식을 들은 클러리서가 그에 공감해 "삶은 견딜 수 없어. 이 사람들, 이 사람들이 삶을 견딜 수 없게 만들었어"라며 역시 자살을 생각했다는 것을 감안하더라도—또 울프가 처음에는 클러리서가 자살하는 것으로 설정했다가 셉티머스에게 그 역할을 맡김으로써 그녀를 살려냈다는 뒷이야기를 고려하더라도—그것은 정확한 표현이 아니다! 하지만 작가 자신의 말인 만큼 그 표현을 존중해 평가하자면, 셉티머스는 댈러웨이 부인의 부정적 또는 어두운 분신이다. 그리고 댈러웨이 부인은 셉티머스의 긍정적 또는 밝은 분신이다.

댈러웨이 부인은 그날 아침 일찍 셰익스피어의 희곡 〈심벨린 Cymbeline〉이 펼쳐진 진열창 앞에 멈춰 서서 그 한 구절인 "더 이상 두려워하지 말라, 태양의 열기를 / 또한 광포한 겨울의 분노도"라는 시구를 보았다. 같은 날 오후 셉티머스도 바로 그 시구를 보았다. 하지만 댈러웨이 부인은 '더 이상 두려워하지 말라'는 구절에서 삶에 대한 본능적인 사랑을 일깨우고 파티를 준비했고, 셉티머스는 같은 구절에서 죽음을 향한 평화와 안도의 마음을 찾고 창문 밖으로 몸을 던진 것이 그 증거다.

이렇게 보면, 셉티머스는 차라리 작가 자신의 분신이었다. 버지니아 울프는 정신분열증을 앓고 있었고, 그 때문에 그녀는 삶에 대한 두려움과 무력감, 혐오감에서 빠져나올 수 없었다. 그래서 1941년 어느 화창한 봄날, 커다란 돌멩이를 외투 양쪽 주머니에 집어넣고 서식스의 루이스 근교를 흐르는 우즈 강에 몸을 던져 셉티머스를 따라갔다. 그녀가 남편 레너드 울프에게 남긴 유서에는 "사랑하는 당신, 나는 내가 또다시 미치고 말 거라는 확신이 느껴져요. 우리는 저 무서웠던 세월을 한 번 더 견딜 수는 없을 것 같아요. 이번엔 회복될 것 같지도 않고요"라는 말이 적혀 있었다.

여기서 우리가 주목해야 할 것은, 셉티머스는 결국에 창에서 뛰어내려 자살하지만, 그와 똑같은 삶에 대한 두려움, 무력감, 혐오감을 느끼며 두 개의 상반된 시간(또는 세계)을 오가며 살면서도 댈러웨이 부인은 파티를 끝내고 조용히 삶을 이어간다는 점이다. 삶에 대한 그녀의 흔들리지 않는 태도는 어디에서 오는 것일까? 다시 말해 모든 것을 불안하고 무의미하며 혐오스럽게 만드는 외적 시간에 대항하여 "끝끝내 살며", 아무 일도 없었다는 듯 "조용히 걸어가게" 하는 그녀가 지닌 '존재에의 용기'는 도대체 어디에서 오는 것일까?

이 물음에 대해 버지니아 울프는 주인공 클러리서 댈러웨이 부인의 입을 빌려 답한다. "별빛이 명멸하는 밤하늘" "떨어지는 물방울" 같은 덧없는 아름다움들이 주는 기쁨, 순간마다 "그 순간의 깊숙한 곳"에서 솟아나는 "사소한 추억들이 주는 즐거움"이라고. "이렇게 의자를 바로 놓고 책을 한 권 책장에 밀어 넣으면서 일상에 골몰하여 자기 자신을 잃고 살아가다가도, 해가 뜨고 날이 저무는 것을 보며 문득 기쁨을 느끼는 자신을 발견하는 것에 비길 만한 즐거움은 없다"고 설명한다.

클러리서는 셉티머스와 달리 시간의 파괴성을 극복할 지혜가 있었던 것이다. 그녀는 마치 《잃어버린 시간을 찾아서》의 마르셀처럼 '사소한' 일상에서 솟아나는 '추억들이 주는 즐거움'을 통해 과거의 자기와 현재의 자기를 연결함으로써 삶에 대한 두려움, 무력감, 혐오감에서 빠져나올 수 있었던 것이다. 다른 점이 있다면 마르셀이 어떤 특별한 우발적인 계기로 과거의 자기와 현재의 자기를 연결하는 데 반해, 댈러웨이 부인에게는 그 같은 일이 수시로 일어난다는 점이다. 다성음악의 선율들이 그렇듯이, 사실상 그녀에게는 '외적 시간(물리적 시간)'과 '내적 시간(심리적 시간)'이 항상 뒤섞여 나란히 흐르며 화음을 이루어 새로운 세계를 구축해간다.

그렇다, 이제 분명해졌다! 우리의 몸은 부득이 물리적 시간을 살 수밖에 없지만, 우리의 마음은 부단히 과거와 미래를 마치 눈앞에 보이는 것처럼 현전케 하는 '심리적 시간'을 살아야 한다. 크라프처럼 1년에 한 번이 아니다. 또 마르셀처럼 어떤 우발적인 계기를 통해서만도아니다. 댈러웨이 부인처럼 매 순간순간 기억과 기대를 통해 과거와미래를 현전시켜야 한다. 그럼으로써 자기가 누군지, 진정 원하는 것이 무엇인지, 무엇을 위해 살아야 하는지를 매 순간 깨달아야 한다. 또한 그럼으로써 일상의 삶에서 다가오는 두려움, 무력감, 혐오감을 이기고 매 순간순간을 소소한 기쁨을 느끼며 살아야 한다.

그래야만 어느 날 크라프처럼 삶의 소중한 모든 것을 잃고서 뼈저리는 회한과 절망 속에 망연자실 앉아 있지 않을 것이기 때문이다. 또 그래야만 잃어버린 시간을 되찾기 전의 마르셀처럼 "자신을 열등한 존재, 우발적이고 죽게 마련인 존재"라고 느껴 퇴락과 절망에 빠지는 일이 없을 것이기 때문이다. 심지어는, 그래야만 셉티머스와 버지니아울프가 갔던 고통스러운 길을 피할 수 있을 것이기 때문이다.

정리하자면, 우리는 지금까지 두 가지 시간성을 살펴보았다. 물리적시간과 심리적 시간, 존재물의 시간과 존재의 시간, 즉 크로노스와 카이로스가 그것이다. 그런데 강연에서는 역시 시간상 다루지 못했지만,이제부터 다루고자 하는 중요한 시간성이 하나 더 있다. 곧 우리에게역사란 무엇인가 하는 역사성歷史性, Geschichtlichkeit이 그것이다!

역사성은 헤겔, 딜타이, 후설, 하이데거, 야스퍼스 등이 중요한 철학적·신학적 개념으로 탐구해왔는데, 하이데거에 따르면 역사성은 인간의 '탁월한 존재 방식'을 특징짓는 말이다. 그 이유를 우리가 지금까지 이야기해온 용어로 표현하자면, 인간이 동식물처럼 단순히 크로노스를 사는 것이 아니라 과거를 짊어지고 미래와 마주하는 카이로스를 살기 때문이다. 우리가 이 철학적이고 동시에 신학적인 시간성에 관해 잠시나마 짚고 넘어가려는 데에는 특별한 이유가 있다.

1990년대에 이어진 구소련과 동구 공산주의 국가들의 몰락으로, 역사에는 마치 자연법칙처럼 인간의 의지에서 독립된 필연적인 법칙―그것이 정신적(헤겔)이든, 물질적(마르크스)이든―이 있으며, 이에 대한 인식을 통해서 미래를 예측할 수 있다는 역사주의Historismus가 한 시절 찬란했던 낙관적인 전망과 함께 붕괴했다. 좌파 지식인들에게 그 몰락과 붕괴는 일종의 재앙이었는데, 이유는 모호했지만 결과는 명백했다. 폐허가 드러났다. 그러자 그것을 극복하려는 바디우, 네그리, 아감벤 그리고 지젝 같은 좌파 지식인들이 '새로운' 유물론적 역사관을 모색하기 시작했다.

새로운 이론의 특성 가운데 하나가, 이들이 우리가 지금까지 추적해온 시간의 두 번째 얼굴인 카이로스의 개념에서 새로운 출구를 찾아냈다는 사실이다. 그 결과 우리는 이제 마르크스와 엥겔스가 《독일 이데올로기》에서 처음으로 선보인 유물론적 역사관을 두 가지로 구분할 수 있게 되었다. 하나는 역사주의 성격이 짙은 마르크스·엥겔스의 '크로노스적·유물론적 역사관'이고, 다른 하나는 오늘날 좌파 지식인들이 새롭게 구상하고 있는 '카이로스적·유물론적 역사관'이다. 어쩌면 당신은 지금 '카이로스적·유물론적'이라는 용어 자체가 모순이 아닌가 하고 생각할 수 있다. 그런데 이제 곧 보겠지만 바로 그것이 이들 주장의 새로움이자 특징이다.

눈여겨보고자 하는 다른 하나는, 이들이 서로 약속이나 한 듯이 신약성서에 수록된 바울의 편지들 — 특히 로마서 — 과 발터 벤야민의 〈역사의 개념에 대하여〉라는 몇 쪽 안 되는 글을 교본으로 삼는다는 사실이다. 그들이 얼핏 보아 서로 무관하고, 거의 2천 년이나 시차가 나는 두 텍스트를 어렵게 만나게 한 데는 나름의 이유가 있다. 우리는 이제부터 그 이유를 추적해보려 한다. 왜냐하면 그것이 우리에게 시간의 '또 다른 얼굴'인 역사에 관한 많은 흥미로운 이야기들을 들려줄 것이기 때문이다.

이 추적은 벤야민에서 시작하는 것이 좋다. 왜냐하면 오늘날 좌파 지식인들이 그가 만들어놓은 '화약고'에 불을 붙이는 것으로 시작했기 때문이다. 그 폭발이 볼만한데, 〈역사의 개념에 대하여〉를 준비한 자료들을 모아놓은 〈'역사의 개념에 대하여' 관련 노트들〉에 실린 다음 글을 보면 벤야민 스스로 그것을 벌써 예견하고 있었다.

> 공허하고 균질한 시간 속에서의 진전이라는 도식에서 풀려난 역사에 대한 관념은 그토록 오랫동안 마비되었던 역사적 유물론의 파괴적 에너지들을 드디어 다시 전쟁터로 끌어낼 것이다.

벤야민의 '지금시간'

독일 출신 유대계 문예평론가인 벤야민의 〈역사의 개념에 대하여〉는 '체스 두는 자동기계' 이야기로 시작한다. 1770년 헝가리 출신의 발명가 볼프강 폰 켐펠렌W. v. Kempelen, 1734~1804이 마리아 테레지아

여왕을 위해 만들었다는 이 기계는 태엽으로 움직이는 여러 장치들 사이에 콧수염을 기르고 터키 복장을 한 인형이 앉아서 사람과 체스를 두게끔 고안되어 있다. 에드거 앨런 포E. A. Poe가 〈멜첼의 체스 기사〉라는 목격담을 남기기도 한 이 기계가 1809년에는 나폴레옹을 이겼고, 1817년부터 1837년까지 영국과 미국을 정기적으로 순회하며 장기를 두었는데 놀랍게도 대부분 이겼다.

아니, 이게 무슨 소리인가. 딥블루나 알파고 같은 슈퍼컴퓨터도 아니고 기껏 태엽으로 움직이는 터키 인형이 체스를 두어 사람을 이기다니, 싫을 것이다. 그런데 실제로는 그 안에 체스의 명수인 꼽추 난쟁이가 들어앉아 기계를 조작하면서 체스를 두었다. 벤야민은 이 기이한 이야기를 역사철학의 영역으로 끌어들여 기발한 예언 하나를 툭 던졌다. 만일 역사적 유물론historischer Materialismus이 오늘날 "왜소하고 흉측해진" 신학을 자기 안에 받아들여—마치 터키 인형 안에 꼽추 난쟁이가 들어앉아 체스를 두듯이—유용하게 사용한다면 "어떤 상대와도 겨뤄볼 수 있다"는 것이다.

그렇다. 바로 이것이었다. 선지자의 잠언처럼 던져진 이 말에서 좌파 지식인들이 새로운 희망과 갈 길을 찾은 것이다. 그들에게는 벤야민의 텍스트가 분명 바다를 가르고 이스라엘 백성의 활로를 열었던 '모세의 지팡이'로 보였다. 과장이 아니냐고? 아니다! 예컨대 조르조 아감벤G. Agamben이 《남겨진 시간》에서 "우리들의 전통에서 최고의 두 메시아니즘messianism 텍스트"라고 칭송한 것이 성서에 기록된 사도 바울의 서신들과 벤야민의 〈역사의 개념에 대하여〉라는 것이 그 증거다.

모두 18개의 짧은 단락과 두 개의 부기附記에 번호를 매겨 나열한 이 글은, 앞에서 본 첫 번째 단락에서는 먼저 가로놓인 망망대해를 바라보며 속수무책으로 서 있던 오늘날 좌파 지식인들에게 가차 없는 희망과 용기를 선물한다. 그다음, 두 번째 단락부터는 절망의 바다를 가르고 그들이 마땅히 나아가야 할 길을 열어 보인다. 그런데 예부터 모든 신탁, 화두, 잠언들은 탁월한 해석자를 만날 때에만 비로소 깨어나 빛을 뿜는 법이다. 〈역사의 개념에 대하여〉에 쏟아놓은 벤야민의 잠언들에 대해서는 타우베스, 바디우, 아감벤, 네그리, 지젝 등이 그 일을 했다.

일례로 '체스 두는 자동기계' 이야기를 보자. 우리는 이 이야기에서 터키 인형이 '이미 붕괴되어버린' 역사적 유물론이고, 그 안에 들어앉아 체스를 두는 꼽추 난쟁이가 '이미 왜소하고 흉측해진' 신학이라는 것만 알 수 있다. 그러나 이때 벤야민이 말하는 신학이 어떤 신학이며, 또 그것이 어떻게 역사적 유물론으로 다시 살아나 승리하도록 할지는 눈치조차 챌 수 없다. 이처럼 벤야민의 텍스트는 많은 부분이 수수께끼다. 이때 아감벤이 나섰다. 타우베스의 도움도 받았다. 그리고 《남겨진 시간》에서 거의 셜록 홈스가 암호로 된 편지를 해독하는 수준의 추리력을 발휘하여, 장기 두는 꼽추 난쟁이가 사도 바울의 신학이라는 것을 밝혀냈다. 그뿐 아니다. 그 꼽추 난쟁이가 터키 인형 안에서 체스를 두어 이기는 비법까지 낱낱이 추적해 들춰냈다.

타우베스가 《바울의 정치신학》에서, 바디우가 《사도 바울》에서, 아감벤이 《남겨진 시간》에서 그리고 네그리가 《혁명의 시간》에서 수행한 지적 모험과 탐사는 마치 할리우드 블록버스터 영화 〈인디아나 존스〉 시리즈처럼 흥미진진하다. 그러나 그것을 이해하고 성과를 판단하려면, 당연히 바울의 서신들과 벤야민의 텍스트에 대한 이해가 선행되어야 한다. 하지만 그 일은 기독교 신학, 역사철학, 문헌학, 문예학까지 동원해야 하는 방대한 작업인 데다, 이 글의 목적에 부합하지도 않는다. 그래서 우리는 단지 카이로스적 시간관이 어떤 기발한 곡예들을 통해 '새로운' 유물론적 역사관으로 변신하는지 간략히 살펴보려고 한다.

벤야민이 〈역사의 개념에 대하여〉에서 한 일은 크게 보아 두 가지의 변형이다. 하나는 특출한 예외인 아우구스티누스의 《신국론》을 제외하고, 중세 이후—특히 키르케고르, 프루스트, 울프 등에 의해—주로 개인적이고 시간론적인 차원에서 다루어지던 카이로스 개념을 집단적이고 역사적인 차원으로 옮겨 적용한 것이다. 다른 하나는 역시 중세 이후 관념론적으로 인식되어오던 카이로스 개념을 유물론적으로 변용한 것이다. 오늘날 좌파 지식인들을 매혹한 이 두 가지 선구적인 작업을 가능케 했던 핵심 개념이 '지금시간'이다. 그럼에도 이 개념은 〈역사의 개념에 대하여〉에서 열네 번째 단락에 와서야 처음으로 살며시 얼굴을 내미는데, 다음과 같다.

역사는 구성의 대상이며, 이때 구성의 장소는 균질하고 공허한 시간이 아니라 지금시간Jetztzeit으로 충만된 시간이다. 그리하여 로베스피에르에게 고대 로마는 지금시간으로 충만된 시간이다. 프랑스혁명은 스스로를 다시 귀환한 로마로 이해했다. 프랑스혁명은 마치 유행이 과거의 의상을 인용하는 것과 똑같이 고대 로마를 인용했다.

이어서 벤야민은 역사란 "사건들의 순서를 마치 염주처럼 손가락으로 헤아리는 일을 하는" 역사주의 사학자들의 주장처럼 "균질하고 공허한" 연대기적(크로노스적) 시간에서 전개되는 "여러 계기들 사이에 인과적 결합"을 세우는 작업의 결과물이 아니라고 했다. 오히려 그에게 역사는 "그 자신의 시대가 과거의 특정한 시대와 함께 등장하는 성좌구조Konstellation를 포착"하는 작업이다. 다시 말해 역사는 역사가에 의해 "지금시간으로서의 현재 개념을 정립"하는 작업이 맺은 열매다. 그리고 이런 일을 하는 역사가가 유물론적 역사가다.

'Konstellation'은 별자리를 뜻하는 독일어다. 별자리란 무엇인가? 별자리는 우리가 구성한 이미지다. 그것은 아무 형상 없는 개개의 별―이것들은 사실상 시공간적으로 무한히 멀리 떨어져 있다. 단지 같은 시간에 우리 눈에 들어올 뿐이다―들을 시공을 초월해 한자리에 모아 어떤 의미 있는 형상(예를 들면 헤라클레스자리, 전갈자리 등)을 구성해놓은 것이다. 그렇다면 벤야민에게 역사는 '한 시대가 과거의 특정한 시대와 함께 등장하여 어떤 의미 있는 형상을 이루게끔 구성해놓은 별자리'다. 같은 글에서 그는 이런 말도 했다.

　　과거를 역사적으로 표현한다는 것은 그것이 '원래 어떠했는가'를 인식하는 일을 뜻하는 것이 아니다. 그것은 위험한 순간에 섬광처럼 스치는 어떤 기억을 붙잡는다는 것을 뜻한다. 역사적 유물론의 중요한 과제는 위험한 순간에 역사적 주체에게 예기치 않게 나타나는 과거의 이미지를 붙드는 일이다.

여기서 벤야민이 사용하는 '지금시간'이라는 용어의 의미가 드러난다. 그것은 현재가 과거의 특정한 시대와 함께 만나 어떤 의미 있는 형상을 구성하는 시간이다!

벤야민은 지금시간을 "경과하는 시간이 아니라 그 속에서 시간이 멈춰서 정지해버린 현재"라고도 표현했다. 〈'역사의 개념에 대하여' 관련 노트들〉에는 "그것은 시간적인 것이 아니라 이미지적인 것이다"라는 말과 함께 다음과 같은 설명도 덧붙였다.

과거에 지나간 것이 현재에 빛을 비추거나, 현재가 과거에 빛을 비추는 것이 아니라, 이미지라는 것은 이미 흘러간 어떤 것이 지금과 만나 전광석화처럼 성좌구조를 이루는 무엇이다. (……) 그 이미지는 위험의 순간에 등장하는 자신의 과거의 이미지들과 유사하다. 이 이미지들은 주지하다시피 무의지적으로 나타난다. 따라서 엄밀한 의미에서 역사는 무의지적 회상의 이미지이고 위험의 순간에 역사의 주체에게 갑자기 나타나는 이미지다.

그렇다면 앞서 글에서 나왔던 "로베스피에르에게 고대 로마는 지금시간으로 충만된 시간이다"라는 모호한 말은 '로베스피에르에게 고대 로마 시대는 그 자신의 시대와 그것이 함께 만나 어떤 의미 있는 형상을 구성하는 충만된 시간'이라는 뜻으로 해석된다. 로베스피에르에게 의미 있는 형상이란 공화정이었다. 그는 로마공화정 시기와 자신의 시대를 시간적으로가 아니라 이미지적으로 전광석화처럼 결합했다. 그리고 프랑스 공화정을 위한 혁명을 가차 없이 추진했다. 지금시간은 이처럼 '시간'이 '역사'로 바뀌는 어느 '순간'이다. 이런 의미에서 벤야민은 시간을 재는 '시계'와 역사를 기념하는 '달력'을 구분했다.

그런데 잠깐, 이것은 어디서 많이 들어본 이야기가 아닌가? 그렇다. 우리는 앞에서 이에 대해—곧 아우구스티누스의 상기에 의해 과거와 미래가 현전하는 '현재', 키르케고르의 반복에 의해 미래적인 것이 과거적인 것으로 되풀이되어 도래하고 과거적인 것이 미래적인 것으로 되풀이되어 상기하는 '순간', 쿨만이 "앞으로 향하여 그리고 뒤로 향하여 연결된 지금"이라고 표현한 '구속사의 현재'에 대해—이미 충분히 살펴보았다. 지금시간이 바로 그것이다. 한마디로 카이로스다.

만일 당신이 눈썰미가 남다른 사람이라면, 여기서 '그렇지만 벤야민의 지금시간은 오직 과거와 연결된 현재가 아닌가' 하는 생각이 들 수 있다. 그가 〈역사의 개념에 대하여〉의 거의 모든 부분에서 지금시간을 과거와 연관해서 설명하기 때문이다. 하지만 아니다. 지금시간 역시 과거뿐 아니라 미래를 향해서도 열려 있다! 다시 말해 지금시간에도 그리스적 상기뿐 아니라 히브리적 대망이 함께 들어 있다! 그럼에도 그가 지금시간과 연관해 끊임없이 과거를 들먹거리는 이유는 "예언자적 시각은 순식간에 멀어져가는 과거에서 점화된다"는 말에 잘 나타나 있다. 벤야민에게 역사적 미래는 언제나 과거로부터 열린다. 그는 "예언자는 미래를 등지고 있다. 즉 미래의 형상을 시대의 밤 속으로 사라져가는 과거의 황혼 속에서 본다"는 말도 덧붙여 설명했다.

메시아가 들어오는 작은 문

벤야민은 〈역사의 개념에 대하여〉의 말미에 덧붙인 〈부기 B〉에 지금시간의 미래지향적 성질과 관련해, 비록 한 단락에 불과하지만 분명한 언급을 남겼다. 그는 우선 "점술가에게 시간은 분명 균질하게도 공허하게도 경험되지 않았다"는 말로 미래가 연대기적 시간(크로노스)에 의해서는 알려지지 않는다는 것을 밝힌다. 그다음, "토라와 기도는 그 미래를 회상 속에서 가르친다"는 말로 지금시간이 '미래적인 것이 과거적인 것으로서 되풀이되어 도래'하는 키르케고르의 '순간'처럼 작동한다는 것을 분명히 했다. 마지막에서는 "유대인들에게 미래는 균질하고 공허한 시간이 되지 않았다. 왜냐하면 그 미래 속의 매초는 메시아가 들어올 수 있는 작은 문이기 때문이다"라는 말로 지금시간의 구체적인 성격—우리는 '대망'에 관한 키르케고르의 고찰을 통해 이에 대해 살펴보았다—을 확인해놓았다.

⟨'역사의 개념에 대하여' 관련 노트들⟩에는 다음과 같은 글이 적혀 있다.

> 우리가 역사를 어떤 텍스트로 보려고 하면, 그 역사에는 최근에 어떤 작가가 문학 텍스트에 대해 한 말이 적용된다. 즉 과거가 그 텍스트들 속에 이미지를 남겨놓았는데, 이 이미지들은 감광판에 담긴 이미지에 비유할 수 있다. "미래만이 그 이미지를 세부 내용까지 나타나게 할 만큼 충분히 강력한 현상액을 갖게 된다."

어떤가. 이 글을 보면서 뭔가 떠오르는 것이 있지 않은가? 그렇다! 프루스트다. 우리는 앞에서 프루스트가 ⟨게르망트가의 사람들⟩에서 이와 똑같은 내용의 말을 써놓은 것을 살펴보았다. 프루스트는 과거는 언제나 미래의 어느 순간에 "풍요한 오케스트라를 만들어낼 수 있는 근거"로 "미완성인 채" 남아 있다고 했다. 그것이 돌연히 일어나는 무의지적 기억에 의해 완성되는 시간이 프루스트의 '되찾은 시간'이다. 이 말을 벤야민 식으로 다시 표현하면, 감광판에 담겨 있는 과거의 이미지는 미래가 지닌 강력한 현상액에 의해 세부 내용까지 나타날 때까지 미완성인 채 남아 있는 것이 된다. 그리고 그 이미지가 기억이라는 현상액에 의해 전광석화처럼 완성되는 시간이 벤야민의 '지금시간'이다.

잘 알려진 대로, 벤야민은 프루스트의 《잃어버린 시간을 찾아서》의 독일어판 번역자다. 그는 《잃어버린 시간을 찾아서》가 완간된 지 불과 2년 만에 〈프루스트의 이미지〉라는 에세이도 썼다. 이런 사실들을 감안하면 〈'역사의 개념에 대하여' 관련 노트들〉에서 그가 "최근에 어떤 작가"라고 호칭한 작가가 누구인지 밝히지 않았지만, 정황으로 보아 프루스트일 확률이 매우 높다. 벤야민은 당시 그 누구보다도 프루스트의 '무의지적 기억'이 무엇이며, 그것이 무슨 일을 어떻게 하는지와 그것에 의해 발견된 '되찾은 시간'에 대해 잘 알고 있었다. 그가 〈프루스트의 이미지〉를 1929년에, 〈역사의 개념에 대하여〉를 1940년에 발표한 점을 고려하면 되찾은 시간과 지금시간의 관계도 드러난다.

지금시간이 되찾은 시간이다. 물론 다른 점이 없는 것은 아니다. 프루스트의 되찾은 시간이 카이로스의 개인 버전이라면, 벤야민의 '지금시간'은 그것의 역사 버전이다. 실제로 벤야민은 프루스트가 '무의지적 기억'을 단지 개인적인 차원으로만 논한 것을 비판하면서, 우리에게는 집단적이고 역사적인 차원의 무의지적 기억이 있다는 것을 주장했다. "엄밀한 의미에서 역사는 무의지적 회상의 이미지이고, 위험의 순간에 역사의 주체에게 갑자기 나타나는 이미지다"라는 말이 그 하나의 예다. 그렇다면 그는 어디에서 이런 변환의 계기 또는 아이디어를 포착했을까? 카이로스적 역사관의 전범이라 할 수 있는 아우구스티누스의 《신국론》에서였을까?

물론 벤야민은 아우구스티누스의 《신국론》을 읽었을 것이다. 그러나 아니다! 타우베스, 네그리, 아감벤 등은 벤야민이 《신국론》에 나타난 역사관이 아니라 히브리 전통의 시간관에서 직접 영향을 받았다고 본다. 벤야민이 유대계 독일인인 것과 그가 평생 동안 지적 동반자로 지낸 친구가 훗날 예루살렘 히브리대학교 총장을 지낸 유대교 신비주의자 게르숌 숄렘G. G. Scholem, 1897~1982이라는 것을 감안하면 설득력이 있다.

앞에서 살펴본 것처럼, 히브리 전통에서 시간은 역사였다. 다시 말해 유대인들에게 카이로스는 모세가 바다를 가른 것 같은, 여호수아가 해를 멈추게 한 것 같은 '사건에 의해 드러나는 역사적 척도'였다. 그것이 카이로스의 성서적 기원이자 의미다! 그렇다면 프랑스 태생인 프루스트와 달리 유대 태생인 벤야민이 시간을 집단적이고 역사적인 차원에서 사유한 것은 어떤 특별한 계기나 발상 때문이 아니라 오히려 태생적이고 관습적인 이유 때문이라 하겠다.

이것으로 우리는 벤야민의 지금시간에 대해서도 나름 살펴본 셈이다. 그럼에도 주목해야 할 것이 한 가지 더 남아 있다. 그것은 벤야민이 〈역사의 개념에 대하여〉에서 지금시간과 유대인들이 대망을 통해 경험하는 '메시아적 시간'을 같은 의미로 사용한다는 사실이다. "그 미래 속의 매초는 메시아가 들어올 수 있는 작은 문이기 때문이다"와 같은 문장이 그 예다. 그렇다. 벤야민에게 지금시간은—바빌로니아나 로마 같은 제국으로부터든(유대교), 신에게서 돌아선 죄로부터든(기독교), 아니면 오늘날 좌파 지식인들의 주장처럼 자본주의로부터든—인간을 노예로 삼는 압제로부터 해방과 구원이 이뤄지는 메시아적 시간이기도 하다.

정리하자면, 벤야민이 말하는 지금시간은 아우구스티누스, 키르케고르, 쿨만 그리고 프루스트가 간파한 카이로스다. 따라서 그것은 과거뿐 아니라 미래를 향해서도 열려 있는, 다시 말해 그리스적 상기와 히브리적 대망이 함께 들어 있는 해방과 구원의 시간이다. 그러나 지금시간은 프루스트의 되찾은 시간처럼 개인적인 또는 내면적인 해방과 구원만을 추구하지 않는다. 그것은 오히려 민족과 역사의 해방과 구원을 이루는 메시아적 시간이다.

바로 이것이 프루스트의 되찾은 시간과 달리 벤야민의 지금시간이 자본주의의 압제와 폭력에 저항하여 해방과 구원을 쟁취하기 위한 '혁명의 시간'으로 변환이 가능한 이유다. 앞에서 언급한 대로, 이 변환은 벤야민이 직접 이끌었다기보다 유물론적 역사관을 새롭게 정립하려는 좌파 지식인들이 주도했다. 바디우가 《사도 바울》에서 한 표현을 빌리자면 "20세기 초 레닌과 볼셰비키들에 의해 확립된 투사의 모습을 뒤이을 새로운 투사의 모습을 찾으려고 하는" 좌파 지식인들이 그 일을 했다. 벤야민은 그 터전을 마련하고 씨앗을 뿌렸을 뿐이다. 그런데 이 변환 과정이 무척 흥미롭다.

먼저 1987년 2월 유대교 랍비이자 철학자인 야코브 타우베스J. Taubes,

1923~1987가 죽음을 불과 두어 달 앞두고 하이델베르크대학교에서 한 로마서 강의 — 그의 사후에《바울의 정치신학》이라는 제목으로 출간 되었다—를 통해, 기독교의 사도인 바울을 유대교와 로마제국에 저항 하는 메시아니즘의 사도로 규정하는 치밀한 업무를 수행한 다음, 벤야 민을 바울과 동일시하는 과감한 작업을 진행했다. 이 일은 바울의 로 마서에 대한 정치적 해석을 통해, 바울의 서신들을 개인적 구원의 교 훈으로 해석하는 기독교 신학적 요소를 지우고, 벤야민이 〈역사의 개 념에 대하여〉에서 싹틔운 새로운 역사적 유물론과 손잡게 하는 식으 로 이뤄졌다.

다음으로 1990년대 중반 이후 데리다J. Derrida, 1930~2004가 〈누에 Un ver à soie〉와 같은 다양한 텍스트를 통해 바울을 법(율법과 로마법) 에 대립하고 정의를 위해 싸운 투사로, 1990년대 후반에는 바디우가 《사도 바울Saint Paul(1997)》에서 그를 민족·종교·정치의 경계를 무너뜨 리는 보편주의를 위해 투쟁한 전사로 조명했다. 2000년대에 들어 아 감벤이 《남겨진 시간Il Tempo che Resta(2000)》에서 타우베스의 유대교 적인 바울 해석을 바탕으로 새로운 유물론적 역사관의 틀을 구상했고, 이후 네그리가 《혁명의 시간Time for Revolution(2003)》에서 카이로스·물 질·언어·진리와 같은 개념들을 유물론적인 관점에서 재정의함으로써 새로운 유물론을 고안했다. 하나하나가 다이달로스 같은 장인의 능란 한 솜씨가 아니고서는 결코 이룰 수 없는 지적 작업들이다.

타우베스로부터만 따져도 약 20년에 걸쳐 산발적으로 이뤄진 다이 달로스들의 협업에 의해 드디어 미노타우로스 — 벤야민이 예언한 꼽 추 난쟁이가 들어 있는 터키 인형 — 가 태어났다! 바울 신학을 재정의해 유물론 안에 집어넣어 만든 그것이 벤야민의 예언대로 "어떤 상대와도 겨뤄볼 수" 있을지는 아직 알 수 없다. 제작 과정에서 모종의 발전도, 퇴보도, 왜곡도 일어났는데 역시 흥미진진하다. 여기서 그 모두를 살펴볼 여유가 없는 것이 유감이다. 아쉽지만 시간을 다루는 우리의 이야기와 연관된 것만 골라서 잠시 들여다보기로 하자.

폐허로의 소환

18세기 이탈리아 화가 조반니 파올로 판니니G. P. Pannini, 1691~1765의 〈사도 바울의 설교La Predicazione dell'Apostolo Paolo〉라는 그림이 있다. 폐허가 된 로마 건물을 배경으로 사도 바울이 불과 몇 안 되는 사람들을 상대로 설교하는 광경을 그린 것이다. 미술사가美術史家들은 판니니의 회화 양식을 카프리치오capriccio라고 한다. 신고전주의 회화 양식의 일종인 이것은 고대의 풍경을 역사적으로 또는 지형학적으로 정확하게 묘사하는 것이 아니라, 화가가 실재와 자신의 상상을 섞어서 자유롭게 재구성하여 그리는 방식이다.

예수회 신부이자 독일 뮌헨대학교의 정치철학자인 도미니크 핀켈데 D. Finkelde가《바울의 정치적 종말론》에서 이 그림을 주목했다. 이 책은 사도 바울의 정치신학에 대한 바디우, 아감벤, 지젝, 샌트너 등의 시각과 견해를 비판적으로 다룬 것이다. 핀켈데가 눈여겨본 것은 바울이 로마에 들어가 설교하던 1세기(58~64년경)는 로마가 한창 번성하

여 세계의 수도caput mundi로 군림할 때였는데, 왜 판니니는 바울이 폐
허를 배경으로 설교한 것으로 묘사했느냐 하는 것이다. 핀켈데는 "폐
허는 역사 또는 역사성 자체에 대한 하나의 은유다"라면서, 판니니의
그림이 그의 책에 등장하는 네 사람의 바울 독해가 다루는 것이 무엇
인지를 보여준다고 했다.

폐허에 주목하자. 핀켈데에 따르면, 폐허란 세계와 삶의 '덧없음
vergängnis'에 대한 은유다. 바울은 당시 번영하던 로마제국을 예수가
선포한 하나님의 나라에 견주어 폐허로 여겼다. 율법을 복음에 견주
어, 죄인을 의인에 견주어, 육肉을 영靈에 견주어, 육신의 생각을 영혼
의 생각에 견주어 폐허로 여겼다. 판니니가 그것을 의식하고 폐허에서
설교하는 바울을 그렸다고 보기는 어렵다. "삶의 덧없음"을 연출하는
낭만적 모티프로서 폐허를 다루는 것이 18세기에 유행하던 화풍이었
기 때문이다. 그런데 2천 년이 지나 오늘날 좌파 지식인들도 역시 바
울처럼 세계에서 폐허를 본다. 아니다. 사실 민감한 사람들은 훨씬 이
전부터 세계에서 판니니가 그린 그 폐허를 보았다.

우선 벤야민이 그랬다. 그는—마치 키르케고르가 그랬듯이—지나
치리만큼 민감한 감수성으로 세계와 그 역사를 '덧없는 것' '스러져가
는 것' '지나가는 것'으로 파악했다. 타우베스에 따르면, 바울과 마찬
가지로 벤야민도 지상의 질서와 신의 질서는 분리되어 있는 것으로 파
악했고, 창조를 덧없는 것으로 이해했으며, 세속적인 것의 질서를 폐
기하는 메시아의 도래를 확신했다. 이것이 타우베스가 그를 "20세기
에 태어난 바울주의자"로 평가하는 까닭인데, 바디우는 《사도 바울》에
서 이탈리아의 영화감독이자 시인, 평론가 피에르 파올로 파솔리니P.

조반니 파올로 판니니, 〈사도 바울의 설교(La Predicazione dell'Apostolo Paolo), 1744
© Wikimedia Commons

P. Pasolini, 1922~1975를 그렇게 보았다.

바디우에 따르면, 가톨릭교회와 파시즘에 유난히 비판적이었던 〈마태복음〉 〈살로 소돔의 120일〉의 감독 파솔리니가 바울을 현대사회로 옮겨오는 영화를 만들려고 기획했다. 갑작스러운 죽음으로 구상에 그치고 만 이 영화의 시나리오가 프랑스어로 번역되어 플라마리옹 출판사에서 출간되었는데, 이 시나리오에서 바울은 "사회적 불평등, 제국주의, 노예제도에 기반한 사회 모델을 혁명적으로 타파하려는 사람"으로 묘사되어 있다. 바디우는 "파솔리니의 목표는 바울의 발언을 하나도 수정하지 않고 그를 (우리와) 동시대인으로 만드는 것이었다"라면서 "그 변환이 어떻게 이루어지는가"를 다음과 같이 설명했다.

파솔리니는 이 시나리오에서, 로마는 미 제국주의의 수도 뉴욕으로, 로마인들에게 점령당한 예루살렘은 나치의 군홧발에 짓밟히고 있는 파리로, 이제 막 태어난 소규모의 그리스도교 공동체는 레지스탕스로, 바리새인들은 페탱파 사람들로 묘사했다. 이런 상황에서 20세기에 태어난 바울이 등장한다.

바울은 안락한 부르주아 가문 출신의 프랑스인이자 독일 나치의 협력 분자로 레지스탕스를 잡으러 다니고 있다. 파시스트인 그는 프랑코주의자를 만날 사명을 띠고 스페인으로 가던 중 바르셀로나에서 계시를 받는다. 성서에 바울이 예수를 만난 다마스쿠스가 프랑코 치하의 바르셀로나인 것이다. 이후 바울은 반파시스트 레지스탕스 진영에 가담한다.

그런 다음 바울은 이탈리아로, 스페인으로 또 독일로 옮겨 다니며 저항하고 투쟁하며 설교한다. 성서에서 바울의 말을 경청하기를 거절했던 소피스트들의 아테네는 파솔리니가 혐오해 마지않던 이탈리아의 지식인들과 비평가들이 득실대는 현대의 로마다. 마침내 제국의 수도인 뉴욕으로 간 바울은 결국 체포되어 처형당한다.

어떤가? 흥미롭지 않은가? 파솔리니의 이 같은 바울 해석은 당시 신학계에서도 급진적인 것으로, 멕시코의 해방신학자 호세 포르피리오 미란다J. P. Miranda의 주장에서나 찾아볼 수 있었다. 성서신학자이자 좌파 활동가이기도 한 미란다는《마르크스와 성서》에서 "바울의 복음은 수 세기 동안 개인적 구원의 측면에서 고려되어왔던 해석과는 아무런 연관성이 없다. 바울의 복음은 세계, 민족들 그리고 사회가 암묵적으로 그러나 열망하며 기다려왔던 그런 것이다"라고 새로운 주장을 펼쳤다. 그런데 그가 말하는 "그런 것"이 대체 무엇일까?

여기서 미란다가 에마뉘엘 레비나스E. Levinas, 1906~1995의 제자라는 사실을 떠올리는 것이 이해에 도움이 된다. 프랑스의 유대계 철학자 레비나스는 기독교, 특히 종교개혁자들이 바울의 "사람이 의롭다 하심을 얻는 것은 율법의 행위에 있지 않고 믿음으로 되는 줄 우리가 인정하노라"(로마서 3: 28)라는 가르침에 근거한 이신득의以信得義, justification by faith 교리를 확정하고 '구원'을 믿음이라는 사적인 문제로 바꾸어버림으로써, 다시 말해 행위에 대한 무책임의 극한을 가능하게 함으로써 홀로코스트를 비롯한 기독교 또는 서구의 잔혹 행위가 일어났다고 주장했다.

레비나스의 충실한 독해자인 미란다는《마르크스와 성서》에서 개인적·내면적 개념인 의로움righteousness과 사회적·정치적 개념인 정의justice를 구분하고 이신득의 교리를 재해석함으로써, 바울을 개개인의 영혼을 구원하려던 사도가 아니라 사회와 정치를 개혁하려는 정의의 투사로 자리매김하는 선구적인 작업을 이뤄냈다. 이후 역시 프랑스의 유대계 철학자 자크 데리다가 같은 맥락에서 이룬 의미 있는 성과들은 시카고신학대학교 성서신학 교수인 테드 W. 제닝스의《데리다를 읽는다/바울을 생각한다》에 자세히 전개되어 있다. 뿐만 아니라 타우베스와 그의 견해를 수용한 아감벤, 두 사람도 바울의 서신들이 정치신학이라는 점을 각각의 저서에서 강조했다. 하지만 우리 이야기의 맥락에서는 미란다의 바울 해석이 이들보다 한발 앞선 작업이었다는 사실을 인지하는 것으로 충분하다.

미란다의《마르크스와 성서》가 1974년에 출간된 것을 감안하면, 파솔리니가 촬영하지 못한 시나리오에 담은 바울 해석은 필경 남달리 예민한 직관을 지닌 한 예술가가 압제와 폭력이 난무하는 세계에서 잽싸게 잡아낸 한 줌의 선구적 예견이라 평가해야 할 것이다. 시나리오를 영화화했다면 무척 흥미로운 작품이 되었을 텐데 아쉽다. 그런데 생각해보자. 파솔리니가 이 영화에서 보여주려던 폐허로서의 세계와 투사로서 바울의 이미지가 바로 오늘날 좌파 지식인들이 파악하고 있는, 그래서 각자의 저서를 통해 우리에게 부단히 전하고 있는 세계와 바울의 모습이 아니던가?

그렇다. 타우베스가 바울의 〈로마서〉는 "정치신학이며 카이사르에 대한 정치적 선전포고"라고 선언한 것이 그래서다. 바디우가《사도 바울》에서 "우리 시대의 가장 위대한 시인 중 하나로 두 이름의 시니피앙만으로도 이 문제의 중심에 서 있다고 해야 할 피에르 파올로 파솔리니만큼 바울의 산문의 부단한 현재성을 더 잘 조명해주는 사람도 없을 것이다"라고 평한 것도 그래서다. 우리는 파솔리니가 미처 만들지 못한 영화를 좌파 지식인들의 책들을 통해 이미 보고 있는 셈이다. 자본주의의 압제와 폭력에 물든 폐허를 보고 있고, 그것과 맞서 이기라는 바울의 설교를 듣고 있다.

혁명의 시간, 남겨진 시간

이 텍스트는 우연히 탄생했다. 나는 정치적인 이유로 도피 중이었다. 10년 이상 평화롭게 지내다가 나는 도전을 충실히 받아들여 이탈리아로 돌아가 감옥에 갇히기로 결정했다. 나는 기꺼이 나 자신을 인도할 것이며 그러면 이탈리아 공화국의 제도들은 1970년대의 모든 '동지들'을 사면할 것이다. (내가 법에 나 자신을 믿고 맡긴 후에 아무런 조치도 일어나지 않았다는 것은 말할 필요도 없다…….)

이탈리아 출신의 정치학자 안토니오 네그리는 《혁명의 시간》을 이렇게 시작한다. 그는 감옥에서 견디기 힘든 배신감과 불행한 감정을 안고, 스스로를 위하여, 세계의 부정의함과 부당함에 절망하는 사람들을 위하여, 새로운 희망을 잉태하기 위하여, 이 책의 원고를 썼을 것이다. 그러나 감옥에서 나온 후 출간하지 않고 선반 위에 올려놓았다. 그런데 발칸반도에서 전쟁이 터지고 또다시 세계의 폭력과 야만으로 인해 고통받는 사람들이 생겨나자, 그는 "이 조그만 텍스트를 출간해야 했다." 희망의 재구축을 위하여 "벽돌 몇 개를" 쌓아야 했다.

《제국》의 공저자이기도 한 네그리가 보기에, 근대에서 탈근대로 오면서 "자본주의 정권이 사회주의국가들과 여타 경쟁에서 승리하면서 전체주의적으로 되었고 분명히 더 흉포해졌다." 자본은 이제 "노동자들만을 착취하는 것이 아니라 시민들 전체를 착취"하고, 자본주의가 이제 사회 전체와 삶 전체를 포획해 억압한다. 이같이 폭력적인 사회에 맞선 저항과 반란을 위한 시간과 장소가 여전히 존재하는가 하는 물음에 답을 구하려는 네그리는 《혁명의 시간》에서 자신의 목적을 '유물론의 재구성'에 둔다. 폐허 위에 새집을 지으려는 야심 찬 계획인데, 이 일에 그가 도구로 사용한 주요 개념이 '카이로스' '알마의 비너스 Alma Venus' '다중 multitude', 이렇게 셋이다. 그러나 시간에 관해 탐사하고 있는 우리의 관심은 당연히 카이로스에 모아진다.

《혁명의 시간》은 벤야민의 〈역사의 개념에 대하여〉가 그렇듯이 잠언과 예지의 광맥이다. 따라서 캐는 사람의 능력과 노력에 따라 수확물이 다를 수밖에 없다. 그럼에도 문틈으로 외형만 잠시 들여다볼 수밖에 없는 것이 아쉬운데, 네그리에게 카이로스의 시간성은 '창조성'이다. 물질은 카이로스에 의하여 매 순간 새롭게 창조된다. 그럼으로써 물질은 영원한 것, 생산적인 것이 된다.

매우 특별한 생각이지만, 네그리에 따르면 바로 이것이 루크레티우스T. Lucretius Carus, BC 96~BC 55를 제외한 종전의 유물론자 — 여기에는 데모크리토스, 에피쿠로스, 스피노자, 마르크스까지 포함된다 — 들이 간과한, 그래서 그가 새롭게 파악한 물질 개념이다. 이 같은 물질의 생산성 때문에 시간과 공간도 창조성을 획득하는데, 바로 이 같은 시공간에서 네그리가 '공통적인 것the common'이라고 이름 지은 사건과 언어 그리고 진리가 발생한다. 오늘날 양자물리학자들이 '퍼텐셜 potential'이라고 일컫는 '소립자장'을 연상시키는 이처럼 창조적이고 역동적인 시공간을 네그리는 '유물론적 장 the material field'이라고 이름 붙였다.

양자물리학자들에 따르면, 퍼텐셜은 그들이 흔히 '무無, nothing'라고 하는 '에너지로 충만한 진공'이며, 양자 도약 quantum jump에 의해 그것에서 만물의 기원인 소립자들이 생성되었다 소멸하는 에너지의 장이다. 그리고 그 장 안에서 물질은 인간의 '의식에서 독립된 객관적 실재'(마르크스)가 아니라 '인간의 질문에 답하는 대상'(하이젠베르크)이다. 누구든 지금 이런 사실들을 머리에 떠올렸다면, 네그리가 말하는 유물론적 장에 대해 벌써 많은 이해가 있는 것이다. 이런 의미에서 네그리는 "물질은 무도 아니고 현상도 아니며 소통될 수 없는 것도 아니다"라고 선언했다. 그럼으로써 그는 뉴턴 물리학에 근거했던 마르크스·엥겔스의 근대적 유물론 대신 양자물리학에 바탕을 둔 탈근대적 유물론을 탄생시켰다.

유물론적 장에서는 진리가—주체의 행위에 의해 생성된다는 의미에서—그 자체로 존재의 문제이자 실천과 저항의 문제가 된다. 인식론의 문제이자 윤리학의 문제가 된다. 칠레 출신의 인지생물학자 움베르토 마투라나 H. R. Maturana의 유명한 명제처럼, "삶이 곧 앎이고 앎이 곧 삶이다." 매 순간 실천과 저항을 통해 존재가 혁신되면서 진리 역시 매 순간 혁신되고, 진리가 매 순간 혁신되면서 존재 역시 매 순간 혁신되기 때문이다. 네그리는 이런 실천과 저항을 "유물론적 수행修行"이라 했다. 따라서 네그리의 새로운 유물론에는 혁명의 시간이 따로 없다. 매 순간이 곧 혁명의 시간이다. 매 순간 세계는 유물론적 수행을 통해 그 전체가 다시 태어난다. 그리고 이런 혁신이 일어나는 그 매 순간이 바로 카이로스다.

이탈리아의 미학자이자 철학자인 조르조 아감벤의 《남겨진 시간》도 카이로스를 다룬다. 그는 '남겨진 시간'이라는 용어를 바울의 서신 고린도전서 7장 29절 "때가 얼마 남지 않았으니ho kairos synestalmenos estin"—우리말 성경 개역 개정판에는 "그때가 단축하여진 고로"—라는 구절에서 얻었다. 그가 말하는 남겨진 시간은 예수의 '부활'과 '재림(종말)' 사이에 있는 시간이다. 아감벤은 메시아적 사건인 예수의 부활이 있기 이전의 시간을 크로노스로 보고, 예수의 재림으로 오는 종말 이후의 시간을 '영원'으로 보며, 그사이에 '남아 있는 시간'을 구원이 이루어지는 '메시아적 시간'으로 규정한다.

그렇지만 메시아적 시간은—부활과 재림 사이에 일정한 간격을 두고 그어진 선분처럼 놓여 있는—크로노스가 아니다. 예수가 "깨어 있으라. 그때가 언제인지 알지 못함이니라"(마가복음 13:33)라고 교훈했고, 벤야민이 "그 미래 속의 매초는 메시아가 들어올 수 있는 작은 문"이라고 표현했듯이, 그 시간은 메시아의 재림이 어느 때든지 들이닥칠 수 있는 창窓이다. 아감벤은 메시아적 시간은 "다른 날들과 균질한 또 하나의 날이 아니다. 그것은 오히려 시간 속에서—매우 좁은 틈을 통하여—시간을 파악하고, 그것을 완성으로 이끌 수 있는 내적 단절인 것이다"라고 달리 표현했다.

아감벤에 따르면, 재림은 예수의 탄생처럼 크로노스의 어느 시점에

서 이뤄지는 것이 아니다. 재림을 뜻하는 그리스어 '파루시아par-ousia'
를 문자대로 풀면 '옆에 있는 것', 곧 '이미 내 옆에 와 존재하는 것'이
라는 뜻이다. 재림과 종말이 우리 옆에 벌써 와 있다는 뜻이다. 우리가
아감벤의 관점을 받아들여 성서를 보면, 예수가 "때가 찼고 하나님의
나라가 가까이 왔으니"(마가복음 1: 15), "깨어 있으라. 그때가 언제인
지 알지 못함이니라"(마가복음 13: 33)와 같이 교훈한 것이 그 사실을
예시한 것이 된다. 또한 바울이 "그때가 단축하여진 고로"(고린도전서
7: 29), "주의 날이 밤의 도둑같이 이를 줄을"(데살로니가전서 5: 2), "그
리스도 안에서 때가 찬 경륜을 위하여 예정하신 것이니"(에베소서 1: 9)
라고 당부한 것도 바로 그 사실을 전해준 것으로 읽힌다. 아감벤은 다
음과 같은 설명도 덧붙였다.

> 그것(메시아의 시간)은 단순히 크로노지컬한 시간상에 겹쳐진 부활에서
> 시간의 끝에 이르기까지 선분도 아니다. 그것은 오히려 크로노지컬한 시
> 간 속으로부터 나와서 작동하고, 그것을 내부로부터 변용시키는 조작 시
> 간인 것으로, 시간을 끝내기 위하여 우리들이 필요로 하고 있는 시간—이
> 러한 의미에서 우리들에게 남겨져 있는 시간인 것이다. (……) 그것은 유
> 일한 현실적 시간이며 우리들이 소유하고 있는 유일한 시간인 것이다.

한마디로 우리에게 남겨진 시간이 메시아적 시간이고, 그것은 카이
로스다. 아감벤은 바로 이 시간을 바울의 표현법에 따라 호 뉜 카이로
스ho nyn kairos—우리말로 '지금 이때'—라고 이름 붙이고, 그것이 벤
야민이 설파한 '지금시간'과 같다고 주장했다. 그럼에도 둘 사이에 존

재하는 미세한, 그렇지만 보기에 따라서는 전혀 미세하지 않은 차이가 있다. 그것은 아감벤이 행한 카이로스에 대한 성서학적·문헌학적 분석에서가 아니라, 그가 취하고 있는 관점, 곧 바울과 벤야민에게서 "메시아니즘의 표상"을 꼼꼼히 읽어낸 타우베스의 눈(眼)을 고스란히 물려받은 데서 나왔다.

타우베스에 따르면, 바울이 율법을 부정한 것은 단순히 유대교에 대한 부정이 아니라 동시에 로마제국에 대한 부정이다. 바울은 신의 법에 의한 지배든, 제국의 법에 의한 지배든, 질서 권력으로서의 법에 의한 모든 구분과 모든 억압에 저항한 인간이다. 나아가 세상의 모든 질서와 세상 그 자체를 '덧없는 것' '썩어가는 것'으로 보고, 부정한 사람이다. 그뿐 아니라 그는 자기 자신마저도 역시 '썩어가는 것'으로, 즉 "세상의 더러운 것과 만물의 찌꺼기같이"(고린도전서 4: 13) 여길 만큼 세상 모든 것을 부정한 사람이다.

따라서 타우베스에게서 인간이 할 일은 메시아의 도래를 기다리며 '덧없는 것' '썩어가는 것' '모두를 완전히 끝내는 것Voll-endung'뿐이다. 앞에 소개한 판니니의 그림에서 폐허를 배경으로 설교하는 바울의 모습을 다시 떠올리게 하는 내용인데, 이 같은 부정적 정치신학이 타우베스가 말하는 메시아니즘, 또는 바울주의다. 타우베스는 이런 새로운 메시아니즘의 계보(바울→마르키온→벤야민→타우베스)에 스스로를 자리매김했다. 미소 짓게 하는 야심인데, 그 야심이 미소 짓지 못할 문제를 낳았다.

아감벤은 "우리의 강의는 타우베스가 하이델베르크에서 행했던 강의로부터 11년이 지난 지금에 와서 메시아적 시간을 역사적 시간의 패러다임으로 재해석하려는 시도다"라는 말로 《남겨진 시간》을 시작한다. 타우베스가 바울에 대한 메시아니즘적 해석을 시도했듯이, 카이로스에 대한 메시아니즘적 해석을 감행하겠다는 뜻이다. 바로 여기에서 우리가 잠시 짚고 넘어가고자 하는 심각한 문제가 발생했다. 물론 그렇다고 해서 이 자리에서 아감벤의 카이로스에 대한 해석이 옳으냐 그르냐, 또는 전통적인 해석에서 벗어나느냐 아니냐 시시비비를 가리자는 것이 아니다. 그것은 흥미롭긴 해도 우리의 이야기에서 벗어날 뿐 아니라 소모적이다.

내가 보기에는 아감벤이 '메시아적 시간' 또는 '지금 이때'라는 용어로 진행한 카이로스에 대한 메시아니즘적인 해석은 이 개념 안에 들어 있는 유대교의 '대망'이라는 요소가 상대적으로 부각되고 플라톤의 '상기'라는 요소가 퇴색했다는 의미에서 편향되었다. 하지만 그릇되지는 않았다. 또한 상기라는 요소가 퇴색했다는 점에서는 잃은 것이 있지만, 반대로 기독교에 의해 퇴색했던 대망이라는 요소를 살려냈다는 점에서는 얻은 것도 있다. 우리가 앞에서 끈질기게 추적해봤듯이, 카이로스에는 상기와 대망이라는 두 요소가 함께 들어 있으며, 그 두 요소가 연결되어 상호 작용을 할 때 비로소 제 역할을 하기 때문이다.

우리는 똑같은 논리를 타우베스의 바울에 대한 메시아니즘적 해석에도 적용할 수 있고, 또 그래야 한다. 그것에 유대교적인 요소가 상대적으로 강조되어 있고 기독교적인 요소가 그만큼 퇴색해 있다. 때문에 그릇되지는 않았지만 편향되었다. 얻은 것도 있지만 잃은 것도 만만치 않다. 왜냐하면 사도 바울 안에는 유대교적 요소와 기독교적 요소가 모두 들어 있고, 때문에 그것들이 함께 조명될 때에만 그의 텍스트들이 무엇을 뜻하는지가 올바로 드러나기 때문이다. 그러나 이에 대한 추적이나 설명은—바울 연구에서 매우 중요하고 역시 흥미롭긴 하지만—역시 우리의 이야기에서 벗어난다. 이제 우리가 살펴보고자 하는 것은 따로 있다.

오늘날 좌파 지식인들이 그렇듯이, 아감벤은 20세기 말 구소련과 동구 공산주의 체제가 붕괴한 이후, 재앙으로 등장한 자본주의에 관한 비판적 고찰에 투신하여 분투하고 있다. 《도래하는 공동체》《목적 없는 수단》 그리고 무엇보다 《호모 사케르》에서 다룬 예외 상태, 강제수용소, 생, 인민, 인권, 난민 같은 테마들을 통해 정치에 대한 새로운 정의를 시도하고 있는데, 《남겨진 시간》도 역시 같은 맥락에서 쓰였다. 그렇다면 문제가 되는 것은 아감벤이 타우베스의 영향 아래, 다시 말해 부정적 정치신학의 관점에서 "메시아적 시간을 역사적 시간의 패러다임으로 재해석"한 것이 그 자신의 목적에 합당한가 하는 것이다.

결론부터 말하자면, 그렇지가 않다! 왜냐고? 이제부터 그 이유를— 다시 말해 카이로스에 대한 부정적 정치신학적 해석이 왜 새로운 역사적 유물론을 정립하려는 데 적합하지 않은가를 — 간단하게나마 살펴보려 한다. 그 과정에서 우리는 '역사를 대하는 우리의 태도가 어떠해야 하는지'를 알게 될 것이다. 사실상 우리는 이것을 알기 위해 제법 먼 길을 돌아온 셈이다.

위험한 수면제

　우리는 괴로운 경험을 겪으며 알게 되었습니다. 억압하는 자들이 자유를 순순히 내줄 리가 없다는 것을 말입니다. 억압당하는 이들이 달라고 요구해야 합니다. 솔직히 말해서 나는 한 번도 '시의적절한' 직접행동에 참여해본 적이 없습니다. 인종차별의 병폐로 인한 부당한 고통을 당해보지 않은 사람들의 일정표상 '시의적절한' 직접행동 말입니다. 몇 년 동안 나는 '기다려'라는 말을 들어왔습니다. 이 말은 거의 모든 흑인들의 귓가에 사무칠 정도로 익숙하게 들립니다. '기다려'라는 말은 거의 항상 '안 돼'를 의미했습니다. 이 말은 위험한 수면제였습니다.

마틴 루서 킹M. L. King Jr., 1929~1968의 〈버밍햄 감옥으로부터의 편지〉(1963)의 한 부분이다. 지젝이 아감벤의 《남겨진 시간》에 대한 비판적 소개를 담은 그의 《죽은 신을 위하여》에서 인용한 것인데, "'기다려'라는 말은 거의 항상 '안 돼'를 의미했습니다"라는 킹의 말에 우리가 앞에서 던진 물음, 즉 카이로스에 대한 아감벤의 해석이 왜 자신의 목적에 부합하지 않는가에 대한 답이 들어 있다. 지젝은 메시아적 시간에 함유된 위험을 다음과 같이 경고했다.

　과거의 유대교 또는 사도 바울의 논의에 등장하는 메시아적 시간과 혁명 절차의 논리 사이에 구조적 상동성이 존재한다는 것이 중요하다. "미래가 미래이기 위해서는 미래에 대한 기대와 미래에 대한 내적 강제—메시아를 좀 더 일찍 오게 하고 싶다는 소망과 신의 왕국을 현실 속에서 강요하고 싶다는 유혹―가 있어야 한다. 이러한 기대와 강제가 없다면 미래는 다만 끝없이 연장된 과거의 투사일 뿐이다.

독일의 유대계 신학자이자 철학자 프란츠 로젠츠바이크F. Rosenzweig, 1886~1929의 말을 인용한 이 글에 이어 지젝은 로자 룩셈부르크R. Luxemburg, 1871~1919를 거명하며 "혁명을 시작할 '적당한 순간'을 기다린다면 이러한 시간은 결코 오지 않는다"고 주장했다. 벤야민의 〈'역사의 개념에 대하여' 관련 노트들〉에는 이와 연관해 주목해야 할 매우 중요한 단락이 하나 포함되어 있다. 17a다. 그의 천재성이 다시 한 번 빛나는 대목인데, 그 단락은 다음과 같이 시작한다.

마르크스는 계급 없는 사회 관념 속에 메시아적 시간관을 세속화했다. 그리고 그것은 잘된 일이다. 불행은 사회민주주의가 그러한 생각을 '이상' 으로 떠받든 데서 시작한다. (……) 계급 없는 사회가 일단 무한한 과제로 정의되었을 때, 공허하고 균질한 시간이 말하자면 사람들이 다소 느긋하게 혁명적 상황이 도래하기를 기다릴 수 있는 사랑방으로 둔갑했다. 실제로는 자신의 혁명적 기회를 동반하지 않는 순간이란 없다.

이것은 메시아적 시간관이 빠지기 쉬운 함정에 대한 벤야민의 경고다. 메시아적 시간관이 '이상'으로 떠받쳐질 때 생기는 부작용에 대한 벤야민의 질책이다. 사실 우리는 앞에서 이에 대해 충분히 살펴보았다. 대망과 관련한 키르케고르의 비판적 성찰이 그것이다. 이 문제에 관한 키르케고르와 벤야민, 두 사람의 사유가 거의 차이가 없다. 혹시 고개가 갸웃해진다면, 잠시 돌이켜 비교해보자.

메시아의 도래로 이루어질 '새 예루살렘'을 바라고 기다리는 것이 대망이다. 키르케고르는 유대인들의 신앙인 대망은 기다리는 대상인 메시아의 완전성과 언제나 그것을 향해 진보하고 있다는 생각 때문에 천진무구한 낙관론으로 기울어 세속화할 위험을 안고 있다고 지적했다. 그리고 이처럼 세속화한 대망은 최종적인 것을 언제까지나 미래에 유보하고 메시아의 도래만을 바라고 기다리는 신앙을 경건 속에서 유지한다고도 분석했다. 이어서 이러한 경건은 "휴식하는 경건" "악마적 경건"이라며, "대망만을 원하는 자는 비겁하다"고 비난도 했다.

벤야민은 윗글에서 마르크스가 '계급 없는 사회'라는 관념 속에 메시아적 시간관을 세속화했다고 지적한다. 그런데 사회민주주의가 그러한 생각을 '이상'으로 떠받들기 시작했을 때, 메시아적 시간관이 느긋하게 혁명적 상황이 오기만을, 곧 메시아가 도래하기만을 기다리는 사람들의 사랑방으로 둔갑했다고 비판한다. 어떤가? 벤야민의 이 말은 '세속화한 대망은 최종적인 것을 언제까지나 미래에 유보하고 메시아의 도래만을 대망하는 신앙을 경건 속에서 유지한다'는 키르케고르의 분석과 정확히 일치하지 않는가? 벤야민이 은유로 표현한 '사랑방'이 곧 키르케고르가 비난한 "휴식하는 경건"이다. 또한 앞에서 마틴 루서 킹이 고발한 "위험한 수면제"다.

최종적인 것을 언제까지나 바라고 기다리기만 하며 미래에 유보하는 것, 이것이 키르케고르가 보기에 대망이 안고 있는 문제점이다. 벤야민도 바로 그 점을 지적하며 "실제로는 자신의 혁명적 기회를 동반하지 않는 순간이란 없다"고 경고한 것이다. 이것이 키르케고르가 "대망만을 원하는 자는 비겁하다"고 비난한 이유이고, 로자 룩셈부르크가 수정주의자 베른슈타인에게 반기를 들며 "사회주의는 노동자의 이름으로 독재를 행하는 훌륭한 사람들이 주는 크리스마스 선물 같은 것이 아니다"라고 외친 연유다. 또한 이것이 지젝과 같은 오늘날 좌파 지식인들의 혁명에 대한 견해이자 화두이기도 하다.

《죽은 신을 위하여》에서 지젝은 "기독교가 유대교와 어떻게 달라졌는가는 메시아의 위상 변화를 통해 간단히 알 수 있다"라면서 다음과 같이 주장했다.

> 유대교가 메시아를 기다리고 있는 데 반해, 기본적으로 기독교의 자세는, '기다리던 메시아가 이미 강림했다', 즉 '우리는 이미 구원받았다'라는 자세이다. 초조히 기다리는 시간, 고대하는 강림을 향해 곤두박질치듯 달려가는 시간은 지나갔다. 우리는 사건 이후를 살고 있다. 모든 것 — 거사 Big Ting — 은 이미 일어났다.

그러나 기독교가 취하는 이 자세는 "우리는 이미 구원받았으니 가만히 기다리자"가 아니라, "이제는 그에 맞는 삶을 살아야 한다"는 "참을 수 없는 부담을 짊어지는 것"이라고 지젝은 해석했다. 옳은 말이다. 내 생각에도 바로 이 참을 수 없는 부담을 짊어지는 것이, 예수가 재림再臨과 심판의 날을 언급하며 "깨어 있으라. 그때가 언제인지 알지 못함이니라"(마가복음 13: 33)라고 교훈했던 말이 뜻하는 것이며, 메시아적 시간을 사는 사람들에게 주어진 새로운 소명召命, klēsis이다.

아감벤도 이것을 몰랐을 리가 없다. 그럼에도 그는 메시아의 도래를 기다리며 '덧없는 것' '지나가는 것' '썩어가는 것'을 사랑하면서 그것을 완전히 끝내는 것이 소명이라는 타우베스의 바울주의 관점을 따르기 때문에, 지젝이 말하는 "참을 수 없는 부담"을 짊어지는 일, 예수가 준 새로운 소명을 따르는 일에 수동적이지는 않더라도 능동적일 수는 없다. 《남겨진 시간》에는 다음과 같은 구절이 있다.

> '없는 것처럼hōs me, ~이 아닌 것처럼'은 메시아적 생의 공식이며, 크레시스 소명의 최종적인 의미다. 소명은 어떤 것이나 어떠한 장소를 향해서도 요청하지 않는다. 그렇기 때문에 소명은 각자의 부르심 받았을 때의 사실적 상태와 합치될 수 있다. 하지만 바로 그 때문에 그것은 그 사실적 상태를 철두철미하게 기각하는 것이다. 즉 메시아적 소명은 일체의 소명의 기각인 것이다.

아감벤에게 메시아적으로 사는 방식이자 인간의 최종적인 소명은 '호스 메', 즉 '~이 아닌 것처럼' 사는 것이다. 유대인은 유대인이 아닌 것처럼, 이방인은 이방인이 아닌 것처럼, 종은 종이 아닌 것처럼, 자유인은 자유인이 아닌 것처럼(고린도전서 7 : 22), 아내가 없는 자들은 아내가 없지 않은 것처럼, 아내가 있는 자들은 아내가 있지 않은 것처럼(고린도전서 7 : 29), 우는 자들은 울지 않은 것처럼, 기쁜 자들은 기쁘지 않은 것처럼(고린도전서 7 : 30), 세상의 물건을 쓰는 자는 쓰지 않은 것처럼(고린도전서 7 : 31) 사는 것이다. 왜냐하면 "이 세상의 외형은 지나감"(고린도전서 7 : 31)이기 때문이다. 요컨대 아감벤이 직접 방점을 찍어 강조했듯이 "메시아적 소명은 일체의 소명의 기각인 것이다."

타우베스의 부정적 정치신학을 그대로 답습한 아감벤의 이 같은 주장은 지젝이 "사건을 만드는 주체의 결단 없이는 사건도 없다(사건의 시간이 무르익기를 기다린다면 사건은 일어나지 않을 것이다)"며 "우리는 위험을 무릅쓰고 혁명적 시도를 서둘러야 한다"고 주장한 것과는 분명히 온도 차가 있다. 뿐만 아니라 네그리가《혁명의 시간》에서 카이로스를 통하여 나타나는 "저항은 존재의 적극적 긍정이다"라며, 실천과 저항을 "유물론적 수행"이라고 규정한 것과도 한참 거리가 있다. 한마디로, 메시아적 소명이 '일체의 소명의 기각'이라는 아감벤의 해석은 더 종교적일지는 모르지만 덜 혁명적이다.

죄르지 루카치G. Lukács, 1885~1971가 쇼펜하우어의 염세주의를 비판하며 지적했듯이, 염세주의와 엘리트주의는 모든 사회적 활동을 무의미한 것으로 간주하기 때문에, 사회를 변혁하려는 어떠한 노력도 의미가 없다는 생각을 내포하고 있다. 그것은 염세주의와 엘리트주의가 모든 정치 활동의 무의미를 설명하는 철학적 근거이기도 하다. 나그네가 하룻밤 비를 피하러 들른 폐가에 비가 샌다고 해서 지붕을 고칠 필요가 없지 않겠는가! 아감벤이《남겨진 시간》을 쓰며 겨냥했던 타깃이 이것이었을까? 아마 아니었을 것이다.

벤야민은 〈역사의 개념에 대하여〉의 아홉 번째 단락에서 파울 클레P. Klee의 〈새로운 천사Angelus Novus〉를 "역사의 천사"로 설정하고, 이 천사가 눈을 크게 뜬 채 입을 벌리고 바라보고 있는 것이 "잔해 위에 또 잔해를 쉼 없이 쌓이게" 하는 파국이라고 해석했다. 이 천사는 "머물고 싶어 하고 죽은 자들을 불러일으키고 또 산산이 부서진 것을 모

파울 클레, 〈새로운 천사(Angelus Novus)〉, 1920
© Wikimedia Commons

아서 다시 결합하고 싶어" 하지만, "천국에서 폭풍이 불어"와 그를 "그가 등을 돌리고 있는 미래 쪽으로" 떠밀고 "잔해의 더미는 하늘까지 치솟고 있다." 벤야민은 "우리가 진보라고 일컫는 것은 바로 이러한 폭풍을 두고 하는 말이다"라고 했다. 공산주의 혁명의 끔찍한 파괴와 투쟁을 두고 한 말이다.

그러나 네그리는 《혁명의 시간》에서 "이 천사는 폭풍에 날려가면서도 뒤를 돌아보는 것이 아니라 앞을 보고" 있다면서, 같은 그림에서 부정적 정치신학이 아니라 긍정적 정치신학을 이끌어냈다.

> 그러니 벤야민의 해석에서 이 천사는 뒤를 보고 있습니다. 공산주의 혁명이 파괴와 끔찍한 투쟁의 풍경을 돌아보고 있는 것이지요. '새로운 천사'는 이 새로운 비극적 형상, 불가능한 줄 알면서도 혁명을 계속하기를 바라는 사람들의 상징이었습니다. 오늘날 새로운 천사는 괴물의 정치학, 괴물에 대한 욕망이 되었습니다. 말하자면, 마침내 삶의 모든 힘을, 모든 창조성을 재전유할 수 있다는 희망이지요.

그렇다! 우리에게 필요한 것은 폭풍에 날려가면서도 뒤를 돌아보는 것이 아니라 눈을 크게 뜨고 앞을 바라보는 것이다. "잔해 위에 또 잔해를 쉼 없이 쌓이게" 하는 파국 속에서도 "머물고 싶어 하고 죽은 자들을 불러일으키고 또 산산이 부서진 것을 모아서 다시 결합하고 싶어" 하는 것이다. "불가능한 줄 알면서도 혁명을 계속하길" 원하는 것이다. 그럼으로써 "마침내 삶의 모든 힘을, 모든 창조성을 재전유할 수 있다는 희망"을 품는 것이다. 그런데 그것은 역사뿐 아니라 개인의 삶에서도 마찬가지가 아니겠는가?

구원과 혁명의 시간인 카이로스가 필히 요구된다는 점에서는 개인의 삶이나 역사가 조금도 다르지 않다. 바울의 서신들이 전통 기독교 신학에서처럼 개인의 영혼을 구원하기 위한 가르침으로도 읽히고, 오늘날 좌파 지식인들의 해석처럼 억압받는 민중을 해방해 사회를 개혁하라는 교훈으로도 해석되는 것이 그래서다. 그렇다면 우리는 앞서 살펴본 베케트와 프루스트 그리고 울프의 텍스트들도 역시 바울의 텍스트처럼 이중으로 읽어 역사적 교훈을 얻어낼 수 있지 않을까?

앞에서 우리는 베케트의 크라프가, 프루스트의 마르셀이, 울프의 댈러웨이 부인이 어떻게 절망과 파국에 이르고 어떻게 그것에서 해방 또는 구원받거나 그러지 못하는가를 살펴보았다. 가장 나쁜 경우인 크라프는 1년에 한 번 요식행위로, 그것도 기계의 힘을 빌려 카이로스와 만났다. 마르셀은 어떤 우발적인 계기를 통해서 만났다. 가장 바람직한 경우인 댈러웨이 부인은 매 순간 만났다. 그녀에게는 빅벤의 종소리가 알리는 크로노스와 터널 파기에 의해 드러나는 카이로스가 마치 다성음악의 선율처럼 항상 뒤섞여 나란히 흐르면서 화음을 이루어 새로운 세계를 구축했다.

그럼으로써 댈러웨이 부인은, 크라프처럼 모든 것을 잃은 뒤 회한과 절망 속에서 망연자실하지도 않고, 마르셀처럼 "자신을 열등한 존재, 우발적이고 죽게 마련인 존재"라고 느껴 퇴락과 절망에 빠지는 일도 없이, 모든 것을 불안하고 무의미하며 혐오스럽게 만드는 크로노스에 대항하여 "끝끝내 살며", 아무 일도 없었다는 듯 "조용히 걸어가게" 하는 존재를 향한 용기를 얻을 수 있었던 것이다. "별빛이 명멸하는 밤하늘" "떨어지는 물방울" 같은 덧없는 아름다움들이 주는 기쁨, 순간마다 "그 순간의 깊숙한 곳"에서 솟아나는 "사소한 추억들이 주는 즐거움"도 느낄 수 있었다.

그렇다면 우리는 역사에서도 매 순간 댈러웨이 부인이 절망과 파국에서 해방과 구원을 얻어낼 수 있었던 '터널 파기'를 해야 하지 않을까? 1년에 한 번 요식적으로가 아니고, 어떤 우발적인 계기를 통해서도 아니고, 매 역사적 순간마다 메시아적인 카이로스가 연대기적인 크로노스와 나란히 흐르며 새로운 역사의 의미와 가치를 구축하게 해야 하지 않을까? 다시 말해 "마치 땅속에 묻힌 고구마들처럼 주렁주렁 매달려" 있는 지나간 사건과 다가올 사건이 모두 따라 올라와 지금 우리가 사는 시대의 의미와 가치가 드러나게 해야 하지 않을까?

그렇다. 우리의 삶과 역사에 크로노스와 카이로스가 나란히 흐르게 하는 일, 그럼으로써 '매 순간 상처를 입히고 마지막에는 죽이는' 크로노스의 폭력성을 '매 순간 다시 태어나게 하고 마지막에는 구원하는' 카이로스로 극복하는 일이 우리가 해야 할 일이다. 바로 그것이 예수가 "깨어 있으라"라는 말로 교훈한 소명이고, 바울이 가르친 '호스 메', 즉 '~이 아닌 것처럼' 살라는 말의 참뜻이며, 아우구스티누스가 '상기', 키르케고르가 '반복', 벤야민이 '성좌구조 포착'을 통해서 전하려는 삶의 태도다.

이제 우리는 다시 개인의 삶에 관한 이야기로 돌아가, 파국 속에서도 희망을 품는 방법에 대한 이야기를 이어가고자 한다. 윤성희 작가가 〈부메랑〉에서, 울프가 《댈러웨이 부인》에서 천착했던 문제를 다른 새로운 방법으로 풀었기 때문이다. 그 자체가 매우 흥미로운 데다가,

이제 우리는 개인의 삶의 문제와 그 해결책을 역사 문제로 재전유하여 볼 수 있는 눈도 얻었다. 〈부메랑〉을 그 새로운 눈으로 읽으면 당연히 더 흥미로울 수밖에 없을 것이다. 과연 그런지 보자.

〈부메랑〉과 이야기 정체성

나는 그날 강연에 참석한 사람들에게 자서전을 써보라고 권유했다. 이때 말하는 자서전은 물리적 시간의 파괴성에 의해 산산이 분산되어 버린 우리 각자의 자기들, 곧 과거의 자기, 현재의 자기, 나아가 미래의 자기를 하나로 잇는 진실한 이야기를 뜻했다. 따라서 그 말에는 마르셀이 그랬던 것처럼 자기가 누구인지, 무엇을 원하는지, 또 어떻게 살아야 하는지를 밝혀보자는 의미가 들어 있었다. 나아가 댈러웨이 부인처럼 매 순간순간 외적 시간과 내적 시간이 함께 흐르게끔 하여, 삶에 대한 두려움·무력감·혐오감 속에서도 "끝끝내 살며", 아무 일도 없었다는 듯 "조용히 걸어가게" 하는 존재를 향한 용기를 얻고, 일상이 주는 소소한 즐거움에서 오는 존재의 기쁨을 맛보며 살아가자는 뜻이 담겨 있었다. 그런데 자서전을 쓰는 일이 과연 그 모든 것들을 가능하게 할까?

결론부터 말하자면, 그렇다! 리쾨르의 《시간과 이야기》에 따르면, 이야기에는 세 가지 차원이 있다. 첫째는 '사건적 차원'으로 이야기의 소재가 될 수 있는 수많은 사건이다. 그러나 그것들이 모두 기억되는 것은 아니다. 우리의 기억에 남아 있는 사건들은 대개 기쁨이나 슬픔 또는 아픔처럼 감정이 개입된 것들이다. 둘째는 '표현적 차원'으로 기억된 사건들이 어떤 틀 — 즉 아리스토텔레스가 《시학》에서 제시한 플롯plot — 안에서 하나의 이야기를 구성하는 차원이다. 셋째는 이렇게 구성된 이야기가 새로운 '자기the self'를 구성하는 차원이다. 리쾨르는 이런 방식으로 형성되는 인간의 '자기'를 '이야기 정체성narrative identity'이라고도 이름 지었다.

인간은 이야기를 통해 '자기'를 찾을 수 있다는 말인데, 그것이 어떻게 가능할까? 리쾨르는 자기the self는 자아ego와 다르다고 했다. '자아'는 데카르트 이후 근대 철학자들이 규정한 '자기중심적인 나'이든, 또는 프로이트 이후 정신분석가들이 말하는 '자기애적인 나'로든, 어쨌든 외부 대상과의 구분을 토대로 확립된다. 그러나 이야기에 의해 구성되는 '자기'는 자기 자신의 시간적 통일체 안에서 형성된다. 즉 인간은 자신의 과거에 대한 이야기적 구성을 통해 외적 시간(크로노스)을 따라 사라져버리는 삶에 어떤 의미와 가치 그리고 자기 행동에 대한 도덕성과 윤리성을 부여하는데, 이런 내적 시간(카이로스)을 통해 형성되는 자기 정체성selfhood이 곧 '이야기 정체성'이다.

이런 의미에서 보면 자서전, 곧 자기-이야기하기는 단순히 기억에 의한 과거 서술이 아니다! 마치 한 민족에게 그들이 누구인지 또 어떻게 살아야 하는지를 가르쳐주는 '역사'가 그렇듯이, 초자연적인 시간과 공간의 입체상에 의한 글쓰기다. 따라서 그것은 말과 글을 다듬는 글쟁이의 산물이 아니라, 한 인간이 '자기이기에 앞서 이미 존재하는 삶의 진실들'을 다시 찾아내는 작업, 다시 말해 프루스트가 보여준 잃어버린 시간을 되찾는 작업이자 버지니아 울프가 말하는 '터널 파기'

인 것이다.

같은 의미에서 문득 당신에게 한 가지 제안하고 싶은 것이 있다. 만일 당신이 역사에 관심이 있다면, 역사를 한 번쯤 직접 써보기를 권한다. 그것이 가족사든, 회사나 단체의 역사든 또는 지방이나 나라의 역사든, 당신의 관심이 쏠리는 대상의 역사를 써보라는 뜻이다. 그러면 당신 앞에는 지금까지 전혀 보이지 않던 새로운 역사적 풍경이 3D 영상처럼 입체적으로 드러나 전개될 것이다. 왜냐하면 그 작업이 당신에게 아우구스티누스의 상기, 키르케고르의 반복, 벤야민의 성좌구조 포착, 프루스트의 회상, 울프의 터널 파기를 경험하는 기회를 제공할 것이기 때문이다.

윤성희 작가는 2011년 황순원문학상을 받은 〈부메랑〉에서 바로 이런 이야기 작업을 — 그러나 매우 특별한 방식으로 — 하는 한 중년 여인의 이야기를 그렸다. 주인공은 자서전을 쓰고 있다. 그런데 자신의 과거를 미화해서 마치 소설을 쓰듯이 쓴다. 예컨대 이런 식이다.

그녀는 노트북에 '봄이면 사과나무 아래 돗자리를 펴고 누워 하늘을 보았다'라고 쓰고는 자신이 왜 그런 문장을 썼는지 몰라 어리둥절했다. 하지만 이상하게도 그 문장을 지우고 싶은 생각이 들지 않았다. 그래서 그녀는 어쩔 수 없이 부모님이 사과 농장을 했다는, 가을이면 사과를 따기 위해 인부를 열 명이나 고용해야 했다는 거짓말을 쓰기 시작했다.

〈부메랑〉의 주인공은 자기-이야기를 거짓으로 쓰고 있다. 이유는 비루했던 자신의 과거에서 빠져나오기 위해서다. 예컨대 주인공은

"아버지가 소리를 지를 때마다, 남동생이 정강이를 걷어찰 때마다, 어머니가 이걸 음식이라고 했냐고 핀잔을 줄 때마다", 행주를 삶았던 자신의 과거를 부엌일을 하는 언니 깜빡이라는 가상 인물을 설정해 그에게 떠넘기고 과거에서 탈출하는 식이다. 때문에 그녀의 자서전은 온통 '미화된 자기' '거짓-자기'로 구성된다. 그래서 윤성희의 〈부메랑〉에는 주인공의 자기 정체성과 거짓-자기 정체성, 두 개의 이야기 정체성이 수시로 교차되고 뒤섞이면서 마치 힘겨루기를 하듯이 전개된다.

그 작업 과정에서 버지니아 울프가 이름 지은 '터널 파기', 곧 단선적으로 흘러가는 외적인 시간의 사이사이에 갑자기 떠오르는 '내적 시간', 곧 추억이나 예측이 "마치 땅속에 묻힌 고구마들처럼 주렁주렁 매달려" 나타난다. 윤성희 작가의 경우 이 일은 대부분 주변에서 접하는 휴대폰, 선풍기, 행주, 거울 같은 사소한 사물들을 통해 수시로 일어나는데, 그것을 통해 현실 세계와 내면세계, 일상성과 내적 성찰, 과거의 자기와 현재의 자기가 연결되고 뒤섞인 진실이 하나둘씩 점차 드러난다. 그리고 〈부메랑〉에서는 그 진실이 마침내는 허영과 거짓을 이겨낸다.

작가는 그 과정을 소설의 말미에서, 주인공이 그토록 애써 구성하던 거짓-자기가 부서져 "뿔뿔이 흩어지는" 것을 부끄럽게 느끼며 자기도 모르게 눈물 흘리는 것을 통해 보여준다.

그제야 그녀는 자신이 울고 있다는 것을 알았다. 눈물은 닦을수록 자꾸 흘렀다. 우는 동안 그녀는 온몸이 뿔뿔이 흩어지는 느낌을 받았다. 어깨가, 허벅지가, 눈동자가, 귀가, 종아리가 그리고 손가락과 발가락이 공중에 떠다녔다. 어느 추상화 화가의 작품을 보는 듯한 느낌이 들었다. 이걸 손으로 그린 거야. 발로 그린 거야. 그렇게 빈정거리던 자신이 부끄러워졌다. 그제야 그녀는 자서전의 시작이 잘못되었다는 것을 깨달았다. "나는 가을에 태어났다. 태몽은……." 그녀는 집으로 돌아가거든 그 첫 문장을 지울 것이다. 그리고 이렇게 쓸 것이다. "내가 죽은 지 일 년이 지났다." 그래, 거기서부터 다시 써야 해.

리쾨르에 따르면, 이야기는 줄거리가 진행하는 과정에서 통합성을 이루어야 한다. 때문에 이야기에 의해 구성되는 이야기 정체성은 무엇보다 '삶의 통합성'을 지향하는 가운데 자기 행동에 대한 도덕성과 윤리성을 스스로에게 묻게 한다. 이것이 '이야기의 힘' 또는 '역사의 힘'인데, 〈부메랑〉의 주인공이 바로 이 힘에 의해 자기를 찾게 된 것이다.

여기서 잠깐, 혹시 당신은 윤성희 작가의 〈부메랑〉을 자서전 쓰는 여인의 이야기가 아니라 역사를 쓰는 사람의 이야기로 간주하며 읽어본 적이 있는가? 다시 말해 역사를 미화 또는 날조하여 쓰는 어떤 역사가의 이야기로 말이다. 만일 아니라면 한번 그리 읽어보라고 권하고 싶다. 무엇보다도 흥미롭기 때문인데, 〈부메랑〉을 그렇게 읽어보면 윗글에서 "어느 추상화 화가의 작품을 보는 듯한 느낌이 들었다"라는 문장이 벤야민이 해석한 그리고 네그리가 재해석한 클레의 〈새로운 천사〉를 떠올리는 경험을 할 수 있을 것이다. "'내가 죽은 지 일 년이 지났다.' 그래, 거기서부터 다시 써야 해"라는 마지막 구절에서는 예컨대 역사 교과서 국정화 문제에 대한 당신 자신의 해답도 얻을 수 있을

지도 모른다.

이런 의미에서 나는 아리스토텔레스의 '이야기 분석'과 아우구스티누스의 '시간 분석'을 통합한 리쾨르의 '이야기 정체성'을 매개로 〈부메랑〉뿐 아니라 윤성희 작가의 또 다른 작품들을 들여다보는 작업이 흥미진진할 것을 의심치 않는다. 그러나 그날 강연에서는 시간상 작가가 〈부메랑〉에서 보인 화법, 곧 크로노스와 카이로스, 현실 세계와 내면세계, 일상성과 내적 성찰, 과거의 자기와 현재의 자기를 부단히 연결시키는 수법에 초점을 맞추기로 작정하고 윤성희 작가를 초대했다.

〈부메랑〉을 읽으며 나는 윤성희 작가가 적어도 이런 화법에서는 프루스트나 울프에 버금갈 만한 전문가이고, 그도 그런 자신에 대해 이미 명백히 인식하고 있다는 생각이 들었기 때문이다. 그가 어느 평론가가 진행한 수상 작가 인터뷰에서 다음과 같이 한 말이 그 인상을 더욱 굳혀주었다.

기억이라는 것이 아무리 진실이라고 해도 그것을 진실로 만들 수 없는 부분이 많아요. 쓰다 보면 그런 한계를 많이 느끼게 돼요. 그러고 보니 결국 소설은 회상과의 싸움이라는 생각이 많이 들어요. 소설은 시간을 늘리거나 줄이는 데 용이한 서사 장르라고 생각해요. 시간 혹은 기억의 문제를 문장으로만 해결해야 하는 세계, 전 언제나 그게 재미있었어요. 그러다 보니 기억을 많이 쓰는 것 같아요. 오래전부터 기억을 다루는 소설만의 형식을 찾고 싶었어요.

그렇다. 나는 그날 윤성희 작가에게 "기억을 다루는 소설만의 형식"에 대해 물어보고 싶은 말이 많았다. 그래서 청중에게 작가의 약력을 간단히 소개한 다음 서둘러 무대로 불렀다.

3장

+

대담:
소설가 윤성희

작가는 소설을 잘 쓰기 위해서
최선을 다해서 사는 게 아니라,
저 자신이 좋은 사람이 되기 위해서
최선을 다해서 살 필요가 있어요.
_ 윤성희

그 말은 너무 잘난 척한 게 아닌가?

1969년 베케트가 노벨문학상을 받게 되었을 때, 그는 수상식 참가를 비롯하여 인터뷰를 일절 거부했다. 바디우의 《베케트에 대하여》에는 사람들이 그에게 왜 글을 쓰냐고 물었을 때, 그는 "뭐 그것밖에 없으니까"라는 딱 한마디의 짤막한 답을 전보로 보냈다는 일화가 들어 있다. 노벨상까지 받은 작가가 얼마든지 멋지고 교훈적인 대답을 할 수 있었을 텐데 왜 그랬는지는 알 수 없지만, 심정은 조금 이해할 수 있을 것 같다.

예컨대 왜 글을 쓰느냐, 또는 왜 철학을 하느냐 하는 질문처럼, 누가 자기의 정체성에 연관된 뭔가를 물었을 때 사람은 누구나 이야기를 통해 구성되는 자기 정체성 문제에 부딪히게 된다. 먼저 내가 왜 글을 쓰지, 내가 왜 철학을 하지, 이런 생각을 해야 한다. 그리고 답을 위해 지난 과거를 뒤져 원인과 결과가 있는 하나의 이야기를 만들어내야 한다. 이때 자칫 이야기가 이야기를 미화 또는 날조하기 쉽다. 설마 싶겠지만, 누구나 실제로 자기 이야기를 하다 보면 그러지 않기가 생각처럼 쉽지 않다. 사실은 그래서 인터뷰가 심리적으로 부담이 되는 것이다.

적어도 내게는 그런데, 윤성희 작가와의 대담을 준비하기 위해 그에 관한 자료들을 찾아보니 인터뷰를 즐기지 않는다는 말이 실려 있었다. 어쩌면 그도 나와 같은 생각일지 모른다는 생각에 공연히 반가운 마음이 들었다. 그래서 먼저 그 이야기부터 꺼내며 대담을 시작했다.

김용규　안녕하세요? 나와주셔서 감사합니다. 지난해 〈부메랑〉으로 제11회 황순원문학상을 받으셨는데요, 다시 한 번 축하드리고요. 좋은 소설을 써주셔서 고맙습니다. 본 질문에 앞서 개인적인 질문을 하나 드리고 싶습니다. 어떤 기사를 보니까, 평소 인터뷰를 즐기지 않고 자기 이야기를 잘 안 하신다고 적혀 있더군요. 그래서 작품도 '일기 형식의 1인칭을 버리고 3인칭의 세계를 받아들이는' 식으로 쓰신다고요. 무슨 특별한 이유가 있나요?

윤성희　특별한 이유가 있는 건 아니고, 체질에 안 맞는 것 같아요. 인터뷰를 즐기지는 않는데, 저한테 많이 들어오지도 않아요(웃음). 혹시나 들어오면 해요. 하면서 계속 '즐기지 않습니다'라고 말하지만, 할 때는 최선을 다해서 해요. 그런데 이 인터뷰라는 것이 낯선 누군가와 만나서 질문과 답을 하는 거잖아요? 구어체로 거짓 자서전을 쓰는 사람처럼, 나도 모르게 제 뜻과 다른 말을 하기도 해요. 괜히 집에 가서 '그 말은 너무 잘난 척한 게 아닌가?' 그러기도 하고요. (그런 일을 하고 나면) 크진 않지만 약간의, 어떤 자기 혐오감이 드는 것 같아요. 그래도 소설책을 냈을 때 인터뷰가 들어오면 들어온 대로 열심히 하려고 노력해요.

짐작이 옳았다. 그도 인터뷰에서 본의 아니게 만들어지는 거짓-자기 정체성이 불편한 것이다. "거짓 자서전을 쓰는 사람처럼, 나도 모르게 제 뜻과 다른 말을 하기도 해요"가 그 말이다. 그리고 "크진 않지만 약간의" 어떤 자기 혐오감을 느낀다고 했다. 이 말을 들었을 때 내게는 어떤 불행했던 천재가 일기에 남긴 쓸쓸한 독백이 떠올랐다.

나는 방금 파티에서 돌아오는 길이다. 나는 단연 파티의 주인공이었다. 재치 있는 말들이 쉴 새 없이 내 입에서 흘러나왔고 사람들은 끊임없이 웃음을 터뜨리면서 나를 부러움 섞인 눈초리로 쳐다보았다. ― 그러나 나는 떠나왔다(이 줄은 지구의 반경만큼이나 길어야 한다). ― 그리고 나 자신을 총으로 쏘고 싶었다.

키르케고르의 글이다. 그도 파티에서 이야기가 만들어낸 거짓-자기 정체성이 혐오스러워졌기 때문에 자신을 총으로 쏘고 싶었을 것이다. 그런데 윤성희 작가는 키르케고르처럼 반응하지 않고 "그래도 소설책을 냈을 때 인터뷰가 들어오면 들어온 대로 열심히 하려고 노력해요"라고 말했다. 그때 문득 '참 좋은 사람이구나' 하는 생각이 들었다. 내친김에 한 걸음 더 나아가, 상을 참 많이 받았는데 무슨 특별한 비결이 있냐고, 자칫 이야기가 이야기를 날조할 위험이 있는 개인적인 질문을 다시 한 번 했다.

윤성희   비결은 없어요. 어머니가 제 사주를 봤는데 40대까지 운이 좋다고 하더라고요. 소설가가 되고 계속 운이 좋았으니 언젠가 안 좋을 때도 찾아오겠죠. 작년에 황순원문학상을 받기 전에 이런 생각을 한 적이 있어요. 상을 그만 받으면 좋겠다고. 건방진 말처럼 들리겠지만, 제 말의 뜻은, 나 자신을 위해서 이런 거듭된 행운은 좋지 않을 거란 생각이 들었다는 거예요. 제가 그렇게 단단한 인간이 아니라서요. 그냥 계속 책을 내고 동료들에게 "그 작품 좋았어"라는 칭찬을 듣고…… 그랬으면 좋겠다는 생각을 했어요. 그런데 황순원문학상을 받았어요. 이 상을 받으면서 그동안 했던 내 생각들이 얼마나 아마추어적인 생각인가 하고 스스로 창피했어요. 처음에는 어릴 때에 상을 받으니 굉장히 힘들었어요. 아마 그 과정을 극복하면서 '상은 안 받아도 돼'라는 생각을 한 것 같은데, 그걸 판단하는 것은 제 몫이 아니라는 걸 몰랐던 거죠. 아무튼, 상을 받는 비결을 물어보셨는데 〈부메랑〉 같은 작품을 쓸 때 이번 작품은 망했구나 그러니 내 마음대로 쓰자 해서 썼거든요. 제 자랑 하는 게 아니라 그랬는데도 상을 받았어요. 그런 재수 없는 일이 일어났어요(웃음). 그러니 그게 실력이 아니라 운인 것 같다는 결론을 말씀드립니다.

김용규   다 이렇습니다. (청중에게) 여러분들 〈쿵푸팬더〉라는 영화 보셨죠? 그 영화를 보면, 쿵푸팬더 아버지가 우동 국물 내는 비결이 있다고 말해왔습니다. 그런데 나중에 그 비법을 알려줄 때가 되자, '(사실은) 없다!'고 하지요. 지금 윤 작가님 하신 말씀이 그런 것 아닙니까? '특별한 비결 없다. 너도 열심히 해봐라' 이런 것 말입니다(웃음).

제 생각에는 '일기 형식의 1인칭을 버리고 3인칭의 세계를 받아들이는' 작가로서의 관점과 사고로 글을 쓰시기 때문이 아닌가 싶은데, 혹시 그렇게 생각하진 않으세요? 다시 말해 자기 자신의 삶이나 내면을 들여다보기보다 주위의 사물들과 사람들을 둘러보는 작가적 관점과 사고가 선생님 고유의 스타일을 만들었고, 그것이 돋보여서가 아닐까요? 다른 분들은 뭐라고 이야기하고, 또 선생님은 어떻게 생각하세요?

윤성희　　어! 글쎄요. 일기 형식의 1인칭을 버리고 3인칭의 세계를 받아들인다는 건, 이런 의미인 것 같아요. 예컨대 제가 농담으로 '일기를 잘 안 쓴다'고 해요. '나 일기 안 써' 그러는데요. 왜냐하면 저는 소설가이고, 소설이라는 것은 주인공이 '나'라는 1인칭이어도 절대 내가 아닌 거예요. 어느 날 제가 이런 경험을 했어요. 길을 가는데 막 노을이 지고 나무가 멋있는 거예요. 굉장히 큰 나무가 있었어요. 예전 같으면 '멋있다' 그래야 하는데 '그녀는 나무를 바라보며 멋있다고 생각했다'고 하는 거예요.

이 말을 듣고 나는 깜짝 놀랐다. '아, 문학 하는 사람들은 정말 특별한 재능을 타고나는가?'라는 생각이 떠올랐다. 김선우 시인과 이야기를 나눌 때도 잠시 들었던 생각인데, 그때마다 묘한 거리감이 느껴졌다. 그래서 "타고난 소설가이십니다"라는 말을 먼저 건넸다. 놀랍고 생소하다는 뜻이 섞인 말이었는데, 윤성희 작가의 반응이 뜻밖이었다.

윤성희　　그 느낌이 왠지 쓸쓸했어요. 예전에 읽은 어떤 일본 소설에서요, 디자이 오사무의 〈추억〉이란 글인데 이런 비슷한 대목이 있었어요. 중학생인 남자아이가 하굣길에 개천을 바라보고 있는 거예요. 뒤에서 누군가 자신을 보고 있는 느낌이 들어 '그는 귀 뒤를 긁으며 중얼거렸다'라는 문장으로 자신을 말해요. 3인칭으로 자기를 만들어 생각하는 거예요. 그 단락의 마지막 문장에 '드디어 나는 어떤 쓸쓸한 배출구를 발견했다. 창작이었다'라는 문장이 있어요.

그 대목과 내가 동시에 떠오르면서 '소설가로서 살아간다는 것은 나를 버리고 3인칭으로 세상을 바라봐야 되는 게 아닌가?'라는 생각이 들었어요. 이런 제 생각이 작품에는 영향을 주었지만, 영향을 준 것이 상을 받거나 작품 평가가 좋아지게 했는지까지는 판단을 못하겠고요. 그런 생각을 하게 된 것은 그게 계기였습니다.

나를 버리고 삼인칭으로 세상을 바라보는 것, 그것이 과연 가능할까? 가능하다면 어떻게 가능할까? 어떻게 사람이 노을을 등지고 서 있는 나무를 보며, '멋있다'가 아니라 '그녀는 나무를 바라보며 멋있다고 생각했다'고 떠올릴 정도로 자기 자신과 거리를 둘 수 있을까? 그것은 수도승들이나 도달할 수 있는 극한의 자기-비움, 바디우 식으로 표현하자면 '유적인 것에 대한 글쓰기'를 위한 극한의 '빼기'가 아닐까?

나로서는 이해하기가 힘들었다. 게다가 그는 그 일이 자기에게도 왠지 쓸쓸하게 느껴진다고 했다. 결국 윤성희 작가는 그 같은 극단의 자기-비움에서 오는 쓸쓸함을 소설가로서의 자기가 받아들여야 하는 운명으로 여기는 것 같았다. 다시 한 번 '이 작가가 참 좋은 사람이구나' 하는 생각이 들었지만, 그 서늘한 단호함이 내게도 왠지 쓸쓸하게 느껴졌다. 그래서 화제를 바꿨다.

이야기가 이야기하게 하는 법

김용규　　20세기 초, 마르셀 프루스트, 제임스 조이스, 버지니아 울프 등 아방가르드 작가들이 '의식의 흐름'이라는 새로운 기법을 사용했습니다. 이들 작품의 공통점은 '시간의 흐름'을 따라 순차적으로 전개되는 줄거리에 비중을 두지 않고, 인물들의 '의식의 흐름'을 따라 돌발적으로 떠오르는 주관적 체험과 생각, 감정 등에 초점을 맞추고 있다는 거지요. 이것이 그들 작품이 종전의 소설들과 다른 점이기도 합니다. 그래서 어떤 우연한 계기로 이야기가 시작되면 그다음부터는 마치 땅속에 묻힌 고구마들이 하나만 추켜들면 주렁주렁 매달려 따라 올라오듯이 전개됩니다.

저는 선생님 작품들을 보면서 기법상 이와 매우 비슷하다는 느낌을 받았어요. 무엇보다도 줄거리에 비중을 두지 않고, 돌발적으로 떠오르는 사람과 사물, 기억과 생각 등을 따라 이야기가 줄줄이 이어져 전개된다는 점에서 그렇지요. 차이점이 있다면, 그들, 아방가르드 작가들의 이야기가 자신의 내면을 들여다보며 '의식의 흐름'을 따라 무겁게 간다면, 선생님의 이야기는 주위 사람 또는 사물들을 돌아보며 '이야기의 흐름'을 따라 경쾌하게 간다고나 할까요? 선생님은 어떻게 생각하세요? 둘 사이에 어떤 공통점과 차이점이 있을까요?

자칫 위험한 질문이었다. 윤성희 작가가 사용한 서술 기법이 다른 유명 작가들의 기법을 흉내 낸 것 같다는 말로 들릴 수도 있기 때문이다. 하지만 내 뜻은 전혀 달랐다. 그래서 조금 긴 설명이 필요한데, 나는 윤성희 작가가 그의 작품들에서 구사하는 독특한 화법은 프루스트·조이스·울프와 같은 대가들이 사용했던 기법인 '의식의 흐름'과 나란히 비교해볼 때 — 서로의 유사성과 비유사성이 드러남으로써 — 더욱 돋보일 수 있다고 생각한다. 때문에 오해의 여지를 무릅쓰고 질문을 던졌던 것이다.

리쾨르는 《시간과 이야기》에서, 울프가 《댈러웨이 부인》에서 사용한 서술 기법의 특징을 세 가지로 정리했다. 첫째는 사소한 사건을 따라 시간이 흘러가게 하는 것이다. 둘째는 앞서 우리가 살펴본 '터널 파기'로 외적 시간과 내적 시간이 함께 흐르게 하는 것이다. 셋째는 화자에게 모든 작중인물들의 내면을 알 수 있는 특권을 부여하여, 같은 장소나 시간, 또는 같은 사건을 매개로 하나의 의식의 흐름에서 다른 의식의 흐름으로 건너뛰게 하는 것이다.

윤성희 작가의 〈부메랑〉에서도 (전개되는 일들이 시종) 이와 같은 기법으로 일어난다. 소설은 점심으로 콩국수를 먹던 중에 선풍기가 고장나고, 선풍기를 고치려고 드라이버를 찾던 중 식탁 의자가 고장 나 싱크대에 서서 밥을 먹던 일이 생각나고, 싱크대에 들어 있는 훔쳐온 행주들을 보고 비루했던 어린 시절의 일들이 떠오르고, 그것이 다시 거짓으로 쓰고 있는 자서전 이야기로 이어지는 식으로 진행된다. 이 점에서 보면 〈부메랑〉은 마치 의식의 흐름 기법을 따르는 20세기 모더니즘 계열의 작품처럼 보인다.

그렇지만 내가 보기에 뚜렷이 다른 점이 하나 있다. 윤성희 작가의 이야기들은 한 인물의 내면에 흐르는 의식을 따라가지 않고, 그의 외면(주변)에 존재하는 사물들의 이야기를 따라 흘러간다는 사실이 그것이다. 그런데 그 이야기는 '사물에 대한 이야기'가 아니고 '사물에 얽힌 이야기'다. 이야기를 이끌어가는 힘이 이야기에서 나온다는 뜻이다. 그가 수상 작가 인터뷰에서 "소설을 쓰면서 세상에는 멈춰 있는 게 아무것도 없다는 것을 알게 되었어요. 돌멩이 하나에도 서사는 언제나 흐르고 있어요. 서사의 힘, 저는 글을 쓰는 동력을 거기서 얻어요"라고 밝힌 것이 그래서다.

이야기가 이야기하게 하는 화법, 내가 보기에는 이것이 윤성희 작가의 탁월한 독창성이자 장점이다. 나만의 생각이 아니다. 윤성희 작가도 같은 생각이다. 그는 수상 소감에서 다음과 같이 밝혔다.

사물들도, 단어들도, 풍경들도⋯⋯ 실은 모두 연결되어 있습니다. 아주 희미한 끈으로요. 그러니까 제가 할 일은 그것을 연결하는 것입니다. 그 희미한 끈을 찾는 것입니다. 지난 10년 동안 소설을 쓰면서 제가 소설에 대해 알게 된 것이라곤 겨우 이런 사실뿐입니다. (⋯⋯) 연결의 아름다움을 알게 된 뒤로 창작자는 자신이 쓴 글 앞에서 겸손해져야 한다는 사실도 알게 되었습니다. 연결이 된 순간 제가 모르는 별자리가 탄생하니까요. 그때 이야기는 저를 넘어섭니다. (⋯⋯) 저는 창작자라기보다는 연결하는 사람입니다. 다시 말하면 문장을 재배치하는 사람입니다.

언어의 본질은 '존재하는 것들이 그것으로 존재하는 의미'를 낱말과 문장 속에 담아내는 데 있다고 본 독일의 철학자 마르틴 하이데거는 "언어가 말한다Die Sprache spricht"고 선언했다. 그리고 인간은 이 언어를 따라-말하거나nach-sagen, 반복해-말하거나wieder-sagen, 응답해-말할ent-sprechen 때에만, 은폐되었지만 마땅히 전달되어야 할 존재의 진리를 드러낼 수 있다고 했다(이에 대해 자세한 내용은 〈언어〉 심보선 편의

'불의 언어, 물의 언어'에서 볼 수 있다). 그런데 윤성희 작가가 이야기가 이야기를 하게 하는 기법을 통해 바로 이 일을 해내고 있는 것이 아닐까 하는 생각이 들었다.

그가 돌멩이 하나에도 서사가 흐르고 있기 때문에 자신은 이야기를 만들어내는 창작자가 아니고 그 이야기들을 연결하여 별자리 — 하이데거가 말하는 존재의 진리이자, 벤야민이 설파한 성좌구조 — 가 드러나도록 "문장을 재배치하는 사람"이라고 자인했기 때문이다. 따라서 스스로 의식하고 있든 그렇지 않든, 그가 지난 10년 동안 소설을 쓰면서 "언어가 말한다"라는 하이데거의 후기 철학에 나타난 사유이자, 역사란 "그 자신의 시대가 과거의 특정한 시대와 함께 등장하는 성좌구조를 포착"하는 것이라는 벤야민의 역사철학에 도달했다는 것이 내 판단이었다. 이런 이유에서 자칫 오해를 살 만한 질문을 오해하지 않으리라는 믿음으로 던질 수 있었던 것인데, 답은 이랬다.

윤성희 저는 제임스 조이스와 버지니아 울프를 좋아해요. 그리고 이 〈부메랑〉과 《웃는 동안》에 실린 다른 단편들을 쓰기 전에 장편을 썼는데(《구경꾼들》을 가리킨다). 그때 버지니아 울프 소설에 대해 생각하기도 했어요. 그런데 '둘 사이의 공통점'이라기보다는 어느 부분에서 제가 흉내 내고 싶었던 게 아닐까 생각을 했고요. 이들은 의식의 흐름 기법을 한 단계 완성해놓은 거니까, 나중에 읽은 후배 작가들은 그들이 산맥을 넘은 것을 어떻게든 흉내 내고 좇아가고 싶고, 이런 건 있지 않을까 생각해요.

그런데 의식의 흐름 기법은 제가 따라 하기에는 역량이 부족해요. 저 자신의 그릇도 작은 거 같고요. 그래서 제가 사용한 방법은 그것과 흡사하지만 그보다는 더 간결하고 경쾌하게 느껴지는데, 그 이유가 아마도 의식의 흐름이란 것을 저는 징검다리처럼 사물을 따라서 건너가는 방법, 이런 흐름을 만들었기 때문이 아닐까 생각이 들어요.

너무 창피한 얘기지만 작가가 되어 단편을 한 20편 쓰고 났더니 '아! 나는 소설에 대해 잘 몰랐구나' 그런 걸 많이 알게 됐어요. 지금도 모르지만요. 전 시점視點이 뭔지도 몰랐던 거예요. 너무 아는 게 없었어요. 왜냐하면 문장을 써보면 알아요. 이론상으로는 저도 아는데 문장을 쓰고 나니까 1인칭, 3인칭의 세계에서 쓸 수 있는 문장이 없는 거예요. 슬럼프 비슷하게 찾아왔을 때가 있었어요.

예를 들면 이런 거예요. '그녀는 슬픈 듯 웃었다' 이런 문장을 쓸 수 없었어요. 슬픈 듯? 그걸 누가 판단하지? 이런 생각이 들면 그럼 아무 문장도 쓸 수가 없고 '그녀는 웃었다' 그거밖에 안 되는 거예요. 이런 시기가 있었어요. 그런 부분을 어떻게 해결할까 생각을 할 때 아주 예전의 3인칭 전지적 시점처럼 이야기에 많이 개입하는 소설을 써보기도 하고, 전혀 개입하지 않는 소설을 쓰기도 했어요.

〈부메랑〉에서 제가 사용한 화법이 버지니아 울프와 그 선생님들(프루스트와 조이스를 가리키는 것 같다)과 다른 점이 있다면, 그분들은 철저하게 주인공 내면을 쫓아가는데 견주어 저는 작가로서 전지적으로 관여하고 이야기를 많이 흩트려놓는다고 할까요? 주인공만 따라가는 게 아니라 휴대폰 얘기도 따라가고 타인의 역사도 따라가요. 고구마 줄기처럼 주렁주렁이 아니고 샛길로 빠져나갔다가 '아! 샛길이지?' 하고 본궤도로 돌아가는 거예요. 그런 방식을 택해보려고 했어요.

솔직하고 겸손한 그리고 내가 기대했던 대답이었다. 왜냐하면 그가 조이스나 울프의 '의식의 흐름 기법'과 자신이 말하는 "사물을 따라서 건너가는 방법" 사이의 유사성과 비유사성을 스스로 밝혔기 때문이다. 앞에서 키르케고르와 벤야민을 이야기하며 언급했듯이, 대부분의 학자나 작가들은 내용 또는 기법에서 자기와 유사한 사람이 있었다는 사실을 부인하거나 모른다고 시치미를 떼기 일쑤다. 나는 그것을 '무시하고 변용하기'라고 했는데, 윤성희 작가는 먼저 자신이 조이스와 울프를 좋아하고, 작품을 쓰면서 그들이 개발한 기법에 대해 생각해본 적이 있다고 고백했다. 어떤 부분에서는 그들의 기법을 흉내 내고 싶어서였을 거라는 말까지 태연히 덧붙였다.

이렇게 솔직한 말과 태도는 윤성희 작가가 자기 화법의 독창성을 충분히 인식하고 있으며, 그것이 애초 20세기 아방가르드 작가들의 서술 기법을 의식하거나 고려하는 데서 출발하지도 않았다는 증거로 들렸다. 왜냐하면 흉내 내고 있는 사람은 흉내 내고 싶다고 말하지 않기 때문이다. 어쨌든 오해는 일어나지 않은 것 같았기 때문에 편안한 마음으로 이야기를 더 진전시킬 수 있었다.

추억이라는 한 묶음의 꽃다발

김용규　　겸손하신 것 같습니다. 제 생각에 선생님은 버지니아 울프가 '터널 파기'라고 했던 서술 기법을 오늘날 자기만의 새로운 방식으로 구현하고 있지 않나 싶은데요. 그렇다면 선생님을 오늘을 사는 한국의 버지니아 울프라 해야 하지 않을까요?

윤성희　돌아가신 분이 아니라고 할까 봐 걱정이 되네요(웃음).

김용규　그렇다면 공은 선생님한테 돌아가고 그렇지 않으면 화는 저한테 돌아오니, 걱정하지 않아도 될 것 같습니다. 또는 그렇지 않다고 하더라도, 저는 오늘 우리가 강연에서 다룬 이야기와 연관시킨다는 의미에서 선생님의 작품을 프루스트나 울프의 작품들과 나란히 비교하면서 질문을 드려보고 싶습니다.

프루스트는 자기가 의식의 흐름을 따라, 즉 '무의지적 기억mémoire involontaire'을 따라 창작한다고 천명했어요. 처음부터 줄거리를 미리 짜놓고 창작하지는 않고, '무의지적으로' 써나간다는 것을 의미할 텐데, 그래서 이야기가 곁가지로 우회하면서 진행되는 것 같습니다. 그런데 그것이 어떻게 가능할까 궁금해요. 선생님의 글도 문장은 짧고 템포가 빠르지만, 이야기는 수많은 곁가지로 우회하기 때문에 느리게 전개되거든요. 선생님은 어떻게 작업하세요? 처음부터 줄거리 없이 무의지적으로 하세요? 아니면 이야기 줄거리는 미리 정해놓고 그 사이사이에 곁가지들을 끼워 넣는 식으로 하세요? 그것도 아니면 어떤 다른 방법으로 하시나요?

이 질문도 듣기에 따라서는 점잖은 것은 아니었다. 맛집에 가서 레시피를 공개하라는 식이기 때문이다. 그런데 돌아온 답이 사뭇 점잖았다.

윤성희　글쎄요. 윗분들(프루스트, 조이스, 울프를 가리킨다)은 돌아가셔서 어떻게 쓰셨는지 모르겠는데, 저는 그렇게 쓰진 않고 머릿속으로 구도를 잘 짜놓는 편이에요. 구도를 짜놓는다는 일이 굉장히 재밌는 게, 오늘 짜고 오늘 쓰면 다 끝나는 게 아닌 거예요. 그러면 또 내일 쓰다가 다시 짜고 그러긴 하지만,

머릿속에 언제나 아우트라인이 있어요. 특히 단편에서는 작가가 좀 철저하게 건축처럼 설계도를 짜야 한다고 생각해요.

다른 한 측면으로서는 쓰다가 우연히 들어온 사건이나 우연히 찾아지는 대사를 받아들이는 편이기도 해요. 그럼 이야기가 제가 원했던 것과 다르게 흘러가기 마련인데, 다르게 흘러갈 때마다 멈추고 어느 게 맞는지 판단하고서 다시 쓰는 편이고요. 그게 소설을 쓸 때 가장 재밌는 일 중 하나예요. 저도 모르게 '너 요새 왜 술 안 마셔?' '그냥 끊었어'라는 대사를 하나 써놓고, 그 친구가 주인공이 '알코올 중독인가?'라고 생각하면 주인공이 정말 알코올 중독자가 돼요.

또는 장면을 쓸 때 경험한 건데, 제 머릿속에서 이 주인공이 3분의 2 지점에서 죽어야 되는데 죽지 않는 거예요. 다시 쓴 글을 읽어봤어요. 제가 저도 모르게 쓴 문장들에서 그 주인공이 굉장히 생명력이 있더라고요. 그럼 '죽이지 말아야지' 그래요. 이 사람은 자기 스스로 여기까지 왔으니까요. 그것을 받아들이는 편이에요. 그렇지만 여러분이 영화에서 보듯이 첫 줄을 생각하면서 쫙쫙 써야지 그렇게 되지는 않는 것 같아요.

점잖다는 것은 품격을 지킨다는 것을 뜻한다. 이런 사람은 상대에게 심리적으로 안정감을 준다. 그 덕에 이후 대화가 더욱 순조롭고 깊어졌다.

김용규　　'우연히'라는 말을 계속하셨습니다. 《잃어버린 시간을 찾아서》에서 주인공 마르셀은 입천장에 닿는 마들렌 빵가루라든지, 빳빳하게 풀 먹인 냅킨이라든지, 또는 길에 까는 울퉁불퉁한 포석 등을 통해 우연히 과거와 현재를 잇는 회상에 빠지고, 그것을 통해 좌절에 빠진 그의 삶이 변하게 되는데, 선생님 작품들에서도 그런 일들이 자주 일어나요.

〈부메랑〉을 보면, 주인공은 고장 난 선풍기를 고치려다가 서로 관계가 틀어진 옛 동창을 떠올리고, 그 일을 통해 거짓으로 자기를 미화해가던 그녀의 자서전에 변화가 일어나는데, 어떠세요? 삶이란 본디 그 같은 우연의 연속이라고 생각하시나요, 아니면 자신의 삶이나 내면 안에 이미 내재하던 것들이 그 같은 우연에 의해 드러나는 것이라고 생각하시나요? 선생님에게 우연이란 어떤 의미인가요?

윤성희   저는 우연이라는 게 이야기가 할 수 있는 가장 멋진 일 중 하나라고 생각해요. 제가 소설 쓰는 사람이니까요. 우연이 없다면? 엄마 아빠가 우연히 만났으니 제가 있겠죠. 그래서 소설에서 우연을 많이 쓰고 많이 받아들이는 거예요. 저희는 모두 우연이 있는데 시간을 말씀하신 것처럼 어제 우연을 겪었으면, 다음 날 그 우연에 대해서 판단해보고 스스로가 자라고 성장해요. 그러다 보면 그 사람에게 어울리는 우연이 있는 거 같아요. 사람은 그 사람에게 어울리는 사건을 만나기 마련이라는 말을, 소설 속에서 좋아하거든요. 그렇게 처음에는 '왜 이런 우연이 왔지?' 그러지만, 10년 20년 이상 되면 자기가 자기 삶을 그렇게 살아가니까 그 사람에게 어울리는 우연이 오지 않나 하는 생각이 들어요.

우연이라고 생각되는 일들도 긴 안목에서 보면 아무런 이유 없이 생기지 않는다는 말이다. 우연과 필연에 관한 윤성희 작가의 성찰인데, 삶이 우리를 만들어가지만 우리가 삶을 만들기도 한다는 점을 감안하면 다분히 수긍이 간다. 살아가면서, '세상에는 어쩔 수 없는 상황이 있는 것이 아니라 어쩔 수 없는 사람이 있구나' 하는 생각을 할 때가 종종 있는 것도 역시 그래서일 것이다.

김용규　말씀을 들으니 이런 생각이 듭니다. '생각하고 살면 생각대로 살고, 그러지 않으면 사는 대로 생각한다'는 말이 뜻하는 것처럼, 결국 우리는 오늘 지금 만난 우연을 나중에 마치 그것이 우연이 아닌 것처럼 그것에 의미를 부여하고 가치를 찾아 필연으로 만들어가는 것이 아닐까요?

조르주 풀레는 프루스트의 《잃어버린 시간을 찾아서》를 다룬 글에서 '회상이란 인간이 혼자 힘으로는 빠져나올 수 없는 허무에서 인간을 구출하기 위해 찾아온 천상의 구원인 것이다'라는 멋진 말을 남겼습니다. 이때 풀레가 말하는 구원이란 자기가 누군지, 자기가 진정 원하는 것이 무엇인지, 무엇을 위해 살아야 하는지 깨닫고, 삶에 대한 공포, 무력감, 혐오감에서 빠져나오는 것을 말하지요. 어떻습니까? 〈부메랑〉 같은 선생님의 작품들에서도 회상 또는 기억의 연결이 이런 역할을 하나요? 한다면 그것이 어떻게? 아니라면, 선생님의 소설에서 회상 또는 기억의 연결은 어떤 역할을 하나요?

윤성희　저도 오늘 여기에 와서 선생님의 강연을 듣다가 '회상이란 (……) 천상의 구원인 것이다'라는 문장을 만났는데, 이 문장이 다가왔어요. 이렇게 멋지게 생각해보진 못했지만, 소설을 쓴다는 것은 반드시 기억에 대해서 생각해야 하는 장르라고 생각해요. 우리가 알고 있는 모든 서사 장르 중에서 기억을 이렇게 마음대로 하는 건 소설밖에 없어요. 우리는 아무 때나 기억해요. 물 마시다 기억하고 밥 먹다 기억하고 친구랑 싸우다 기억하고, 아무 때나 기억해요. 기억도 아주 길게 해요. 주인공이 죽기 직전, 권총이 저한테 날아와 죽기 0.5초

전에 원고지 100매에 걸쳐서 기억할 수 있는 장르이기도 해요. 그래서 맨 처음에는 이런 사소한 이유 때문에 기억을 아주 흥미롭게 여겼어요.

그런데 어느 날 소설을 쓰면서 생각해보니까 '나'라는 사람을 완성하는 건 나중인 것 같아요. 제가 가끔 중학교 때 일을 반성하면서 '중학교 때 내가 왜 그런 일을 저질렀지?' 그러면, 15년 전의 사건과 마흔이 된 나 자신이 만나는 순간 17세가 되는 느낌? 그런 게 있는 것 같아요. 〈부메랑〉이라는 소설의 거의 마지막에 주인공이 자기가 쓴 자서전의 시작이 잘못되었다는 걸 깨달으면서, '내가 죽은 지 일 년이 지났다'는 문장에서 다시 시작해야겠다는 대목이 있어요. 독자와의 대화에 가면 그 문장이 무슨 뜻인지 묻는 질문이 많아요. '그래서 주인공이 죽었다는 거예요?' 심지어 '유령이에요?'라고 물어요.

자서전이 아이러니한 게, 살아 있을 때 써야 하는데, 살아 있을 때 누구를 위해서 쓰는 건가요? 타인에게 읽히기 위해서 쓰는 건 허무한 일이거든요. 그래서 자신이 죽어서 이 세상에 없다는 처지에서 자서전을 쓴다는 것. 그래서 이 여자는 다시 첫 줄부터 써야 된다는 걸 깨닫는 거죠. 이것도 역시 '기억이라는 건 나중에 나를 완성시켰기 때문에 그런 게 아닐까?' 그런 생각이 들었어요. 또 다른 측면에서 보면 소설이라는 것이 재밌는 이유 중 하나는 우리 삶을 현재 살아가는 자신보다 훨씬 디테일하게 기억하면서 살도록 가르치기 때문이라고 생각해요.

이를테면 주변에 남자 친구가 있는데 남자 친구가 매번 술 취해서 '난 널 사랑해' 백번 외쳐도 지겹기만 할 뿐이에요. 소설에서는 백번 외쳐도 주인공이 잘 느끼지 못하거든요. 디테일이라는 걸 통과하지 않으면 아무도 공감하지 않는 것 같아요. 그런데 디테일이라는 것도 역시 기억인 것 같아요.

선생님의 강연에도 그런 비슷한 이야기가 있었는데 '세월이 지난 후에 아버지는 작년에 내게 무엇을 했지?' 그런 게 생각나야지만 그 사람을 비로소 재해석할 수 있는 것이 아닐까 생각이 들어요. 그것이 없다면, 그냥 '우리 아버지는 좋은 분이었지' 말고 아무것도 아는 게 없다면, 그 사람을 알지 못하는 것과 같지 않을까요? 이것도 문학 안에서 기억이 주는 하나가 아닐까 생각해요. 그런 기억들이 소설에서 역할을 하게 하고, 자기 자신을 되돌아보게 하는 계기를 만들어요.

한마디로, 기억이 삶을 완성시키기 때문에 우리는 디테일한 기억들을 만들어놓아야 한다는 뜻이다. 이 말을 들으며 나는 윤성희 작가가 프루스트에게 얼마나 가까이 다가가 있는지를 다시금 확인할 수 있었다. 프루스트가 어느 지인에게 보낸 편지에는 다음과 같은 내용이 들어 있다.

우리는 인생이 아름답다고 믿지 않습니다. 그것은 우리가 그것을 상기할 수 없기 때문입니다. 그러나 우연히 옛날의 어떤 냄새를 맡게 되면, 우리는 갑자기 도취되고 맙니다. 마찬가지로 우리는 죽은 사람들을 이미 사랑하지 않는다고 생각하지만 그것은 그들을 상기하지 않기 때문입니다. 문득 고인의 낡은 장갑 한 짝을 보기라도 하면, 우리는 눈물이 쏟아져 나옵니다. 일종의 은총, 무의식적 추억réminiscence이라고 하는 한 묶음의 꽃다발에 의해서 말입니다.

그뿐인가? 당신도 눈치챘겠지만, 더욱 놀라운 것은 윤성희 작가의 대답과 벤야민이 〈'역사의 개념에 대하여' 관련 노트들〉에 남겨놓은 사유가 딱 맞아떨어진다는 사실이다. 앞에서 보았듯이, 벤야민은 과거가 남겨놓은 이미지들은 '감광판에 담긴 이미지'에 비유할 수 있는데, 미래만이 그 이미지를 세부 내용까지 나타나게 할 만큼 충분히 강력한 '현상액'이라는 말을 했다. 그런데 윤성희 작가가 그 말을 그대로 따라한 셈이다. "어느 날 소설을 쓰면서 생각해보니까 '나'라는 사람을 완성하는 건 나중인 거 같아요"라든가 "이것도 역시 '기억이라는 건 나를 나중에 완성시켰기 때문에 그런 게 아닐까?' 그런 생각이 들었어요"라는 말들이 그렇다. 그가 언젠가 벤야민의 텍스트를 읽었기 때문인지 모른다. 그럼에도 나는 이처럼 흔치 않은 사유를 체화하여 자연스레 말하는 사람을 이전에 만나보지 못했다. 마음이 환해졌다. 기쁜 마음으로 다음 질문을 던졌다.

자신이 망가지더라도, 인간이라면

김용규　버지니아 울프는 '의식의 흐름'을 따라 돌발적으로 떠오르는 기억과 현실을 연결하는 자신의 소설 기법을 '터널 파기'라고 이름 붙인 적이 있습니다. 이 말은 자신의 소설이 서로 단절되어 존재하는 시간들, 공간들, 사건들, 인물들 사이를 마치 '터널을 파듯이' 연결함으로써 비로소 드러나는 새로운 진실들로 이뤄진다는 의미일 겁니다.

　선생님의 소설들도 역시 여기저기 흩어진 사람, 기억들, 사물들, 단어들을 연결해 새로운 진실을 밝혀내는 일을 합니다. 울프 식으로 표현하자면 '터널 파기'를 하시는 거지요. 그런데 〈부메랑〉에서 그랬듯이 이렇게 해서 새롭게 드러난 진실이 꼭 아름답고 바람직한 것만은 아닐 텐데, 터널을 팠더니 추하고 외면하고 싶은 진실이 드러났다면 그것도 어떤 식으로든 우리의 삶을 도울까요?

윤성희　　글쎄요. 추한 진실이 너무나 추한 진실이어서 무슨 고대 그리스 비극에 나오는 것 같은 그런 게 아니라면, 웬만하면 우리 삶을 돕지 않을까 생각을 해요. 그런데 이건 인간을 너무 모르는 게 아닌가 좀 조심스럽긴 합니다.

그게 추한 진실이든 만나야 했던 사건이든 우리가 자꾸 자기 자신의 과거를 되돌아보고 재해석해야 된다는 것은 이런 것 같아요. 시간하고도 비슷한 것 같은데요. 마르케스 자서전 맨 앞에 나오는 내용 중에 "삶이란 우리가 살았던 것 그 자체가 아니라 그것을 얘기하기 위해서 어떻게 기억하느냐 하는 것"이라는 말이 있어요. 자서전을 쓰는 건 언제나 자기 인생을 다시 재구성해보는 것이라는 선생님 말씀과 비슷하다고 생각하는데, 뒤돌아보지 않으면 자기 삶을 살았던 것 자체라고 생각하는 경우가 많아요.

파란만장한 삶을 사신 분들이 흔히 '내 인생은 장편 일곱 권은 나와' 이러시는데, 실제로 그게 안 나오는 이유는 자신의 삶을 나열식으로만 알지 되돌아보면서 겹쳐보지 않아서예요. 7세의 나와 60세의 나를 겹쳐보거나 15세의 나와 현재의 나를 겹쳐보지 않는 것 같아요. (인간이니까) 그런 행위를 해봐야 되지 않나 싶어요. 자기 자신이 망가지더라도, 인간이라면 그래야 되지 않을까 생각해요.

제가 말하고도 좀 추상적인 느낌이 드는데요, 플로베르의 소설 《마담 보바리》를 보면 엠마 보바리의 남편인 샤를 보바리라는 사람이 엠마가 죽은 뒤 부인을 생각하면서 잠드는 장면이 있어요. 그 사람은 부인을 굉장히 사랑했다고 스스로 생각했는데 눈을 감고 부인을 생각하면 할수록 기억나지 않아요. 그래서 꿈속에서 부인을 안으려고 하면 재가 되어 푹 가라앉는 거예요.

저는 그게 의문이었어요. 사랑한다고 해놓고 죽은 후에 왜 기억하지 못할까? 그 소설을 처음부터 다시 읽어보면 샤를은 아내에 대해서 디테일하게 아는 게 없어요. 그저 사랑만 한 거예요. 그래서 죽은 후에 얼굴을 기억하지 못한 게 아닌가 싶었어요. 그게 뭐냐 하면, 자기 자신을 들여다보는 데 게으른 사람이라는 거죠. 그런 사람은 무덤덤하게 죽게 되지요. 그런 게 이 세상에서 가장 불행한 일 아닐까 생각이 들어요.

우리는 여기서 다시 한 번 윤성희 작가가 ─ 스스로 의식하든 하지 않든 ─ 아우구스티누스와 프루스트에게 얼마나 가깝게 접근해 있는지를 확인할 수 있다. "파란만장한 삶을 사신 분들이 흔히 '내 인생은 장편 일곱 권은 나와' 이러시는데, 사실은 그게 안 나오는 이유는 자신의 삶을 나열식으로만 알지 되돌아보면서 겹쳐보지 않아서예요. 7세의 나와 60세의 나를 겹쳐보거나 15세의 나와 현재의 나를 겹쳐보지 않는 것 같아요" 때문에 그렇다. 소설의 작법으로서 시간과 공간을 나란히 겹쳐놓고[竝立] 연결하기, 이것은 앞에서 보았듯이 앙드레 모루아가 "입체경이 공간 속에서 만들어낸 것과 동일한 현상을 시간 속에서" 이뤄냈다고 경탄한 프루스트의 기법이 아니던가!

김용규　말씀을 정리해보면, 우린 살기만 해서는 안 되고 사는 것에 의미와 가치를 부여하는 이야기를 만들어가며 살아야 한다는 거네요.

철학자 폴 리쾨르는 인간은 누구나 자신의 이야기가 있으며, 이러한 이야기를 통해 자기 정체성이 형성된다고 했어요. 이 말은 인간의 자기 정체성은 그가 자신의 삶에 대해 말하는 이야기에 의해 재구성된다는 것을 의미하지요. 이른 바 '이야기 정체성'인데요. 이런 의미에서 보면, 자신의 삶에 대해 말하는 자서 전을 쓴다는 것은 새로운 자기를 구성하기 위해 벌이는 자기 자신과의 싸움이라고 할 수 있어요.

베케트의 《크라프의 마지막 테이프》에서 주인공 크라프도 녹음을 통해 자신의 삶을 말한다는 점에서 일종의 자서전을 쓴 셈이지만, 그는 끝내 이야기를 통해 자기 정체성을 형성하지 못했기 때문에, 다시 말해 자신의 삶을 이야기를 통해 재구성하지 못했기 때문에, 결국 이 싸움에 패배했다고 할 수 있겠습니다.

그런데 〈부메랑〉을 보면, 주인공이 자서전을 써요. 하지만 그녀는 특이하게도 기억을 미화하고 왜곡하며 거짓으로 쓰거든요. 그러다 결국 "내가 죽은 지 일 년이 지났다"로 시작하는 자서전을 다시 써야겠다는 것으로 소설이 끝나지요. 그래서 제목을 '부메랑'으로 정하셨을 테지만, 그녀에게 자서전은 어떤 의미가 있나요?

윤성희　　〈부메랑〉의 주인공에게 왜 가짜 자서전을 쓰게 했냐면, 주인공은 《마담 보바리》의 샤를처럼 자기 인생에 대해서 디테일이 너무 없는 사람인 거예요. 그래서 어느 날 자서전을 쓰려고 거짓된 디테일 하나를 만들어봤어요. 사과나무 아래 누워보니 그 향기는 너무 좋았다고 하고 그걸 정당화하기 위해 과수원집 딸을 하고요. 하녀도 있고 식모도 있어야지, 하죠. 그러다 보니 계속 거짓된 자서전을 쓰게 돼요. 그래서 이 여자는 자기 삶을 재구성하기보다는, 자기 자신에게 없었던 것을 나열하는 거짓된 자서전을 쓰지요. (맨 마지막에는) 그런 자서전을 쓴 걸 후회하고 자신이 팔다리가 해체된 추상화 같다는 느낌을 받으면서 이것이 잘못된 거구나 깨닫는 거거든요.

아마 제 소박한 소망은 이 여자의 남은 삶이 기니까, 남은 인생은 이젠 스스로 사소한 기억이 사소한 게 아니라는 것, 인간은 대단한 존재가 아니라 그 사소한 기억들을 하나하나씩 쌓아서 자기를 완성한다는 걸 깨달아 그때부터라도 조금 더 행복하게 살게 하는 거였어요. 원래는 주인공 나이가 더 많았는데, 그러면 너무 늦게 깨닫게 될까 봐 불쌍해서 사는 나이라도 줄이자, 더 긴 세월을 살게 하자 해서 나이를 낮췄거든요. 그녀에게 자서전은 그런 의미가 아닌가 생각해요.

이때 나는 윤성희 작가를 초대한 것이 더없이 잘한 일이라고 생각했다. 그가 주제인 시간의 본질에 대해서뿐 아니라 그것의 윤리적 함의에 대해서도 뜻깊은 여러 이야기를 들려주었기 때문이다. 하고 싶은 이야기가 더 많아졌다. 그러나 시간은 그날도 어김없이 세상 모든 것들을 흘러가게 하는 자신의 일을 부지런히 하고 있었다. 대담을 끝내야 할 때가 가까워졌다. 아쉬움과 함께 마무리를 준비했다.

김용규　　선생님의 다른 작품들도 그렇지만, 〈부메랑〉은 저를 비롯해 오늘 여기 계신 분들에게는 더 특별한 작품으로 기억될 텐데, 그 가운데 한 부분을 낭독해주시면 고맙겠습니다.

(청중을 향해) 사전에 잠시 정리하자면, 오늘 우리는 과거란 사라져버린 어떤 게 아니라 회상에 의해서, 기억에 의해서 현재에 막대한 영향을 끼치는 요소라는 걸 알았습니다. 또한 현재 역시 좋든 싫든 미래의 어떤 지점에서 지대한 영향을 끼칠 거라는 것도 알았죠. 그렇다면 우린 이제부터라도 회상을 통해 과거의 소중한 기억을 되살려야 합니다. 그래서 여러분의 자기 정체성, 내가 누구고

무엇을 원하고 어떻게 살아야 할지 찾아야 합니다. 또 다가올 미래를 위해서 지금 이 순간이 더욱 소중한 기억이 되도록 매 순간순간을 그렇게 만들며 살아야 합니다. 그래야만 미래의 어느 시점에서 오늘 지금 한 이런 행위들 덕분에 새로운 자기가 형성되지 않겠습니까?

5월입니다. 좋은 계절이죠. 가정의 달이기도 합니다. 주말엔 부모님이나 옛 선생님들을 찾아뵙고 소중한 기억을 되살려보면 어떨까요? 아니면 아이들과 함께 화분에 꽃나무라도 심으면서 아름다운 기억을 만들어 간직해놓아야 합니다. 그것이 나중에 여러분의 삶에서 그리고 아이의 삶에서 새로운 자기 정체성을 만들어가는 데 도움을 줄 것입니다.

우리가 그렇게 살아야만 크라프처럼 모든 것을 다 잃고 나서 뼈저린 회한과 절망 속에 망연자실한 모습으로 한 번뿐인 삶을 마감하지 않아도 될 것입니다. 또 그래야만 클러리서처럼 삶에 대한 무력감, 혐오감, 공포에서 벗어나 끝끝내 살면서 조용히 걸어가게 하는 존재의 용기도 얻을 수 있을 것입니다. 감사합니다!

윤성희 작가가 〈부메랑〉 가운데 한 부분을 읽고 대담이 끝났다. 시곗바늘은 밤 열 시를 향해 바삐 뛰어가고 있었다.

당신은 까닭 없이 태어나지 않았다

그날 잠시 이야기를 나누었을 뿐이지만, 나는 지금도 윤성희 작가를 조화로운 성품의 사람이라고 기억한다. 또 시간에 관한 이야기를 함께 나누는 데는 그만한 문인이—적어도 내가 아는 사람들 중에는—없다고 생각한다. 달변은 아니었지만, 대담을 나눌 때나 청중의 질문에 답을 할 때나 그의 말은 항상 진솔했고 적당한 균형과 안정을 유지하고 있어 듣는 사람을 무척 편하게 했다.

순서에 따라 사회자가 스피드 퀴즈를 진행한 다음, 청중의 질문에 답하는 시간이 이어졌다. 그중에는 10년 후의 꿈이 뭐냐는 물음과 소설 작법에 관한 물음이 있었고, 윤성희 작가가 좋은 작품들을 써줘서 고맙다는 감사의 말도 있었다. 인상적인 하나만 옮기자면 이렇다.

질문자　　오늘 여러 가지 키워드가 나왔는데, 저는 소설 장르의 소설보다 세상에 떠도는 자서전이 진짜 소설이다, 그런 생각을 하고 있어요. 윤성희 작가님의 키워드 중 하나가 시간이었는데, 살면서 시간에 대해서 갑자기 문득 새삼스레 인식하게 된 순간이 있을 것 같아요. 최초로요. 그게 몇 살 때였는지요? 아무 의식 없이 그냥 살다가 '시간이 이런 건가?' 하고 번개가 치는 듯한 그런 순간이요.

또 하나는 소설을 쓰면서 나 자신과 거리를 두는 3인칭으로 사물을 대하는 걸 말씀하셨는데, 그럼에도 글을 쓰다 보면 내가 투영되지 않을까요? 나의 관점, 나의 취향이 어떤 주인공에게 들어가서 이건 아니지 않을까 하며 제동을 거는 경우는 없는지요?

윤성희　　제가 어릴 때 저희 어머니는 방학이 되면 저를 외갓집으로 데려다줬어요. 한 달씩이요. 할아버지 할머니밖에 안 계시고 깡촌도 아닌데 소하고 지내고 그랬어요. 그럴 때마다 어린 마음에도 뭔가 심심한 게 되게 좋았어요.

뭔가 멈춰 있는 듯한 느낌? 그런 게 오늘날 제게 영향을 주기도 해요. 어릴 때도 '굉장히 심심해' 이런 말 하는 걸 좋아했거든요. 이게 제가 시간을 인식한 최초의 사건일지도 모르겠어요.

그리고 10년 전쯤인가, 하루 종일 저희 집에 앉아서 제가 기억하는 최초의 사건이 뭔가 생각해봤어요. 그때 할아버지는 어땠고 옆집엔 누가 살았고 그런 얘기를 저희 어머니께 물어보면 다 틀려요. 왜곡돼요. 그렇게 최초의 사건을 기억해내려고 한 순간이 있었어요. 그걸 왜 내가 기억하려 할까 그러다가 하루 종일 기억하려는데 기억나지 않고, 혼자 길을 걷다가 버스 정류장에 멍하니 앉아서 차 몇 대를 놓치고, 뭔가 멍하면서 어리둥절했어요. 제가 망연자실이라는 단어를 되게 좋아해요. 망연자실, 어리둥절. 이게 제 인생의 키워드인 것 같아요. 그런 순간이 있어요. 내가 왜 여기 서 있지? 기억상실증처럼 그러고 있을 때 맨 처음 영상처럼 떠오르는 사건이 있는데 매번 달라요. 영상처럼요.

소설을 쓸 때 제가 저 자신을 버리고 3인칭으로 쓰려고 노력하는 건 맞지만 어쨌든 쓰는 건 저라는 사실은 버릴 수 없는 것 같아요. 그래서 작가는 소설을 잘 쓰기 위해 최선을 다해서 사는 게 아니라 저 자신이 좋은 사람이 되기 위해 최선을 다해서 살 필요가 있어요. 피하고 싶어도, 소설 주인공에겐 어쨌든 나 자신이 투영되기 마련이에요.

제 가치관, 제 취향, 제가 현재 생각하는 것. 그러니까 저 자신이 들어가는 게 아니라 지금 저 자신이 생각하고 있는 바가 들어가는 게 맞는 것 같아요. 그것을 어떤 때는 제동을 걸고 싶을 때가 있고, 어떤 때는 놓아두기도 해요. 이를테면 저 자신을 천 개의 블록으로 나누어 이번 소설에는 두 개쯤 선물하고 다음에는 두세 개 정도 이식하는 거죠.

크라프의 가장 큰 단점이 이런 것 같아요. 좋은 소설을 쓰기 위해 나는 이렇게 살아야지, 그렇게 살아서 그런 것 같아요. 좋은 소설을 쓰기 위해서가 아니라 그냥 그렇게 살아야 되는 게 더 먼저인 것 같아요. 그러다 보면 주인공에게 저 자신이 들어가겠죠. 그럴 땐 부끄럽기도 하고, 피할 수 없는 건 맞아요.

"작가는 소설을 잘 쓰기 위해 최선을 다해서 사는 게 아니라 저 자신이 좋은 사람이 되기 위해 최선을 다해서 살 필요가 있어요."라는 말을 들으며, 나는 그가 앞으로도 좋은 작가이자 좋은 사람으로 우리 곁에 있을 것이라 생각했다. 내게도 몇 가지 질문이 주어진 다음에 행사가 모두 끝났다. 그 뒤 행사에 관계한 7~8명이 지난번처럼 '호프만의 이야기'로 몰려가 뒤풀이를 했다. 알고 보니, 윤성희 작가와 사회자 이은선 작가는 사제지간일 뿐 아니라 개인적으로도 친근한 사이였다. 그 덕에 분위기가 한결 더 화기애애하고 많은 이야기가 오갔는데, 지금도 기억에 남는 이야기가 두 가지 있다.

하나는 윤성희 작가의 요리 솜씨가 대단할 뿐 아니라, 손님을 초대하면 푸짐하게 차려 환대한다는 것이다. 다른 하나는 그가 제인 오스틴의 《오만과 편견》 같은 연애소설을 써보고 싶다고 한 말이다. 나는 푸짐한 그 초대 자리에도 가보고 싶고, 그가 쓴 연애소설도 사보고 싶었다. 하지만 아직 그런 일은 일어나지 않았다. '호프만의 이야기' 앞에 서 있는 주황빛 가로등은 밤이 깊어질수록 노란색을 더해간다. 아침이 오면 아마 하얗게 타버릴 것이다. 그 노란 불빛 아래에서 우린 헤어졌다.

집으로 돌아오는 차에 올라타자 귀에 익은 음악이 들려왔다. 구스타프 말러G. Mahler, 1860~1911의 두 번째 교향곡 〈부활Symphony no.2,

Resurrection〉이었다. 이 곡은 관현악과 성악 장르를 혼합한 대곡이다. 총 5악장으로 구성되었고 연주 시간이 거의 1시간 30분에 달하는데, 5악장만 33분이다. 젊어서부터 '삶의 의미란 무엇인가'와 같은 실존 문제에 천착했던 말러는 이 곡에 다음과 같은 설명을 붙여놓았다.

당신은 왜 사는가? 어째서 고통을 받고 있는가? 삶이란 그저 거창하고 소름 끼치는 농담에 지나지 않는 것인가? 살기를 바라든 죽기를 바라든 우리는 어쨌든 한 번은 이 질문에 답해야 한다. 일생을 통해 한 번이라도 이러한 질문을 해보았다면, 그는 이에 답해야 할 것이다. 그리고 그 답은 마지막 악장에 나타난다.

5악장에 말러가 손수 작사해서 끼워 넣은 답은 이렇다. "당신은 까닭 없이 태어나지 않았다. 까닭 없이 살아 있는 것이, 까닭 없이 견디는 것이 아니다." 이 대목을 들을 때마다 가슴에는 뜻 모를 파문이 인다. 차가 광화문 네거리를 지나 덕수궁 쪽으로 가고 있었다. 과연 그럴까? 우리는 정말 까닭 없이 살아 있는 것이 아닌가? 우리가 견디는 삶과 역사에는 정말 어떤 의미와 가치가 있는 것일까? 당신의 생각은 어떤가? 내 생각부터 밝히자면, 적어도 그날 밤에는 '그런 것 같다'고 느꼈다. 이제 당신이 답할 차례다.

언어

심보선 편

우리가 사용하는 언어가
우리가 생각하는 방식을 형성한다.
_ 폴 티보도, 레라 보로디츠키

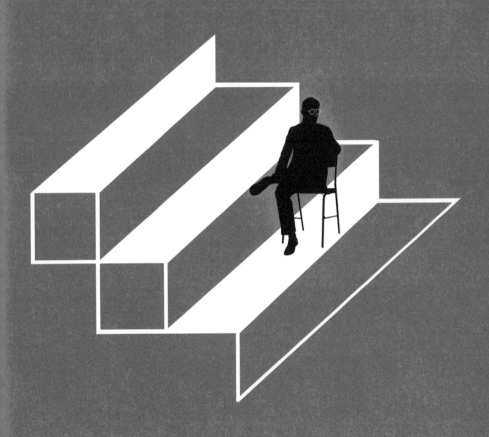

1장

+

공연:
벨락의 아폴로

자기의식, 의식, 정신 따위는
언어 안에서 일어나는 현상들이다.
따라서 그것들 자체는 오직 사회적 영역 안에서 일어난다.
_ 움베르토 마투라나

호모 사피엔스의 성공 비결

1953년, 이라크 북부 산악 지대의 서^西자그로스 지방에 있는 샤니다르Shanidar 동굴에서 4만 6천 년 전 것으로 추정되는 어린아이의 유골 화석이 발견되었다. 아이는 마치 태아처럼 옆으로 누워 무릎을 굽혀 가슴 쪽으로 접어 넣어진 형태로 있었다. 1950년부터 컬럼비아대학교 발굴 팀을 이끌고 네안데르탈인의 유적을 탐사하던 고고학자 랠프 솔레키R. S. Solecki 교수는 그것이 전형적인 네안데르탈인의 매장 풍습이라고 발표했다. 1957년에 출토된 성인 유골 화석 3구, 1960년에 다시 발굴된 3구의 성인 유골 화석이 모두 비슷한 형태를 하고 있었기 때문이다.

흥미로운 것은 현생인류의 원주민들이 악마가 꾀지 않도록 시신에 종종 칠하던 붉은 황토색의 염료가 네안데르탈인의 유골 화석에서도 발견되었다는 것이다. 또한 그 부근에서 그들이 사용하던 석기들과 곰 모양을 조각해 장식한 포유류 뼈 화석 등이 함께 발견되었다. 어린아이 유골 화석 주변에는 서양 가새풀, 팔랑개비 국화, 엉겅퀴, 개쑥갓 그리고 무스카리 등 온갖 종류의 현란한 봄꽃들의 흔적이 남아 있었다. 솔레키는 이런 매장 풍습이 네안데르탈인들에게 어느 정도의 종교적 의식이 있었다는 것을 말해준다고 결론지었다.

물론 전혀 다르게 주장하는 고고학자들도 있다. 그들은 네안데르탈인의 매장이란 동굴이 갑자기 함몰되어 생긴 것이며, 태아처럼 웅크린 유골들의 모습은 단지 그 함몰이 희생자들이 잠자고 있던 밤중에 일어났기 때문이고, 유골에 묻어 있는 붉은색은 동굴 부근 토양에 붉은색을 띠는 흙이 들어 있었던 것이라고 해석한다. 그리고 샤니다르 동굴의 어린 시신 주변에서 발견된 꽃 흔적은 아이의 죽음을 슬퍼하는 어머니가 눈물과 함께 가져다놓은 것이 아니라, 우연히 그곳을 지나던 한 줄기 바람이었다고. 과연 그럴까? 낮과 밤으로는 헤아릴 수도 없는 세월이 지났다. 모를 일이다.

1856년에 독일의 네안데르 계곡Neander Tal에서 화석이 처음 발견되었다 해서 보통 '네안데르탈인'으로 불리는 이들은 약 35만 년 전 유럽에 나타나 13만 년 전부터는 현생인류가 처음 출현했던 아프리카보다 훨씬 북쪽인 유럽 전역과 아시아 서부에 살았다. '호모 사피엔스 네안데르탈렌시스Homo sapiens neanderthalensis'라는 학명이 말해주듯이 그들은 호모 속homo genus에 속하는 인간 종으로, 키는 현대인modern humans보다 약간 작았지만 두뇌는 조금 더 컸다고 추정된다.

북쪽 지방에 살았던 네안데르탈인의 신체는 추위를 견디는 데 최적화되어 있었다. 그들의 얼굴은 마치 누가 코를 앞으로 잡아당겨놓은 듯이, 커다란 코와 함께 눈두덩과 얼굴 가운데 부분이 돌출해 있었다. 그 같은 얼굴 형태가 상부 호흡기관에 넓은 공간을 만들어내 차가운 공기를 들이마시더라도 따뜻하게 데울 수 있고 공기 속의 차가운 수증기를 붙잡아둘 수도 있어 혹독한 추위를 견디는 데 유리했다. 작은 키와 다부진 신체도 마찬가지였다. 고생물학자들은 그들이 유라시아 북부까지 무사히 진출한 것이나 빙하가 엄습하는 갱신세 말기에도 잘 견뎌낼 수 있었던 데에는 이런 신체 조건이 큰 몫을 했다고 생각한다.

아시아에서는 5만 년 전까지, 유럽에서는 3만 년 전까지 살았던 네안데르탈인이 왜 갑자기 사라졌는지를 둘러싸고는 의견이 분분하다. 크게 보아 생물학적 원인과 문화적 원인으로 나뉘지만, 공통점은 변화하는 환경에 적응하지 못했다는 것이다. 그러나 근래 진화생물학과 유전공학이 발달함에 따라 새로운 이론들도 속속 나오고 있는데, 그중 특히 논란이 되는 것이 두 인류의 '혼혈설'이다.

2010년 독일 막스플랑크연구소의 스반테 페보S. Pääbo 박사 연구진은 30억 개가 넘는 네안데르탈인의 DNA를 분석한 결과 유럽인 유전자의 약 4퍼센트는 네안데르탈인에게서 물려받았다는 연구 결과를 《사이언스》지에 발표했다. 이후 미국, 캐나다, 프랑스 등에서도 비슷한 연구 결과가 잇달아 나왔는데, 이것은 네안데르탈인이 환경에 적응하지 못해 멸종한 것이 아니라 현생인류와 만나 약간의 유전자만 남기고 그들에 의해 점차 사라졌을 가능성을 시사한다.

언어에 관한 이야기를 시작하려는 우리 처지에서 흥미로운 것은 설령 그렇다고 해도 그들이 서로 만났을 때 왜 인류가 아니라 네안데르탈인이 사라졌느냐, 거꾸로 말하면 왜 네안데르탈인이 아니라 현생인류가 살아남았느냐 하는 것이다. 이 질문이 우리에게 흥미로운 이유는 상당수의 학자들이 그 원인이 언어와 연관되어 있다고 주장하기 때문이다. 한마디로 네안데르탈인과 인류가 사용하는 언어가 서로 달랐는데, 바로 그 때문에 네안데르탈인이 지구에서 사라졌고 현생인류가 남았다는 것이다. 예컨대 히브리대학교의 역사학 교수 유발 하라리Y. N. Harari는 《사피엔스》에서 다음과 같이 주장했다.

　　사피엔스의 성공 비결은 무엇이었을까? 우리는 어떻게 생태적으로 전혀 다른 오지의 서식지에 그렇게 빠르게 정착할 수 있었을까? 우리는 어떤 방법으로 다른 인간 종들을 망각으로 밀어 넣을 수 있었을까? 튼튼하고 머리가 좋으며 추위에 잘 견뎠던 네안데르탈인은 어째서 우리의 맹공격을 버텨내지 못했을까? 논쟁은 뜨겁게 계속되고 있다. 그리고 가장 그럴싸한 대답은 바로 이런 논쟁을 가능하게 하는 것, 즉 언어다. 호모 사피엔스가 세상을 정복한 것은 무엇보다도 우리에게만 있는 고유한 언어 덕분이다.

네안데르탈인들에게 언어가 아예 없었던 것은 아니다. 예전에는 네안데르탈인의 목구멍 구조가 발성에 부적합하기 때문에 현생인류처럼 언어를 구사하기는 어려웠을 것이라는 설명이 정설이었다. 그러나 1989년 이스라엘의 케바라Kebara 동굴에서 현대인과 거의 같은 네안데르탈인의 설골hyoid bone이 발견되면서 언어 사용이 가능했었음이 해부학적으로 밝혀졌다. 또한 유전자 연구에서도 그들이 현생인류처럼 언어와 관련된 FOXP2 유전자를 갖고 있었다는 것도 드러났다.

그렇다면 하라리가 말하는 '우리에게만 있는 고유한 언어'란 무엇을 뜻하는가? 달리 말해 네안데르탈인이 사용했던 언어와 현생인류가 사용하는 언어 사이에 무슨 차이가 있었다는 말인가? 또 그 차이가 대체 무엇이기에 멸종과 생존을 가름했다는 말인가? 우리의 이야기는 여기서부터 시작한다.

마키아벨리 지능가설

어느 외계인이 지구를 방문했다고 가정하자. 아마 그는 인간이 동료들과 언어를 이용해 끊임없이 정보를 교환하는 것을 보고 매우 놀라 다음과 같은 의문들을 품을 것이다. 왜 지구의 동물들 가운데 오직 인간만이 깨어 있는 시간의 5분의 1가량을 끊임없이 정보를 교환하는 일에 소비할까? 어째서 인간은 습관적인 일과 차이 나는 사건들이 일어날 때마다 그것을 동료들에게 알려주려고 애쓰는 것일까? 무엇 때문에 어린아이조차 태어나 9개월에서 12개월 사이에 벌써 이런 행동을 시도하는 것일까? 도대체 왜 인간은 인터넷을 통해 자기 나라 축구팀이 이겼거나 올림픽 경기 주최지가 자기 나라로 결정된 것을 알게 되면 다른 동료들에게 전하려고 복도로 뛰쳐나가는 것일까? 자기에게 아무 이득도 없는데 말이다.

프랑스 국립고등전자통신학교에서 인공지능과 인지과학을 연구하는 장 루이 데살J. L. Dessalles 교수는 2006년에 두 동료와 함께 출간한

《언어의 기원》 가운데 한 장인 〈언어행동학〉이라는 글을 이런 이야기로 시작한다. 데살은 이 같은 가정과 질문들이 언어가 어떻게 생겨났는지, 인간이 어떤 목적으로 언어를 사용하는지를 편견 없이 관찰할 수 있는 좋은 방법이라고 했다. 그리고 우리가 사용하는 언어는 '사건적 기능'과 '논증적 기능'이라는 두 가지 역할을 담당하기 위해 생겨났다고 주장했다.

데살에 따르면, 사건적 기능은 흥미로워 보이는 정보라면 뭐든지 서둘러 동료들에게 알리는 역할을 한다. 그리고 논증적 기능은 그렇게 전해진 정보가 믿을 만한지를 검증하는 역할을 하는데, 맨 먼저 '사건적 기능'을 담당하기 위해 언어가 개발되었다. 가젤영양, 늑대, 원숭이처럼 무리 지어 사는 다른 동물들과 마찬가지로 인간도 예컨대 먹을거리가 있는 장소나 포식자가 다가온다는 것 같은 유용한 정보들을 동료들에게 전하는 일을 하기 위해 언어를 처음 사용하기 시작했다는 것이다. 1차적 언어primary language가 이때 생겨났다.

그러나 모든 정보가 정확한 것은 아니다. 상대를 속이려고 허풍을 떠는 과시행동이나 거짓말 때문이다. 예컨대 사자는 활력을 과시하기 위해 우렁차게 포효하고, 침팬지는 근력을 과장해 보이기 위해 큰 소리가 나는 물건을 두드리거나 발로 찬다. 과시행동이다. 또 원숭이도 동료들이 탐낼 만한 어떤 것을 발견하면 동료에게 알리는 경우도 있지만, 때로는 그 반대로 포식자가 온다는 경계신호를 보내 동료들의 주의를 산란하게 만든 다음 그것을 숨긴다. 거짓말을 하는 것이다.

특히 인간의 경우에는 자신의 이익을 위해 이 같은 과시행동과 거짓말을 다른 어느 동물들보다 자주 하기 때문에 그것을 확인할 필요가 제기되었는데, 두 가지 방법이 있었다. 하나는 직접 가서 확인하는 것이고, 다른 하나는 전해진 정보가 믿을 만한지, 즉 그것에 모순이 없는지를 점검해보는 것이다. 그 결과 인간의 언어에 논증적 기능이 생겨나 점차 발달했다는 것이 데살의 주장이다.

영장류 동물학자들은 이처럼 서로를 속여 한 수 앞서 나가려는 거짓말이 지능을 발달하게 했다는 주장을 《군주론》의 저자 마키아벨리의 이름을 따 '마키아벨리 지능가설Machiavellian intelligence hypothesis'이라 한다. 이 말은 거짓 정보와 그것을 검증하려는 언어행위들이 호모 속에 속하는 인류—여기에는 네안데르탈인과 현생인류가 같이 들어 있다—들의 신피질을 발달시켜 두뇌가 점점 커졌고, 고차적 언어higher-order language가 생겨나기 시작했다는 것을 뜻한다. 이것이 영장류의 사회적 행위와 뇌 발달의 관계를 탐구하는 사회적 뇌고고학Archaeology of Social Brain이라는 새로운 학문의 출발점이다.

1990년대 이후 '사회적 뇌Social Brain'를 연구하는 진화생물학자와 고고학자들은 무리의 크기와 뇌의 크기 사이에 상관관계가 있다는 것을 밝혀냈다. 무리가 커지면 당연히 의사소통의 기회가 늘어나고 거짓말과 모순을 점검해봐야 할 일도 그만큼 더 많아지기 때문에 뇌가 커질 수밖에 없다. 그런데 바로 여기에서 사회적 뇌고고학으로 설명하기 어려운 수수께끼 하나가 드러난다. 네안데르탈인은 현생인류보다 뇌가 더 큰데 왜 멸종했는가 하는 문제가 그것이다.

2002년 영국학술원British Academy이 창립 100주년을 맞아 선정해 2003년부터 2010년까지 7년 동안 지원한 프로젝트가 '루시에서 언어까지: 사회적 뇌고고학'이다. 이 프로젝트를 이끈 옥스퍼드대학교 진화인류학 교수 로빈 던바R. Dunbar, 사우샘프턴대학교 고고학 교수 클라이브 갬블C. Gamble, 리버풀대학교 고고학 교수 존 가울렛J. Gowlett 이 함께 쓴 《사회성》이 이 수수께끼에 대한 답을 제공한다. 결론부터 말하자면, 네안데르탈인은 뇌가 컸지만 현생인류보다 작은 무리를 이뤄 살았으며, 그들이 사용하던 언어가 현생인류만큼 발달하지 못했다. 얼핏 들어 앞뒤가 맞지 않는 것 같지만, 이런 추정에는 수긍할 만한 이유가 있다.

현생인류, 곧 우리가 보통 사피엔스라 일컫는 '호모 사피엔스 사피엔스Homo sapiens sapiens'는 약 15~16만 년 전부터 동부 아프리카에서 살았다. 그곳은 햇빛이 많아 밝은 데다 대부분이 너른 평야이기 때문에 외부의 공격에 취약할 수밖에 없는 환경이었다. 이에 견주어 네안데르탈인이 살던 북구는 일조량이 적은 데다 숨을 수 있는 관목 숲과 동굴들이 많아 상대적으로 훨씬 안전했다. 이러한 환경 조건의 차이 때문에 사피엔스들은 네안데르탈인들보다 훨씬 긴밀하게 서로 정보를 교환하고 협력하는 체계를 만들어야만 했다. 광활한 대지에서 물과 식량을 찾고 수시로 공격해오는 독수리나 사자 같은 포식자에게 대응하려면 서로 돕는 것이 필수 요건이었기 때문이다.

그뿐 아니다. 이 같은 환경에서는 구성원이 많으면 많을수록 생존과 번식에 더 유리했다. 때문에 사피엔스들은 점점 무리를 더 키워나갔다. 그런데 구성원이 많은 무리 속에서 살아가려면, 누구든 자신뿐 아니라 상대방의 의도와 행동을 헤아릴 만큼 정신적으로 발달해야 했다. 특히 의사소통을 가능하게 하는 언어의 발달이 필수적이었다. 이런 사회적 압력을 감당하기 위해 사피엔스의 뇌에서 전두엽과 측두엽 — 언어를 관장하는 신경망 조직인 브로카 영역Broca's area과 베르니케 영역Wernicke's area이 여기 속한다—이 점점 커졌다. 요컨대 환경적 강요가 사피엔스의 사회적 뇌를 발달시켰다.

네안데르탈인들도 거대한 뇌를 갖고 있었다. 그러나 던바와 동료들의 연구에 따르면, 그들은 시각을 관장하는 뇌의 뒤쪽 영역인 후두엽이 발달해 있었다. 네안데르탈인들이 사는 북구가 일광이 적었기 때문인데, 앞에서 언급했듯이 그들의 눈두덩이 툭 튀어나오고 안구가 현생 인류보다 20퍼센트쯤 더 큰 것도 그래서다. 그러나 그들은 언어 능력을 관장하고 집단의 규모를 결정하는 전두엽과 측두엽을 발달시키지 못했다. 상대적으로 안전했기 때문이다. "결정적으로 네안데르탈인은 너무 일찍 북부 지역에 서식했기 때문에 호모 사피엔스를 특징짓는 완전한 사회적 뇌를 발달시킬 수 없었던 것"으로 보인다.

고고학자와 진화생물학자들은 네안데르탈인의 멸종 시기를 지역에 따라 다르지만 대개 5만 년에서 3만 년 전으로 본다. 이 시기는 사피엔스에게 사회적 뇌가 발달하여 약 150명, 또는 그 이상으로 구성된 사회적 무리를 만들어 살며, 무리로 사냥하고, 무리로 외부 세력과 맞서 싸우던 시기와 맞아떨어진다. 사피엔스들은 아프리카 평원을 떠나 영역을 넓혀가기 시작했다. 그전에도 부단히 시도해봤겠지만, 세가 약해 번번이 실패했을 것이다. 그러나 이번에는 상황이 달랐다.

사피엔스가 예전보다 훨씬 큰 무리를 이룬 것이다. 그때까지 네안데르탈인들은 많아야 120명으로 추산되는 소집단을 이루어 살고 있었다. 사피엔스들이 북쪽으로 올라와 그들이 서로 맞섰을 때, 수적으로 우세할 뿐 아니라 협동 체계가 발달한 사피엔스의 공격을 네안데르탈인들이 감당할 수 없었던 것은 당연하다. 네안데르탈인은 두뇌가 더 크고 신체 특징이 북구 환경에 적응하는 데 유리했지만, 서로 소통하여 협력하는 데 필요한 언어능력이 뒤떨어졌기 때문에 결국 멸종했다.

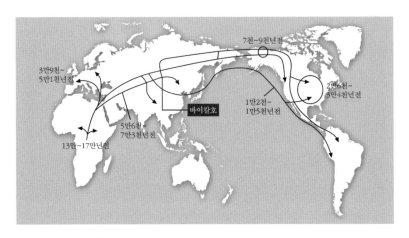

▲ 호모 사피엔스의 이동 과정

이런 관점에서 정리해보면, 사피엔스가 전 세계로 이동하기 시작한 7만 년 전부터 3만 년 전이라는 시기는 매우 특별한 의미가 있다. 이때 그들이 긴밀한 의사소통이 가능한 고차적 언어를 구사하기 시작했고, 그것이 점점 더 큰 무리를 이룰 수 있는 사회성을 지속적으로 발달시 켰으며, 그럼으로써 포식자들과 다른 인류 종들을 제압하고 북반구에 서 남반구까지 영역을 확장해나갈 능력을 얻었기 때문이다. 하라리가 《사피엔스》에서 말하는 이른바 '인지혁명Cognitive Revolution'이 이 시 기에 일어났다.

하라리에 따르면, 인지혁명을 통해 사피엔스는 "전에 없던 방식으 로 생각할 수 있게 되었으며 완전히 새로운 유형의 언어를 사용해 의

사소통할 수 있게 되었다." 그뿐 아니다. 이 시기에 배, 기름, 등잔, 활과 화살, 바늘이 발명되었고, 예술품이나 장신구라고 할 수 있는 물건들이 만들어졌다. 또한 미미하지만 종교, 상업, 사회 계급 등이 생겨나기 시작했다. 사피엔스의 두뇌에 신피질, 특히 브로카 영역과 베르니케 영역이 생겨나 '우리에게만 있는 고유한 언어' 또는 '새로운 유형의 언어', 곧 고차적 언어가 개발된 결과다. 그렇다. 인간은 언어와 함께 인간이 되었다!

여기서 우리가 주목해야 할 것은 바로 이 시기, 그러니까 7만 년 전에서 3만 년 전 사이에 일어난 인지혁명 시기에 언어의 역할이 데살이 설명한 '사건적 기능'과 '논증적 기능' 외에 하나 더 불어났다는 사실이다. 바로 허구fiction를 만들어 전하는 '서술적narrative 기능'이다. 얼핏 들어 대수롭지 않은 일 같지만 전혀 그렇지 않다. 사피엔스가 새롭게 갖춘 이 언어적 기능이 북극에서 적도를 거쳐 남극에 이르는 모든 대륙에서 적어도 여섯 종에 이른다고 추정되는 다른 호모 속들, 예컨대 네안데르탈인이나 데니소바인 등을 몰아내고 지구를 정복하는 데 '결정적인' 역할을 했다. 무슨 엉뚱한 소리인가 싶겠지만 사실이다.

호모 사피엔스 나랜스

《호모 나랜스 *Homo narrans*》의 저자인 프랑스 국립과학연구원CNRS의 인지언어학자 베르나르 빅토리B. Victorri가 《언어의 기원》에 실은 〈최초의 언어를 찾아서〉에 따르면, 언어의 사건적 기능은 약 160만 년 전부터 25만 년 전까지 전 세계에 분포해 살았던 호모 에렉투스Homo Erectus에게도 이미 나타났다. 그러나 논증적 기능은 호모 사피엔스까지 와서야 처음 나타났는데, 허구적인 이야기를 만들어 동료나 후손에게 전하는 서술적 기능은 그보다 더 늦은 인지혁명 시기에 생겨났다. 그럼에도 그것은 수렵 채취 사회부터 지금까지 알려져 있는 모든 인간 사회에서 행해진 언어의 활용 가운데 가장 중요한 기능을 담당해왔다. 빅토리는 다음과 같이 주장한다.

> 아이들을 위한 동화나 기원 신화에서부터 꿈 이야기나 공상 과학소설에 이르기까지 (언어의) 서술적 기능은 (정보 전달과는) 완전히 다른 의미에서 '알려준다'. 정신으로 하여금 상상력 훈련을 하게 만들고, 시간이나 공간에서 멀리 떨어진 사람들의 생활 속에 자신을 투영하게 하고, 동류들의 감정의 깊이와 풍요를 파악하게 하고, 자신의 행위와 충동과 원인을 해독하게 하고, 왜 어떤 태도가 훌륭하다고 판단되며 또 어떤 태도들은 모두에게 지탄을 받는지를 이해하게 하는 등등을 통해 정신을 형성해가면서 알려주는 것이다.

여기서 우리는 교육심리학자, 인지과학자, 사회인류학자 그리고 언어학자들이 오랫동안 풀지 못했던 의문, 곧 왜 동서양의 모든 문명이 신화와 전설 같은 허구적인 이야기narration에서 시작하는가 하는 질문에 대한 답을 찾을 수 있다.

빅토리에 따르면, 신화와 전설, 곧 허구적인 이야기는 한 사회 공동의 문화적 가치가 무엇인지를 알려줌으로써 사회 구성원들의 정신을 형성해간다. 다시 말해 이야기는 어떤 태도가 그 사회에서 훌륭하다고 판단되는 본보기이며, 또 어떤 행위가 모두에게 지탄받는 금기인지를 가르쳐준다. 그럼으로써 이야기는 "모든 인간 사회를 특징짓는 문화적 세계를 정착시키고 쇄신시키는 일에 중요한 역할을 해왔고 여전히 하고 있다."

대부분의 사회인류학자들과 특히 프랑스의 문학평론가 르네 지라르R. Girard, 1923~2015가 주장하듯이, 신화·전설과 같은 이야기들이 그 공동체의 도덕과 법의 근간을 형성한다. 따라서 인간이 어떤 집단의 이야기들을 듣고 그것에 길들여진다는 것은 그 사회의 구성원이 된다는 뜻이며, 그 사회에서 능력을 발휘할 수 있게 된다는 것을 의미한다. 신화, 전설, 동화, 소설 같은 허구적인 이야기들이 구성원들의 사회성을 배양한다는 뜻이다. 조금 생소하게 들릴 수 있지만, 오늘날 상당수의 학자들이 이 같은 사실을 실험으로 증명하거나 이에 이론적으로 동의하고 있다.

예컨대 키스 오틀리K. Oatley, 레이먼드 마R. Mar 같은 심리학자들은 성별, 나이, 학력 등과 무관하게 소설 같은 픽션을 즐겨 읽는 사람들이 신문이나 잡지 같은 논픽션을 즐겨 읽는 사람들보다도 오히려 사회성이 뛰어나다는 실험 결과를 내놓았다. 심리학자 조지프 캐럴J. Carroll과 윤리학자 안토니오 다마지오A. Damasio도 이야기가 인지능력과 정신의 항상성을 향상시키며, 윤리적 행동을 장려함으로써 사회성을 길러준다고 주장했다. 그런데 사회성이 무엇이던가? 앞서 소개한 《사회성》의 저자 로빈 던바, 클라이브 갬블, 존 가울렛 같은 학자들이 증언하듯이, 사회성은 인류 진화의 원천이자 생존과 승리의 원동력이었다.

〈최초의 언어를 찾아서〉에서 빅토리도 현생인류가 살아남고 네안데르탈인들이 멸종한 까닭은 그들이 신체적 또는 지적 능력이 약했기 때문이 아니라, 후손들에게 이야기를 전해줄 능력이 없었기 때문이라고 단정한다. 그는 다음과 같이 잘라 말했다.

그러므로 그 인간 종을 '호모 사피엔스 나랜스'라고 불러야 할 것이다. 그보다 먼저 있었던 호모 사피엔스의 다른 종과 호모 사피엔스 나랜스narrans를 구분해주는 것은 지성이 아니라 '인류'의 새로운 기본적 '지혜'의 원천인 '그들 자신의 이야기'를 들려주는 인간 집단의 능력일 것이기 때문이다.

하라리와 빅토리는 똑같은 생각이다. 《사피엔스》에서 하라리도 우리 언어의 진정한 특이성은 데살이 말하는 언어의 사건적 기능, 곧 사람이나 사자에 관한 정보를 전달하는 능력에 있는 것이 아니라 전혀 존재하지 않는 것에 관한 정보, 다시 말해 허구fiction를 만들어 전달하는 능력에 있다고 주장한다. 이 능력이 사피엔스가 세상을 정복할 수 있게 한 진정한 힘이라는 뜻이다. 왜 그런가에 대해서는 다음과 같이 설명했다.

허구 덕분에 우리는 단순한 상상을 넘어서 집단적으로 상상할 수 있게 되었다. 우리는 성경의 창세기, 호주 원주민의 드림타임(시공간을 초월해 과거·현재·미래가 하나로 존재하는 장소) 신화, 현대 국가의 민족주의 신화와 같은 공통의 신화들을 짜낼 수 있다. 그런 신화들 덕분에 사피엔스는 많은 수가 모여 유연하게 협력하는 유례없는 능력을 가질 수 있었다.

하라리에 따르면, 직접적인 접촉과 의사소통을 통해서 결속할 수 있는 집단의 '자연적' 규모는 150명 정도다. 이 수치는 《사회성》의 저자들 가운데 하나인 로빈 던바 교수가 알아냈다고 해서 보통 '던바의 수 Dunbar's number'라고 한다. 그런데 사피엔스는 이 임계치를 넘어 수만 명이 일하는 기업, 수십만 명이 거주하는 도시, 수억 명을 지배하는 제국을 건설했는데, 그 비결이 바로 수많은 사람들이 믿는 공통의 신화, 곧 허구다.

인간의 대규모 협력은 모두가 공통의 신화에 뿌리를 두고 있는데, 그 신화는 사람들의 집단적 상상 속에서만 존재한다. 현대 국가, 중세 교회, 원시 부족도 모두 그렇다. 교회는 공통의 종교적 신화에 뿌리를 두고 있다. 서로 만난 일이 없는 가톨릭 신자 두 명은 함께 십자군전쟁에 참여하거나 병원을 설립하기 위한 기금을 함께 모을 수 있다. 둘 다 신이 인간의 몸으로 태어나 우리의 죄를 사하기 위해 스스로 십자가에 못 박히셨다고 믿기 때문이다.

요컨대 인류 문명은 허구에 의해 만들어진 구성물이다. 그것은 하늘 위에 떠 있는 공중누각이다. 하라리는 "원숭이를 설득하여 지금 우리에게 바나나를 한 개 준다면 죽은 뒤 원숭이 천국에서 무한히 많은 바나나를 갖게 될 거라고 믿게끔 하는 일은 불가능하다"면서 오직 사피엔스만이 '실제로 존재하지 않는 것'을 공통적으로 믿고 말하고 그에 따라 행동한다고 했다. 이것은 매우 중요한 이야기다.

우리는 이렇게 허구에 의해 만들어진 것들을 보통 '사회적 구성물'

'가상의 실재'라고 일컫는데, 하라리에 따르면 허구를 만들어 이야기 하기 시작한 "인지혁명 이후, 사피엔스는 이중의 실재 속에 살게 되었다." 한쪽에는 강, 나무, 사자라는 실재가 존재하고 다른 한쪽에는 신, 국가, 법인이라는 가상의 실재가 존재한다. 그런데 시간이 흐르면서 가상의 실재가 점점 강력해져 오늘날에는 강, 나무, 사자와 같은 실재의 생존이 미국, 구글Google과 같은 가상의 실재들의 자비에 좌우될 지경이 되었다.

맞다! 인류는 허구를 통해 만들어진 가상의 실재 안에서 존재할 뿐 아니라, 그것을 통해 막강한 힘을 축적해왔다. 하라리는 이렇게 덧붙였다.

이것이 사피엔스가 성공할 수 있었던 핵심 요인이다. 일대일의 결투라면 네안데르탈인이 사피엔스를 이겼을 수도 있다. 하지만 수백 명이 맞붙는다면 네안데르탈인에게 기회가 없었을 것이다. 네안데르탈인은 사자가 어디 있는지에 대한 정보를 공유할 수 있었지만, 픽션을 창작할 능력이 없어 대규모의 협력을 효과적으로 이룰 수 없었다. 급격하게 바뀌는 외부의 도전에 맞게 자신들의 사회적 형태를 바꿔 적용할 수도 없었다.

언어가 허구를 통해 인류와 문명을 만들었다. 좀 더 자세히 말하자면, 인류가 사용하는 언어의 서사적 기능, 곧 허구적인 이야기를 만들어 전하는 기능이 가상의 실재를 통해 인간의 사회성을 무한히 확장했고 그 사회성이 인류의 진화와 문명 발달의 원동력이 되었다. 그뿐이 아니다! 개인 차원에서 보면 언어는, 특히 허구를 만들어내는 언어의 서사적 기능은 개인의 생각, 마음, 행동, 곧 인간성 전체를 구성하는 핵심 요인이다. 매우 중요한 이야기인데, 무슨 이야기인지 이제부터 살펴보자.

설령 그렇지 않더라도 마치 그런 것처럼

폴란드 출신의 작가 유레크 베커J. Becker, 1937~1997가 1969년에 발표한 《거짓말쟁이 야콥》이라는 소설이 있다. 독일의 프랑크 바이어 감독F. Beyer, 1932~2006이 〈제이콥의 거짓말〉이라는 제목으로 영화화해 1974년 베를린영화제에서 은곰상을, 아카데미영화제에서 최우수 외국영화상을 받은 이 작품은 1940년대 유대인 거주지역ghetto인 로츠를 배경으로 펼쳐진다.

1939년 9월 폴란드를 점령한 나치 독일군은 로츠에 사는 모든 유대인들을 4제곱킬로미터 넓이의 거주지역에 몰아넣고, 외부 세계와 완전 차단했다. 신문, 책, 라디오, 심지어는 시계마저도 압수하고 재산권 행사도 금지했다. 지옥과 같은 게토 안에 갇힌 유대인들은 아무런 희망도 보람도 없이, 아우슈비츠나 헤움노 수용소로 끌려가 죽음을 당하기까지 단지 독일이 꿈꾸는 제3제국에 노동력을 제공하는 노예로 봉사해야만 했다. 따라서 그들의 삶은 '시시포스의 형벌'처럼 고통스럽고 무의미했다. 그들은 나치 독일군이 만든 사막에 갇힌 것이다.

게토에 갇힌 사람들 가운데 팬케이크 가게를 운영하는 제이콥 하임(로빈 윌리엄스 扮)이라는 사람이 있었다. 그가 사령부에 갔다가 우연히 라디오에서 흘러나오는 뉴스를 듣게 된다. 러시아 군대가 400킬로미터 밖 인근까지 진격해 독일군과 교전하고 있다는 내용이었다. 그러자 그는 '기대를 걸 만하다. 희망을 버려서는 안 된다. 희망을 버린다면 그들은 살아남지 못할 것이다'라고 생각한다. 그리고 동료들에게 자기가 들은 소식을 전하며 자기에게 라디오가 있다고 거짓말을 한다. 이 말이 퍼지면서 동료들이 그의 주위로 몰려들고, 그는 매일매일 연합군이 가까이 오고 있다는 거짓 뉴스를 만들어 동료들에게 희망을 준다.

그러다 어느 날 스스로 불안해진 제이콥이 한 친구에게 사실을 털어놓는다. 자기는 라디오를 갖고 있지 않으며, 자기가 한 이야기는 모두 사람들에게 희망을 주기 위해 만들어낸 거짓말이라고. 그런데 다음 날 그 친구가 자살을 한다. 이 사건을 통해 제이콥은 자신이 하는 1그램의 거짓말이 1톤의 희망을 만들어낸다는 것, 그래서 수많은 동료들이 사막에서 자살하거나 쓰러지지 않고 건너가게 할 수 있다는 것을 깨닫게 된다. 그리고 연합군이 그들을 해방할 때까지 끊임없이 거짓 뉴스를 만들어내 동료들을 구한다.

내가 이 이야기를 갑자기 꺼낸 이유는 허구를 만들어내는 언어의 서사적 기능이 인류의 진화와 문명 발달이 아니라, 우리 개개인의 삶에 무슨 일을 하는가를 보여주기 위해서다. 제이콥은 라디오를 갖고 있지 않았기 때문에 연합군에 관한 그의 이야기는 모두 허구다. 그러나 동료들은 그것을 믿었고 그 때문에 희망을 안고 끝까지 살아남았다. 실제로 아우슈비츠에서 살아남아 프로이트와 아들러에 이어 빈Wien 정신요법 제3학파를 창시한 빅터 프랭클V. E. Frankl, 1905~1997 박사의《죽음의 수용소에서》에 따르면, 수용소에는 1944년 크리스마스에 연합군이 그들을 해방할 것이라는 소문이 돌았다. 그러나 그것이 헛소문이라는 사실이 드러나자 1944년 크리스마스부터 1945년 신년 연휴 사이에 수용소에 수감돼 있던 사람들이 갑자기 많이 죽어나갔다.

그것은 갑자기 전염병이 돈 것 때문도 아니었고, 갑자기 많이 가스실에 끌려갔기 때문도 아니었다. 그들은 '이번 크리스마스에는 해방되어 집으로 돌아갈 수 있겠지' 하는 희망을 품고 일주일을 빵 몇 조각으로 버티며 견뎠다. 그런데 그 희망이 사라지자 마치 녹아내리는 빙하처럼 속절없이 무너져 내린 것이다. 악몽을 꾸고 있는 동료를 깨우려다가도 수용소보다 더한 악몽은 없을 것이라는 생각에 깨우지 못했다는 프랭클은 지옥보다 더 끔찍한 그 지옥에서 살아남은 사람들 대부분은 '설령 연합군이 오지 않더라도 마치 오는 것처럼' 스스로에게 끊임없이 허구를 지어 이야기한 사람들이었다고 증언했다.

거짓말과 허구 사이에는 공통점이 있다. 둘 모두 '설령 그렇지 않더라도 마치 그런 것처럼'이라는 형식을 취한다는 것이 그것이다. 그러나 거짓말은 사실 여부와 관계되어 있다. 그것에는 사실에 대한 왜곡과 기만이 들어 있다. 하라리의 말대로 "사자가 없다는 사실을 분명히 알면서도 강가에 사자가 있다고 말하는 것"이 거짓말이다. 이에 반해 허구는 사실보다는 믿음의 여부와 관련되어 있다. 빅토리와 하라리가 증언했듯이, 오직 사피엔스만이 허구로 만들어진 이야기를 공통적으로 믿고 말하고 그에 따라 행동한다. 그 결과 허구는 사실과 무관한 가상의 실재를 만들어낸다.

하라리는 "거짓말과 달리 가상의 실재는 모든 사람이 믿는 것을 말한다. 이런 공통의 믿음이 지속되는 한, 가상의 실재는 현실 세계에서 힘을 발휘한다"고 했다. 그리고 프랑스의 자동차 회사 푸조Peugeot를 예로 들어 설명했다. 푸조라는 기업은 "우리의 집단적 상상력이 만들어낸 환상"이다. 때문에 그것은 우리가 볼 수도 만질 수도 손으로 가리킬 수도 없다. 그런데도 그것은 우리와 똑같이 은행 계좌를 열고 자산을 소유하고 세금을 내고 소송을 걸 수도 있다. 푸조가 이 같은 현실적인 힘을 발휘할 수 있는 것은 인류의 가장 독창적인 발명으로 꼽히는 '개념槪念' 때문이다. 다시 말해 법인法人—푸조는 유한책임회사다—이라는 개념이 푸조라는 가상의 실재에 현실적인 힘을 부여했다.

옳은 말이다. 하지만 허구가 가진 힘은 하라리가 설명한 것에서 그치지 않는다. 영화 〈제이콥의 거짓말〉이 보여주듯이, 또 빅터 프랭클이 증언하듯이, 허구는 개인 차원에서도 가상의 실재를 만들어 현실적인 힘을 발휘한다. 가상의 실재는 모든 사람의 믿음뿐 아니라 개인의 믿음으로도 만들어지며, 허구가 가진 현실적인 힘은 인류의 진화와 문명 같은 거시적 차원에서만이 아니라 개인의 삶과 사회라는 미시적 차원에서도 작용한다. 그 이유가 중요한데, 가상의 실재를 만드는 것이 사실인즉 믿음이 아니라 개념, 곧 언어이기 때문이다. 믿음이란 그것이 공통적이든 개인적이든 개념에 대한 지속적인 신뢰에 불과하다.

이제 차츰 보겠지만, 언어가 "인류의 가장 독창적인 발명"이라고 하라리가 언급한 개념들—곧 신, 국가, 법인 같은 가상의 실재들—을 통해 우리의 생각과 정신 그리고 세계를 구성한다. 아마 무슨 이야기인지 고개가 갸웃해질 것이다. 그렇다면 다음 실험을 보자. 스탠퍼드대학교 인지언어학 교수인 폴 티보도P. H. Thibodeau와 레라 보로디츠키L. Boroditsky의 2011년 논문에 실린 실험들 가운데 하나를 간략히 살펴보면 다음과 같다.

두 실험자는 성별·나이·학력·이념 등과 무관하게 피실험자들을 선발했다. 그리고 그중 절반에게는 '범죄는 애디슨 시를 먹이로 삼는 맹수다Crime is a wild beast preying on the city of Addison' '범죄는 모든 인근에 숨어 노리고 있다crime is lurking in every neighborhood'처럼 범죄를 맹수에 비유한 문장들이 들어간 글을 읽게 했다. 또 나머지 절반에게는 '범죄는 애디슨 시를 감염시키는 바이러스다Crime is a virus infecting the city of Addison' '범죄는 모든 인근을 감염시킨다crime is plaguing every neighborhood'처럼 범죄를 바이러스에 비유한 문장들이 들어 있는 같은 글을 읽게 했다. 그런 다음 모두에게 이 도시에서 증가하고 있는 범죄에 대한 대응책을 제시하도록 했다.

결과는, 범죄를 맹수에 비유하는 문장을 읽은 사람들은 범죄자 색출과 검거를 가장 중요한 대처 방안으로 제시했다. 반면에 범죄를 바이러스에 비유하는 문장을 읽은 사람들은 빈곤을 포함한 범죄의 근본 원인을 제거함으로써 마을이 그 원인에 '감염되지 않도록' 사전 예방하는 방안을 최우선 과제로 제시했다. 이 실험은 "우리가 사용하는 언어가 우리가 생각하는 방식을 형성한다"는 사실을 증명한 대표적인 사례로 널리 알려져 있다.

언어는 이처럼 힘이 세다. "범죄는 도시를 먹이로 삼는 맹수다"라든가 "범죄는 사회를 오염시킨다"라는 문장들은 모두 은유를 사용한 문장이다. 은유metaphor란 '설령 그렇지 않더라도 마치 그런 것처럼' 이야기하는 수사법이다. 다시 말해 일종의 허구다. 범죄는 맹수 또는 바이러스가 아니다. 그런데도 마치 그런 것처럼 묘사했기 때문에 '맹수로서의 범죄' '바이러스로서의 범죄'라는 가상의 실재가 생겨났다. 그리고 그것들이 피실험자들의 생각을 좌지우지 지배하는 현실적인 힘을 보여주었다. 주목해야 할 점은 이 같은 은유가 단지 시나 소설에 사용되는 문학적 수사가 아니라 우리의 거의 모든 사고와 언어와 행동의 근간이라는 사실이다.

캘리포니아대학교의 인지언어학 교수 조지 레이코프J. Lakoff와 오리건대학교의 철학 교수 마크 존슨M. Johnson에 따르면, 은유가 없이는 우리의 사고·언어·행동이 거의 불가능하다. 만일 인간에게 은유를 지어내는 능력이 없었다면, 인간의 정신은 거의 동물 수준에 머물렀을 것이다. 두 사람은 《삶으로서의 은유》에서 다음과 같이 주장했다.

은유는 전형적으로 단순히 언어만의 특성, 곧 사고와 행위보다는 말의 특성으로 생각되어왔다. 이 때문에 대부분의 사람들은 은유 없이도 잘 살 수 있으리라고 생각한다. 그러나 우리는 은유가 우리의 일상적 삶 — 단지 언어뿐 아니라 사고와 행위 — 에 널리 퍼져 있다는 사실을 알게 되었다. 우리가 생각하고 행동하는 관점이 되는 일상적 개념 체계의 본성은 근본적으로 은유적이다.

프랑스의 철학자 자크 데리다도 그의 논문 〈은유의 박탈〉에서 같은 의미로 "은유가 없다면 무슨 일이 벌어질까? 이것은 오랜 주제이다. (은유는) 마음을 빼앗고, 서구를 지배하고, 독점하고 있으며, (우리는) 거기에 거주하고 있다"고 실토했다. 은유 없이는 아무것도 가능하지 않다는 뜻이다. 은유를 일종의 허구로 간주하는 우리의 관점에서 이들의 주장을 정리하면, '설령 그렇지 않더라도 마치 그런 것처럼' 이야기하는 은유, 곧 허구가 가상의 실재를 만들어 우리의 생각, 마음, 언어, 행동 그리고 세계를 구성하고 지배해왔고 앞으로도 그러리라는 것이다. 과연 그런지 다른 예를 하나 더 살펴보자.

2015년 11월 13일 프랑스 파리 곳곳에서 자살 폭탄 테러와 대량 총격 사건이 일어났다. 이슬람 수니파 무장단체 이슬람국가IS가 자행한 이 테러로 사망자 130여 명과 부상자 300여 명이 발생했다. 사흘 후인 16일, 파리 인근 베르사유 궁에서 열린 상·하원 합동 연설에서 프랑수아 올랑드F. Hollande 프랑스 대통령은 "지금 프랑스는 전쟁 중"이며 응징은 "무자비"할 것이라고 선포했다. 이어 "승리를 위해 미국과 러시아도 하나의 연합군으로 맞서 싸우자. 공화국 만세, 프랑스 만세"를 외치며 연설을 마쳤다. 그러자 900여 명의 여야 의원들이 모두 기립해 박수를 쳤고, 누군가가 시작한 프랑스 국가 〈라마르세예즈〉를 합창했다. 17일 일간지 《르피가로》는 "무척 장엄한 장면이었다"고 보도했으며, 당선 후 바닥을 치던 올랑드 대통령의 지지율이 급상승했다.

무고한 민간인들을 학살한 IS의 반인륜적 테러에 대한 대응이라는 점에서 열 번 이해하고 백번 공감한다. 그럼에도 이 기사를 보며, 1095년 11월 27일 교황 우르바누스 2세가 프랑스 클레르몽에 있는 주교좌성당에서 십자군 원정 참여를 독려하는 연설을 했던 일을 문득 떠올린 사람이 과연 나뿐일까? 천 년 전 그때도 누군가의 입에서 "신의 뜻이시다Deus Le Volt"라는 말이 튀어나왔고, 이 말 한마디가 대륙을 피로 물들인 원정을 성전聖戰으로 미화하여 그 뒤 2백 년 동안 십자군이 저지른 약탈, 방화, 파괴, 강간, 살육을 정당화했다.

'대對테러 작전'에 '전쟁'이라는 은유를 사용하는 것이 과연 옳은 일일까? 우리가 사용하는 언어가 우리가 생각하는 방식을 구성한다면, 그것은 옳지도 바람직하지도 않다. 그럴 경우 승리를 위한 모든 종류의 폭력·파괴·학살 등이 정당해지고, 대테러 전략에서 가장 중요하게 다뤄져야 할 '사전 예방 조치'와 '근본적 해결책'이 삽시에 시야에서 사라지기 때문이다. 같은 해 1월 7일 풍자 주간지 《샤를리 에브도 Charlie Hebdo》 테러 직후 올랑드 대통령은 아랍계 이민자인 프랑스 청년을 테러리스트로 만든 사회적 폐단에 대한 자성을 언급했는데, 11월 테러에서는 그런 이야기가 아예 없는 까닭이 그래서다.

테러는 전쟁과는 다르다. 핵항공모함과 전폭기만으로 해결할 수 없다. 설령 IS를 섬멸한다고 해도, 시리아 내전과 아랍 이민자들에 대한 차별 대우 같은 근본 문제들이 해결되지 않는 한, 또 다른 테러 조직들이 생겨날 것이다. 테러는 은폐되어 유동하는 위험이다. 파리 테러에 앞서 이라크와 터키 당국이 관련 정보를 프랑스와 서방국가들에 여러 차례 제공했음에도 테러를 막는 데 실패했다. 이것이 테러에 대한 대응이 맹수보다는 바이러스에 대처하듯 실행되어야 하는 이유다.

9·11 테러 이후 미국을 비롯한 서방국가들은 '테러와의 전쟁'을 실행해왔다. 그러나 2015년 11월 호주에 본사를 둔 경제평화연구소 Institute for Economics and Peace가 발표한 세계 테러리즘 보고서에 따르면, 2014년 테러로 목숨을 잃은 사람은 3만 3,658명으로 15년 전보다 10배나 늘어났고, 테러에 대응하기 위해 지불한 비용은 529억 달러로 9·11 테러가 일어난 2001년보다 많았다. 대테러 작전을 전쟁으로 간주하고 진행해온 모든 전략들이 효과가 없음을 단적으로 보여주는 통

계들이다.

올랑드 대통령이 대^對이슬람국가 전쟁을 선포한 이후 프랑스에서는 군·경 합동의 대테러 경계 팀을 국가 주요시설과 시민 밀집 지역에 배치해 안전 확보에 노력하고 있지만, 1년이 넘도록 지속되고 있는 프랑스의 '테러와의 전쟁'은 출구가 보이지 않는다. 2016년에도 트럭으로 80여 명을 남녀노소 구별 없이 밀어버린 니스 테러, 노^老 성직자를 살해한 생테티엔 뒤 루브레 성당 테러처럼 잔혹하고 끔찍한 테러가 연이어 일어나고 있다. 희생자들을 위해 기도한다. 그러나 테러가 없는 세상을 진정 원한다면, 대테러 작전을 전쟁이라는 은유로 선포하는 언어부터 바꿔야 한다. 그래야 비로소 테러를 뿌리부터 뽑을 수 있는 근본 방안들이 하나둘 머리에 떠오를 것이기 때문이다. 이것이 바로 언어가 가진 힘이다.

여기서, 바로 여기서 우리는 언어 사용의 새로운 영역으로 눈을 돌릴 여지를 발견할 수 있다. 우리가 사용하는 언어가 우리가 생각하는 방식을 형성하고, 우리의 생각이 자기 자신과 사회 그리고 세계를 바꿀 수 있다면, 우리가 사용하는 언어가 그 모든 것을 바꿀 수 있다는 결론에 도달하기 때문이다. 요컨대 우리는 언어를 통해 지옥도 지을 수 있지만 천국도 만들 수 있다. 언어는 단순한 정보 전달의 수단이나 의사소통의 도구가 아니다. 언어는 인간의 생각과 정신 그리고 세계를 구성하고 조정할 수 있는 경이로운 도구다. 이것이 내가 세 번째 행사의 주제로 '언어'를 선정한 이유이자, 낭독 공연으로 장 지로두의 〈벨락의 아폴로〉를 선정한 까닭이기도 하다.

참 잘생기셨어요!

2012년 6월 25일, 계절이 벌써 여름 안으로 잰걸음을 옮기고 있었다. 그 탓에 날씨가 한결 더워졌지만, 행사장을 향한 발걸음은 여느 때보다 가벼웠다. 집을 나서니 검은 벽돌담을 따라 흐드러지게 피어 있는 붉은 덩굴장미꽃들이 초저녁 바람에 온몸을 흔들며 배웅했다. 이미 예고한 '언어'라는 행사 주제는 언젠가 한번은 꼼꼼히 짚어 살펴보고 싶은 것이었다. 언어는 우리의 정신이 호흡하는 공기이다. 그렇기 때문에 그 고마움과 위대함을 항상 잊고 살지만, 바로 그래서 언제나 잊어서는 안 되는 것이기도 하다. 게다가 낭독 공연으로 올려질 장 지로두J. Giraudoux, 1882~1944의 〈벨락의 아폴로〉는 가볍고 흥미로운 우화풍의 희극이다. 그러니 발걸음이 무거울 리 없다.

프랑스 오트비엔 주의 가난한 시골 벨락Bellac에서 태어난 지로두는 파리고등사범학교에 국비 장학생으로 입학해 독일 문학을 전공했다. 졸업 후 독일 뮌헨대학교과 미국 하버드대학교에서 잠시 공부하고 교사와 언론인으로 일한 뒤 귀국해, 1910년부터 30년 동안을 외무부 공무원으로 근무했다. 소설과 희곡은 틈틈이 썼다. 그럼에도 다수의 뛰어난 작품들을 남겨 장 아누이, 폴 클로델과 함께 프랑스의 대표적인 현대극 작가로 인정받았다. 그는 기발한 발상, 자유자재한 상상력 그리고 무엇보다도 풍부한 재치가 담긴 프랑스어 특유의 문체로 "프랑스인의 장Jean"이라고 불릴 만큼 자국인들에게 사랑받았다. 하지만 같은 이유에서 우리 정서에는 잘 맞지 않아 덜 알려졌다. 〈벨락의 아폴로〉는 지로두가 1942년에 발표한 작품으로 언어의 놀라운 힘과 그것이 만들어내는 풍경을 경쾌한 익살과 웃음 속에서 그려냈다.

초대 작가는 심보선 시인을 선정했다. 나는 이 시인이 그려내는 시적 이미지와 언어들을 좋아한다. 행사장으로 향하는 차 안에서 그의 첫 번째 시집 《슬픔이 없는 십오 초》에 실린 〈슬픔의 진화〉 가운데 한 구절을 되뇌었다.

내 언어에는 세계가 빠져 있다
그것을 나는 어젯밤 깨달았다
내 방에는 조용한 책상이 장기투숙하고 있다

세계여!
영원한 악천후여!
나에게 벼락같은 모서리를 선사해다오!

설탕이 없었다면
개미는 좀더 커다란 것으로 진화했겠지
_ 심보선, 〈슬픔의 진화〉 중에서

영원한 악천후 탓에 날마다 홍수처럼 범람하는 세계의 슬픔들을 언어에 쓸어담는 것을 자신의 과업으로 삼고 '설탕'보다는 차라리 '벼락'을 기원하는 이 젊은 아폴로를 누가 어찌 좋아하지 않을 수 있을까! 나는 그가 보고 싶어 초대했다. 그러니 걸음이 가볍지 않을 리 없다.

황혼을 맞은 예술가의 집은 여느 때와 마찬가지로 고즈넉했고, 100여 명의 청중을 맞은 행사는 매번 그랬듯이 낭독 공연으로 시작되었다. 원작을 짧게 요약해 각색하는 작업은 이번에도 내가 했는데, 〈혁명〉 김선우 편 공연이었던 〈안티고네〉에서 크레온 왕 역을 했던 조주현 배우가 내레이션과 아폴로를 포함한 모든 남성들의 역을 다시 맡았고, 양말복 배우가 아그네스를 비롯하여 여성 인물들의 역을 모두 담당했다.

파리에 있는 호화로운 빌딩 안 세계발명협회 사무실이다.

넓은 창으로 가을을 맞은 가로수 풍경이 보이고, 화사한 아침 햇살이 사무실 가득 비쳐온다.

사무실 천장에는 화려한 수정 샹들리에가 달려 있다. 홀 중앙 받침대 위에는 고대 그리스의 과학자이자 발명가인 아르키메데스의 상이 서 있다.

뒷면에 네 개의 출입문이 있는데, 하나는 외부로 통하는 출입문이고, 나머지 세 개는 각각 사장실, 부사장실 그리고 중역회의실로 통하는 문이다.

맞은편에 긴 테이블을 놓여 있고, 그 위에는 상아로 만든 전화기와 여러 가지 시그널 램프가 켜 있다. 그 앞에 나이 든 접수 담당 서기가 엄숙한 표정을 짓고 뭔가를 열심히 쓰고 있다.

이때 초라한 옷차림을 한 아그네스가 출입문을 열고 조심스럽게 들어와 서기에게 다가간다.

서기는 쳐다보지도 않는다. 아그네스는 그 앞에서 한참을 망설이다 용기를 내어 묻는다.

아그네스   저, 회장님을 좀 만나 뵐 수 없을까요?

서기   회장님이라고요? 회장님은 아무도 만날 수 없습니다.

서기는 퉁명스레 기계적으로 답한다.

그때 다시 출입문이 열리고 금발의 여성이 값비싼 밍크코트를 걸치고 들어와 거만한 말투로 묻는다.

테레즈   사장, 계신가요?

서기   네, 사모님!

서기가 벌떡 일어나 답하고 사장실 문을 열어주고 다시 자리에 앉는다.

그러자 아그네스가 다시 한참을 망설이다 용기를 내어 묻는다.

아그네스   그럼, 사장님을 좀 만나 뵐 수 없을까요?

서기   사장님은 아무도 만날 수 없습니다.

서기는 다시 퉁명스럽게 기계적으로 답한다. 이때 정체불명의 한 사내가 출입문을 열고 들어온다. 차림새는 초라하지만 무언가 말할 수 없는 기품이 느껴지는 신비스런 인물이다. 아폴로 신이다. 성큼성큼 서기에게 다가간 사내는 다짜고짜 아그네스가 세계를 변혁할 만한 놀라운 발명을 했다고 우긴다. 하지만 서기는 시큰둥한 표정을 짓고 건성으로 몇 마디 대꾸하다 부사장실로 들어가버린다. 아그네스도 무척 당황해 황급히 사내에게 말을 건넨다.

아그네스   전 그저 일자리를 얻을 수 있을까 해서 찾아왔어요…….
그런데 전 남자가 무서워요.

사내   그럼, 아가씨 남자를 싫어하는가 보죠?

아그네스   (강하고 활기차게) 아니에요. 전 남자들이 좋은걸요. 전 남
자들의 서글서글한 눈매가 좋아요. 몸에 난 털, 큼직한 다리도 좋아요.
그리고 남자들에겐 여자들을 매혹할 만한 특별한 기관이 있어요. 목젖
말이에요. 남자들이 식사할 때나 말을 할 때 유난히 드러나 보이는. 그
런데 그 남자들이 저한테 말을 걸어오는 순간 전 떨리기부터 해요.

사내   (잠시 바라보며) 떨리지 않길 바라나요?

아그네스   네, 물론. (힘없이) 그렇지만.

사내   비결을 가르쳐드릴까요?

아그네스   비결이라고요?

사내   남자 앞에서 다시는 떨리지 않게 되는 비결. 남자를 사로
잡아버리는 비결. 그들이 사장이건 누구건 당신 앞에 무릎을 꿇고 다
이아몬드를 바치게 하는 비결.

아그네스   그런 비결이 있나요?

사내   딱 한 가지. 절대로 실패가 없는 비결이지요.

아그네스   정말 그 비결을 제게 가르쳐주실 건가요?

사내   이 비결을 모르면 여자는 일평생 불행합니다. 그러나 이
비결을 알면 전 세계의 여왕이 되지요.

아그네스   오, 그럼 어서 가르쳐주세요.

사내   (방 안을 살피며) 아무도 없죠?

아그네스   (속삭이듯) 없어요.

사내   그들에게 잘생겼다고 말하세요.

아그네스   그러니까 아첨하라는 말인가요? 미남이고 영리하며 친절하다고 치켜세우란 거군요?

사내   아뇨! 영리하다든지 친절하다는 말 따윈 소용없어요. 그저 잘생겼다고만 하세요.

아그네스   그게 전부예요?

사내   전부예요. 바보도 똑똑한 자도 겸손한 자도 허영심 있는 자도 젊은이도 늙은이도 구별하지 말고 잘생겼다고만 하세요. 철학 박사에게 하면 당신에게 학위를 줄 것이고, 푸줏간 주인에게 하면 고기를 줄 것이고, 사장에게 하면 일자리를 줄 것입니다.

아그네스   하지만 그런 말은 서로 잘 아는 사람이라야 하지 않을까요? 어떻게 모르는 사람에게 불쑥…….

사내   천만에요. 처음 보는 순간에 말해버리세요. 상대방이 미처 입을 열 사이도 없이.

아그네스   그렇지만 그런 얘기를 그 사람 면전에서 할 수 없잖아요.

사내   그 사람 면전에서 직접 대놓고 해버리세요. 모든 사람이 다 듣도록. 증인이 많을수록 효과가 커집니다.

아그네스   그렇지만 미남이 아닌 사람한테…… 대부분 남자들은 미남이 아닌데. 그런 말을 어떻게 한단 말예요.

사내   아가씨는 그렇게 인색하신가요? 주저하지 말고 추남이거나 절름발이거나 홀쭉이거나 뚱뚱이거나 가릴 것 없이 말하세요.

아그네스   그 사람들이 그 말을 믿을까요?

사내　　물론 믿고말고요. 그들 자신이 이미 알고 있었던 것이니까요. 모든 남자는 가장 추남이라고 할지라도 내심으로 그들이 미남이라고 믿고 있답니다. 당신이 그들에게 미남이라고 해주면 그것은 그들의 마음속의 소리를 겉으로 듣는 것에 불과한 거예요. 가장 자신이 없는 사람일수록 그 말을 들으면 가장 반가워할 것입니다. 그들에게 있어 당신의 말은 진실을 비추는 요술거울과도 같은 것입니다. 항상 남자들이 꽁무니를 따라다니는 여자들을 보면 그 여자들이 유난히 아름답기 때문이 아닙니다. 그 여자들이 주위의 남자들에게 잘생겼다고 말해줬기 때문입니다.

그럼에도 계속 반신반의하는 아그네스에게 사내는 용기를 북돋우며 파리를 상대로 연습을 시킨다. 아그네스가 "파리야, 넌 참 잘생겼구나"라고 말을 건네자 파리가 그녀에게 달라붙어서 가질 않는다. 그러나 다시 "네 다리는 어쩜 그렇게 못생겼지?"라고 묻자 날아가버린다. 아그네스도 차츰 용기를 얻는데, 마침 부사장실에 갔던 서기가 나온다.

사내　　(속삭이듯) 이제 아셨죠? 자, 이제 서기한테 그렇게 해봐요.
아그네스　　(다급히 역시 속삭이듯) 뭐라고 말하죠?
사내　　(재빨리 홀 중앙에 서 있는 아르키메데스 동상 뒤로 숨으며) '참 잘생기셨어요'라고 해요.

서기가 자리에 앉자 아그네스가 말을 건넨다.

아그네스   (활짝 웃으며) 참 잘생기셨어요.

서기가 처음에는 자기 귀를 의심한다. 그렇지만 이내 싫지는 않은 듯한 표정이다.

서기   허, 허, 설마 고릴라를 보고 잘생겼다고 한 건 아니죠? …… 하여튼 고맙소……. 그런데 내가 어디가 잘생겼소?

아그네스   전부가요.

서기   (활짝 웃으며) 전부라고, 그럴 리가? …… 어쨌든 아가씬 보기보단 예민한 사람 같소. 보통 사람들은 그런 걸 잘 눈치채지 못한답니다……. 그런데 일자리를 찾는다고 했지요? 여기서 잠깐 기다려요. 곧 부사장님을 만나도록 해주겠소. 내 조카라고 할 테니까 잘해봐요.

서기가 부사장실로 들어간다. 서기가 사라지자, 사내는 아그네스에게 자기가 그리스신화에 나오는 아폴로라는 것을 은연중에 알린다. 더욱 큰 자신감을 얻은 아그네스가 이번엔 천장에 달린 샹들리에에게 "오 아름다운 샹들리에야, 넌 참 잘생겼구나"라고 다시 한 번 실험을 해본다. 그러자 꺼진 샹들리에가 갑자기 깜박이다가 저절로 훤히 불이 켜진다. 바로 그때 부사장이 나온다.

부사장   (거만하게) 아가씨, 난 딱 2분만 시간을 낼 수 있소. 용건이 뭐요?

아그네스   (황홀한 표정으로) 어머…… 어쩌면 그렇게 잘생기셨어요.

부사장　(못 믿겠다는 듯이) 나보고 하는 말이요?

아그네스　그럼요, 부사장님은 참 미남이세요.

　처음엔 믿지 않던 부사장도 한참 동안 아그네스와 이야기를 나눈 다음, 차츰 호감을 보이더니 이내 수작까지 건다.

부사장　(여전히 거들먹거리며) 아가씨 생각이 정 그렇다면 일리가 있겠지……. 그런데 아가씨, 미안해서 어쩌지. 난 지금 회의가 있어서. 그렇지만 지금 하던 대화는 다시 만나서 계속합시다. 이따가 점심이나 같이 들면서 얘기할까요? 일자리를 찾고 있다고요? …… 그거 잘됐소. 사실 내 비서가 엉망이라서 판매부로 전보 발령을 낼 참이었소. 아가씨는 일급 타이피스트라죠?

　부사장이 사라진 이후 회의를 위해 중역들이 출근한다. 아그네스는 중역들에게도 똑같이 “참 잘생기셨어요”라는 말을 반복한다. 중역들 역시 “오, 상냥한 아가씨로군!” “오, 매력 있는 아가씨야!” “오, 유쾌한 아가씬데?”라고 싫지 않은 반응을 보이며 유쾌한 기분으로 회의실로 들어간다. 그리고 조금 있다가 이 회사 사장이 회의실 문을 성급히 열고 나와 아그네스에게 말을 건넨다.

사장　아그네스 양, 이 회사는 지난 15년 동안 질시와 의혹과 암울에 휩싸여왔어요. 그런데 갑자기 오늘 아침에 모든 것이 달라졌습니다. 우선 내 서기로 말할 것 같으면 늙고 찌든 여우 같았는데, 오늘 갑자기 상냥하기 짝이 없는 사람이 되고 말았소. 그리고 부사장으로 말할 것 같으면 엄숙하고 근엄하기 이를 데 없는 사람인데, 오늘 회의 도중 굳이 양복저고리를 벗어야겠다고 주장하며 심지어 와이셔츠 소매까지 걷어올리지 않겠소. 그리고 모든 이사들은 저마다 거울을 꺼내 들고 자기들 얼굴을 들여다보기에 경황이 없을 지경이오. 모두들 자기 자신에게 도취되어 있으며 서로 웃고 즐거워해서 물어보니, 모두가 입을 모아 아가씨 덕분이라고 하는군요. 도대체 아가씨가 어떻게 했기에 이 같은 기적이 일어났단 말이오?

아그네스　저는 그저 '참 잘생기셨어요'라고 했을 뿐이에요.

사장　그래요? 보자마자 그저 '참 잘생기셨어요'라고 했다는 말이오? 그럼 사장인 나는 어떻소? 나에게는 왜 아무 말이 없죠?

아그네스　그 이유는 사장님이 더 잘 아실 텐데요.

사장　나는 모르겠는데……

아그네스　그건 굳이 말씀드릴 필요도 없이 사장님께서는 미남이시기 때문이지요.

사장　(사뭇 심각한 표정으로) 다시 한 번 말해주겠소?

아그네스　사장님은 미남이세요.

사장　잘 생각해봐요. 아그네스양, 이건 심각한 문제요. 확실히 내가 미남으로 보인다는 건가요?

아그네스　아뇨! 사장님은 미남으로 보이지 않아요. 그냥 미남이시죠.

사장　그래요? 아, 그렇다는 거지! …… 일자리를 찾는다고 했지요? 그럼, 됐소……. 슈브레당 양, 슈브레당 양!

사장이 큰 소리로 자기 비서를 부르자 슈브레당 양이 서둘러 나와 사장 앞에 선다.

사장   슈브레당 양, 그동안 수고가 많았소. 하지만 오늘 중으로 내 비서를 그만두어야겠소. 이제부터 나는 아그네스 양을 비서로 채용하기로 했소!

슈브레당   (깜짝 놀라며) 날 해고하겠다는 거예요? …… 아니, 왜요? …… 뭔가 이유가 있어야 할 거 아니에요? 왜 말을 못하죠? (아그네스를 한 번 눈 흘겨 쳐다보더니) 아휴, 기막혀! 하지만 어디 그렇게 할 수 있을지 두고 봐야겠군요. 마침 사모님께서 와 계시니 이 일을 보고 드려야겠습니다.

슈브레당 양이 퇴장하고 사장 부인 테레즈가 나와 거드름을 피우며 아그네스를 아래위로 훑어보고 입을 연다.

테레즈   왜 갑자기 이 아가씨를 비서로 채용하려는 거죠?

사장   나를 미남으로 생각하기 때문이오.

테레즈   (깜짝 놀라) 갑자기 돌았어요?

사장   천만에, 미남이 되었을 뿐이오.

테레즈   (어이없다는 표정으로 아그네스에게) 아가씨는 이 양반이 정말 미남이라고 생각해요?

아그네스   그럼요!

테레즈   그렇다고요? 그럼 어떤 타입의 미남이죠?

아그네스   벨락의 아폴로 같은 타입이에요.

테레즈   뭐라고? 사기꾼이로구먼!

테레즈는 화가 머리끝까지 나 이번에는 사장에게 따진다.

테레즈   그럼 내가 거짓말쟁이란 말인가요? 나는 당신을 속이기에는 너무 오랫동안 당신을 알아왔어요. 물론 당신에겐 여러 가지 장점이 있어요. 그렇지만 당신은 추남이에요.

사장   그만!

테레즈   추남이고말고요. 이 여자의 동기가 뭔지 몰라도 달콤한 거짓말을 하는 것에 지나지 않아요. 그러나 나는 모든 걸 걸고 명백한 진실을 외치겠어요. 당신은 추남이라고요!

사장   들었소? 지난 16년 동안 내가 들은 말은 그것뿐이었소.

테레즈   그것이 진실이기 때문이지요.

사장   아, 이제야 알겠군.

테레즈   뭘 말인가요?

사장   왜 내가 당신 옆에 있기만 해도 자신을 잃고 기가 죽는가 하는 것을 말이오. 당신이 없을 때 당신 소유물을 보기만 해도 나는 항상 기가 질렸거든.

테레즈   무슨 뚱딴지같은 소릴 할 참이죠?

사장   의자에 걸린 당신 스커트 자락만 보아도 움츠러들고, 화장대 위에 걸린 당신 스타킹만 보아도 내 다리가 얼마나 못생겼는가에 생각이 미치고, 당신의 장갑만 보아도 내 흉한 손과 어색한 제스처가 연상되어왔소. 벽난로 위의 시계만 보아도, 식탁 위에 진열된 드레스텐 도자기를 보아도, 그 구식 흔들의자만 보아도 말이오. 오늘 저녁에 집에 도착하면 그 의자부터 없애버릴 작정이오.

테레즈 그래요? 이것이 15년 결혼 생활에 대한 보답인가요? 아예 나와 이혼을 할 생각이군요…… . 잘됐군요. 당신을 미남이라고 생각하는 이 여자와 결혼하시구려. 뭘 주저하시는 거죠?

사장 부인이 이번에는 다시 아그네스를 향해 소리친다.

테레즈 이 양반을 가져가요! 얼마든지 양보하겠어요. 밤마다 코고는 소리를 듣는 것도 이젠 질렸으니까.

아그네스 사장님은 코를 고시나요? 정말 멋있어요.

테레즈 게다가 깡마른 무르팍은 또 어떻고.

아그네스 전 개성이 있는 무릎이 좋아요.

테레즈 (약이 더욱 바싹 올라) 저 흉측한 얼굴은 또 어때? 이 양반 눈썹이 귀족의 눈썹을 닮았다고 말해보시지.

아그네스 천만에요. 그렇지 않아요. 사장님의 눈썹은 제왕의 눈썹을 닮았어요.

테레즈 (기가 막힌다는 듯) 못 말리겠군. 잘들 해보시지!

사장 부인이 문을 박차고 방에서 나간다.

사장 아그네스 양, 고맙소! 당신은 나를 이 세상에서 가장 행

복한 사람으로 만들었소……. 난 회의를 계속해야 하니, 잠시 후에 봅
시다.

사장이 급히 회의실로 들어가자, 그동안 아르키메데스 조각 뒤에 숨
어 있던 사내가 나온다.

그리고 아그네스를 축복하며 눈을 감으라 한다. 그녀가 눈을 감자
가볍게 키스한다.

사내　　잠시 후 살며시 눈을 떠요……. 이제 곧 당신 앞에는 이
세상에서 가장 미남이라고 생각하는 사람이 나타날 거예요.

아그네스　그게 당신인가요?

사내　　아뇨. 나는 아닙니다. 나는 이제 여기를 떠나야 합니다.

아그네스　그럼 난 어떡하죠?

사내　　결혼하세요.

아그네스　사장하고요?

사내　　아뇨. 사장은 이미 결혼한 사람인걸요. 그리고 사장 부인
도 이제는 자기 남편이 미남이라는 사실을 깨닫기 시작했답니다.

아그네스　그럼 누구하고 결혼을 해요?

사내　　회장하고요. 그 사람은 아직 총각입니다.

2장

+

강연:
두 언어, 두 풍경

언어는 존재의 집이다.

_ 마르틴 하이데거

주문, 예언, 허구

"언어는 존재의 집이다Die Sprache ist das Haus des Seins."

하이데거가 한 말이다. 누가 내게 수많은 철학 텍스트들에서 가장 아름다운 문장을 하나 선정하라고 한다면, 망설임 없이 고를 서너 개 문장 가운데 하나다. 〈벨락의 아폴로〉가 낭독 공연되고 있는 내내 나는 이 말의 의미를 곱씹고 있었다.

내가 하이데거의 말을 떠올린 것은 아폴로가 가르쳐주고 아그네스가 따라 한 "참 잘생기셨어요"라는 말 때문이다. 왜 아폴로는 아그네스에게 만나는 사람이 누구든지 주저하지 말고 "참 잘생기셨어요"라고 말하라고 했을까? 상대가 "추남이거나 절름발이거나 홀쭉이거나

228

뚱뚱이거나 가릴 것 없이" 그리고 "바보도 똑똑한 자도 겸손한 자도 허영심 있는 자도 젊은이도 늙은이도 구별하지 말고" 그저 잘생겼다고만 하라고 한 걸까? 그것도 "상대방이 미처 입을 열 사이도 없이."

아무리 희극의 구성 요소 가운데 하나가 과장이라고는 해도, 좀 억지 같고 우스꽝스럽다. 게다가 아그네스는 자기에게 그런 말을 하는 초라한 차림의 사내가 태양의 신 아폴로인 줄을 아직 모른다. 그러니 그녀가 조금 어리숙하긴 해도 그 말을 선뜻 믿을 수가 없는 것이 당연하다. 그럼에도 아폴로는 만일 당신이 그 말을 "철학 박사에게 하면 당신에게 학위를 줄 것이며, 푸줏간 주인에게 하면 고기를 줄 것이고, 사장에게 하면 일자리를 줄 것"이라고 그녀를 부추긴다. 왜 그럴까?

그뿐 아니다. 처음에는 날아다니는 파리를 상대로, 다음에는 늙은 서기를 상대로 연습까지 시킨다. 그런데 아그네스가 마지못해 파리에게 "넌 참 잘생겼구나"라고 말을 하자 파리가 그녀에게 달라붙어서 날아가질 않는다. 또 늙은 서기에게도 "참 잘생기셨어요"라고 말을 건네자 조금 전까지 말상대조차 해주지 않던 그가 자진해서 부사장을 만나도록 주선해준다. 다음엔 천장에 걸린 샹들리에에게 "오 아름다운 샹들리에야, 넌 참 근사하구나"라고 하자 꺼져 있던 샹들리에가 갑자기 깜박이다가 저절로 훤히 불을 켠다. 지로두는 이 극을 통해 대체 무슨 말을 하려는 걸까?

프랑스 평론가들은 지로두가 세상이란 사실상 추하고, 모든 사람은 자기가 추하다는 콤플렉스에 빠져 있으며, 현실은 항상 암울하기 마련이라는 사실을 바탕으로 〈벨락의 아폴로〉를 썼다고 보았다. 그런데 이미 알고 있는 참담한 현실을 새삼 일깨워주어 좋을 게 없는 데다 아름답다거나 추하다는 것은 객관적 사실이라기보다 인간이 나름대로 만들어낸 관념일 뿐이다. 그래서 작가는 기왕이면 아름답다는 말로 표현하는 것이 낫지 않겠냐는 냉소적 풍자를 이 작품에 담았다는 것이다. 그렇게 볼 수도 있겠다. 무엇보다 이 작품이 참혹한 2차 세계대전 중인 1942년에 발표되었다는 점을 감안하면, 다분히 수긍이 간다.

그러나 〈벨락의 아폴로〉를 낭독 공연 작품으로 선정하며, 나는 조금 다른 관점에서 이 작품을 조명해보고 싶었다. 그래서 강연에서 먼저 다음의 두 장면을 대조하며 이야기를 시작했다. 하나는 아그네스와 사장의 대화 장면이고, 다른 하나는 사장과 그의 부인 테레즈의 대화 장면이다.

우선 아그네스와 사장의 대화를 살펴보자. 회사 사람들이 하루아침에 갑자기 긍정적으로 변해버린 데 놀란 사장이 아그네스에게 그 비법을 묻는다. 그녀는 그저 '참 잘생기셨어요'라고 했을 뿐이라고 답한다. 그러자 사장은 "그럼 사장인 나는 어떻소? 나에게는 왜 아무 말이 없죠?"라고 묻는다. 아그네스는 "굳이 말씀드릴 필요도 없이 사장님께서는 미남이세요"라고 태연히 답한다. 사장이 사뭇 심각한 표정으로 "잘생각해봐요. 아그네스 양, 이건 심각한 문제요. 확실히 내가 미남으로 보인다는 건가요?"라고 다그쳐도 그녀는 "사장님은 미남으로 보이지 않아요. 그냥 미남이시죠"라고 답한다. 그러자 사장은 곧바로 비서인 슈브레당 양을 불러 해고하고 아그네스를 새 비서로 채용한다.

그럼 이제 사장과 그의 부인 테레즈의 대화를 보자. 테레즈가 "왜 이 아가씨를 비서로 채용하는 거죠?"라고 묻자 사장은 "나를 미남으로 생각하기 때문이오"라고 답한다. "갑자기 돌았어요?"라고 테레즈가 다그치자 사장은 "천만에, 미남이 되었을 뿐이오"라고 말을 받는다. 그러자 테레즈가 다시 "그럼 내가 거짓말쟁이란 말인가요? 나는 당신을 속이기에는 너무 오랫동안 당신을 알아왔어요. 물론 당신에겐 여러 가지 장점이 있어요. 그렇지만 당신은 추남이에요. (……) 추남이고말고요. 이 여자의 동기가 뭔지 몰라도 달콤한 거짓말을 하는 것에 지나지 않아요. 그러나 나는 모든 걸 걸고 명백한 진실을 외치겠어요. 당신은 추남이라고요. (……) 그것이 진실이기 때문이지요"라고 외친다. 그리고 두 사람은 15년 동안 지속해온 결혼 생활에 종지부를 찍을 생각을 한다.

어떤가? 우화풍의 희극이니만큼 과장된 측면이 있지만, 두 사람이 각각 사용하는 언어에 따라 하나는 천국의 풍경을, 다른 하나는 지옥의 풍경을 그리고 있다. 자, 여기서 한번 생각해보자. 테레즈는 왜 자기 남편에게 그런 악담을 퍼부을까? 극 내용을 샅샅이 뒤져보아도 그럴 만한 아무런 이유가 없다. 그녀가 그렇게 말하는 건 다만 그것이 '사실'이기 때문이다. 사장은 실제로 못생겼다. 그래서 그녀는 단지 남편이 못생겼다는 객관적인 사실을 사실대로 말했을 뿐이다. 그런데도 우리에게는 그 '사실적이고 객관적인 말'이 악담처럼 들린다. 바로 이것이 우리가 주목하고자 하는 바다.

무엇이 문제인가? 사실적이고 객관적인 판단이 잘못인가? 그건 아닐 것이다! 그런데 왜 테레즈가 마치 악녀처럼 보일까? 설사 그것이 사실이라고 해도 어떻게 대놓고 그리 말할 수 있느냐 하는 것 때문일까? 테레즈의 문제가 예의에 관한 문제냐 하는 것이다. 그런 측면이 없는 것은 아니다. 하지만 비단 그것 때문에, 다시 말해 테레즈가 단지 예의 없이 행동했기 때문에 남편은 그녀와 이혼하려 하고, 우리는 그녀를 악녀처럼 보는 것일까? 그건 역시 아닐 것이다. 그럼 이유가 뭘까? 대체 지로두는 우리에게 무엇을 전하려는 것일까?

이번엔 아그네스를 보자. 그녀는 거짓말을 한다. 잘생기지 않은 남자들에게 대놓고 미남이라고 들이댄다. 그럼에도 당사자들이 좋아한다. 왜 그럴까? 그 사람들이라고 해서 이 처녀가 자기에게 뭔가를 얻어내려고 그런 소리로 아첨을 떤다는 생각이 들지 않아서였을까? 그래서 기꺼이 아그네스를 돕거나 채용하려고 할까? 아마 아닐 것이다. 틀림없이 그들도 테레즈처럼 "이 여자의 동기가 뭔지 몰라도 달콤한 거짓말을 하는 것에 지나지" 않는다고 의심했을 것이다. 그럼에도 모두 그녀를 칭찬하고 채용하려고 한다. 대체 왜 그럴까? 바꿔 말해 지로두는 무슨 메시지를 전하고자 이런 식으로 극을 구성했을까?

먼저 "참 잘생기셨어요"라는 말에 주목해보자. 그리고 예컨대 지로두가 상대가 듣기 싫어하는 '사실'보다 듣기 좋아하는 '거짓말'을 하는 것이 더 나은 처세술이라는 메시지를 전하려고, 아폴로가 아그네스에게 이 말을 가르치는 것이라 가정해보자. 그럴 여지가 전혀 없는 것은 아니지만, 그럴 경우 이 작품은 억지스럽고 우스꽝스러울 뿐 아니라 부도덕하기까지 하다. 그리고 우리는 이 작품에 대해 따로 할 말이 없어진다. 하지만 20세기 프랑스를 대표하는 극작가 중 하나로 평가받는 작가가 그런 작품을 쓸 리가 없다. 때문에 이런 경우는 아예 제외하고 이야기하기로 하자.

그래서 생각할 수 있는 것이 다음의 경우다. 그것은 우리가 "참 잘

생기셨어요"라는 말을 '신이 인간에게 가르쳐준 마법의 주문呪文'으로
간주하자는 것이다. 주문이 무엇이던가. 액운을 물리치고 행운을 불러
오는 언어가 아니던가. 그래서 주문에는 본디 뜻이 없다. 단지 용도와
효능만 있을 뿐이다. 아이들이 마법사를 흉내 내며 외우는 '수리 수리
마하수리'를 생각해보라. 이 주문은 산스크리트어로 본래의 뜻은 '길
상존이시여, 길상존이시여, 지극한 길상존이시여'이지만 의미와 무관
하게 쓰인다. 이것이 주문이다.

지로두는 아그네스가 사람이 아니라 파리와 샹들리에게도 '참 잘
생겼다'고 하자 그것들이 반응하는 장면들을 통해 아폴로가 아그네스
에게 가르쳐준 것이 인간의 말이 아니라 일종의 주문이라는 것을 보여
주었다. 아폴로가 누구인가? 그리스신화에서 아폴로는 신탁神託을 주
관하는 예언의 신이다. 그런데 알고 보면 아폴로의 신탁에서 주어지는
예언도 마치 주문처럼 특별히 정해진 의미가 없고 해석에 따라 드러나
는 효능만 있었다.

아폴로 신전Sanctuary of Apollo은 파르나소스 산기슭에 자리한 웅장
하고 아름다운 도시 델포이Delphoe에 있다. 전설에 따르면, 제우스가
동쪽과 서쪽에서 두 마리의 독수리를 풀어주었더니 독수리들이 서로
반대 방향으로 세계를 한 바퀴 돌아와서 다시 만난 장소다. 제우스가
그곳을 '세계의 중심'이라는 뜻으로 '옴팔로스omphalos: 배꼽'라 부르며
돌을 놓아 표시하고 아들인 아폴로가 머물 곳으로 정했다. 그 돌이 지
금도 남아 있는데, 사람들이 그곳에 아폴로를 모시는 신전을 지었다.

이후 '대지의 용龍'이라고 불리는 이상한 괴물이 이곳에 자주 나타
나 사람들을 해치자 아폴로가 은으로 만든 활로 쏘아 죽였다. 그런데

하인리히 류트만, 〈삼각대 위의 피티아(The Pythia on the Tripod)〉

아폴로 신전(Temple of Apollo), 그리스 델포이
© flickr, Jaysmark

그 용이 살던 구덩이에서 영감靈感을 자극하는 연기가 나왔다. 사람들은 그것을 땅속 깊이 갈라진 곳에서 나오는 '아폴로의 호흡'이라고 생각했다. 아폴로는 진실을 예언하는 신으로서 과거, 현재, 미래를 다 알고 있다. 그래서 누구든지 무언가 알고 싶은 것이 있을 때 그곳에 가서 이 연기를 들이마시면 아폴로의 목소리가 그것을 알려준다고 믿었다.

그러자 분별없는 사람들이 그것을 함부로 사용하기 시작했다. 그들은 영감을 주는 연기가 뿜어져 나오는 곳으로 너 나 할 것 없이 마구 뛰어들어가 연기를 들이마시고 결국 큰 해를 입었다. 지금 생각해보면 아폴로의 호흡은 대마초처럼 환각을 일으키는 약초를 태운 연기로 짐작되는데, 어쨌든 이러한 혼란을 지켜본 아폴로가 델포이 신전에 항상 거주하면서 자신의 예언을 전하는 여사제를 정하고, 그녀들만이 이 연기를 들이마시고 자기의 목소리를 들어 뜻을 전하게끔 했다. 이 여사제들을 피티아Pythia라고 한다.

그때부터 델포이의 아폴로 신전에서 신탁을 받으려는 사람은 우선 이 피티아에게 소나 양, 닭 등의 제물을 산 채로 바치고 자신이 알고 싶은 것을 물었다. 그것도 직접 피티아에게 묻지 못하고 그의 조수에게 물으면 조수가 그것을 피티아에게 대신 물어주었다. 질문을 들은 피티아는 삼각대 위에 앉아 아폴로의 호흡을 들이마신 다음 그 연기에 취해 광기 어린 녹백을 토해놓곤 했는데, 조수가 그것을 해석하여 아포리즘 형식의 짤막한 시詩로 전해주었다. 따라서 델포이 신전의 예언들은 항상 모호했고, 사람들은 그것을 자신의 기대나 희망대로 해석했다.

한마디로 피티아를 통해 받는 아폴로의 예언은 우리가 뭔가를 기대

하면 기대한 대로 이뤄진다는 '자기충족적 예언self-fulfilling prophecy'＊
과 다름없었다. 바꿔 말해 사람들이 델포이의 신탁에서 얻은 것은 예
언이라기보다 피그말리온 효과Pygmalion effect를 겨냥한 일종의 주문
인 셈이다. 그래서 아폴로가 가르치고 아그네스가 따라 한 '참 잘생기
셨어요'라는 말을 델포이의 신탁을 통해 받은 주문으로 해석하자는 것
인데, 적어도 내 생각에는 지로두도 바로 이런 관점에서 〈벨락의 아폴
로〉를 썼다. 그렇다면 이제 우리가 던져야 할 질문은 '지로두는 왜 신
이 인간에게 그 많은 말들 가운데 하필 거짓말을 주문으로 가르치게끔
썼느냐' 하는 것이다.

성질 급한 것 같지만 답부터 말하자면, 아폴로가 아그네스에게 가
르친 것은 거짓말이 아니다. 거짓말에는 주술이 가진 마법의 힘이 없
다. 아폴로가 아그네스에게 가르친 것은 우리가 앞에서 살펴본 허구
다. '참 잘생기셨어요'는 '설령 그렇지 않더라도 마치 그런 것처럼' 이
야기하는 허구다. 극작가 지로두가 허구로서의 언어가 지닌 힘을 알고

＊ '자기 실행적 예언'이라고도 번역되는 이 용어는 미국 사회학자 로버트 머튼R. C. Merton
이 《안티오크 리뷰The Antioch Review, Vol. 8, No. 2, 1948. pp. 193~210)에 발표한 논문 〈자
기충족적 예언〉에서 처음 선보인 말이다. 미래에 관한 기대가 미래에 실제로 영향을 주는 경향
성을 의미한다. "말이 씨가 된다"는 우리 속담이 그래서 나왔다. 〈오이디푸스 신화〉나 셰익스
피어의 희곡 〈맥베스〉가 자기충족적 예언의 고전적인 예이다. 자기 자신의 기대뿐 아니라 관
찰자의 기대도 대상에게 자기충족적 예언과 같은 상황을 만든다는 의미에서 '피그말리온 효
과'와도 연관되어 있는데, 이때는 일종의 '관찰자 기대 효과observer-expectancy effect'로
작용한다. 무작위로 선별한 학생들에게 '지능지수IQ가 향상될 것'이라고 한 교사의 말이 실제
로 지능지수의 향상을 이끌었다는 실험(1968년 하버드대학교 사회심리학과 교수인 로버트 로젠탈R.
Rosenthal과 초등학교 교장 레노어 제이콥슨L. Jacobson이 미국 샌프란시스코의 한 초등학교에서 실행)
이 그 대표적인 예다.

있었던 것이다. 그리고 그 힘이—고대부터 지금까지 숱한 신화와 전설들이 그래왔듯이—〈벨락의 아폴로〉에서도 바람직한 가상의 실재와 풍경을 만들어내는 마법을 펼쳐낸 것이다. 내 생각에는 현대 교육심리학에서 말하는 자기충족적 예언이 이뤄내는 성취도 심리적 효과의 결과라기보다 허구의 힘이 기대하는 가상의 실재를 만들어낸 결과다.

허구가 개인과 인류에게, 사회와 세계에 무엇을 해왔는가는 앞에서 충분히 살펴보았다. 빅토리와 하라리가 천착했듯이, 허구로서의 언어는 인류의 진화와 문명의 발달을 이끈 원동력이었다. 그뿐 아니라 프랑크 바이어 감독의 영화 〈제이콥의 거짓말〉과 티보도·보로디츠키의 실험 그리고 레이코프와 존슨의 은유 연구들을 통해 드러났듯이, 그것은 인간의 생각과 마음 그리고 행동을 구성하고 지배하는 핵심 요소다. 그리고 방금 우리는 〈벨락의 아폴로〉에서 '참 잘생기셨어요'라는 주문을 통해 허구로서의 언어에 담긴 힘을 다시 한 번 확인했다. 그런데 그게 전부가 아니다. 언어는 또 다른 놀라운 능력들을 자기 안에 숨기고 있다. 이제부터는 그 이야기를 하자.

음성언어와 문자언어

지로두는 독일 문학을 전공하고, 그리스 신화와 니체의 작품들에 밝은 작가였다. 그의 작품에 그리스 신화에 나오는 인물이나 소재들이 자주 등장하는 것이 그래서인데, 〈벨락의 아폴로〉에는 제목이 제목인 만큼 당연히 아폴로가 등장한다. 그런데 여기서 잠시 생각해보자. 그

많은 그리스 신들 가운데 왜 하필 아폴로인가? 예컨대 디오니소스가 아니고 왜 아폴로인가?

니체F. W. Nietzsche, 1844~1900가 《비극의 탄생》에서 밝혔듯이, 아폴로는 변하지 않는 영원한 것, 이성적인 것, 즉 균형·조화·절제·지식을 추구하고 다스리는 신이다. 이에 반해 디오니소스는 생동적이고 변화무쌍한 것, 감성적인 것, 즉 도취·무질서·본능·광란·열정을 다스리는 신이다. 요컨대 아폴로는 로고스logos를, 디오니소스는 파토스pathos를 본성으로 한다. 그런데 대립하는 그 둘은 한 짝이다. 파르테논Parthenon 신전의 서쪽 박공牌栱: 지붕과 벽을 잇는 부분에는 아폴로를 상징하는 뮤즈들의 모습이 형상화되어 있고 반대편 동쪽 박공에는 디오니소스가 새겨져 있듯이, 로고스와 파토스는 인간의 정신을 떠받치는 두 기둥이다.

여기서 우리는 지로두가 이 작품에 디오니소스가 아니고 아폴로를 등장시키고, 제목도 '벨락의 디오니소스'가 아니라 '벨락의 아폴로'로 지은 이유를 추적해볼 수 있다. 아폴로가 아그네스에게 가르친 "참 잘 생기셨어요"라는 마법의 주문이 상대의 생김새에서 오는 어떤 느낌이나 감정인 파토스가 아니라 로고스, 곧 변하지 않는 어떤 영원한 것을 추구하는 이성에서 나왔다는 것을 표현하기 위해서였다는 추정이 가능하다는 뜻이다. 그렇다면 고대 그리스인들에게 로고스는 무엇이었을까?

그리스 문헌에 로고스라는 말이 처음 등장한 것은 기원전 8세기경에 활약한 호메로스와 헤시오도스의 작품에서다. 그런데 두 사람은 로고스라는 용어를 지금 우리가 생각하는 합리적 '이성' 또는 참된 '언어'라는 의미로 사용하지 않았다. 오히려 그 반대였다. 예컨대 헤시오도스Hesiodos, BC 8세기경는《신통기》에서 제우스가 메티스를 삼킨 이야기를 "제우스는 그녀를 그의 마음속 꾀와 유혹적인 로고이logoi; 로고스의 복수형로 속여, 자신의 배 안에 집어넣었다"고 표현했는데, 여기서 로고스는 메티스를 유혹하기 위한 '거짓말'이라는 뜻으로 썼다.

　시카고대학교의 종교학 교수 브루스 링컨B. Lincoln의《신화 이론화하기》에 따르면, 당시 그리스 사람들은 로고스를 간교한 자나 여성, 약한 자, 미숙한 젊은이의 말, 유혹하고 꾀는 말, 거짓말 등으로 폄하했고, 오히려 뮈토스mythos; 신화를 믿을 만한 말, 고집 세고 강한 자, 남성의 말 또는 진리를 대변하는 신의 언어로 인정했다. 그때가 신화의 시대였기 때문이다.

　그러나 기원전 6세기경이 되자 상황이 뒤바뀌었다. 신에 대한 인간의 반란, 신화에 대한 철학의 반란, 운문(서사시·서정시·비극)에 대한 산문(법조문·아포리즘·수사학)의 반란, 말에 대한 글의 반란, 요컨대 미토스에 대한 로고스의 반란이 일어나 '신화의 시대'에서 '철학의 시대'로 넘어갔기 때문이다. 탈레스부터 시작되어 헤라클레이토스를 거쳐 플라톤에 이르러 완성된 이 반란에서의 승리를 플라톤은《국가》에서 크리티아스에게 교훈하는 소크라테스의 입을 빌려 다음과 같이 증언했다.

　　자넨 어린아이들에게 먼저 뮈토이mythoi; 뮈토스의 복수형를 들려줘야 한다는 것을 모르고 있는가? 그것은 대체로 거짓이지만 여전히 그 안에 약간의 진리를 포함하고 있다네. 그래서 어린아이들에게 체육을 가르치기 전에 먼저 뮈토이를 가르치는 걸세.

뮈토스가 거짓을 말하는 언어이고 로고스가 진리를 표현하는 언어가 되었다. 하이데거에 따르면, 그가 '시원적 사유자anfänglich Denker'라고 높여 부르는 헤라클레이토스Heracleitos, BC 540?~BC 480?에 와서 로고스λόγος라는 그리스어 단어가 비로소 철학적 의미를 얻었다. 이때부터 로고스는 '모든 것을 빛 안으로 불러들이는alles-ins-Licht-bringen 정신적 능력', 곧 은폐되어 있는 진리를 밝혀 드러내는 '이성의 언어'라는 의미로 쓰이게 되었다. "내 말이 아니라 로고스에 귀를 기울여, 만물은 하나라고 말하는 것이 지혜롭다"는 헤라클레이토스의 잠언에서 로고스가 뜻하는 것이 바로 이것이다.

그런데 왜 이런 일이 일어났을까? 다시 말해 뮈토스에 대한 로고스의 반란이 일어나 '신화의 시대'에서 '철학의 시대'로 넘어가게 된 계기가 무엇이었을까? 결론부터 이야기하자면, 그 원인은 문자언어의 완성과 그것의 보편적 사용 덕분이었다. 기원전 8세기에서 6세기 사이에 문자가 널리 사용되기 시작하면서 인류의 정신문명이 하라리가 언급한 '인지혁명'(7~3만 년 전) 이후 다시 한 번 도약했다. 나는 이 문명사적 사건을 '문자언어혁명Character Language Revolution'이라 표현하고자 하는데, 먼저 문자가 완성되었고, 산문이 등장했으며, 철학이 시작되었다. 이 말은 문자언어의 사용이 산문의 발생과 연관되어 있고, 산문의 발달이 이성의 발생과 무관하지 않다는 것을 알려준다. 왜 그럴까? 이유는 이렇다.

말(음성언어)과 글(문자언어)은 생각이나 느낌을 밖으로 표현하게 한다는 점에서는 같다. 하지만 글은 말과 달리 문자를 통해 생각을 장기간 볼 수 있게 해준다는 장점이 있다. 말로 표현하면 우리의 생각은 그것이 말해지는 동안에만 존재한다. 그러나 글로 쓰면 생각은 사라지지 않고 남아 있어 재검토하거나 반성적으로 사고할 수 있게 한다. 그럼으로써 합리적 또는 이성적 생각이 확장되고 발달하게 한다. 신화는 운문verse 형식으로 음유시인들의 노래를 통해 전해졌고, 철학은 산문prose 형식으로 소크라테스 이전 철학자들의 글을 통해 개발되었다는 것이 그 역사적 증거다. 자연스레 도달하는 결론은 말보다는 글, 곧 음성언어보다는 문자언어가 고대 그리스인들이 말하는 '이성의 언어'라는 의미의 로고스 개념에 훨씬 더 가깝다는 것이다.

물론 그렇다고 해서 음성언어가 인류 문명에 끼친 영향을 추호라도 과소평가해서는 안 된다. 《지식의 역사》의 저자인 찰스 밴 도렌의 표현대로, 지식을 말로 전하는 "구전 전통이 인류 문명을 멀리까지 이끌고 갔음은 사실이다." 4대 문명의 출발지인 중국의 황하 유역, 인도의 인더스·갠지스 강 유역, 이집트의 나일 강 유역 그리고 메소포타미아의 티그리스와 유프라테스 강 지역에 세워진 최초의 제국과 문명들은 문자언어에 의존하지 않고 건설되었다. 이집트의 피라미드와 바빌로니아의 공중정원 같은 위대한 건축들, 그곳의 무덤과 왕궁 터에서 발견된 눈부신 예술품들, 《길가메시 서사시》와 호메로스의 《일리아스》 《오디세이아》 같은 장대한 서사시조차도 음성언어와 구전에 의해 만들어졌다.

하지만 딱 거기까지였다. 그 이후 인류 문명은 문자언어에 의해 이뤄졌다. 문자 체계가 완성되지 않았더라면, 《길가메시 서사시》는 여전히 구전을 통해 들을 수 있을지 모르지만, 톨스토이와 도스토옙스키의 소설들은 물론이고 공자·노자·석가·소크라테스 같은 선현들의 지혜와 그 뒤를 이은 학자들의 지적 작업들은 볼 수 없었을 것이다. 또 숫자와 연산기호들의 체계가 발달하지 않았더라면, 피라미드와 공중정원은 지금도 만들 수 있겠지만, 수백 층이나 되는 빌딩들을 짓고, 컴퓨터·인터넷·무인자동차를 개발하고, 달나라를 여행하며, 화성과 목성으로 탐사선을 보낼 수는 없었을 것이다.

재러드 다이아몬드J. Diamond가 《총, 균, 쇠》에서 확인했듯이, 인류 최초의 문자는 기원전 3000년경 티그리스와 유프라테스 강 사이의 땅 메소포타미아Mesopotamia에 살았던 수메르인들에 의해 개발된 쐐기문자 litteraecunetae다. 그리스인들이 사용한 알파벳은 그보다 한참 늦은 기원전 1500년쯤에 역시 메소포타미아에서 처음 생겨났다. 하지만 지금 사용되는 글자 가운데 상당수는 기원전 1100년경에야 페니키아인들의 문서에서 비로소 발견된다. 그런데 페니키아 알파벳에는 당시 인근 언어인 고대 히브리어와 아랍어 그리고 다른 북부의 셈계 언어가 그랬던 것처럼 모음母音이 없고 오로지 자음子音만 있었다.

알파벳에 모음이 없다는 것은 정상적인 문장이 아니라, 글을 쓴 사람만 알아볼 수 있는 암호나 전보용 약문 같은 글밖에 표현할 수 없었다는 것을 상상할 수 있다. 이 같은 문자로는 지식의 생산과 축적은 물론이고 의사 전달마저 거의 불가능했다. 찰스 밴 도렌C. V. Doren이 《지식의 역사》에서 예로 들었듯이, 자음만으로 구성된 'bt'라는 표기가 bat, bet, bit, but 가운데 어느 것을 뜻하는지는 오직 글을 쓴 사람이나 이 표기를 자주 보았던 소수의 사람만이 알 수 있지 않겠는가! 때문에 특별한 목적으로 글쓰기를 익힌 사제나 상인 또는 필경사들만 이 문자를 사용했다.

그런 가운데 기원전 8세기부터 그리스인들이 페니키아인의 알파벳에서 자음을 들여오고 거기에다 모음을 위한 이런저런 기호들을 빌려다 자신들의 알파벳을 만들었다. 그럼으로써 사제나 필경사뿐 아니라 누구나 쉽게 익혀 쓰고 읽을 수 있는 거의 완벽한 알파벳을 완성했다. 얼마 가지 않아 그리스인들은 생각을 붙잡아둘 수 있는 문자언어가 순간 사라지는 음성언어보다 더 믿을 만하며, 더욱 뛰어난 도구라는 사실을 즉각 이해했다. 그리고 모두는 아니었지만 적어도 폴리스polis의 시민들은 기원전 8세기 중엽부터는 자기 생각과 느낌을 문자로 표현하기 시작했다. 알파벳의 완성과 함께 그리스에서 문자언어의 사용이 보편화했고, 이어 문자언어혁명이 일어난 것이다.

여기서 주목해야 할 것이 하나 있다. 인류 문명사적으로 보면, 이때가 철학자 카를 야스퍼스K. Jaspers, 1883~1969가 《역사의 기원과 목표》에서 '축의 시대die Achsenzeit'라고 이름 붙인 바로 그때다. 인류 문명이라는 거대한 수레바퀴의 중심축이 움직인 시대라는 뜻이다. 야스퍼스는 기원전 8세기에서 기원전 2세기에 이르는 "이 시기가 우리에게는 가장 심오한 역사의 기점이 되었다. 오늘날 살고 있는 우리 인간이 바로 그때부터 살기 시작한 것이다"라고 단언했다.

과장이라 할 수 없다. 이 시기에 중국에서 공자, 노자, 장자, 맹자, 순자, 묵자, 열자를 비롯한 제자백가가 나왔다. 인도에서 우파니샤드가 이뤄졌으며 석가가 생존했고, 메소포타미아에서 자라투스트라가 등장했다. 팔레스타인에서는 엘리야, 이사야, 예레미야, 하박국, 다니엘 등의 선지자들이 나왔다. 그리고 그리스에서는 호메로스·아르킬로코스·사포·핀다로스·아이스킬로스·소포클레스·에우리피데스 같은 시인들이 활동했고, 탈레스·파르메니데스·헤라클레이토스·피타고라스·소크라테스·플라톤·아리스토텔레스 같은 철학자들이 등장했다. 역사가 헤로도토스와 투키디데스, 기하학자 유클리드, 의학자 히포크라테스, 물리학자 아르키메데스도 바로 이 시기에 나와 활동했다.

야스퍼스에 따르면, 인간은 축의 시대에 와서야 처음으로 '나는 누구이고' '세계란 무엇이며' '역사란 어떤 것인가?'를 묻는 것과 같은 반성적 사유를 시작했다. 그리고 비로소 그들 자신과 세계 그리고 역사를 "정확한 고찰과 교육 그리고 개혁을 통해서 시정하고자 했고, 사건들의 진행 과정을 계획적으로 조종하고자 하였으며, 올바른 상태를 재건하고자 하였는가 하면, 처음으로 그러한 상태를 마련하고자 하였다." 세계 곳곳에서 앞서 나열한 사람들이 나와 책을 쓰고 제자들을 교육하기 시작했다. 바로 이 일에 음성언어보다 사유를 훨씬 더 오래 지속하게 하고 보존하며 전달하게 하는 문자언어가 핵심적인 역할을 했다는 것은 의심의 여지가 없다.

축의 시대에 왜 그리고 어떻게 서로 교류가 없던 세계 곳곳에서 동시 다발적으로 놀라운 문명이 일어났는가에 대해서는 학자들 사이에 아직도 의견이 분분하다. 그러나 내 생각에는 문자언어의 보편적 사용이 결정적인 원인이다. 그렇다! 앞에서 하라리가 언급한 대로, 7~3만 년 전에 일어난 인지혁명 때 생겨난 '고차적 언어'가 인류를 네안데르탈인과 같은 다른 호모Homo들이 따라오지 못할 단계에 올려놓았다. 마찬가지로 세계 곳곳에서 대략 1만 년 전에 완성되어 축의 시대에는 이미 일반적으로 사용된 문자언어가 인류를 다시 한 단계 더 하늘 높이 올려놓았다.

그리스의 경우를 보아도, 기원전 8세기에서 기원전 6세기 사이에 알파벳의 완성, 폴리스의 형성, 민주주의의 발달, 산문과 학문의 출현 등 문명사적 사건들이 순차적으로 그리고 상호보완적으로 일어났다. 요컨대 문자언어 혁명이 그리스적 사유(의식·문화·사회제도)를 낳은 것이다. 그 결과 기원전 5세기에서 기원전 3세기 사이에는 오늘날까지도 누구나 경탄하는 그리스 고전기의 철학·수학·과학·의학 같은 학문과 문학·건축·조각 같은 예술이 꽃피었다.

야스퍼스는 축의 시대에 세계 곳곳에서 일어난 이러한 인류의 전체적 변혁을 '정신화Vergeistigung'라고 이름 붙였다. 인간이 비로소 이성과 인격을 갖춘 정신적 존재로 변했다는 뜻이다. 이 놀라운 변혁은— 뇌신경과학 차원에서 보면—문자언어의 보편적 사용을 통해 인류의 뇌에 새로운 뇌신경망neural network이 생겨남으로써 이뤄진 것이다. 다시 말해 문자언어 사용이 당시 사람들의 뇌를 새롭게 구성함으로써, 인류가 그 이전과는 전혀 다른 뇌를 갖게 된 것이다. 처음 듣는 이야기라 조금 생소하겠지만, 숱한 실험을 통해 이미 증명된 사실이다.

언어가 정신을 만든다

20세기 교육심리학을 이끌었던 비고츠키학파의 2인자인 알렉산드르 로마노비치 루리야A. R. Luriya, 1902~1977가 비고츠키의 제안으로

1931년과 1932년에 걸쳐 우즈베키스탄과 키르기스 오지에서 광범위한 탐사 실험을 실시했다. 루리야의 저서 《비고츠키와 인지 발달의 비밀》에 실린 탐사 결과 보고를 보면, 실로 의미심장하고 또한 충격적이다. 문자언어를 사용하지 않는 오지의 문맹인들의 경우에는 비록 그들이 노인이 되었을지라도, 색조 분류, 기하학적 도형 분류, 일반화, 추상화 등부터 언어적·수리적 추론에 이르기까지 거의 모든 고등 정신 기능이 정상적으로 발달하지 않았다는 것을 보여주었기 때문이다.

그뿐 아니다. 루리야는 인간의 자기인식self-awareness이 사회적·역사적 발전의 산물이라는 전제 아래, 자기분석-자기평가에 대한 실험도 실시했다. 대상은 이번에도 오지 마을 출신의 문맹인 농부 20명과 집단농장의 구성원 15명 그리고 기술학교 학생 17명이었다. 실험은 "당신은 사람들이 모두 같다고 생각하세요, 아니면 다르다고 생각하세요?" "당신은 자신의 단점이 무엇이라고 인식하고 있나요?" "당신은 어떤 사람인가요?" "당신 자신에 대해 변하거나 개선해야 할 점이 무엇이라고 느끼세요?"처럼 단순한 물음을 던져주고 답을 듣는 식으로 진행되었다.

그 결과는 오지 마을 출신의 문맹인 농부들은 거의 대부분이 질문을 회피하거나 제대로 파악하지 못하고 그저 외적 환경 또는 일상생활과 연관된 대답만 하는 것으로 파악되었다. 나머지 사람들은 거의 별 문제 없이 대답을 했다. 이 실험도 읽기와 쓰기를 통해 문자언어를 익히지 못하면 자기가 누구인지, 어떤 장단점이 있는지, 또 무엇을 개선해야 하는지를 의식하는 자기인식에까지 도달하기 어렵다는 사실을 알려준다. 심지어 이들에게는 시간의식과 역사의식마저도 정상적으로 형성되어 있지 않았다는 사실도 실험을 통해 드러났다.

　우리는 루리야의 실험에서 이 같은 결론에 이르게 한 피실험자들이 수화조차 배우지 못한 청각장애인들이 아니고, 음성언어를 통해 일상적인 대화를 하는 사람들임을 주목할 필요가 있다. 그들은 단지 글자와 숫자를 읽고 쓰지 못할 뿐이다. 요컨대 루리야의 대규모 탐사 실험들은 문자언어, 곧 글자와 숫자를 사용하지 못하는 사람들의 정신 속에는 자연과 사물의 질서에 합당한 세계가 만들어지지 않는다는 사실을 보여준 대표적인 사례다. 역시 20세기 교육심리학의 거두인 스위스의 아동심리학자 장 피아제J. Piaget, 1896~1980의 실험 결과도 흥미로운데, 간략히 소개하자면 이렇다.

　피아제는 6세와 9세가 된 두 아이에게 예컨대 '노란색 장미꽃과 장미꽃 중 어느 것이 더 많을까?' '장미와 꽃 가운데 어느 것이 더 많을까?'와 같은 질문을 던졌다. 6세 아이는 아직 노란색 장미가 장미에 속하고 장미는 꽃에 속한다는 사실을 인지하지 못해 틀린 대답을 했다. 그러나 같은 질문을 9세 아이에게 했더니 그 아이는 첫 번째 질문에 "물론 장미 묶음이지요. 노란색 장미도 거기에 포함돼요"라고 답했고, 두 번째 질문에도 역시 "꽃 안에 장미도 포함돼요"라고 답했다. 이유가 뭘까? 6세와 9세 사이에 무슨 일이 있었는가? 다시 말해 무엇 때문에 6세 아이가 풀지 못한 문제를 9세 아이는 풀 수 있었을까?

　아이들의 인지 발달은 무엇보다도 생물학적 요인에 따라 좌우된다고 믿었던 피아제는 6세 아이에게는 아래 종種, 예컨대 장미과 유類, 예컨대 꽃에 따라 분류하는 분류화classfication 능력이 아직 생기지 않았기 때문이라고 분석했다. 옳은 이야기지만 그가 놓친 것이 있다. 현대 교육심리학자들은 생물학적 요인보다 중요한 원인이 따로 있다고 생각한다. 교육이다. 더 정확히 말하자면 교육을 통한 문자언어의 읽기와 쓰기 훈련이다.

구디J. Goody와 피네건R. H. Finnegan 같은 현대 심리학자들에 따르면, 보통의 아이들은 6세 이후 초등학교에 입학하여 문자와 숫자를 읽고 쓰는 훈련을 받는데, 이 같은 문자의 사용이 아이들의 정신을 좀 더 수준 높은 사고를 향한 '폭발적인 도약'을 이끈다. 두 사람은 자신들이 내놓은 이 같은 주장을 '대분수령이론Great Divide Theory'라 이름 붙였다. 글 읽기와 쓰기가 인지 발달의 거대한 전환점이 된다는 뜻이다. 콜M. Cole과 그리핀P. Griffin 같은 교육심리학자들도 같은 의미에서 이른바 '문화 증폭설'을 주장했다. 내용인즉 아이들이 문자를 익히는 시기에 그들의 정신 발달에 문화적인 증폭이 일어난다는 뜻이다.

여기서 흥미로운 점은, 문자언어의 사용이 아이들의 정신 발달에 끼치는 영향이 축의 시대에 있었던 문자언어의 보편적 사용이 인류 문명에 끼친 영향과 같다는 사실이다. 개체발생ontogenesis이 계통발생phylogeny을 반복한다는 것은 발생학發生學, Embryology의 가설이다. 그런데 아이들의 인지 발달 과정이 인류 문명의 발전 과정을 반복하는 것처럼 보여 그 가설을 떠올리게 한다. 이처럼 현대 교육심리학자들은 하나같이 문자언어가 아이들의 정신 발달에 '결정적인' 영향을 끼친다는 것에 의견을 모은다. 미국의 콜로라도 주 덴버에 있는 미드콘티넨트 교육연구소의 엘레나 보드로바E. Bodrova의 공저 《정신의 도구》에 따르면, 그 이유는 대강 다음과 같다.

우선 글이 말보다 사고를 좀 더 명확하게 한다. 글 읽기는 아동들이

다른 사람의 생각을 받아들이게 할 뿐 아니라, 그것을 이해하기 위하여 혼동이나 잘못이 없는지를 점검하게 한다. 또 글쓰기는 단순히 자기 생각을 표현하게 할 뿐 아니라 아동들로 하여금 처음으로 독자의 처지가 되어 자신의 생각에 부족한 것이나 잘못을 발견하게 한다. 그럼으로써 말하기와는 전혀 다른 측면에서 아동들의 고등 정신기능을 발달하게 한다.

문자는 또한 생각을 좀 더 의도적이고 구체적으로 만든다. 우리가 말할 때는 어조, 표정, 몸짓 등 공통적으로 놓여 있는 상황 등의 도움을 받는다. 그러나 글을 읽거나 쓸 때는 그 같은 도움이 매우 제한되어 있기 때문에 더 많은 정보가 필요하다. 따라서 글을 읽을 때는 말을 들을 때보다 더욱 많은 상상력과 집중력이 필요하고, 글을 쓸 때는 생각을 더욱 신중하고 구체적으로 표현해야 한다. 이 같은 집중력과 신중함이 역시 아동들의 고등 정신기능을 발달하게 한다.

마지막으로, 글은 아동들에게 언어의 구성 요소와 그것들이 맺는 구조를 구체적으로 알게 한다. 모든 글에는 낱말 간의 관계, 구句, 절節, 문단의 의미 사이의 관계를 지배하는 규칙이 있다. 보통 문법 또는 좀 더 세분해서 통사론syntax이라고 하는데, 아이들은 말을 배우고 사용하면서 언어의 기본 구조를 익히게 되지만 글을 읽고 쓰면서 그것을 구체화하게 된다. 그런데 이것이 아동들의 고등 정신기능 발달에 결정적인 역할을 한다.

현대 뇌과학자들의 의견도 보드로바의 주장과 다르지 않다. 최근 발표되는 연구들에 따르면 통사론이 아이들의 정신 발달에 끼치는 영향의 중요성은 우리의 상상을 훌쩍 뛰어넘는다. 그것은 단지 언어를 문법에 맞게 정확하게 구사할 수 있느냐 아니냐의 문제에 머무르지 않는다. 예컨대 워싱턴대학교의 신경생리학자 윌리엄 캘빈W. H. Calvin은 《생각의 탄생》에서 "통사론이 사람다운 지능을 판가름한다는 데에는 의심의 여지가 없다. 통사론이 없다면 우리는 침팬지보다 영리할 것이 없다"고 단언한다.

그는 동료인 올리버 색스O. Sacks, 1933~2015가 수화조차 배우지 못하고 자란 11세 청각 장애 소년 조지프를 묘사한 다음과 같은 글을 인용하면서, 이것이 통사론이 없는 사람의 삶이 어떠한지를 잘 말해준다고 했다.

> 조지프는 보고 구별하고 분류하고 사용할 수 있다. 지각에 대한 분류나 일반화와 관련해서는 아무 문제도 없다. 그러나 한 걸음 더 나아가 추상적인 개념을 마음에 새기고 반성하고 놀고 계획 세우는 일은 못하는 것처럼 보였다. 그는 완전히 융통성이 없는 것처럼 보였다. 이미지나 가설이나 가능성을 다룰 수도 없었다. (……) 소년은 동물이나 유아처럼 현재에 얽매여 있으며, 글자 그대로 즉각적인 지속 속에 갇혀 있는 것처럼 보였다.

통사론을 익히지 못하면 다른 동물들과 마찬가지로 일체의 추상적·논리적 사고를 할 수 없을 뿐 아니라, 심지어 과거·현재·미래와 같은 시간관념도 갖지 못한다는 말이다. 당연히 역사의식과 자기의식도 결여된다.

루리야의 광범위한 오지 탐사 연구 결과와도 같은 결론인데, 이것이 무엇을 의미하는가? 그것은 추상적·논리적 사고, 시간의식, 역사의식, 자기의식과 같은 인간의 고등 정신기능이 아이가 자라면서 하는 '경험들을 통해서'가 아니라 언어, 더 정확히는 '글 읽기와 글쓰기를 통해서' 형성된다는 뜻이다. 믿기 어렵겠지만 뇌신경학 실험들을 통해 확인된 사실이다. 미국 터프츠대학교에서 인지신경과학과 아동 발달을 연구하는 인지신경학자인 매리언 울프M. Wolf가《책 읽는 뇌》에서 소개한 다른 연구들도 이 같은 사실을 강력하게 뒷받침한다.

포르투갈의 뇌과학자들이 외딴 시골에 사는 주민들 가운데 사회적 또는 정치적 이유에서 학교에 다닐 기회가 없었던 60대 사람들을 연구했다. 실험들은 늦게나마 글을 깨우친 사람들과 완전히 문맹인 사람들, 이렇게 두 그룹으로 나누어 똑같은 언어 문제를 주고 브레인 스캔 brain scan을 해보았다. 결과는 놀라웠다. 문제를 푸는 동안 글을 깨우친 사람들은 정규교육을 받은 보통 사람들처럼 측두엽의 언어 영역이 활성화되었다. 그런데 문맹 집단에 속한 사람들은 그것을 전두엽 영역을 이용해 처리했다. 평생을 거의 비슷한 환경에서 살아온 시골 사람들의 뇌가 문자언어를 사용하느냐 아니냐에 따라 언어를 전혀 상이한 방법으로 처리했다는 뜻이다. 이 실험은 문맹이 전혀 다른 뇌를 만들었다는 것, 즉 문자언어가 우리의 뇌구조를 바꾼다는 사실을 가시적으로 보여준 사례로 꼽힌다.

이 같은 맥락에서 보면, 오늘날 청소년과 젊은 층에서 보이는 새로운 언어 습관에 대한 우려가 크다. 무분별한 줄임말과 합성어·은어 사용, 맞춤법 무시 등 심각한 언어파괴 행태를 보이기 때문이다. 문제의 원인은 채팅과 메시지 등 빠른 시간 안에 자판을 두드려 소통하는 새로운 문자 문화가 제공했다. 국민대통합위원회가 시민 1,000명을 대상으로 설문조사를 한 결과, 그 가운데 요즈음 청소년들의 언어 습관에 대해 염려하는 점으로 '개인 인격 형성에 부정적인 영향을 끼친다'가 31.0퍼센트로 가장 많았다. '올바른 한글을 익히기 어렵다'가 28.9퍼센트, '다른 세대와 소통이 되지 않는다'가 18.4퍼센트, '해당 언어를 모르는 계층과 괴리감이 생긴다'가 16.1퍼센트, '우려되는 점이 없다'가 3.6퍼센트, '무응답'이 2.0퍼센트로 뒤를 이었다.

나 말고 다른 사람들의 우려 역시 크다는 뜻이다. 이에 견주어 일부 중고교 국어 교사나 대학 국어국문과 교수 같은 전문가들은 이 문제에 비교적 관대하다. 청소년들이 예민한 언어 감각으로 새로운 소통 방식을 만들어내는 것으로 이해한다면 큰 문제라 볼 필요는 없다는 식이다. 그렇다! 시대를 불문하고 "파생과 합성을 통해 새로운 말을 만들어내는 건 자연스러운 현상"이다. 그런데 이들이 간과하고 있는 것이 하나 있다. 우리가 지금까지 살펴본 것처럼 언어가 정신을 만든다는 사실이 그것이다.

언어는 자신의 논리적 구조인 통사론을 통해 인습적이고 일상적인 말의 순서나 문법에 맞는 단어의 사용을 정하는 역할을 훌쩍 뛰어넘는 일을 한다. 그것은 우리의 뇌 안에 '자연과 사물들의 질서에 합당한 정신의 모형'을 형성하게 하는 것이다. 캘빈은 다음과 같이 강조했다.

통사론은 보다 정교한 정신을 만들기 위해 사용하는 것처럼 보인다. (……) 따라서 통사론은 항목들(대개 단어들) 사이의 관계를 여러분의 근원적인 정신의 모형pattern 속에 구성하는 일과 관련된 것으로서, 표면적인 내용, 즉 주어–동사–목적어의 어순이나 어형의 변화 따위에 대한 것이 아니다. 이런 표면적인 내용은 일종의 단서에 불과하다.

캘빈이 말하는 통사론은 문법grammar이 아니라 정신의 모형pattern 이다. 우리의 뇌는 언어를 통해 언어의 법칙이 아니라 '자연과 사물들의 질서에 합당한 정신의 모형'을 형성한다. 이런 의미에서 보면, '누가, 언제, 어디서, 무엇을, 왜, 어떻게'라는 육하원칙5W1H은 단순히 언론인들이 보도문을 쓰는 지침이 아니다. 그것은 인류가 오랜 세월 동안 말하기와 글쓰기를 하면서 숱한 시행착오를 거쳐 주체와 객체가 있고, 시간과 장소가 있으며, 인과관계와 수단과 목적이 있는 우리의 '자연과 사물의 질서'를 표현하는 데 최적화한 문장의 필수 구성 요소다.

육하원칙에는 '누가, 무엇을'이라는 주제와 객체 관념, 언제, 어디서라는 시간과 장소관념, 왜라는 인과관념과 어떻게라는 수단관념이 들어 있다. 캘빈이 육하원칙을 '정신적 문법'이라고 이름 붙인 것이 그래서다. 따라서 어떤 아이가 육하원칙에 합당한 문장을 구사한다면, 그 아이의 뇌가 이미 '자연과 사물의 질서에 합당하게' 형성되어 있다는 것을 의미한다. 이 아이가 국어뿐 아니라 과학과 수학, 사회 공부도 잘하는 것은 당연하다. 이것이 문장이 지닌 비밀스러운 힘이다.

정말이냐고? 고개가 갸웃해진다면, 예를 하나 더 들겠다. 프랑스 철학자 자크 데리다가 독일의 현상학자 후설의 《기하학의 기원》이라는 글에 본문보다 더 긴 서문을 쓴 적이 있다. 그에게 카바이에스Cavaillès 상을 안겨준 이 글의 요점은 '기하학의 기원이 문장'이라는 내용이다. 고대 그리스에 기하학이 발달한 시기도 알파벳이 완성되어 그들의 언어에 정확하고 논리적인 문장의 구조가 형성된 이후였다. 올바른 문장은 우리의 모든 이성적 사고가 제 길을 찾아가게끔 안내하는 '정신의 지도'다. 바로 이것이 오늘날 청소년과 젊은이들의 '언어파괴적 언어 습관'이 심히 염려스러운 이유다.

그럼 어떻게 하는 것이 정신의 문법이자 지도인 문장을 익히는 데 가장 효율적일까? 답은 간단하다. 유아기부터 아이들에게 — 그들이 아직 말을 이해하지 못할지라도 — 올바른 문장으로 말을 걸어주고, 어릴 때부터 올바른 문장을 읽고 쓰고 사용하는 습관을 들이게 하는 것이다. 언어가 파괴되면 정신이 파괴된다! 언어는 단순히 우리의 생각을 실어 나르는 도구가 아니다. 그것은 우리의 정신 안에 외부세계에 합당한 자연과 사물의 질서를 구성하게 하는 도구다. 그렇기 때문에 아동들이 문자언어를 사용하기 시작하면서 — 마치 축의 시대에 인류가 문명의 도약을 성취한 것처럼 — 고등 정신기능의 폭발적 도약을 보이는 것이다.

정리하자. 정신이 언어를 만드는 것이 아니다. 언어가 정신을 만든다! 놀라운 것이 어디 그뿐이겠는가? 언어의 능력은 여기서도 그치지 않는다. 언어는 우리에게 사물과 인간과 세계가 어떠한지뿐 아니라, 그것들이 각각 그것으로 존재하는 의미를 밝혀 드러내준다. 그럼으로써 우리가 사물과 인간과 사회 그리고 세계를 의미 있는 존재로 재구성하게 한다. 낭독 공연을 보면서 내가 하이데거의 "언어는 존재의 집이다"를 떠올린 것이 바로 그래서다. 이것은 또 무슨 말인가 싶을 텐데, 이제부터 그 이야기를 하자. 만일 당신이 의미 있는 삶을 살고 싶다면 아주 중요하고 흥미로운 이야기다.

불의 언어, 물의 언어

> 예수께서 자기의 어머니와 사랑하시는 제자가 곁에 서 있는 것을 보시
> 고 자기 어머니에게 말씀하시되 여자여 보소서 아들이나이다 하시고 또
> 그 제자에게 이르시되 보라 네 어머니라 하신대 그때부터 그 제자가 자기
> 집에 모시니라(요한복음 19 : 26~27)

요한복음에 실린 이 글은 예수가 십자가에 달려 세상을 떠나기 전
에 자기 어머니 마리아의 노후를 사랑하는 제자beloved disciple 사도 요
한에게 부탁하는 장면을 그렸다. 요한복음의 저자이기도 한 사도 요
한은 예수의 사후에 성모 마리아를 모시고 예루살렘을 떠나 에페소스
Ephesos, 우리말 성서에는 '에베소'로 나와 있다에서 살았다. 말년에는 로마 황제
도미티아누스의 기독교 박해로 병사들에게 붙잡혀 파트모스Patmos 섬
으로 유배되었는데, 지금은 관광지로 개발된 이 아름다운 섬에 가면
사도 요한이 성모 마리아와 함께 숨어 살며 요한계시록을 썼다는 '계
시록의 동굴Cave of the Apocalypse'이 관광객을 맞고 있다.

내가 뜬금없이 이 이야기를 꺼낸 이유는 바로 그 에페소스에 성모
마리아와 사도 요한이 살기 약 5백 년 전에 헤라클레이토스가 살았고,
그가 설파한 로고스에 대한 잠언들이 사도 요한이 복음서의 첫머리에
'말씀logos'이라고 묘사한 구절들을 이해하는 열쇠가 되기 때문이다.
그런데 이제 곧 보겠지만 그 열쇠가 하이데거가 말하는 '존재의 집'을
여는 바로 그 열쇠이기도 하다.

태초에 말씀이 계시니라 (……) 만물이 그로 말미암아 지은 바 되었으니 지은 것이 하나도 그가 없이는 된 것이 없느니라 그 안에 생명이 있으니 이 생명은 사람들의 빛이라"(요한복음 1~4)

그렇다. 사도 요한은 스토아철학이 유행하던 시절에 살았지만, 스토아철학을 통해 자연법lex naturalis으로 변형된 로고스 이론을 받아들인 사도 바울과는 달랐다(바울의 정치신학에 대해서는 〈시간〉 윤성희 편을 참고하길 바란다). 그는 헤라클레이토스가 설파한 로고스, 곧 '우주의 창조주'이자 '진리를 밝히는 언어'로서의 로고스를 그대로 받아들였다.

여기서 주목하고자 하는 것은 헤라클레이토스가 설파하고 사도 요한이 기독교 안으로 끌어들인 '말씀'으로서의 로고스와 하이데거가 그의 후기 철학에서 말하는 언어Sprache가 같은 맥락에 있다는 것과 그 둘은 모두 우리가 일상생활에서 사용하는 언어와는 전혀 다르다는 사실이다. 《숲길》에 실린 〈예술작품의 근원〉이라는 논문에서 하이데거는 결코 심상치 않은 이 언어를 다음과 같이 설명했다.

언어에 대한 올바른 개념이 필요하다. 널리 유포된 통념에 따르면, 언어는 전달의 한 방식으로 간주된다. 언어는 상의를 하고 협의를 이끌어내기 위해, 즉 일반적으로는 의사소통을 위해 사용된다. 그러나 언어는 단지 일차적으로 전달되어야 할 그것의 음성적·문자적 표현으로 그치는 것이 아니다. 언어는 개방될 수 있는 것과 은폐된 것을 (전달되어야 할 것으로) 생각하고 비로소 낱말들 속에 담고 문장들 속에 담아가도록 촉구한다.

이것이 대체 무슨 말인가? 살펴보자. 하이데거가 보기에 언어의 본질은 정보 전달 또는 의사소통의 수단이 아니다. 그런 일을 하는 음성적·문자적 표현을 그는 언어라고 하지 않고, '이야기Rede' 또는 '잡담Gerede'이라고 한다. 따라서 그가 말하는 언어는 우리가 말하는 일상언어가 아니고 "개방될 수 있는 것과 은폐된 것"을 "낱말들 속에 담고 문장들 속에 담아가도록 촉구"하는 언어, 이른바 '존재의 언어Sprache des Seins'다.

존재의 언어라니, 갑자기 어려운 말 같지만 그렇지 않다. 하이데거 철학에서 '존재'가 뜻하는 것은 시기별로 조금씩 다르지만, 대부분의 경우 '존재의 의미Sinn von Sein' 또는 존재의 진리Wahrheit des Seins, 다시 말해 어떤 존재자가 그것으로 존재하는 의미라고 이해하면 무난하다. 예를 들어 어떤 꽃이 꽃으로, 어떤 건물이 건물로, 어떤 인간이 인간으로 존재하는 의미가 각각 그것의 존재다. 그리고 그 존재가 우리에게 스스로를 열어 밝히는 것이 곧 존재의 언어다.

하이데거에 따르면, 존재의 언어는 존재의 의미와 진리를 내보이고zeigen, 나타나게-하며erscheinen-lassen, 보게-하고sehen-lassen, 들게-한다hören-lassen. 뿐만 아니라 우리가 그것을 따라-사유하게 하고nach-denken-lassen, 따라-말하게 한다nach-sprechen-lassen. 그럼으로써 우리가 존재의 의미와 진리를 "낱말들 속에 담고 문장들 속에" 담아 말하게 한다. 그러기 위해서 우리는 당연히 존재의 언어를 먼저 들어야 한다. 이런 의미에서 하이데거는 "말하기sprechen는 무엇보다도 먼저 듣기hören다"라고도 선언했다. 그런데 존재의 언어를 듣는다는 것이 무엇을 뜻하는가?

하이데거는 〈예술작품의 근원〉에서 구두를 그린 빈센트 반 고흐V. v. Gogh의 회화와 그리스 신전을 예로 들어 존재가 무엇인지를 설명했다. 하지만 그것은 나도 다른 책에서 자주 인용한 데다 이미 널리 알려졌기에 다른 예를 하나 들어 설명하려고 한다. 《형이상학 입문》에서 그가 존재자와 존재를 구분하기 위해 든 예다.

길 건너 저편에 실업고등학교 건물이 서 있다. 존재하는 어떤 존재자다. 우리는 외부에서 그 건물을 측면을 따라 샅샅이 살펴볼 수 있다. 그 내부에서는 지하실부터 다락까지 다녀볼 수 있고, 그 안에 있는 모든 것(……등)을 확인할 수 있다. 모든 곳에서 우리는 존재자들만을, 그것도 완전히 정돈된 존재자들만을 발견한다. 그러면 이 실업고등학교의 존재는 어디에 있단 말인가? (……) 이 건물의 존재는 모든 사람들에게 동일한 것으로 있는 것 같지 않다. 관찰자로서 또는 우연히 지나가는 사람으로서 우리에게 그것은 그 안에 앉아 있는 학생들에게 존재하는 것과는 다르게 존재한다. 이 상이함은 아마도 학생들이 단지 그 안에서 이 건물을 보기만 하기 때문에 생기는 것이 아니다. 그들에게 이 건물은 본래적인 것, 즉 그것이 있는 그대로의 것이고, 있는 모습 그대로의 것(즉 그 건물의 존재)이기 때문이다. 그 건물의 존재는 예컨대 냄새 맡을 수 있는 것이고, 이런 냄새는 보통 수십 년간이나 코 속에 배어 있게 된다. 그리고 이 냄새는 진술이나 눈으로 봄이 매개할 수 있는 것보다 더 직접적으로 더 견실하게 이 존재자의 존재를 전하여준다.

하이데거에 따르면, 존재의 언어는 그 안에서 공부한 학생들만이 학교 건물에서 느낄 수 있는 어떤 냄새처럼 존재자의 존재, 곧 그 건물이 건물로 존재하는 의미를 전해준다. 그러나 그것은 우리가 사용하는 일상 언어처럼 소리나 음성으로 다가오는 것이 아니다. 그것은 '울림Anklang' '고요의 울림Geläuter der Stille'—곧 앞의 예에서 하이데거가 '냄새'라고 표현한 어떤 '느낌' 또는 '정서적 느낌'—으로 우리에게 다가온다. 그럼에도 그 울림 속에는 사물과 세계의 참모습과 그것들이 존재하는 방식 그리고 그것들의 근원적 상호 관련인 존재의 의미와 진리가 풍요롭게 담겨 있다.

생각해보라. 여러 해 동안 어느 고등학교에 다녔던 사람이 그 학교 건물에서 맡는 냄새 또는 정서적 느낌이 어찌 잠시 들른 방문객이 느끼는 그것과 같을 수 있겠는가. 그 냄새, 그 정서적 느낌이 그 학교 건물로부터 다가오는 존재의 언어다. 따라서 언어의 본질은 나직한 울림으로 다가오는 존재의 의미와 진리를 낱말들 속에 담고 문장들 속에 담아 전달하는 것이다. 존재의 언어가 선행先行하고 우리의 사유와 언어는 그것을 따라가야 한다. 그리고 이 일은 존재의 언어가 우리에게 촉구하는 일이기도 하다. 하이데거는 《형이상학이란 무엇인가》에서 이 같은 자신의 언어에 관한 사유를 다음과 같이 정리했다.

시원적 사유는 존재의 은총에 대한 메아리다. 이 은총 속에서 단순한 자가 자기를 밝혀주고 자기를 발생시킨다. 즉 존재자가 존재하도록 한다. 이 메아리는 존재의 소리 없는 음성의 말에 대한 인간의 응답이다. 사유에 의한 대답은 인간적 언어의 근원이다. (……) 사유는 존재의 음성에 순종하여 존재에게서 말을 구한다. 그 말로부터 존재의 진리가 언어가 된다.

요컨대 존재의 진리에 대한 사유와 언어의 주도권은 인간이 아닌 존재에게 있다는 말이다. 따라서 참된 사유하기는 고요의 울림으로 다가오는 존재의 언어를 따라–사유하기nach-denken이고, 참된 말하기는 그것을 따라–말하기nach-sprechen일 뿐이다. 바로 여기에서 "시원적 사유는 존재의 은총에 대한 메아리다."라는 하이데거 후기 존재철학이 나왔고, "인간이 말하는 것은 (존재의) 언–어에 응답하는 한에서다"라는 언어철학이 나왔으며, 예술의 본질이란 "진리가 작품–속으로–스스로를–정립함sich-ins-Werk-setzen der Wahrheit"이라는 예술철학이 나온 것이다.

그렇다. 존재의 언어는 자기 안에 존재의 의미와 진리를 가득 담고 스스로 우리에게 다가오는 어떤 울림이다. 헤라클레이토스가 "내 말이 아니라 로고스에 귀를 기울여, 만물은 하나라고 말하는 것이 지혜롭다"고 교훈한 것이 그 때문이고, 하이데거가 "언어가 존재의 진리의 집이다"라고 선언한 것도 그래서다. 내가 보기에 "언어가 말한다" "본래 말하는 것은 언어이며 인간이 아니다"라고 선포한 후기 하이데거는—언어의 본질과 신비를 다시 열어 밝혔다는 점에서—현대를 살았던 헤라클레이토스이자 사도 요한이다. 그것도 "태초에 말씀이 계시니라"(요한복음 1: 1)라고 선언한 요한이다. 1946년에 발표한 〈휴머니즘에 대한 편지〉에서 하이데거는 다음과 같이 선포했다.

언어는 존재의 집이다. 언어의 집에 인간이 거처한다. 사유하는 자들과 시 짓는 자〔詩人〕들은 이 집의 파수꾼이다. 그들의 파수는 그들의 '말함'을 통해 이러한 개방성을 '언어'로 나타내고 언어에 보존함으로써 존재의 개방성Offenbarkeit을 완수하는 것이다.

이제 우리는 아름답지만 수수께끼 같은 하이데거의 말을 이해할 수 있게 되었다. "언어는 존재의 집이다" 또는 "언어가 존재의 진리의 집이다"라는 그의 말은 언어 안에 존재의 의미와 진리가 들어 있다는 뜻이다. "언어의 집에 인간이 거처한다"는 말은 존재의 의미와 진리를 밝히는 이, 곧 그것을 듣고 따라-사유하고 따라-말할 수 있는 존재가 식물도 동물도 아니고 오직 인간이라는 의미다. 그리고 "사유하는 자들과 시 짓는 자들은 이 집의 파수꾼이다"라는 말에는 사유자와 시인들—구약성서에는 예언자와 선지자들이 파수꾼으로 묘사되어 있다—이 고요의 울림으로 다가오는 존재의 언어를 예민하게 감지하여 우리에게 전해준다는 의미가 들어 있다.

하이데거의 이 같은 주장은 그가 '시인 중의 시인'이라고 칭송한 프리드리히 횔덜린F. Hölderlin, 1770~1843의 시에 나타난 사유와 맥을 같이하고 있다.

> 하지만 그대 시인들이여! 우리에게 주어진 사명은,
> 신의 뇌우 밑에서도, 맨머리로 서서
> 신의 빛살을 제 손으로 잡아,
> 그 천상의 선물을 노래로 감싸
> 백성들에게 건네주는 것이리라
> _ 프리드리히 횔덜린, 〈궁핍한 시대의 노래〉 중에서

이때 하이데거가 말하는 신은 어떤 특정 종교의 신, 예컨대 기독교에서 숭배하는 신이 아니다. 시인이 이름 부르는 신은 존재의 의미와

진리를 전하는 신, 곧 모든 존재자들이 존재하는 의미를 참답게 열어 밝혀주는 신이다. 하이데거는 이 신을 "마지막 신der letzte Gott"이라고 일컬었다.

이제 〈벨락의 아폴로〉로 돌아가자. 아폴로가 아그네스에게 가르쳐 준 "참 잘생기셨어요"라는 주문은 우리가 일상적으로 하는 언어가 아니다. 그것은 헤라클레이토스와 사도 요한이 설파한 로고스이고, 하이데거가 말하는 존재의 언어이며, 횔덜린이 노래한 '천상의 선물'이다. 그것은 사물이나 사건에 관한 정보 전달 또는 의사소통의 수단인 인간의 언어가 아니라, 어떤 존재자가 그것으로 존재하는 의미를 밝혀 드러내주는 '신의 빛살'이다.

그리고 그것의 효용은 마치 꽃을 노래한 한 편의 시가 그 꽃이 그것으로 존재하는 의미를 밝혀주듯이, 그 말을 듣는 사람에게 그가 그로서 존재하는 의미를 밝혀주는 것이다. 아그네스의 말을 들은 사람들이 ─그중에는 잘생긴 사람도 있고 못생긴 사람도 있었겠지만 그와 무관하게─너 나 할 것 없이 행복해하는 것이 그래서다.

하이데거의 《존재와 시간》에 따르면, 인간은 "존재하면서 스스로 자신의 존재를 가장 큰 문제로 삼는 존재자das Seiende, dem in seinem Sein um dieses selbst geht"다. 인간의 가장 큰 관심사가 자신의 존재의 의미라는 뜻이다. 만일 고개가 갸웃해진다면, 이렇게 생각해보자. 당신이 누군가를 만나고 돌아와 아무 이유 없이 기분이 나빠졌다고 하자. 그러면 십중팔구 상대가 당신의 존재를 무시했기 때문일 것이다. 만일 왠지 모르게 기분이 좋아졌다면 그 반대다. 이 세상 그 어느 것도 자신이 존재하는 의미를 묻지 않는다. 오직 인간만이 자신의 존재의 의미를 자나 깨나, 심지어는 꿈에서조차 염려하고sorgen 문제 삼는다.

아그네스는 사유자도 시인도 아니다. 그러나 아폴로가 친히 고요의 울림으로 다가오는 존재의 진리를 "신의 뇌우 밑에서도, 맨머리로 서서 / 신의 빛살을 제 손으로 잡아, / 그 천상의 선물을 노래로 감싸" 그녀에게 전해주었다. 그것이 "참 잘생기셨어요"라는 주문인데, 그것이 듣는 사람들에게 각자 나름의 존재의 의미를 일깨워주었다. 그 천상의 선물을 건네받은 사람들이 만들어낸 풍경을 지로두는 이렇게 그렸다.

> 이 회사는 지난 15년 동안 질시와 의혹과 암울에 휩싸여왔어요. 그런데 갑자기 오늘 아침에 모든 것이 달라졌습니다. 우선 내 서기로 말할 것 같으면 늙고 찌든 여우 같았는데, 오늘 갑자기 상냥하기 짝이 없는 사람이 되고 말았소. 그리고 부사장으로 말할 것 같으면, 엄숙하고 근엄하기 이를 데 없는 사람인데 오늘 회의 도중 굳이 양복저고리를 벗어야겠다고 주장하며 심지어 와이셔츠 소매까지 걷어올리지 않겠소.

그뿐 아니다. 지로두는 또 다른 풍경 하나를 작품 안에 담아놓았다. 테레즈와 사장이 만들어내는 풍경이다. "나는 모든 걸 걸고 명백한 진실을 외치겠어요. 당신은 추남이라고요"라는 테레즈의 말을 들은 사장은 오랫동안 감추었던 속내를 다음 같이 털어놓는다.

> 아, 이제야 알겠군. 왜 내가 당신 옆에 있기만 해도 자신을 잃고 기가 죽는가 하는 것을 말이오. (……) 당신이 없을 때 당신 소유물을 보기만 해도

나는 항상 기가 질렸거든. 의자에 걸린 당신 스커트 자락만 보아도 움츠러들고, 화장대 위에 걸린 당신 스타킹만 보아도 내 다리가 얼마나 못생겼는가에 생각이 미치고, 당신의 장갑만 보아도 내 흉한 손과 어색한 제스처가 연상되어왔소. 벽난로 위의 시계만 보아도, 식탁 위에 진열된 드레스텐 도자기를 보아도, 그 구식 흔들의자만 보아도 말이오. 오늘 저녁에 집에 도착하면 그 의자부터 없애버릴 작정이오.

그렇다. 앞에서 우리가 '고차적 언어'라고 이름 붙였던 인간의 언어에는 두 가지가 있다. 하나는 우리가 일상적으로 정보 전달 또는 의사소통의 수단으로 사용하는 언어, 즉 사물이나 사건을 사실대로 밝혀드러내는 언어다. 다른 하나는 신의 빛살로서의 언어, 곧 존재의 언어를 따라-말함으로써 모든 존재하는 것들에게 그것이 그것으로 존재하는 의미를 밝혀주는 언어다. 나는 전자가 사물과 사건들을 밝혀 드러낸다는 뜻에서 그것을 '불의 언어'라 부르고, 후자가 존재의 의미를 밝혀 그것들이 존재하게끔 또는 살게끔 해준다는 뜻에서 '물의 언어'라 부르고자 한다. 〈벨락의 아폴로〉에서 테레즈가 풀어놓는 것이 불의 언어이고, 아그네스가 구사하는 것이 물의 언어다.

두 언어, 두 진리

언어는 진리를 담아 나르는 그릇이다. 그런데 우리에게 두 개의 언어가 있다는 사실은 우리에게 역시 두 개의 진리가 있다는 것을 추정해볼 수 있게 한다. 이런 관점에서 보면, 신약성서에는 참으로 안타까운 재판 장면이 하나 묘사되어 있다. 안타까운 나머지 내가 기회가 있을 때마다 자주 꺼내는 이야기이기도 한데, 마지막 날 예수가 로마 총독 빌라도 앞에서 심문과 사형 판결을 받는 장면이 그것이다. 당시 정황을 가장 자세히 묘사한 것은 요한복음(요한복음 18 : 28~19 : 16)이지만, 다른 세 공관복음서도 당연히 이 장면을 중요하게 다룬다(마태복음 27 : 11~26; 마가복음 15 : 1~15; 누가복음 23 : 1~25).

이 기록들을 종합해보면, 빌라도는 예수를 죽음으로 몰아넣고 싶지 않았다. 무엇보다도 유대인들의 골치 아픈 일에 끼어들고 싶지 않았던 데다, 그의 아내가 사람을 보내어 지난밤 꿈 이야기를 하며 이 일에 관여하지 말라고 조언했기 때문이다(마태복음 27 : 19). 그래서 요리조리 피할 구멍을 찾았다. 빌라도는 우선 예수에게 "네가 유대인의 왕이냐?"라고 물었다. 그러자 예수가 "내 나라는 이 세상에 속한 것이 아니니라"라고 두 번이나 반복해서 명확히 대답했다. 그럼에도 빌라도는 "그럼 네가 왕이 아니냐?" 하고 다시 물었다. 이에 예수가 "네 말과 같이 내가 왕이니라. 내가 이를 위하여 태어났으며 이를 위하여 세상에 왔나니 곧 진리에 대해 증언하려 함이로라. 무릇 진리에 속한 자는 내 음성을 듣느니라"(요한복음 18 : 37)고 대답했다.

이로써 예수는 자기가 세상에서 말하는 왕이 아니라 오직 진리를 증언하려고 태어난 진리의 왕이라는 것을 분명히 밝혔다. 그러자 빌라도가—일찍이 니체가 《안티크리스트》 46장에서 "역사상 가장 세련된 말 die größte Urbanität aller Zeiten"이라고 칭송한—질문을 던진다.

진리가 무엇이냐ti estin aletheia?(요한복음 18:38)

예수는 더 이상 아무 말도 하지 않았다. 그러자 빌라도는 크게 두려
워하며 "내게 말하지 아니하느냐. 내가 너를 놓을 권한도 있고 십자가
에 못 박을 권한도 있는 줄 알지 못하느냐"(요한복음 19:10)라고 회유
했다. 그리고 되도록 예수를 놓아주려고 애를 썼다. 하지만 예수는 더
이상 자신을 변호하지 않았고, 그를 십자가에 매달라는 유대인들의 성
화가 빗발쳤다. 이에 못 이겨 빌라도는 결국 유대인들이 원하는 대로
예수를 내어줬다.

내가 안타까워하는 것은 두 사람 사이에 의사소통이 전혀 이뤄지지
않았다는 점이다. 빌라도는 웬일인지 예수가 말하는 진리가 무엇인지
전혀 이해하지 못했고, 예수는 무슨 영문인지 자기를 살릴 수도 있고
죽일 수도 있는 빌라도의 질문에 침묵했다. 왜 그랬을까? 왜 두 사람
은 의사소통이 불가능했을까?

우리말 성서에 '본디오 빌라도'라는 이름으로 등장하는 폰티우스 필
라투스Pontius Pilatus, 재임 26~36는 진리가 무엇인지를 이해하지 못할 만
큼 무식한 사람이 아니다. 그는 로마에서 교육을 받았는데, 당시 로마
에는 스토아철학이 번성했다. 후기 스토아철학의 거두이자 정치가로
네로 황제의 스승이기도 했던 세네카L. A. Seneca, BC 4?~65가 동시대
사람이라는 것이 그 증거다. 스토아철학이란 진리가 무엇인지를 최초
로 밝힌 '위대한 아리스토텔레스'의 막강한 영향 아래 만들어진 철학
이다. 빌라도는 당연히 아리스토텔레스가 가르친 진리가 무엇인지를
잘 알고 있었을 것이다. 어쩌면《형이상학》에 적힌 그의 진리론을 직

접 읽었을지도 모른다.

그런데 왜 빌라도는 예수에게 "진리가 무엇인가?"라고 되물었을까? 일부러 딴지를 걸기 위해서였을까? 조르조 아감벤이 쓴《빌라도와 예수》에 몇 가지 이름난 추정이 나열되어 있다. 예컨대 중세 신학자 토마스 아퀴나스T. Aquinas, 1225~1274는 빌라도의 질문이 아리스토텔레스가 규정한 진리가 아니라, 예수는 알고 있지만 자기는 모르는 그 어떤 특수한 진리에 관한 물음이었다고 해석했다. 그러나 영국의 철학자 프랜시스 베이컨F. Bacon, 1561~1626은 대답을 기대하지 않고 그저 농담조로 물었을 뿐이라고 추측했으며, 니체는 "진리가 무엇이냐"라는 빌라도의 질문은 신약성서를 박살 내버린 한 로마인의 '탁월한 경멸'이라고 평가했다.

토마스 아퀴나스의 대답이 가장 근접하긴 하지만, 모두 잘못되었다! 두 사람 사이에 의사소통이 되지 않은 까닭은 빌라도가 배운 진리와 예수가 가르친 진리가 전혀 달랐기 때문이었다. 로마 총독 빌라도가 알고 있던 진리는 그리스 전통의 진리, 곧 아리스토텔레스가 정의한 '사실에 관한 진리'였고, 예수가 말하는 진리는 유대인들이 조상 대대로 믿는 신이 내려준 히브리 전통의 진리, 곧 '삶에 관한 진리'였다. 그래서 의사소통이 전혀 되지 않았던 것이고, 예수가 침묵했던 것이다.

예수에 대한 빌라도의 재판 장면은 진리를 바라보는 예수의 관점을 이해하지 못하고 진리가 무엇이냐고 되묻는 빌라도의 무지와 이에 침묵하는 예수의 태도를 통해 그리스 전통의 진리와 히브리 전통의 진리, 과학적 진리와 종교적 진리, 존재물의 진리와 존재의 진리가 얼마나 서로 다른지를 보여주는 역사적 사건이자 신학적 상징이다. 초기 기독교 신학자 테르툴리아누스가 "아테네와 예루살렘이 무슨 상관이 있는가? 아카데미와 교회 사이에 무슨 일치가 있는가?"라고 선포한 것이 그 차이를 다시 확인한 말이다.

진리란 무엇인가? 진리가 '사실을 사실대로 말하는 것'이라는 정의는 아리스토텔레스부터 시작됐다. 그는 《형이상학》에서 진리를 다음과 같이 정의했다.

> 있는 것to on을 있지 않다고 말하거나 있지 않은 것to me on을 있다고 말하는 것이 거짓이요, 있는 것을 있다고 말하거나 있지 않은 것을 있지 않다고 말하는 것이 참이다.

플라톤과 아리스토텔레스가 '있는 것'이라고 하는 것은 오늘날 우리 말로는 '무엇으로 있는 것'—곧 본질(무엇)과 존재(있음)로 구성된 실체—에 해당한다. 따라서 자칫 우스꽝스럽게 들리는 이 말을 사과를 예를 들어 설명하자면, '사과로 있는 것을 사과로 있지 않다고 하거나 사과로 있지 않은 것을 사과로 있다고 하는 것이 거짓이요, 사과로 있는 것을 사과로 있다고 하거나 사과로 있지 않은 것을 사과로 있지 않다고 하는 것이 참이다'가 된다. 요컨대 사과를 사과라고 하고 사과가 아닌 것을 사과가 아니라고 하는 것이 진리라는 뜻이다.

평범해 보이지만 이 말이 뜻하는 바는 탁월하다. 아리스토텔레스가 "~라 말하는 것이 거짓이요, ~라 말하는 것이 참이다"라고 사실과 언어를 구분하고, 참이나 거짓이 될 수 있는 대상, 곧 '진리의 담지자

truth-bearer'는 사실 자체가 아니고 언어이며, 참과 거짓의 구분이 사실과 언어 사이의 일치 여부에 있음을 밝힌 것이 그의 탁월한 업적이다.

영국의 철학자 버트런드 러셀B. A. W. Russell이 그의 저서《철학의 문제들》에서 명쾌하게 설명했듯이, 아무도 살지 않는 달〔月〕을 생각해보자. 그곳에도 예를 들어 월석月石 같은 사물과 낮에는 온도가 올라가고 밤에는 내려가는 현상 같은 사실이 있다. 하지만 그곳에는 '참'이나 '거짓'은 없다. 월석을 월석으로 판단하고, 더운 것을 덥다고, 추운 것을 춥다고 표현할 언어가 없기 때문이다. 요컨대 세계 자체에는 진리도, 거짓도 없다. 진리란 우리의 언어가 갖고 있는 고유한 특성이다. 그리고 그것의 진위眞僞는 오직 사실과의 관계에서 가려진다. 이 말을 중세 스콜라철학자들은 '진리란 사물과 지성의 일치다veritas est adaequatio rei et intellectus'라고 표현했다.

아리스토텔레스가 말하는 진리는 이처럼 '사실적 진리' 또는 '존재물의 진리'다. 그리고 오늘날 우리가 알고 있는 대부분의 진리론들이 이 진리론을 토대로 하고 있다. 그런데 문제는 우리가 진리라는 용어로 가리키는 것이 또 하나 있다는 데 있다. 그것은 앞서 예수가 이야기한 진리, 곧 그가 "내가 곧 길이요 진리요 생명이니 나로 말미암지 않고는 아버지께로 올 자가 없느니라"(요한복음 14:6~7)라고 가르친 진리다. 이 진리는 '사실에 대한 진술'이 아니라 인간의 언어와 행위가 마땅히 따라야 할 '삶의 길〔道〕에 대한 진술'이다. 그래서 '삶의 진리' 또는 '종교적 진리'라고도 하는데, 이 진리에서 중요한 것은 사물이나 사실이 아니라 생명과 존재이고, 인간은 이 진리가 실현되는 가운데서만 자기 자신의 삶의 의미와 가치를 구현할 수 있다.

그렇다면 우리는 '진리'라는 하나의 용어를 두 가지의 전혀 다른 의미로 혼용하고 있는 셈인데, 알고 보면 이 무분별한 혼용이 오늘날 과학자들과 종교가들이 벌이고 있는 '진리논쟁'의 근원이기도 하다. 과학자들은 아리스토텔레스가 규정한 진리를 진리라 생각하고 종교인들은 예수가 가르친 진리를 진리라 생각하면서 이 용어를 사용한다. 때문에 서로가 상대방이 진리라고 하는 것을 이해하지도 수긍하지도 못한다. 그런데 스위스 출신 철학자 미카엘 란트만M. Landmann, 1913~1984이 바로 이 문제에 대한 명쾌한 해결책을 내놓았다.

란트만은 그의 저서 《근원의 형상과 창조자의 행위》에서 그리스 전통과 히브리 전통에 들어 있는 진리 개념에 대한 근본적인 차이점을 명확히 구분하여 설명했다. 그가 말하는 '그리스 전통의 진리'가 아리스토텔레스가 규정한 사실에 관한 진리 또는 과학적 진리이고, '히브리 전통의 진리'가 예수가 선언한 삶에 관한 진리 또는 종교적 진리다.

란트만은 이러한 진리 개념의 서로 다른 두 가지 양식을 '거울[鏡]'과 '반석盤石'이라는 상징어를 도입하여 설명했다. 진리란 주어진 사실에 대한 올바른 진술, 사실의 반영이라는 그리스 전통의 진리 개념을 거울이라 묘사하고, "진리란 흔들리지 않는 지속성을 신앙하는 모든 사람에게 허용하는 것이고 (……) 지속적으로 존재하는 것이며 그리고 그곳에 사람들은 집을 지을 수 있는 것이다"라는 히브리 전통의 진리 개념을 반석에 비유한 것이다.

히브리 전통의 진리는 당연히 구약성서에 기록된 여호와의 말dābār과 신약성서에 선포된 예수의 '말씀logos'이다. 따라서 신구약성서의 곳곳에는 여호와의 말 또는 예수의 말씀을 반석 또는 시냇물로 비유해 그것이 존재물이 존재할 수 있는—사람이 사람으로 살 수 있는—근원임을 밝히고 있다. 예컨대 다윗은 여호와의 율법을 즐거워하는 자는 "시냇가에 심은 나무가 철을 따라 열매를 맺으며 그 잎사귀가 마르지 아니함"(시편 1:3)과 같다고 노래했고, 예수는 "그러므로 누구든지 나의 이 말을 듣고 행하는 자는 그 집을 반석 위에 지은 지혜로운 사람 같으리니"(마태복음 7:24)라고 교훈했다.

이렇듯 존재물들이 존재하게끔 하는 진리, 사람이 사람으로 살 수 있게 하는 진리, 이것이 바로 란트만이 히브리 전통의 진리라고 이름 붙인 종교적 진리다. 따라서 이러한 진리는 '드러난 사실'에 대한 언급이 아니고 오히려 '드러날 사실' 또는 '드러나야만 할 사실'들에 대한 언급이며, 말뿐만 아니라 행위와 삶에 연관되어 있다. 이것은 "빛이 있으라 하시니 빛이 있었고"(창세기 1:3)와 같은 구약성서적 표현에 나타나 있듯이, 이 진리는 말함〔發話〕과 동시에 그것이 의미하는 행위가 이루어지게 하는 수행적遂行的 성격을 띠고 있기 때문이다.

그래서 예수도 자신을 가리켜 "내가 곧 길이요 진리요 생명이니"라고 길과 진리를 같은 원리로 표현했던 것이고, "악을 행하는 자마다 빛을 미워하여 빛으로 오지 아니하나니 이는 그 행위가 드러날까 함이요 진리를 따르는 자는 빛으로 오나니 이는 그 행위가 하나님 안에서 행한 것임을 나타내려 함이라"(요한복음 3:20~21)고 진리와 행위를 묶어 가르쳤던 것이다. 때문에 우리는 이 진리를 '사실의 진리'에 대하여 '삶의 진리', '존재물의 진리'에 대하여 '존재의 진리', '과학적 진리'에 대하여 '종교적 진리', '판단의 진리'에 대하여 '사랑의 진리', '지상의 진리'에 대하여 '천상의 진리' 그리고 모든 것을 판단하고 판결하는 불의 진리 대신 모든 것을 살려내는 물의 진리라고 부를 수 있다.

물의 말을 모르는 사람들

거센 겨울바람이 드러누운 눈발들까지 일으켜 세워 이리저리 몰고 다니던 어느 겨울날이었다. 허름한 중국집에 젊은 여인이 철모르는 소년을 하나 데리고 들어왔다. 그리고 난롯가에 놓인 좌석에 나란히 앉았다. 구공탄 난로 위에서는 커다란 주전자가 수증기를 거세게 뿜어 올리고 있었다. 소년은 뭐가 그리 좋은지 연방 싱글벙글거렸고 여인은 그 아이를 그윽한 눈빛으로 바라보고 웃었다. 주인이 물을 날라다주며 무엇을 먹을 것인지 물었다. "자장면 하나 주세요." 여인이 대답했다. 그러자 소년이 눈을 동그랗게 뜨고 물었다. "왜?…… 엄만, 안 먹어?" "응. 엄만 조금 전에 밥을 먹었거든. 그래서 배가 불러." 여인의 말에 소년은 잠시 고개를 갸웃거렸지만 이내 활짝 웃으며 말했다. "응……, 그래?"

일본의 동화작가 구리 료헤이의 《우동 한 그릇》을 생각나게 하는 이야기지만, 모두가 가난하게 살던 시절에는 그리 희귀한 이야기도 아니었다. 내가 묻고 싶은 것은 여기서 과연 무엇이 진리일까 하는 것이다. 그때 여인은 밥을 먹지 않았다. 단지 돈이 없었을 뿐이다. 그래서 자장면 한 그릇만 시켜 "응. 엄만 조금 전에 밥을 먹었거든. 그래서 배가 불러" 하며 아이에게 먹인 것이다. 이것이 사실이고 그것이 사실의 진리다. 그렇다면 이 여인은 자기 아이에게 거짓말을 한 것일까? 당신의 생각은 어떤가?

소년은 자라 나중에 철학을 전공했다. 그는 당연히 아리스토텔레스가 쓴 《형이상학》을 읽었다. 그리고 그가 말하는 진리가 무엇인지도 정확히 알았다. 하지만 그는 엄마가 자기에게 거짓말을 했다고는 단한 번도 생각하지 않았다. 왜냐하면 그때 엄마가 한 말은 '사실'은 아니었지만 '진실'이었고, 사실에 대한 '판단의 진리'가 담긴 말이 아니라 사람이 그것을 따라 살게 하는 '사랑의 진리'가 담긴 진술이었음을 깨달았기 때문이다. 아마 당신도 기꺼이 그렇게 생각할 것이다. 그리고 그 '사랑의 진리'가 이후 그 사람이 평생을 두고 하나의 인간으로 살아가는 길이자 반석이 되었다. 다른 누구가 아닌 내 이야기다.

여기에서 다시 〈벨락의 아폴로〉 이야기로 돌아가보자. 이 극에서 테레즈는 남편에게 "물론 당신에겐 여러 가지 장점이 있어요. 그렇지만 당신은 추남이에요. (……) 추남이고말고요. 이 여자의 동기가 뭔지 몰라도 달콤한 거짓말을 하는 것에 지나지 않아요. 그러나 나는 모든 걸 걸고 명백한 진실을 외치겠어요. 당신은 추남이라고요. (……) 그것이 사실이기 때문이지요"라고 외친다. 테레즈는 남편에게 악담을 한 게 아니라 단지 사실을 사실대로 말하는 '사실의 진리', 곧 아리스토텔레스가 규정한 '판단의 진리'를 담아서 말했을 뿐이다. 이에 반해 아그네스는 '달콤한 거짓말'을 한 것이 아니라, 사람이 살게 하는 바탕, 사람이 마땅히 나아가야 할 길인 '삶의 진리', 곧 예수가 가르친 '사랑의 진리'를 말했다고 할 수 있다.

정리하자면, 이제 우리는 두 가지 진리와 그것들이 각각 사는 집, 곧 두 개의 언어를 갖고 있다. 하나는 '아리스토텔레스와 빌라도의 진리가 들어 있는 언어'이고 다른 하나는 '예수와 젊은 여인의 진리가 사는 언어'다. 하나는 사물의 본질을 밝히는 '판단의 언어'이고, 다른 하나는 사람을 살게 하는 바탕을 밝히는 '사랑의 언어'다. 하나는 '사실의 언어'이고 다른 하나는 '삶의 언어'다. 하나는 '지상의 언어'이고, 다른 하나는 '천상의 언어'다. 하나는 '불의 언어'이고, 다른 하나는 '물의 언어'다.

지로두는 〈벨락의 아폴로〉에서 두 언어를 서로 대비시켜 그 차이를 다음과 같이 흥미롭게 묘사해놓았다. 화가 난 테레즈가 먼저 아그네스를 향해 "이 양반을 가져가요. 얼마든지 양보하겠어요. 밤마다 코고는 소리를 듣는 것도 이젠 질렸으니까"라고 소리치자, 아그네스는 "사장님은 코를 고시나요? 정말 멋있어요"라고 대꾸한다. 테레즈가 다시 "게다가 깡마른 무르팍은 또 어떻고"라고 험담을 하자, 아그네스는 "전 개성이 있는 무릎이 좋아요"라고 받아넘긴다. 약이 더욱 바싹 오른 테레즈가 "저 흉측한 얼굴은 또 어때요? 이 양반 눈썹이 귀족의 눈썹을 닮았다고 말해보시지"라고 악담을 하자, 아그네스는 "천만에요. 그렇지 않아요. 사장님의 눈썹은 제왕의 눈썹을 닮았어요"라고 덕담을 한다.

덕담德談이 본디 무엇이던가. 옛날 시골 노인들이 마을 아이들을 만나면 그때마다 머리를 쓰다듬어주며 "어, 그놈 대통령감이다"나 "어, 그놈 참 잘생겼다"라고 건네던 말이 곧 덕담이다. 그 노인들이 아이마다 모두 대통령감이라고 생각해서, 정말로 잘생겨서 그리 말하는 것이 아니다. 설령 그렇지 않더라도 마치 그런 것처럼 이야기하는 것이 덕담이다. 하지만 그 말이 아이들에게 '대통령이 된 나' '잘생긴 나'라는 가상의 실재를 만들게 하여 용기를 얻고 의젓하게 자라게 하는 바탕이자 반석이 된다. 덕담은 사실의 진리는 아니지만 삶의 진리를 담고 있으며, 판단의 진리가 아니지만 사랑의 진리를 품고 있다. 그것은 불의 언어가 아니라 물의 언어다.

다시 주목하고자 하는 것은, 테레즈가 자기 남편에게 무슨 억하심정이 있어서 악담을 퍼붓고자 하는 것이 아니고, 아그네스가 취직을 위해서 덕담을 쏟아놓는 것이 아니라는 것이다. 테레즈는 단지 사물의 본질을 밝히는 사실의 언어, 판단의 언어, 곧 불의 언어를 구사했고, 아그네스는 다만 사람을 살게 하는 바탕을 밝히는 삶의 언어, 사랑의 언어, 곧 물의 언어를 사용했다는 점이 다를 뿐이다. 그리고 그 결과가 테레즈에게는 지옥을, 아그네스에게는 천국을 펼쳐 경험하게 했다. 그렇다면 어떤가? 우리도 불의 언어보다 물의 언어를 사용해야 하지 않을까?

사실을 털어놓자면, 나는 불의 언어와 물의 언어라는 '아름다운 말'을 그날 강연에 초대한 심보선 시인의 두 번째 시집 《눈앞에 없는 사람》의 뒷면을 읽다가 우연히 얻었다. 나중에 그에게 들어보니, 그 글은 시인이 자기 시집을 소개하는 글을 싣는 것이 시집을 출간한 출판사(문학과 지성사)가 오랫동안 지켜온 전통이라서 쓴 편지 형식의 자서自敍라 한다. 그럼에도 내 눈에는 그것이 한 편의 시처럼 아름답게 보였다. 게다가 이 글은 내가 설명하고자 하는 두 언어의 차이를 선명히 드러내 보여주고 있다. 그중 일부를 소개하면 다음과 같다.

안타깝게도 법과 규칙의 말들은 죄의 무릎과 무릎 사이에 놓인 순수함을 보지 못하는군요.

세계의 단단한 철판 위에 이성의 흔적을 새기는 사람들은 물의 말을 모르는 사람들

그들은 죄악의 틈새에서 잠들고 자라는 어린 영혼들을 보고는, 아이 불결해, 눈살을 찌푸리기만 하네요.

하지만 물방울로 이루어진 당신의 말은 그 영혼을 투명하게 비춰주는군요.

물방울로 오직 물방울로 싸우는 당신. 물방울의 정의를 행사하는 당신. 판결과 집행이 아니라 고투와 행복을 증언하는 당신.

"세계의 단단한 철판 위에 이성의 흔적을 새기는 사람들"이 사용하는 말이 불의 언어이고, "물방울로 오직 물방울로 싸우는 당신. 물방울의 정의를 행사하는 당신. 판결과 집행이 아니라 고투와 행복을 증언하는 당신"이 구사하는 말이 물의 언어다.

여기서 잠시 생각해보자. 우리는 일상생활에서 주로 어떤 언어를 사용하고 있는가? 물어볼 것도 없이 대부분의 사람들은 사실과 사건을 밝히는 사실의 언어, 판단의 언어, 불의 언어를 사용하고 있을 것이다. 사실을 사실대로 말하는 것이 옳다고 배워왔고, 또 우리 스스로도 그것이 정당하다고 생각하기 때문이다. 반면에 사람을 살게 하는 바탕이자 나아가야 할 길을 밝히는 다른 언어적 가능성, 곧 삶의 언어, 사랑의 언어, 물의 언어에 대해서는 배운 적도, 스스로 생각한 적도 거의 없을

것이다. 당연히 자주 사용하지도 않고 그에 대해 아는 것 역시 적다.

그래서 그날 강연에서 나는 물의 언어라는 이 '새로운 언어적 가능성'에 잠시나마 관심을 기울여 살펴보자고 제안했다. 물론 우리는 사실의 언어, 판단의 언어, 불의 언어 없이는 살 수 없다. 인간의 모든 이성적 작업, 즉 자연과학을 비롯한 거의 모든 학문과 법 제도를 포함한 거의 모든 사회제도가 이 언어로 구축되었고, 이 언어에 의해 지탱되고 있기 때문이다. 그러나 우리는 아리스토텔레스가 규정한 '이성적 동물'만은 아니다. '감정적 동물'이기도 하다. 게다가 우리는 '이성만으로는 충분히 이성적일 수 없다'는 것을 〈이데올로기〉 김연수 편에서 이미 확인했다.

그렇다. 인간은 "세계의 단단한 철판 위에 이성의 흔적을 새기는 사람"들이 사용하는 불의 언어 없이는 살 수 없다. 그러나 이 언어로만 사는 인간은 인간이 아니다. 이 언어로만 구축된 사회도 인간의 사회가 아니다. 이것이 〈벨락의 아폴로〉에서 테레즈가 우리에게 마치 악녀처럼 보이는 이유이고, 《시적 정의》에서 마사 누스바움M. Nussbaum이 "인간의 다양한 유약함에 연민을 보여 정상을 참작할 수 있는 요소들의 가능성을 고려 대상에서 배제한" 판결은 "사회정의로 이어지는 필수적인 가교를 잃게 될 것"이라고 주장한 까닭이다. 쾨슬러가 《한낮의 어둠》에서 주인공 루바쇼프의 입을 빌려 "누구도 콘크리트로 낙원을 세울 수는 없다"고 외친 것도 그래서다(자세한 내용은 〈이데올로기〉 김연수 편에 실려 있다).

우리는 앞에서 언어가 개인과 사회에 그리고 인류의 진화와 문명에 무엇을 어떻게 해왔는지를 간단하게나마 살펴보았다. 언어는 인간을,

사회를 그리고 인류를 구성해가는 핵심 요소다. 우리는 근대 이후 자연과학과 자본주의가 손잡고 추진하는 물질문명의 발달을 통해 사실의 언어, 판단의 언어, 불의 언어가 얼마나 위대한 일들을 할 수 있는지를 보아왔고 지금도 여전히 보고 있다. 하지만 아우슈비츠와 굴라크가 대변하는 근대성의 폭력을 통해 이 언어가 또 얼마나 끔찍한 일을 할 수 있는지도 여실히 확인했다. 한마디로 '세계의 단단한 철판 위에 이성의 흔적을 새기는 사람들' '물의 말을 모르는 사람들'은 위험하다!

이제는 물의 언어와 그의 논리를 개발하고 사용하고 확장해나가야 할 때다. 우리는 "이성 하나만으로 만들어진 나침반은 불완전하기에 목표가 안갯속으로 사라져버리는 뒤틀린 경로로 이끌 것이다"라는 루바쇼프의 말에 귀를 기울여야 한다. 그래야만 우리의 삶과 가정과 사회가 다시금 지옥으로 걸어 들어가는 것을 막을 수 있기 때문이다. 불의 언어 하나만으로 만들어진 나침반은 불완전하다. 물의 언어에 대한 언어학적, 사회과학적 그리고 철학적 연구들이 체계적으로 시작되어야 한다. 누스바움이 오랫동안 천착하고 있는 시적 정의나 연민의 사회학과 마찬가지로 물의 언어에 관한 연구도 거의 불모지이기 때문이다.

물론 이 글은 이 같은 방대한 작업을 체계적으로 하기에 적합지 않지만, 그럼에도 미리 몇 가지 운을 떼고자 한다. 그래서 이제 프랑스의 철학자 가브리엘 마르셀G. Marcel, 1889~1973의 존재론적 성찰에 잠시 귀를 기울여보고자 한다. 그가 물의 언어에 관해 직접 언급한 바는 없지만, 내 생각에는 그가 남긴 사유들이 이 새로운 언어적 가능성의 철학적 토대를 구축하는 데 기여할 수 있다. 그 가운데 우리의 이야기와 연관된 한 가지만 골라 간략히 소개하고자 하는데, 내가 '그대toi-

사유'라고 표현하는 것이다(이에 관한 자세한 설명은《철학카페에서 시 읽기》〔웅진지식하우스, 2011〕 중 '그대 있음에 내가 있네'에 실려 있다).

마르셀에 따르면, 세상에는 본디 '나'라는 1인칭과 '그' '그녀' '그것'이라는 3인칭만 존재한다. 그런데 모든 3인칭 관계에 있는 대상들은 서로가 서로에게 '대상화한 대상對象, l'objet', 곧 제3자다. 당연히 서로 말을 걸지도 않고 서로의 존재 ─ 곧 그것이 그것으로 존재하는 의미 ─ 를 인정하지 않는다. 이러한 제3자 관계에서는 나는 '그' '그녀'에게, '그' '그녀'는 나에게 현존現存, l'présence이 아니고 부재不在, l'absence일 뿐이다. 서로가 서로에게 존재의 의미가 없다는 뜻이다. 그리고 세계는 '사물의 세계' '존재물의 세계'일 뿐이다.

이처럼 세계에는 본래 2인칭이 없다. 1인칭인 '나'가 3인칭인 '그' '그녀'에게 말을 걸고 관계를 맺어 그의 존재를 인정할 때에만 비로소 '너' 또는 '그대'라는 2인칭이 탄생한다. 그러면 그, 그녀도 나에게 '너' 또는 '그대'라고 부르면서 내 존재를 인정하게 된다. 그럼으로써 '너' 또는 '그대'라고 불리는 나, 그, 그녀는 비로소 각자의 존재의 의미를 얻게 되는 것이다. 그리고 세계는 사물의 세계에서 '인간의 세계'로, 존재물의 세계에서 '존재의 세계'로, 마치 흑백 화면에서 천연색 화면으로 바뀌는 것처럼 삽시에 바뀐다.

여기서 우리는 매우 중요한 존재론적 명제를 하나 얻을 수 있다. '모든 존재자들이 지닌 존재의 의미는 오직 2인칭 관계에서만 발생한다'는 것이 그것이다. "그대 있음에 내가 있네"라는 김남조 시인의 시구가 여기에 적확하다. 거꾸로 '그대 없음에 내가 없네'라는 말도 마찬가지다. 둘 모두, 나를 '너' 또는 '그대'라고 부르면서 내 존재를 인정해주는 상대 앞에서만 내 존재의 의미가 드러난다는 뜻이다. 예컨대 나는 나를 아름답다고 보아주는 사람 앞에서만 아름답다.

존재물의 세계와 존재의 세계도 마찬가지로 구분된다. 존재물의 세계에서는 내가 있어야 네가 있지만, 존재의 세계에서는 네가 있어야 내가 있다. 다시 말해 네가 있어야 내 존재의 의미가 드러난다. 예를 들어 존재물의 세계에서는 아버지 어머니가 있어야 비로소 아들과 딸이 생겨나지만, 존재의 세계에서는 아들과 딸이 있어야 마침내 아버지 어머니가 존재하는 의미가 생겨난다. 이것이 마르셀이 이야기하는 그대-사유의 핵심인데, 유대인 랍비인 마르틴 부버M. Buber, 1878~1965는 같은 말을 "나는 너로 인해 나가 된다"고 표현했다.

정리하자면, 마르셀에게서 '존재'는 언제나 서로가 서로에게 '너' 또는 '그대'라고 부르면서 서로의 존재를 인정해주는 '우리le nous'라는 공동존재le co-esse이고, 그가 말하는 존재의 세계는 "모든 것이 교우하고, 모든 것이 인연을 맺고 있는 세계un monde où tout communiqué, où tout est relié", 그럼으로써 드디어 존재의 의미가 드러나는 세계다. 내 생각에는 아마도 하늘이 열리고 존재물의 세계가 존재의 세계로 바뀐 것이 '첫 번째 기적'이자 '진정한 기적'이다. 이런 의미에서 보면 '너' '그대' 또는 '당신'이라는 2인칭은 상상과 표현을 불허할 만큼 특별한 인칭이다. 그것은 존재하는 모든 것에 존재의 의미를 부여하는 '관계의 인칭'이자 '마법의 인칭'이고, '기적의 인칭'이다.

당신도 벌써 눈치챘겠지만, 마르셀의 그대-사유는 물의 언어에 관해 살펴보는 우리에게 시사하는 바가 매우 크다. 〈벨락의 아폴로〉에서 보았듯이 수위, 부사장, 임원들 그리고 사장뿐 아니라 파리와 샹들리에게까지, 다시 말해 존재하는 모든 것에 존재의 의미를 부여하는 아그네스의 언어가 바로 물의 언어이기 때문이다. 그렇다면 물의 언어는 2인칭의 언어다. 3인칭인 '그' '그녀' '그것'에게 말을 걸어 그들이 존재하는 존재의 의미를 밝혀주는 관계의 언어, 마법의 언어, 기적의 언어인 것이다. 그날 강연에서 나는《철학카페에서 시 읽기》에서도 소개한 심보선 시인의《눈앞에 없는 사람》에 실린 시 한 편을 소개한 다음, 이 언어에 대한 이야기를 이어갔다.

폭력적 언어, 비폭력적 언어

나는 압니다. 당신이 없다면,
나는 '나'를 말할 때마다
무無로 향하는 컴컴한 돌계단을 한 칸씩 밟아 내려가겠지요.
하지만 오늘 당신은 내게 미소를 지으며
'너는 말이야'로 시작하는 이야기를 들려주었습니다.
그 이야기는 지평선이나 고향과는 아무 상관이 없었지만
나는 압니다. 나는 오늘 밤,
내게 주어진 유일한 선물인 양
'너는 말이야' '너는 말이야'를 수없이 되뇌며
죽음보다도 평화로운 잠 속으로 서서히 빠져들 것입니다.
_심보선, 〈'나'라는 말〉 중에서

이 시에서 화자인 '나'에게는 다행히도 자기에게 "미소를 지으며 / '너는 말이야'로 시작하는 이야기를 들려"주는 '당신'이라는 2인칭 상대가 있다. 그래서 그는 "오늘 밤, / 내게 주어진 유일한 선물인 양 / '너는 말이야' '너는 말이야'를 수없이 되뇌며" 편안한 잠 속으로 빠져들 수 있다는 것이다. 또 그래서 "당신이 없다면, / 나는 '나'를 말할 때마다 / 무無로 향하는 컴컴한 돌계단을 한 칸씩 밟아 내려가겠지요"라고 고백하는 것이다. "무로 향하는 컴컴한 돌계단을 한 칸씩 밟아 내려"간다는 말이 무얼 뜻하겠는가? 자기가 존재하는 의미가 하나씩 사라져간다는 뜻이 아니라면 말이다!

마르셀은 '나'와 '그대' 사이에 존재하는 이런 신비로운 관계, 곧 그대가 있기 때문에 내가 있고 내가 있기 때문에 그대가 있는 관계를 '상호주관적 매듭le nexus intersubjectif'이라고 이름 지었는데, 심보선 시인이 바로 이 매듭을 앞에서와 같이 노래한 것이다. 여기서 우리가 주목해야 할 것은 마르셀이 이 같은 관계, 즉 우리가 '너' '그대' '당신'이라 부르는 2인칭 관계에서는 '사실의 언어' '판단의 언어' '불의 언어'를 사용하지 말아야 한다고 단언했다는 사실이다.

마르셀은 한 인간을 '너' '그대' '당신'으로 대하는 일은 상대를 '판단하지 않는 것'이라고 했다.《형이상학 일지Journal métaphysique》에서 그는 이 말을 예수의 산상수훈에 나오는 "비판받지 않으려거든 비판하지 말라. 너희가 비판하는 그 비판으로 너희가 비판받을 것이요. 너희가 헤아리는 그 헤아림으로 너희가 헤아림을 받을 것이니라"(마태복음 7: 1~2)라는 가르침과 연결하여 강조했다. 마르셀은 "너는 판단하지 말라고 한 기독교적 도덕은 가장 중요한 형이상학적 언표言表의 하나로서 고려되어야 한다"고 했는데, 그 뜻이 매우 엄격하다. 즉 2인칭 관계, 곧 상호주관적 매듭 안에서는—그것이 긍정적이든 부정적이든 구분 없이—일체의 판단 자체가 부정되어야 한다는 것이다.

예를 들어 설명하자면, 우리는 애인, 배우자 또는 자녀에 대해 "너는 미워" "너는 게을러" "너는 무책임해"와 같은 부정적인 내용의 판단은 물론이거니와, "너는 예뻐" "너는 부지런해" "너는 책임감이 강해"와 같은 긍정적인 내용의 판단도 하지 말아야 한다는 뜻이다. 고개가 갸웃해질 수 있는 주장인데, 그 이유는 그런 판단이 그들이 존재하는 그대로 상대하는 것을 가로막기 때문이라 한다. 만일 당신이 당신의 애인을 "너는 부자야" 또는 "너는 가난해"라고 판단한다면, 당신은 이미 그가 존재하는 자체로 그를 사랑하기가 어려워진다는 말이다.

아마 당신에게는 이 같은 주장이 현실에 맞지 않거나 불필요한 것처럼 들릴지 모른다. 하지만 마르셀의 존재론적 주장은 무엇보다도 다른 사람과의 관계에서 '~때문에 ~한다'는 형식을 극복하게 한다. 예컨대 애인이나 배우자가 부자이기 때문에, 아름답기 때문에, 능력이 있기 때문에 그를 사랑하는 것을 뛰어넘어, 그의 존재 자체를 사랑하게 한다. 또 자기 아이가 공부를 잘하기 때문에, 예쁘기 때문에, 말을 잘 듣기 때문에 사랑하는 것을 넘어, 그 아이의 존재 자체를 진정 사랑하게 한다. 그럼으로써 자기 자신도 상대에게서 존재 자체로 사랑받게 된다.

사랑의 본질은 '~ 때문에' 사랑하는 것이 아니라 '~임에도 불구하고' 사랑하는 것이다. 상대가 가난함에도 불구하고, 아름답지 않음에도 불구하고, 아이가 공부를 잘하지 못함에도 불구하고, 말을 잘 듣지 않음에도 불구하고 사랑하는 것이 사랑이다. 마르셀은《존재와 소유 Être et avoir》에서 이 말을 "사랑은 본질을 넘어서 있는 것에 관계하고 있다"고 표현했다. 요컨대 판단은 언제나 대상의 '어떠함'이라는 본질과 관계하고, 사랑은 항상 대상의 '있음', 곧 존재와 관여한다. 그래서 마르셀은 적어도 사랑하는 대상에게는 그의 본질이 어떻다(부자다, 아름답다, 공부를 잘한다, 착하다 따위와 같은)는 판단을 일절 하지 말아야 한다고 주장하는 것이다.

여기서 중요한 것은 마르셀의 주장이 어떤 도덕적 교훈이 아니라 존재론적 진술이라는 점이다. 이 말은 우리가 그의 주장을 따르느냐 아니냐 하는 것이 우리가 선하냐 악하냐 하는 문제가 아니라, 존재하는 의미가 있느냐 없느냐의 문제와 연결되어 있다는 것을 뜻한다. 앞에서 살펴보았듯이 인간에게는 자신이 존재하는 의미가 있는 곳이 천국이고, 그것이 없는 곳이 곧 지옥이다. 프랑스의 철학자이자 작가 장 폴 사르트르J. P. Sartre, 1905~1980는 1944년에 초연된 그의 희곡 〈닫힌 방 Huis clos〉에서 지옥을 다음과 같이 묘사했다.

〈닫힌 방〉에는 죽어서 지옥에 온 가르생, 이네스, 에스텔이 등장한다. 이들은 하나같이 〈벨락의 아폴로〉에 나온 테레즈처럼 언제나 상대를 판단하며 살다가 결국 그곳에 왔다. 하지만 이미 죽었기 때문에 그들에게는 과거의 재현으로서의 현재만 있을 뿐, 자기 자신을 바꿀 수 없다. 때문에 그 누구와도 '너' '그대' '당신'이라고 부르며 말을 걸고 사랑하는 2인칭 관계를 맺을 수가 없다. 따라서 이 셋은 아무리 한 방에 오랫동안 같이 살아도 서로가 서로에게 영원한 제3자이자, 서로를 지켜보는 시선視線으로 서로를 판단만 할 뿐 사랑할 수 없다. 다시 말해 이들은 서로에게 '불의 언어'만 쓸 수 있을 뿐 '물의 언어'는 사용할 수 없다. 그래서 가르생은 다음과 같이 절망을 토로한다.

> 이것이 지옥이지. 전에는 전혀 생각을 하지 못했어. 당신들도 기억하겠지. 유황, 장작더미, 쇠꼬챙이. 아! 다 쓸데없는 얘기야. 쇠꼬챙이 같은 것은 필요 없어. 지옥, 그것은 타인들이야.

우리가 서로를 제3자로 바라보고 판단할 뿐, 서로에게 '너' 또는 '그대'라고 말을 건네며 사랑하는 상대가 없는 그곳이 바로 지옥이라는 것이 사르트르가 전하고자 하는 메시지다. 그곳이 학교든, 직장이든, 병영兵營이든, 심지어 가정이라 할지라도 마찬가지다.

다분히 수긍이 가는 이야기가 아닌가! 그런데, 아니 그렇기 때문에 우리는 여기서 뜻밖의 심각한 문제와 마주하게 된다. 우리가 상대를 일절 판단하지 말라는 예수와 마르셀의 주장에 전적으로 동의한다고 해도, 그것을 실천에 옮기기는 일이 사실상 불가능하기 때문이다. 판단을 중단하면 우리는 무슨 말을 어떻게 해야 할지조차 모른다. 이 말은 우리가 그만큼 사실의 언어, 판단의 언어에 매여 있다는 징표이기도 한데, 그렇다면 예수와 마르셀의 가르침이 아무리 훌륭하다 해도 한낱 백일몽에 불과하지 않겠는가.

그래서 나는 강연에서 미국의 교육심리학자인 마셜 로젠버그M. B. Rosenberg가 그의 저서《비폭력 대화》에서 설파한 원칙과 몇 가지 실천 방안을 간략히 소개했다. 그가 제시한 원칙과 방안들이 마르셀의 존재론적 주장을 우리의 일상적 언어에 구현할 수 있는, 충분하지는 않지만 필요한 한 가지 방법이라고 생각했기 때문이다. 다른 무엇보다도 로젠버그 역시 상대에 대한 제3자적 판단이 폭력이라는 것을 강조한다는 점에서 그렇다.

로젠버그는 비폭력 대화Nonviolent Communication, NVC의 핵심 원칙으로 상대에 대한 '판단 중지'를 우선 강조한다. 삶의 언어A Language of Life라는 부제가 붙어 있는 《비폭력 대화》에서 그는 먼저 자기가 말하는 판단 중지가 무엇을 뜻하는지를 분명히 밝힌다. 그리고 마르셀과는 달리 실천적 대안까지 구체적으로 제시한다. 이것이 철학자와 심리학자의 다른 점일 텐데, 그것이 우리의 언어생활에 도움이 된다. 여기서 주목해야 할 점은 로젠버그가 중지하라는 판단은 관찰에 의한 '사실 판단'이 아니라, '사실'과 그에 대한 '평가'가 함께 섞인 '가치 판단'이라는 사실이다.

예컨대 숙제를 안 한 학생에게 "네가 숙제를 안 한 것은 게으른 행동이야!"라고 말하거나, 약속을 어긴 애인에게 "네가 어제 약속을 어긴 것은 무책임한 행위야!"라고 말하는 것처럼 사실과 평가가 뒤섞인 말이 로젠버그가 금하는 '폭력적 대화Violent Communication, VC'다. 로젠버그는 그렇게 말하지 말고 "네가 숙제를 안 했기 때문에 실망스럽다"거나 "네가 어제 약속을 어긴 것 때문에 나는 화가 난다"고 사실과 느낌을 말해야 한다고 강조한다. 그렇다고 해서 비폭력 대화가 자기 감정이나 생각을 자제하고 참는 것을 의미하지는 않는다.

로젠버그는 비폭력 대화가 이루어지려면 대화 당사자들 사이에 충분한 이해가 선행되어야 하기 때문에 자신의 감정과 생각을 오히려 정확히—그러나 비판이나 원망을 제거하고—전달할 필요가 있다고 강조한다. 또한 그는 비폭력 대화를 '비폭력적으로 말하기'와 '비폭력적으로 듣기'로 나눈 다음, 그 두 작업을 위한 기본 요령을 '관찰' '느낌' '욕구' '부탁' 네 가지 핵심 키워드를 통해 제시했다.

먼저 '비폭력적으로 말하기', 곧 비폭력적 언어Nonviolent Language를 구사하는 방법을 제시했다. 순차적으로 요약하자면, 첫째 '관찰한 사실만을 말하라', 둘째 '그것에 자신의 느낌을 더해 말하라', 셋째 '그 느낌이 어떤 욕구에서 나왔는지 말하라', 넷째 '구체적으로 부탁하라' 등이다.

먼저 상대의 말과 행동을 나에게 유리하든 불리하든 있는 그대로 관찰하여 그것만 말하라고 한다. 예컨대 "너는 내가 원하는 건 좀처럼 하지 않아"라고 판단하는 것은 폭력적 언어다. 때문에 그러지 말고 "최근에 너는 내가 제안한 세 가지를 다 하기 싫다고 했어"라고 사실만을 말하라 한다. 그것이 비폭력적 언어다. "그는 너무 자주 온다"고 평가하지 말고 "그는 일주일에 적어도 세 번은 온다"고 사실을 말하라는 것이다. 이때 "내가 볼 때 그는 일주일에 적어도 세 번은 온다"처럼 '내가 볼 때……'나 '내가 들을 때……'라는 말을 붙이는 것이 폭력을 더 줄이는 방법이다.

다음은 그 사실에 대한 자신의 솔직한 느낌을 말하라고 한다. 예컨대 "네가 화를 내니 나를 사랑하지 않는 것 같아"라고 평가할 것이 아니라, "네가 화를 내니 나는 당황스럽다"고 느낌을 말하는 것이 좋다. 전자가 폭력적이고 후자가 비폭력적이다. 이때 주의해야 할 점은 모든 느낌이 '솔직한' 느낌은 아니라는 것이다. 예를 들어 "네가 떠난다니 무정하게 느껴져"는 얼핏 자기의 느낌을 말하는 것 같지만, 사실은 '너는 무정해'라는 폭력적인 평가다. 그보다는 "네가 떠난다니 나는 무척 슬프다"처럼 상대에 대한 비판이나 원망 없이 말하라 한다.

셋째로는 사실에 대한 자신의 느낌이 어떤 욕구에서 나왔는지를 정확히 말하라 한다. 예를 들어 "네가 늦게 와서 짜증 나"라고 사실과 느낌만 전하지 말고 "앞자리에 앉고 싶었는데 네가 늦게 와서 짜증 나"라고 느낌의 원인이 되는 욕구까지 밝히라는 것이다. 당연히 전자보다 후자가 비폭력적이다. 또 "네가 상을 타서 정말 기뻐!"보다는 "나는 네 노력이 인정받기를 바랐기 때문에 네가 상을 타서 정말 기뻐!"라고 말하는 것이 좋다. 요컨대 '나는 ~을 하고 싶었기 때문에'라든가 '나는 ~이 필요해서' 또는 '나는 ~이 중요해서'와 같은 표현들을 자신의 느낌 앞에 붙이라는 뜻이다. 그것이 듣는 상대가 자기를 비판하거나 원망한다고 여기는 오해를 덜 수 있다는 점에서 비폭력적이다.

마지막으로는 상대가 해주기 바라는 것을 구체적으로 표현하라고 한다. 예컨대 "네가 좀 더 자신감을 갖길 바란다"는 것보다는 "나는 네가 자신감 육성 훈련에 참가하길 바란다"고 구체적인 방안을 제시하며 부탁하는 것이 좋다. 또 "나는 당신이 나에게 더 신경을 써주면 좋겠어"라고 말하지 말고 "나는 당신이 매주 한 번은 나와 함께 영화관이나 공연장에 갔으면 좋겠어"라고 구체적으로 부탁하는 것이 더 낫다. 상대를 몰아붙이지 않고 방향을 제시해준다는 점에서 비폭력적이다. '~해줄 수 있니?' 또는 '~해주겠어요?'라는 의문형이나 '(같이) ~할까?' 또는 '(함께) ~해주겠어요?'라는 청유형 표현을 사용하는 것이 더 나은 것은 말할 필요가 없다.

로젠버그가 강조하는 매우 중요한 다른 하나는 상대방의 말을 들을 때도 상대의 '관찰' '느낌' '욕구' '부탁'을 똑같은 방식으로, 곧 상대의 말에 들어 있는 비판이나 원망을 제거하고 공감하며 들어야 한다는 것이다. 요컨대 '비폭력적으로 듣기'다.

로젠버그는 상대가 관찰한(듣고, 보고, 기억하고, 떠오르는) 것을 설령 그가 비판이나 원망을 섞어 표현할지라도 '네(당신)가 볼 때 ~했다는 거지'나 '네(당신)가 들을 때 ~한다는 거지'와 같이 비판이나 원망을 제거하고 공감하며 들으라 한다. 마찬가지로 관찰과 연결된 상대의 느낌 역시 비판이나 원망을 제거하고 '너(당신)는 ~를 느낀다는 거지'와 같이 공감하며 들어야 한다. 또 상대가 그런 느낌을 갖게 한 욕구나 가치도 비판이나 원망을 제거하고 '너(당신)는 ~을 하고 싶었기 때문에 (~이 필요해서 / ~이 중요해서) ~을 느꼈다는 거지'와 같이 공감하며 들어야 한다. 마지막으로 상대가 설령 자기 요구를 구체적으로 표현하지 않더라도 '너(당신)는 ~을 해주길 바란다는 거지'와 같이 구체적으로 이해하고 들으라 한다.

어떤가? 조금이나마 도움이 되기를 바란다. 최근 한 발표에 따르면, 한국인은 가족 간의 대화 시간이 점점 줄어 하루 평균 30분 미만이라 한다. 그 가운데 청소년기 자녀와의 대화 시간은 10분이 채 안 되는 경우가 적지 않다. 왜 그럴까? 애정이 없어서일까? 할 말이 없어서일까? 아닐 것이다. 우선 서로가 바쁘기 때문일 것이다. 부모는 부모대로 직업 때문에 바쁘고, 아이들은 아이들대로 학업 때문에 바쁘다. 하지만 그것이 전부일까? 시간만 주어진다면 부부 간에 그리고 부모와 자녀들 사이에 대화가 원활하게 이루어질까? 만일 아니라면 그 이유는 무엇일까?

나는 우리가 가족 간에, 특히 부부 간이나 부모와 자녀들 사이에 대화하는 법을 잘 모르는 것이 가장 큰 원인일 것으로 여긴다. 모처럼 시작한 대화가 '본의 아니게' 서로에게 오해나 상처만 주고 끝나는 경우가 잦기 때문이다. 다양한 해법이 제시되고 있지만, 내가 보기에는 그중 하나가 로젠버그가 설파한 비폭력 대화의 원칙과 실천 방안이다. 물론 언어와 대화 방식을 바꾸기란 결코 쉬운 일도 아니고, 하루아침에 되는 일도 아니다. 하지만 만일 우리가 우리의 가정과 사회를 좀 더 살기 좋은 곳으로 만들고자 한다면, 비폭력적 언어 사용은 그 어떤 일들보다 선행되어야 하리라는 것에는 의심의 여지가 없다.

마하트마 간디Mahatma. Gandhi, 1869~1948의 손자이자 '비폭력간디협회'의 설립자이기도 한 아룬 간디A. Gandhi, 1934~ 는《비폭력 대화》의 서두에 다음과 같은 희망을 밝혔다.

이 세상은 우리가 만들어놓은 것이다. 오늘날 이 세상이 무자비하다면, 우리의 무자비한 태도와 행동이 그렇게 만든 것이다. 그러므로 우리 자신이 변하면 우리는 이 세상을 바꿀 수 있다. 우리가 자신을 바꾸는 것은 우리가 매일 쓰는 언어와 대화 방식을 바꾸는 데서 시작한다.

세상을 바꾸는 일이 언어와 대화 방식을 바꾸는 데서 시작한다는 뜻이다. 이 말은 숱한 '묻지 마 범죄'부터 테러에 이르는 개인적 또는 집단적 폭력이 난무하는 오늘날, 언어의 사회적 역할에 새로운 차원과 풍경들을 열어 보인다.

말로 할 수 없는 말

2007년 4월 16일 오전 7시 15분, 미국 버지니아 폴리테크닉 주립대학교 학생 조승희가 그 대학 캠퍼스로 들어가 웨스트 앰블러 존스턴 홀에서 총으로 학생 두 명을 살해한다. 그 뒤 기숙사의 자기 방으로 돌아가 컴퓨터에서 이메일을 삭제하고 하드디스크를 제거한 다음, 우체국으로 가서 자기가 쓴 글과 녹화 영상을 담은 소포를 NBC 방송사 앞으로 보낸다. 그리고 오전 9시 45분에 다시 학교로 돌아가 노리스홀에 있는 학생 30명을 무차별 총기난사로 살해한 뒤, 자신도 총으로 자살한다. 사망자 32명, 부상자 23명으로 당시까지 미국 역사상 한 사람에 의해 가장 많은 희생자를 낸 총기 사건으로 기록되었다.

이후 언론을 통해 밝혀진 바에 따르면, 조승희는 여덟 살에 부모를 따라 미국으로 이주한 한국인 교포로 언어장벽과 문화적 이질감 때문에 따돌림을 당해 언제나 외톨이로 지냈다.《죽음의 스펙터클》의 한 꼭지로 이 사건을 다룬 이탈리아의 마르크스주의 이론가이자 미디어 활동가인 프랑코 '비포' 베라르디F. 'Bifo' Berardi는 당시 조승희가 놓여 있던 상황을 다음과 같이 분석했다.

이주, 문화적·언어적 방향상실, 고독 그리고 새로운 문화적 지형에 대한 부적응적 감각, 정신적인 낙인, 집단 내에서의 주변화, 괴롭힘, 모욕감, 소리 없는 분노, 복수에 대한 열망, 조승희의 이야기는 전 세계 수많은 이민자들의 이야기이기도 하다.

베라르디의 분석은 조승희뿐 아니라 지금 프랑스, 독일, 영국 등 서구에서 잔혹한 테러를 벌이고 있는 아랍 이주민들의 상황을 그대로 대변해준다. 베라르디에 따르면 지금 유럽에서 활동하는 대부분의 아랍 테러리스트들은 사이코패스가 아니다. 그들은 신자유주의, 금융자본주의가 가져온 경제적·사회적 불평등에 대한 불만으로 테러를 자행하는 이른바 '외로운 늑대'들이다. 하지만 그것 때문만은 아니다. 알고 보면 그보다 더 중요한 이유가 있다. 그들 대부분은 이주민이라는 낙인이 찍혀, 따돌림 받고, 괴롭힘 당하고, 모욕 받고, 분노하여 복수를 시도하고 있는 것이다. 그들은 이미 육체적·정신적으로 테러를 당한 피해자들이라는 뜻이다. NBC는 조승희가 보낸 녹화 필름, 사진 그리고 글 가운데 일부만 공개했는데, 그중에 다음과 같은 내용이 들어 있다.

내 심장을 파괴해도 당신들에게는 충분하지 않았다. 내 영혼을 강간해도 당신들에게는 충분하지 않았다. 내 감정에 대한 비역질도 당신들에게는 충분하지 않았다. 당신들이 방종한 쾌락주의와 위협적인 사디즘에 낭비했던 그 모든 순간들로, 오늘을 막을 수도 있었을 것이다. 스스로에게 물어봐라. 이 순간이 오기까지 몇 달이나, 몇 시간이나, 몇 초나, 내가 어떤 일을 당했는지를. 만약 당신이 (스스로) 저지른 범죄의 희생자가 되어 봤더라면…….

너희 가학적인 속물들에게 나는 오로지 개똥 한 덩어리에 지나지 않았을 것이다. 너희들은 내 심장을 파괴했고, 내 영혼을 강간했으며, 내 의식을 태우고 또 불태웠다. 너희들이 없애려고 한 것이 오직 나 하나 안쓰럽고 공허한 목숨에 불과하다고 생각했을 것이다. 너희들 덕분에 나는 예수

그리스도처럼 너희들이 엿 먹이는 나약하고 힘없는 사람들, 내 형제 자매, 아이들의 세대에 영감을 주려고 죽는다.

이 글은 조승희 사건에 대한 베라르디의 분석이 옳다는 것을 증명한다. 그런데 오늘날에는 이것이 이민자들만의 이야기가 아니다. 베라르디가 간파한 대로 신자유주의, 금융자본주의가 지배하는 오늘날 세계에서는 점점 더 많은 평범한 사람들이 조승희처럼 그리고 아랍 이민자들처럼, 따돌림 받고, 괴롭힘 당하고, 모욕 받고, 분노하여 복수를 시도하려 하고 있다. 신자유주의와 금융자본주의가 지어낸 무한-경쟁사회, 무한-불평등사회가 타인에 대한 시기, 미움, 질투, 무관심, 냉정, 잔인, 폭력 등을 불러일으켜 학교, 직장, 병영 같은 여러 사회공동체를 무한 고통과 무한 증오의 지옥으로 만들었기 때문이다.

베라르디도 책에서 조승희 사건뿐 아니라 2012년 〈다크 나이트 라이즈〉 상영관의 총기 난사 사건, 콜럼바인 사건, '유튜브 살인마' 페카 에릭 우비넨 사건 등 과시적인 다중살인 사건들을 다루었는데, 그밖에도 유사한 사건은 헤아릴 수조차 없다. 2012년 12월 미국 코네티컷 주에서는 고등학교 시절 따돌림으로 고통받던 20세 청년 애덤 랜자가 집에서 자기 어머니를 살해하고 샌디훅 초등학교로 가서 교직원 6명과 초등학생 20명을 포함해 28명을 사살했다. 또 2016년 6월에는 플로리다 주 올랜도에서 50여 명이 사망한 총기 사건—조승희 사건 이후 최악의 사건으로 기록되었다—이 일어나는 등, 미국에서만 사상자가 네 명 이상인 대형 총기 사건이 올해(2016년) 전반기에 매달 평균 20여 건을 넘어섰다.

그것이 어디 강 건너 불이던가! 그 불은 이미 신자유주의, 금융자본주의가 지배하는 전 세계로 번졌다. 우리나라도 예외가 아니다. 2016년 여름에 일어난 사건들만 추려도, 서울 강남역에서 일어난 여성 살해 사건, 부산 번화가에서 발생한 50대 남성의 흉기 사건, 가로수 지지대를 뽑아 길 가는 노인과 젊은 여성에게 상해를 입힌 사건 등, 우리나라에서도 가해자와 피해자 사이에 아무런 상관관계가 없거나 범죄 자체에 이유가 없는 이른바 '묻지 마 범죄'가 최근 5년간 해마다 50건 이상 발생하고 있으며 꾸준히 늘어나고 있다. 이제 우리는 누구나, 언제 어디서나 테러와 '묻지 마 범죄'의 대상이 될 수 있다는 불안에 시달리며 살고 있다.

2015년 9월에는 어느 10대 청소년이 자신이 다니던 중학교 교실에 부탄가스통을 터뜨리고 동영상을 촬영해서 유튜브에 올린 사건도 있었다. 전문가들에 따르면, 학교나 직장 또는 병영에서 집단 따돌림과 괴롭힘을 당하면 누구는 총이나 칼을 들고, 누구는 가족에게 화풀이를 하고, 누구는 목을 맨다. 성격과 환경에 따라 저마다 다르게 반응한다는 뜻이다. 우리나라 청소년과 청년 자살률이 OECD 가입국 가운데 1위라는 사실을 감안하면, '루저'로 낙인이 찍히고, 따돌림 받고, 괴롭힘 당하고, 모욕 받는 청소년과 청년들의 절망과 분노가 미국에서는 총기 사건으로 터지는 반면 우리나라에서는 자살로 표출되고 있다고 볼 수 있다.

선지자의 안목을 지녔던 발터 벤야민은 일찍이 '목적 없는 수단'이라는 용어를 도입하여, 폭력에는 반드시 목적이 있다는 완고한 통념을 깨뜨렸다. 목적 없는 폭력, 그는 이것을 '신적 폭력'이라고도 했는데,

1921년에 발표한 〈폭력비판을 위하여〉에서 이것을 다음과 같이 설명했다.

> 지금 우리가 다루고 있는 문제인 폭력은 일상의 경험이 보여주듯이 수단이 될 수 없다. 인간과 관련하여 말하자면, 분노는 더없이 분명한 폭력의 분출을 부른다. 이 폭력은 스스로 상정한 목표를 이루려는 수단이 아니다. 폭력은 수단이 아니라, 선언이다.

학교, 직장, 병영에서, 심지어는 가정에서 따돌림과 괴롭힘을 당해 불특정 다수에게, 가족에게 그리고 자기 자신에게 폭력을 행사하는 사람들의 행위가 바로 이것이 아닐까? 그들의 폭력은 스스로 상정한 어떤 목표를 이루려는 수단이 아니라 일종의 선언이 아닐까? 선언이라니, 무슨?

베라르디는 "나는 블로고스피어Blogosphere를 통해, 수년간 괴롭힘을 참아왔지만 조승희와 똑같은 증오심을 품고 있으며, 그래서 조승희의 추종자가 되겠다고 선언한 수많은 어린 학생들의 글을 읽었다"고 썼다. 이 점에서 보면 조승희가 NBC로 보낸 글은 자신의 폭력을 촉발한 개인적인 불만과 상황을 털어놓은 것이 아니라, 목적 없는 수단으로서의 폭력이 횡행할 시대적 증후를 예견한 것으로 보인다. 조승희는 앞에 소개한 글에 이어서 마치 선지자 같은 어조로 다음과 같이 선언했다.

> 모세처럼 나는 바다를 가르고 내 백성, 즉 너희들이 괴롭히고 앞으로도

쭉 괴롭히고자 하는 모든 나약하고 힘없는 자들과 순진한 아이들을 영원한 자유를 향해 이끌겠다. 너희 죄인들, 피 흘리는 자들 덕분에 나는 내 아이들이 따를 수 있는 세기의 교훈을 보여주겠다.

너희들은 일생을 바쳐 미국과 알카에다의 영원한 테러리즘의 전쟁터에 서겠지만, 너희들이 지금까지 고통을 준 아이들은 봉기할 것이다. 신보다 더 강력한 권력으로 우리가 너희들, 테러리즘 성애자들을 도륙 내고 죽일 것이다.

선언은 이뤄졌는가? 2005년 11월 프랑스 파리 북부의 '클리시-수-부아'에서 시작하여 20일 동안 8,973대의 차량이 불타고 2,888명이 체포된 파리 폭동, 2011년 8월, 영국 런던에서 10～20대 젊은이들이 방화와 약탈을 감행한 런던 폭동 그리고 미국에서 2009년 캘리포니아 주 오클랜드 흑인 총격 사태, 2014년 8월 미주리 주 퍼거슨 사태, 2015년 4월 메릴랜드 주 볼티모어 사건, 2016년 8월 위스콘신 주 밀워키의 스미스 사건 등이 촉발한 폭력적 흑인 시위 등, 이들 모두에는 두 가지 공통점이 있다.

하나는 폭동이나 시위 참가자들이 이민자, 실업자, 흑인이라는 이유로 부당한 대우를 받고—곧 낙인이 찍히고, 따돌림 받고, 괴롭힘 당하고, 모욕 받고—분노했다는 것이다. 다른 하나는 그들이 어떤 특별한 목적도, 구호도, 조직도, 이유도, 요구 조건도 없이 방화와 약탈을 감행했다는 것이다. 한마디로 그것은 시위가 아니라 그냥 터져나온 분노였다. 그것은 벤야민이 "이 폭력은 스스로 상정한 목표를 이루려는 수단이 아니다"라고 예언한 '신적 폭력'이었고, 조승희가 "신보다 더 강력한 권력으로 우리가 너희들, 테러리즘 성애자들을 도륙 내고 죽일 것이다"라고 선언한 고통 받는 아이들의 '봉기'였다.

슬라보예 지젝은 '난민과 테러의 진정한 원인'이라는 부제가 붙은 《새로운 계급투쟁》에서 다음과 같은 말을 했다.

> 물론 폭동이라는 행동의 무의미를 받아들이기란 아주 어려운 일이다. 시위형식보다 훨씬 중요한 것은 라캉이 말한 행위로의 이행이다. 즉 충동적으로 행위로 옮겨짐, 말로 어찌 표현할 수 없고, 생각으로도 정리할 수 없는 행위로의 이행, 참을 수 없는 무게의 분노를 수반하는 행위로의 이행이기 때문에 우리는 이 행위가 낳은 의미를 탐색하려는 유혹에 사로잡힌다. 그러나 '행위로의 이행'은 단지 충동적으로 범죄를 저지른 범인의 무기력함에 지나지 않는다.

여기에 우리의 이야기와 연관해 눈에 띄는 이야기가 있다. 목적 없는 수단으로서의 폭력은 "말로 어찌 표현할 수 없고, 생각으로도 정리할 수 없는 행위로의 이행"이라는 것 그리고 그것이 행위자의 무기력에서 나온다는 것이 그것이다. 과연 그럴까? 그렇다면 왜 그럴까?

카인의 고통

조승희 사건이 일어났을 때, 나는 국내 어느 일간신문에 칼럼을 연재하고 있었다. 소식을 접하고 나는 곧바로 신문에 이 사건을 다루는 글을 썼는데, 글에서 엘리아 카잔E. Kazan, 1909~2003 감독이 연출한 〈에덴의 동쪽〉의 주인공인 칼이 받았던 '소외받는 자의 고통'을 조승희 사건의 원인으로 지목했다.

1962년 노벨문학상을 받은 미국 소설가 존 스타인벡J. E. Steinbeck, 1902~1968은 1952년에 발표한 《에덴의 동쪽》에서 자신의 고향인 캘리포니아 주 살리나스 계곡을 무대로, 아일랜드에서 이민을 온 해밀턴 일가와 트라스크 일가의 3대에 걸친 이야기를 전개했다. 이 소설을 통해 스타인벡은 인간의 선과 악 그리고 죄와 구원의 문제를 다루었는데, 3년 후 엘리아 카잔 감독이 소설 가운데 제4부만 각색하여 영화로 만들었다. 단 세 편의 영화로 전 세계 여성들의 연인이 된 전설적인 배우 제임스 딘J. B. Dean, 1931~1955이 주연해 더욱 널리 알려진 이 영화의 줄거리는 대강 다음과 같다.

쌍둥이 형제인 아론(리처드 다발로스 扮)과 칼(제임스 딘 扮)은 매우 대조적이다. 아버지 아담을 닮은 아론은 온순하고 내성적이며 모범생이다. 그러나 남편을 버리고 가출하여 사창가를 운영하는 어머니 케티를 닮은 칼은 열정적이며 거칠다. 때문에 아담은 아론을 편애하고, 그럴수록 칼은 빗나간다. 그러던 어느 날, 칼은 죽은 줄로만 알고 있던 어머니 케티에 관한 비밀을 알게 된다. 이후 칼은 오히려 아버지를 동정하고 파산한 그를 도우려고 콩 농사를 시작하는데, 때마침 1차 세계대전이 일어나 미국이 참전하자 곡식 값이 뛰어 큰돈을 번다.

추수감사절이 되자 칼은 그 돈을 아버지 아담에게 선물하려고 한다. 하지만 아담은 전쟁을 이용해 돈벌이를 했다고 오히려 칼을 꾸짖으며 선물을 거부하고, 아론의 약혼만을 선물로 받는다. 그러자 분노한 칼은 아론을 어머니 케티가 운영하는 사창가로 데려가서 모든 비밀을 폭로한다. 죽은 줄 알고 있던 천사 같은 어머니에 대한 비밀을 안 아론은 충격을 받아 괴로워하다 군에 자원입대하고, 어머니 케티는 자살한다. 그 후 아론이 전사했다는 소식이 날아오고 아담도 쓰러진다. 칼은 아담이 임종하는 자리에서 자기 죄를 고백하고 용서를 빌지만 아담은 아무 대답 없이 숨을 거둔다.

영화 〈에덴의 동쪽〉은 알고 보면 구약성서 창세기 4장에 기록된 '카인의 범죄'를 재현한 것이다. 낙원에서 쫓겨난 아담과 하와의 자손인 카인Cain은 농사를 짓고 동생인 아벨Abel은 목축을 했다. 그런데 그 둘이 제사를 드렸을 때 신이 아벨의 제사는 받고 카인의 제사는 거부했다. 그러자 카인이 분노하여 아벨을 살해했다(창세기 4: 1~8). 그런데 왜 그랬을까? 제사를 거부당한 일이 자기에게 아주 섭섭한 일이긴 하겠지만, 어디 동생을 살해할 만한 일인가?

영화에는 칼 역을 맡은 제임스 딘이 처절하게 울면서, 자기를 거부하는 아버지 아담에게 다가가 억지로 끌어안는 장면이 나온다. 하지만 아담은 그를 완강하게 뿌리치며 끝내 받아들이지 않는다. 엘리아 카잔 감독은 이때 칼이 느끼는 절망과 고통을 제임스 딘이 허리까지 늘어지는 버드나무 가지 속에 들어가 몸을 숨기고 흐느끼는 장면으로 묘사해 전 세계 팬들의 가슴을 먹먹하게 했다. 그런데 칼이 버드나무 속에서 다시 걸어 나왔을 때 그는 어머니, 형, 아버지 그리고 자기 자신마저도 모두 파멸로 몰고 갔다. 왜 그랬을까? 선물을 거부당한 일이 무척 섭섭한 일이긴 하겠지만, 어디 온 가족을 파멸시킬 만한 일인가? 대체 왜 그랬을까?

우리는 독일 출신의 정신의학자 에리히 프롬E. Fromm, 1900~1980에
게서 그 해답을 찾을 수 있다. 프롬은 그의 저서《사랑의 기술》에서 한
인간의 '탄생'을 구약성서에 전개된 '낙원 추방'과 비교하여 설명했다.
프롬에 따르면, 한 인간의 탄생이란 실존적인 측면에서 볼 때 모태로
부터 분리되어 모든 것이 비결정적이고 불확실하며 개방적인 상황으
로 추방되는 것, 곧 '소외됨'을 뜻한다. 마찬가지로 인류의 탄생도 낙
원에서의 추방, 곧 '소외됨'에서 시작했다. 결국 이 두 가지 사건에는
인간의 원초적 불행 의식과 소외 경험이 공통적으로 들어 있다. 그리
고 그것이 우리의 무의식 속에 원체험Ur-Erfahrung으로 내재한다.

　게다가 이렇게 모태로부터, 또 낙원으로부터 소외된 인간의 미래에
서 확실한 것은 오직 죽음뿐이다. 인간은 개체발생적으로 보아도 그
리고 계통발생적으로 보아도 '추방되고 소외된 존재'이며 '죽음 앞에
선 존재Sein zum Tode'이다. 따라서 인간 실존의 근저에는 끝없는 불
안, 버림받은 감정, 쓸모없음에 대한 인식, 죽을 것 같은 느낌 등이 '원
초적으로' 깔려 있다. 때문에 인간의 가장 절실한 욕구는 죽을 것만 같
은 이러한 소외 상태에서 벗어나는 것이다. 인간이 어떤 식으로든 그
누구와 함께하거나 그 어떤 것과 합일하려고 하는 광적인 욕망을 품는
것이 바로 이 때문이다. 프롬은 이 말을《사랑의 기술》에서 다음과 같
이 표현했다.

　　그러므로 인간의 가장 절실한 욕구는 이러한 소외 상태를 극복해 고독
　이라는 감옥을 떠나려는 욕구이다. 이 목적의 실현에 절대적으로 실패할
　때 광기가 생긴다. 모든 시대, 모든 문화의 인간은 동일한 문제, 곧 어떻게

소외 상태를 극복하는가, 어떻게 결합하는가, 어떻게 자신의 개체적 생명을 초월해서 합일을 찾아내는가 하는 문제에 직면하고 있다.

그렇다! 실낙원의 원체험을 지니고 있는 우리 모두에게는 거부당하는 것이 바로 죽음이고, 따돌림 당하는 고통보다 더한 고통이 없다. 카인이 그 때문에 아우를 살해했다는 뜻에서, 프롬은 이 고통을 '카인의 고통'이라고 이름 지었다.

주변으로부터 철저하게 소외당한 사람들은 버림받았다는 생각, 자신이 쓸모없다는 인식, 죽을 것 같은 느낌에 시달리기 때문에, 다시 말해 카인의 고통에서 벗어나려는 갈망을 좌절당했기 때문에 발광하여 타인과 사회 그리고 마지막에는 자기 자신마저도 파괴한다. 그것은 벤야민이 갈파한 목적 없는 수단으로서의 폭력이고, 라캉이 규정한 "말로 어찌 표현할 수 없고, 생각으로도 정리할 수 없는 행위로의 이행"이며, 행위자의 무기력에서 나온 것이다. 〈에덴의 동쪽〉에서 칼이 그랬고, 버지니아 폴리테크닉 주립대학교에서 조승희가 그랬다.

오늘날 뇌신경과학이 예전에 성서, 문학, 심리학, 정신의학에서 다루던 문제들에 대한 실증적인 근거 또는 증거를 종종 제공한다는 점은 매우 흥미롭다. 카인의 고통에 대한 뇌신경과학적 연구 역시 그렇다. 사회신경학의 권위자인 매튜 리버먼M. D. Lieberman 캘리포니아대학교 교수는 우리의 뇌가 사회적 고통과 신체적 고통을 비슷하게 처리한다는 사실을 알아냈다. 그는 《사회적 뇌》에서 다음과 같이 주장했다.

우리는 사회적 연결에 대한 위협을 신체적 고통을 경험할 때와 비슷한 방식으로 경험하도록 진화했다. 우리가 사회적 고통을 느낄 때 활성화되는 뇌신경회로는 신체적 고통을 느낄 때 활성화되는 부위와 같은데, 이런 사회적 고통은 아이들로 하여금 부모 곁에 머물도록 함으로써 그들을 돕는 역할을 한다.

리버먼에 따르면, 과학자들은 쥐·들쥐·기니피그·소·양·영장류·인간 등 다양한 포유동물들이 프롬이 카인의 고통이라 이름 붙인 '분리고통separation distress'를 느끼며, 그것을 알리는 발성vocalization, 즉 새끼가 애착attachment 관계에 있는 보호자와 떨어졌을 때 내는 울음소리를 확인했다. 그리고 그 울음소리는 보호자가 새끼에게 돌아오는 것으로 해소되었다. 그들은 어미와 떨어졌을 때 실제로 육체적 고통을 느꼈고 어미가 돌아왔을 때는 그것이 사라진 것이다. 리버먼은 이 같은 가설의 타당성을 증명한 정서신경과학자 자크 펜크세프J. Panksepp의 실험을 소개했다.

펜크세프는 사회적 고통 가설을 검증하기 위해 우선 강아지 집단을 연구했다. 강아지들은 사회적으로 고립되어 있을 때 울음소리를 냈으며, 소량의 모르핀을 주입하자 그 울음소리는 거의 사라졌다. 이 연구 이후로 여러 종류의 포유동물들에게 적당량의 아편제를 주입하면 분리고통의 울음소리가 감소된다는 사실이 증명되었다. 나아가 어미와 새끼가 다시 만나면 양쪽 모두에게서 오피오이드 수준이 증가한다는 사실이 관찰되었다.

오피오이드opioid는 뇌에서 자연적으로 생성되는 진통제다. 펜크세프의 실험은 카인의 고통, 곧 사회적 분리에서 오는 고통이 육체적 고통과 똑같이 왔다가 사라진다는 사실을 보여준 "첫 번째 결정적 증거"다.

그럼 우리는 어떻게 해야 할까? 프롬은 인간이 카인의 고통에서 벗어날 수 있는 단 하나의 길은 인간 대 인간의 결합, 인간성과의 융합, 다시 말해 사랑의 회복에 있다고 했다. 펜크세프나 리버만의 뇌신경과학적 실험 결과와 일치하는 주장이다. 소외에서 벗어나고자 하는 욕망, 사랑을 통해 타인과 일체감을 얻고 싶은 욕구는 실존적 분리 현상에서 기인하는 원초적인 열정이기 때문에 가장 강렬할 수밖에 없다. 그리고 바로 이것이 인간이 가정을, 집단을, 공동체를, 사회를 그리고 인류를 구성하게 하는 이유이자, 그것들을 결합시킬 수 있는 힘이기도 하다. 때문에 그 욕구가 좌절되었을 때 인간은 가정을, 집단을, 공동체를, 사회를 파괴하는 것이다.

프롬은 "사랑이 없으면 인간성은 단 하루도 존재하지 못한다"는 말도 덧붙였다. 오직 사랑만이 인간과 인간의 '진실하고도 지속적인 결합'을 가능케 하여 죽을 것만 같은 실존적 분리감과 고독에서 벗어날 수 있게 하고 가정과 사회를 유지하게 한다는 주장이다. 프롬의 이 같은 정신분석학적 주장은 사랑만이 인간과 세상을 구원할 수 있다는 예수의 가르침과도 맞아떨어진다. 같은 말을 마르셀은 다음과 같이 표현했다.

나는 내가 사랑하는 존재들에 의하여 나 자신이 사랑받고 있다고 파악하는 한에서만, 나 자신에 대해 어떤 가치를 부여하게 된다. 타인에 의한 매개는 자기의 사랑을 정립시킬 수 있다.

그렇다면 우리가 도달하는 해결책은 오직 하나다. 그가 누구든 사람을 소외시키지 말라, 그가 누구든 사람을 카인의 고통으로 몰아넣지 말라, 그가 누구든 사람을 버드나무 속에 들어가 울게 하지 말라, 그것이다. 왜냐하면 사람은 누구나 소외당하는 것을 가장 두려워하고 고통스러워하기 때문이다. 그것이 그들을 지옥으로 밀어넣는 일이기 때문이다. 또한 왜냐하면 그가 버드나무 속에서 다시 걸어 나왔을 때는 발광하여 우리와 우리의 가정 그리고 우리의 사회를 지옥으로 밀어넣을 것이기 때문이다.

언어가 지닌 힘에 관해 살펴보고 있는 우리의 이야기와 연관해보면, 조승희 사건에서 특기할 만한 일이 하나 있다. 그가 다른 학생들과는 물론이고 가족 사이에서도 의사소통하기를 힘들어했다는 사실이다. 〈버지니아 공대 총기 사건 패널 검토 보고서〉에는 다음과 같은 내용이 실려 있다.

조승희와 가족 사이에 있었던 가장 큰 문제는 가족과의 의사소통을 꺼린다는 점으로, 가족들은 이 점에 불만을 가지고 걱정했다. 수년간 조승희가 부모와 대화하거나 눈을 마주치는 일은 극히 드물었다. 패널 검토 보고서 일부에 따르면, 조승희 어머니는 이따끔 너무나 화가 나서 그를 잡고 흔들기도 했다고 한다. 조승희는 누나와 말은 섞었으나, 자신의 감정, 어떤 일에 대한 자신의 생각에 대해 말하거나, 인생이나 학교생활, 특정 사건에 대한 감정을 나누기는 꺼렸다. 집에 손님이 와서 무슨 말을 해야 하면 조승희는 손바닥이 땀으로 흠뻑 젖고 얼굴이 창백하게 질린 채로 얼어붙었다가 울음을 터뜨릴 때도 있었다. 대체로 그는 고갯짓으로 "예" "아니요"라는 대답을 표시하는 데 그쳤다.

이 글을 읽었을 때 내게는 바로 이것이 조승희 사건의 근본 원인이라는 생각이 들었다. 그는 말로 어찌 표현할 수 없고, 생각으로도 정리할 수 없으며, 참을 수 없는 무게의 분노를 이미 가슴에 품고 있었다. 오죽하면 가족과도 말을 섞지 않고, 아무와도 감정을 나누지 않으며, 어쩔 수 없이 말을 해야 할 경우 손바닥이 땀으로 흠뻑 젖고 얼굴이 창백하게 질린 채로 얼어붙었다가 울음을 터뜨렸을 것인가.

만일 조승희가 가족이나 주변 사람들과 의사소통을 할 수 있었다면, 만일 그에게 심보선 시인의 시 〈'나'라는 말〉의 화자처럼 "미소를 지으며 '너는 말이야'로 시작하는 이야기를 들려"주는 '당신'이라는 2인칭 상대가 있었다면, 그래서 그가 "자기에게 주어진 유일한 선물인 양 '너는 말이야' '너는 말이야'를 수없이 되뇌며" 편안한 잠 속으로 빠져들 수 있었다면, 그래서 그가 "무無로 향하는 컴컴한 돌계단을 한 칸씩 밟아" 내려가지 않았다면, 그런 끔찍한 악몽 같은 일은 일어나지 않았을 것이다. 그렇다면 우리의 언어행위에도—'무조건적으로 ~하라'는 칸트의 정언명법定言命法, Kategorischer Imperativ처럼 — 흔들리지 않는 어떤 준칙準則이 있어야 하지 않을까? 이제는 그 이야기를 할 차례다.

소외의 언어, 포옹의 언어

총 66편으로 구성된 신구약성서는 우주의 창조에서 종말에 이르는 한 편의 대하드라마다. 그러나 내용으로 보면 그것은 신이 인간을 따돌리는 낙원 추방으로 시작하여 사랑을 통해 값없이 다시 받아들이는 구원으로 끝을 맺는다. 우리가 주목해야 할 것은, 신은 인간이 죄를 지었기 때문에 추방했지만, 그가 죄를 사할 만한 일을 했기 때문에 인간을 다시 받아들이는 것이 아니다. 인간이 여전히 죄인임에도 불구하고 다시 받아들인다. '～ 때문에' 추방했지만, '～임에도 불구하고' 받아들인다는 뜻이다. 이 '무조건적인 받아들임'에 성서의 진리가 지닌 힘의 비밀이 들어 있다. 그리고 기독교에서 '은총에 의한 구원'이라 일컫는 그 힘이 2천 년 동안 교회를 지탱해왔다.

예수가 제자들에게 이와 연관된 이야기를 들려준 적이 있다. 누가복음 15장 11~32절에 나오는 이른바 '탕자의 비유Parable of the Prodigal Son'다.

어느 큰 부자의 아들이 가족의 재산에서 자기 몫을 받아 먼 나라로 나가 흥청망청 탕진한 끝에 결국 빈털터리가 되어 돼지 농장에서 일하는 끔찍한 처지가 되었다. 그제야 정신을 차린 아들은 잘못을 뉘우치고 집으로 돌아온다. 아버지는 멀리에서 아들이 보이자마자 달려가 끌어안고 입을 맞춘다. 그리고 좋은 옷과 가락지와 신발을 내주게 하고, "내 아들은 죽었다 살았으며 내가 잃었다 다시 얻었노라"며 살진 송아지를 잡아 성대한 잔치를 열었다는 내용이다. 예수는 이 비유를 '돌아온 아들'에 초점을 맞춰 회개의 중요성을 가르쳤다. 그러나 나는 이 비유를 '받아들인 아버지'에 초점을 맞춰 새롭게 해석해보고자 한다.

그러기 위해 먼저 '탕자의 아버지'와 '칼의 아버지'를 견주어보자. 두 아버지는 사뭇 다르다. 탕자의 아버지는 자기를 떠났던 아들을 끌어안

바르톨로메 에스테반 무리요, 〈돌아온 탕자(The Return of the Prodigal Son)〉, 1667~1670
© Wikimedia Commons

고 "내 아들은 죽었다 살았으며 내가 잃었다 다시 얻었노라"며 사랑하고 받아들이는 아버지다. 칼의 아버지는 자기를 안으려는 아들을 뿌리치고 "전쟁을 이용해 돈벌이를 했다"고 판단하고 거부하는 아버지다. 전자의 논법은 '~함에도 불구하고'이고, 그의 행동은 포옹이며, 그의 말은 사랑의 언어이자 포옹의 언어다. 후자의 논법은 '~이기 때문에'이고, 그의 행동은 뿌리침과 따돌림이며, 그의 말은 판단의 언어이자 소외의 언어다. 전자의 아들은 구원받았고, 후자의 아들은 파멸 당했다.

그렇다면 우리의 언어행위에 관한 '흔들리지 않는 준칙'은 예수에 의해 이미 2천 년 전에 주어진 셈이다. 그것은 '상대를 소외하는 언어행위를 무조건 하지 마라'이다. 예컨대 '저리 가!' '넌 필요 없어!' '내 눈앞에서 사라져!'처럼 상대를 거부하거나 소외하는 언어행위에 담긴 폭력성과 파괴성은 그 자체가 지닌 의미를 훨씬 뛰어넘는다. 그것들이 상대에게 '실낙원의 원체험'을 불러일으켜 카인의 고통을 느끼게 하기 때문이다. 지금까지 살펴본 것처럼 조승희, 칼, 야첵과 같은 카인의 후예들이 모두 이 같은 언어행위에 의한 희생자들이다.

예수는 그의 유명한 산상수훈에서 이 같은 소외의 언어에 담긴 폭력성과 파괴성을 살인과 연관해 엄혹하게 교훈했다.

옛 사람에게 말한바 살인하지 말라 누구든지 살인하면 심판을 받게 되리라 하였다는 것을 너희가 들었으나 나는 너희에게 이르노니 형제에게 노하는 자마다 심판을 받게 되고 형제를 대하여 라가라 하는 자는 공회에 잡혀가게 되고 미련한 놈이라 하는 자는 지옥 불에 들어가게 되리라.(마태복음 5 : 21~22)

예수는 형제—즉 우리가 '너' 또는 '그대'라고 부르는 2인칭 상대—를 모욕하고 소외시키는 언어행위가 존재론적 살인행위, 다시 말해 상대의 존재의 의미를 앗아가는 행위임을 정확히 간파하고 있었다. 카인의 고통을 느낄 때 활성화하는 뇌신경회로가 신체적 고통을 느낄 때 활성화하는 부위와 같다는 리버먼의 사회신경학적 통찰도 선취했다고 할 수 있다. 그래서 예수는 서로 무관해 보이는 살인행위와 함께 묶어 형제를 소외하는 언어행위를 하지 말라는 금령을 내린 것이다. 칼의 아버지가 범한 죄가 이 금령을 어긴 것이고, 그래서 그는 구원받지 못했다. 예수는 탕자의 아버지가 한 언행을 통해 우리가 따라야 할 언어행위의 전범을 보여주었다.

내가 말하는 언어행위란, 우리가 상대에게 어떤 의사를 전할 때 발설하는 말뿐 아니라 하는 행동(시선, 표정, 손짓, 몸짓)까지 포함한다. 우리는 위에서 탕자의 아버지가 한 말에 대해서는 이미 살펴보았다. 그것은 사랑의 언어, 포옹의 언어다. 이에 대해 우리는 지로두의 〈벨락의 아폴로〉, 사르트르의 〈닫힌 방〉, 카잔의 〈에덴의 동쪽〉을 매개로 충분히 살펴보았고, 탕자의 비유를 통해 다시 한 번 확인했다. 요컨대 그것은 상대를 제3자로 만드는 '판단의 언어를 사용하지 말라'는 것이었다. 그 구체적 실천방안은 로젠버그가 제시한 비폭력 대화, 즉 비판이나 원망을 제거하고 자신의 느낌·욕구·생각 등을 표현하고, 상대의 말에서도 역시 비판이나 원망을 제거하고 그의 느낌·욕구·생각에 공감하는 대화법이었다.

그러니 이제 탕자의 아버지가 한 행동을 잠시 살펴보자. 성서에는 "아직도 거리가 먼데 아버지가 그를 보고 측은히 여겨 달려가 목을 안고 입을 맞추니"(누가복음 15 : 20)라고 기록되어 있다. 그런데 이 행동의 대상이 누구던가? 그에게 재산이나 명예를 안겨준 아들이던가? 오히려 재산을 탕진하고 수치를 안긴 아들이 아니던가? '그럼에도 불구하고'—이 말이 매우 중요하다—그는 달려가 목을 안고 입을 맞추었다. 탕자의 아버지가 한 이 행동을 단순한 반가움의 표시나 유대인의 관습으로 간주하고 넘어가지 말자. 그럴 경우 '포옹'에 들어 있는 생리학적 그리고 존재론적 의미를 놓치게 된다.

포옹의 생리학적 의미라니, 그것이 대체 무엇인가? 호주 시드니대학교 심리학 교수 앤서니 그랜트A. M. Grant의 실험에 따르면, 포옹은 스트레스 때문에 분비되는 코르티솔cortisol이라는 호르몬을 낮춤으로써 혈압을 내려주고 면역력을 높이며 심리적 불안을 줄여주는 효과가 있다. 미국 노스캐롤라이나 주립대학의 심리학 교수 캐런 그레웬K. Grewen도 아침에 부부가 20초 정도만 서로 포옹하고 손을 잡아주기만 해도 그러지 않는 부부에 비해 똑같은 스트레스에도 절반 정도만 반응한다는 연구결과를 내놓았다. 그런데 도대체 왜 이런 생리적·심리적 현상이 일어나는 것일까? 생리학이나 심리학에서는 설명하지 못하는 여기에 포옹의 존재론적 신비가 숨어 있다.

포옹은 존재론적 행동이다. 우리가 타인을 안아준다는 것은 그의 존재를 '받아들인다는 것', 잠시나마 그와 '일체가 된다는 것'을 뜻한다. 따라서 그것은 인간의 무의식에 깔려 있는 낙원추방의 원체험, 곧 죽을 것만 같은 실존적 분리감에서 구원해준다는 것을 의미한다. 모태에서 분리된 뒤부터 안고 있는 버림받은 감정, 쓸모없음에 대한 인식, 죽을 것 같은 느낌에서 벗어나게 해준다는 것을 뜻한다. 요컨대 뿌리치기가 상대에게 원초적 소외감을 경험하게 하고, 안아주기가 신적인 구원을 체험하게 해준다. 이것이 단 20초의 포옹이 생리적으로는 혈압을 내려주고 면역력을 높이며, 심리적으로는 불안을 감소시키고 스트레스를 줄여주는 현상의 존재론적 근거다.

지금은 사라졌지만 몇 년 전에는 거리에 서서 지나가는 사람들이 원할 경우 그들을 안아주는 봉사를 하는 사람들이 있었다. 이 봉사는 무엇을 위한 것이었을까? 바꿔 말해 왜 사람들은 생전 처음 보는 사람들에게 다가가 선뜻 안기는 것일까? 단순한 흥밋거리? 새로운 풍속도? 포스트모던시대의 해프닝? 물론 그렇게 받아들인 사람들도 있었겠지만, 대부분의 사람들은 아니었을 것이다. 그들은 설령 상대가 생면부지일지라도 누구에겐가 안김으로써 자기도 모를 어떤 위로와 평안함을 느꼈기 때문에 다가가 몸을 맡기고 안겼던 것이다. 당사자조차 모르는 그 위로와 평안이 어디서 오는지를 이제 우리는 알고 있다.

행동도 언어다. 무언이지만 강력한 존재론적 언어다. 마르셀은 《존재의 신비Le mystère de l'être》에서 굶주린 이웃, 목마른 이웃, 갇힌 이웃에게 음식과 물을 건네는 손이나 아들과 딸의 머리를 쓰다듬는 어버이의 손길은 그 자체가 '존재의 언어'라고 잘라 말했다. 자, 그렇다면 생각해보자! 우리가 '너' 또는 '그대'라고 부르는 말을 건네는 상대에게 해야 할 행동 가운데 '안아주기'보다 더 중요하고 더 우선하는 일이 있겠는가? 반대로 '거부하기' '뿌리치기'보다 더 멀리하고 금해야할 일이 있겠는가? 아니 한 걸음 더 나아가, 인간이 인간에게 해야 할 행동 가운데 포옹만 한 것이 어디 있으며, 하지 말아야 할 행동 가운데 거부하기, 뿌리치기만 한 것이 또 어디 있겠는가? 아마 없을 것이다.

우리는 포옹의 존재론적 효과를 다른 누구보다 아이들을 통해 여실히 경험할 수 있다. 부모와 애착관계에 있는 동안 아이들은 마치 인간이 신에게 의존하듯 부모에게 의존하기 때문이다. 《사회적 뇌》의 저자 리버먼이 전하는 바에 따르면, 5세 미만 아이들이 어떤 이유에서든 오랜 기간 동안 부모와 떨어져 지내면—여기에는 당연히 포옹과 같은 부모와의 신체적 접촉의 결핍이 포함되어 있는데, 연구자는 이것에 주목했다—장기적인 행동 결함이 생겨나고, 심지어 언어 능력 발달에도 장애가 생길 수 있다. 또 한쪽 부모를 잃은 아이들은 당시뿐만 아니라 10년이 지나서까지도 다른 아이들보다 코르티솔에 예민한 반응을 보인다.

따라서 부모는 자식들을 볼 때마다 그들을 포옹해주어야 한다. 아무 조건 없이 안아주어야 한다! 포옹은 그 아이의 존재를 받아들인다는 언어이기 때문이다. 아이가 무언가 칭찬받을 만한 일을 했을 때뿐 아니라, 아무 일이 없을 때도, 심지어 꾸중 들을 만한 일을 했을 때조차도 우선 안아주어야 한다. 그 후에 필요하다면 꾸중해야 한다. 그럼으로써 아이에게 '내가 잘못했음에도 불구하고 나는 사랑받는다'는 구원의 체험—구원은 본디 신만이 할 수 있는 일임을 상기하자—을 하게 해야 한다. 이렇게 자란 아이는 어떤 경우에도 결코 잘못되지 않으며, 어떤 경우에도 자기 자신을 포기하지 않는다.

포옹의 존재론적 신비는 여기서 끝나지 않는다. 포옹은 자연스레 상대와 서로 끌어안은 형상을 만든다. 다시 말해 다른 사람을 '안은 내'가 다른 사람에게 '안긴 나'를 만든다. 마르셀이 말하는 '상호주관적 관계'의 상징적인 형상이다. 예컨대 부모는 자녀들을 안아줌으로써 그 자신도 자녀에게 안긴다. 그럼으로써 부모 자신도 버림받은 감정, 쓸모없음에 대한 인식, 죽을 것 같은 느낌에서 벗어날 수 있다. 코르티솔 분비가 감소해 혈압이 내려가고 면역력이 높아지며 심리적 불안이 감소하고 스트레스가 준다. 자식을 뿌리치는 부모가 스스로 버림받은 느낌을 지니게 되고, 자식을 받아들이고 안을 때 스스로 구원받은 감정이 생기는 것이 그래서다. 포옹은 구원의 언어이자 행위다.

초라한 간이역에 아주 잠깐 머물기

여기서 우리가 반드시 짚고 넘어가야 할 물음이 하나 있다. 누구를 포옹할 것인가 하는 물음이다. 자식만? 가족만? 애인만? 친구만? 아니면 이웃까지? 이 문제는 "네 이웃을 네 몸과 같이 사랑하라"(레위기 19: 18, 마태복음 22: 39)고 모세가 율법으로 내리고, 예수가 복음으로 가르친 이래 언제나 '손톱 밑의 가시'였지만, 유럽 난민사태가 세계적인 이슈로 떠오른 지금, 아무리 싫어도 다시 생각해보지 않으면 안 될 사안이 되었다. 대체 누구까지 사랑할 것인가? 누구까지 포옹할 것인가? 누구까지 "미소를 지으며 '너는 말이야'로 시작하는 이야기를 들려"줄 것인가? 누구까지 "측은히 여겨 달려가 목을 안고 입을" 맞출 것인가?

예수 생전에 한 율법교사가 있었다. 그가 바로 이 문제를 처음으로 공공연하게 제시했다. 그는 이웃 사랑을 교훈하는 예수에게 대놓고 물었다. "그러면 내 이웃이 누구나이까"(누가복음 10: 29). 기독교인이 볼 때 이 율법교사는 예수를 시험한 오만한 자다. 그러나 우리는 이 율법교사의 진정성을 높이 평가해야 한다. 왜냐하면 그의 물음은 이웃 사랑을 가르친 모세의 율법과 예수의 복음에 대한 거부나 부정이 아니고, 그것에 참여하기 위한 조건이자 탐색이기 때문이다. 2천 년이 지나 독일의 시인이자 극작가 베르톨트 브레히트B. Brecht, 1898~1956가 〈선의 탐색〉에서 바로 이 문제를 다시 콕 집어 제기했다.

앞으로 나아가라: 우리는 들어 안다.
네가 선량한 사람임을.

너는 매수될 수 없다. 하지만
집에 내리치는 번개 또한
매수될 수 없다.
너는 너의 말을 고수해야 한다.
그러나 네가 무엇을 말했을까?
너는 정직하고 너는 너의 의견을 말한다.
무슨 의견인가?
너는 용감하다.
누구를 상대로?
너는 현명하다.
누구를 위하여?
너는 너 개인의 이익을 고려하지 않는다.
그렇다면 누구의 이익을 고려하는가?
너는 좋은 친구다.

너는 또한 좋은 사람들의 좋은 친구다.

그렇다면 우리 말을 들어라: 우리는 알고 있다.

너는 우리의 적이다. 까닭에 우리는

지금 너를 벽 앞에 세울 것이다.

하지만 너의 장점과 성품을 고려하여

우리는 너를 좋은 벽에 세우고

좋은 탄환이 실린 좋은 총으로 너를 쏠 것이며

좋은 땅에 좋은 삽으로 너를 매장해주겠다.

_ 베르톨트 브레히트, 〈선의 탐색〉 전문

브레히트는 이 시에서 선의 형식을 갖췄더라도 내용에 따라 악이 될 수도 있다는 점을 분명히 했다. 따져보면, 사랑도 포옹도 마찬가지 아니겠는가. 그것들이 아무리 선의 형식을 갖추었더라도 내용에 따라 악이 될 수도 있다. 대체 누구를 사랑하고, 누구를 포옹할 것인가? 자기 자식만? 자기 가족만? 자기 친구만? 그러면 브레히트는 우리의 장점과 성품을 고려하여, 우리를 좋은 벽에 세우고 좋은 탄환이 실린 좋은 총으로 쏠 것이며, 좋은 땅에 좋은 삽으로 매장할 것이다. 그럼 우리는 어떻게 해야 할까?

이에 대한 고전적인 답은 자식에 대한 부모의 사랑은 모든 사랑의 원형이라는 것이다. '본디 모양'이라는 의미의 원형prototype이 아니라, 카를 구스타프 융C. G. Jung, 1875~1961이 설파한 '타고난 심리적 행동 유형'이자 '집단 무의식에 의해 구성되는 문화의 근본구조'라는 의미의 원형archetype이다. 이 말은 우리가 자식에 대한 부모의 사랑을 '이웃에 대한 사랑'으로 확산할 수 있는 능력을 타고났다는 것, 그런 문화를 형성할 수 있는 힘이 집단 무의식으로 우리에게 잠재해 있다는 것을 뜻한다.

프롬은《사랑의 기술》에서 이 말을 "사랑은 그것을 할 줄 아는 능력이며 영혼의 힘"이기 때문에 "만일 내가 어떤 사람에게 '나는 당신을 사랑한다'고 말할 수 있다면, '나는 당신을 통해 모든 사람을 사랑하고 당신을 통해 세계를 사랑하고 당신을 통해 나 자신도 사랑한다'고 말할 수 있어야 한다"고 표현했다. 마르셀도《인간적인 것을 거부하는 인간들Les Hommes contre l'humain》에서 "우리가 이웃에서 멀어지면 멀어질수록, 우리는 존재와 비존재를 구분할 수 없을 캄캄한 어둠 속에서 우리 자신을 상실하게 된다"고 주장했다.

그렇다. 우리는 자신, 가족, 친구뿐 아니라 이웃과 세계를 사랑하기 위해 '지금 여기'에 있다는 것이 프롬과 마르셀의 성찰이다. 어디 그들뿐이겠는가. 평이하지만 아름다운 이 사유를 심보선 시인이 다음과 같이 노래했다.

나는 우연히 삶을 방문했다
죽으면 나는 개의 형제로 돌아갈 것이다
영혼도 양심도 없이
짖기를 멈추고 딱딱하게 굳은 네발짐승의 곁으로
그러나 나는 지금 여기
인간 형제들과 함께 있다

(……)

나는 왔다

태어나기 전부터 들려온

기침 소리와 기타 소리를 따라

환한 오후에 심장을 별처럼 달고 다닌다는

인간에게로. 그런데

여기서 잠깐 질문을 던져보자

두 개의 심장을 최단거리로 잇는 것은?

직선? 아니다!

인간과 인간은 도리 없이

도리 없이 끌어안는다

사랑의 수학은 아르키메데스의 점을

우주에서 배꼽으로 옮겨온다

한 가슴에 두 개의 심장을 잉태한다

두 개의 별로 광활한 별자리를 짓는다

신은 얼마나 많은 도형들을 이어 붙여

인간의 영혼을 만들었는지!

그리하여 나는 지금 여기에 있다

인간이기 위하여

사랑하기 위하여

無에서 無로 가는 도중에 있다는

초라한 간이역에 아주 잠깐 머물기 위하여

_ 심보선, 《눈앞에 없는 그대》, 〈지금 여기〉 중에서

심보선 시인에게 인간의 삶은 무無에서 와서 무無로 돌아가는 도중에 "아주 잠깐" 머무는 "초라한 간이역"이다. 이것이 그다지 특별한 사유는 아니다. 인생이 나그네길이라는 것은 옛 유행가 가사에도 나온다. 삶은 한 조각 구름이 일어나는 것生也一片浮雲起이고, 죽음은 한 조각 구름이 스러지는 것死也一片浮雲滅이라는 서산대사西山大師, 1520~1604의 선시禪詩는 이 같은 사유의 옛 버전이다.

〈지금 여기〉에서 특별한 것은 그 나그네가 "초라한 간이역에 아주 잠깐" 머무르는 목적이다. 심보선 시인은 그것이 "인간이기 위하여 / 사랑하기 위하여"라고 노래한다. 여기서 그는 유행가 가사나 서산대사의 선시에서 가브리엘 마르셀의 사랑의 존재론으로 훌쩍 뛰어넘어간다. 앞에서 보았듯이, "나는 생각한다, 그러므로 존재한다"는 데카르트의 유명한 명제가 '우리는 사랑한다. 그러므로 존재한다'로 바뀌는 것이 마르셀이 말하는 사랑의 존재론이다.

이런 관점에서 볼 때 〈지금 여기〉에서 가장 눈에 띄는 것이 "그런데 / 여기서 잠깐 질문을 던져보자 / 두 개의 심장을 최단거리로 잇는 것은? / 직선? 아니다!"라는 구절이다. 직선이 아니라고? 그럼 뭔데? 심보선 시인은 그것이 사랑이라 답한다. 이 얼마나 멋진 표현인가! 이 얼마나 귀한 사유인가! 그렇다. 두 개의 심장을 최단거리로 잇는 것은 인간과 인간을 "도리 없이 / 도리 없이" 끌어안게 하는 사랑이다. 어쩔 수 없이, 가차 없이, 속수무책으로 포용하게 하는 사랑이다.

누구든 자기 자리에 꼼짝하지 않고 서 있어서야, 아무리 직선거리라 하더라도 두 심장의 거리가 서로 끌어안은 사람들의 그것보다 더 가깝겠는가. '물리의 수학'에서는 두 심장 사이의 최단거리가 당연히 직선거리지만, "사랑의 수학"에서는 그것이 포옹이다. 그럼으로써 포옹은 모든 물리 세계를 삽시에 사라지게 한다. 존재물의 세계가 존재의 세계로 변하게 한다. 그럼으로써 포옹은 "영혼도 양심도 없이 짖기를" 멈추게 한다. "한 가슴에 두 개의 심장을 잉태하게 한다." "두 개의 별로 광활한 별자리를" 짓게 한다.

"한 가슴에 두 개의 심장"이라고? 그렇다, 사랑은, 포옹은 한 가슴에 두 개의 심장을 갖게 한다. 한 가슴에 두 개의 심장, 그것이 바로 마르셀이 《존재의 신비Le mystère de l'être》에서 '우리'라는 이름으로 설파한 '공동존재'의 구조 아니겠는가. "두 개의 별로 광활한 별자리를 짓는다"고? 그렇다, 사랑은, 포옹은 낱개의 별이 별자리가 되게 한다. 무의미한 것이 의미 있는 것이 되게 한다. 별로 짓는 별자리, 그것이 바로 바디우가 《사랑 예찬Éloge de l'amour》에서 '나 혼자가 아니라 그 또는 그녀와 함께 하나의 세계와 그 세계의 진리들을 구축하는 모험'이라 표현한 사랑의 모습이 아니겠는가.

일찍이 그리스의 물리학자 아르키메데스Archimedes, BC 287?~BC 212는 충분히 긴 지렛대와 그것이 놓일 장소만 주어진다면, 지구라도 들어 올릴 수 있다고 했다. 그러나 그것은 직선이 최단거리인 물리 세계의 수학이다. 포옹이 최단거리인 사랑의 세계에서는 지구를 지렛대로 들어 올릴 수 있는 받침점이 지구 밖 우주 어느 곳에 있을 리가 없다. "사랑의 수학은 아르키메데스의 점을 / 우주에서 배꼽으로 옮겨온다." 그럼으로써 세상을 바꾸는 받침점이 내 안에 있다. 존재물의 세계를 존재의 세계로 바꾸는 아르키메데스의 점이 사랑 안에 있다. 그리하여, 또 그러기 위하여 "나는 지금 여기 있다." "인간이기 위하여 /

사랑하기 위하여" 나는 "인간 형제들과 함께" 지금 여기 있다.

여기서 한 가지 생각해보자. 이웃 사랑을 강조하는 이 같은 시, 잠언, 교훈들의 시원은 앞에서 소개한 "네 이웃을 네 몸과 같이 사랑하라"는 성서의 가르침이다. 그렇다면 궁금한 것이 있다. 레위기에 실린 모세의 율법부터 따져보아도 3300년, 마태복음에 담긴 예수의 복음부터 세어도 2천 년이 더 지난 이 말이 아직까지 변함없이 금언으로 남아 있는 까닭이다. 이유는 아이러니하게도 그것이 여전히 지켜지지 않기 때문이다. 한마디로 이웃사랑은 언제나 가르쳐지지만, 항상 지켜지지 않음으로써 영원한 교훈이 되었다. 그런데 왜 그럴까? 그것이 단지 우리가 악하기 때문일까?

이웃이라는 괴물에 대해

지그문트 프로이트S. Freud, 1856~1939는 《문명 속의 불만》에서 우리가 이웃을 사랑할 수 없는 이유를 다음과 같이 나열했다.

그(이웃)는 나를 눈곱만큼도 사랑하지 않는 것 같아 보이며, 나를 거들떠보지도 않는다. 나를 해치는 것이 이로우면 그는 망설이지 않고 나를 해칠 것이다. 자기가 얻는 이익이 나에게 끼치는 손해와 균형을 이루고 있는지 어떤지도 생각해보지 않을 것이다. 아니 나를 해침으로써 이익을 얻을 필요도 없다. 자기 욕망을 만족시킬 수 있다면 나를 비웃고 모욕하고 중상하고 자기의 힘을 과시하는 것을 개의치 않을 것이다. 나를 해쳐도 자신은 안전하다고 느낄수록, 그 사람은 나에게 이런 태도를 취할 가능성이 더욱 커진다.

(……) 인간의 이웃은 그들에게 잠재적인 협력자나 성적 대상일 뿐 아니라, 그들의 공격본능을 자극하는 존재이기도 하다. 인간은 이웃을 상대로 자신의 공격본능을 만족시키고, 아무 보상도 주지 않은 채 이웃의 노동력을 착취하고, 이웃의 동의도 받지 않은 채 성적으로 이용하고, 이웃의 재물을 강탈하고, 이웃을 경멸하고, 이웃에게 고통을 주고, 이웃을 고문하고 죽이고 싶은 유혹을 느낀다. 인간은 인간에게 늑대다Homo homini lupus.

과연 그럴까? 얼핏 수긍하기 힘든 말처럼 들린다. 그러나 다시 생각해보자. 오늘날 난민촌에서 무슨 일들이 벌어지고 있는가? 아니 지구촌 전반에서 무슨 일들이 일어나고 있는가? 프로이트가 고발한 것보다 조금이라도 나은가? 이슬람국가와 연관된 조직적 테러나 사이코패스 같은 병리적 개인들의 행위만을 두고 하는 말이 아니다. 우리가 주변에서 언제든지 만나는 이웃들이 우리와 우리의 아이들을 모욕하고 폭행하고 강간하고 납치하고 살해하고 있다. 온종일 방송되는 CNN과 YTN 뉴스는 그것들의 모음이 아닌가?

지젝이 《새로운 계급투쟁》에서 지적한 사례들 가운데 몇을 간추려보자. 1977년부터 2013년까지 영국 중부의 로더럼에서 1,400여 명의 백인 여자아이들이 강간 또는 추행 당했고, 납치되어 다른 도시로 팔려나갔다. 범인은 파키스탄 이민자들이었다. 근래 내국인과 외국인을 가리지 않고 자행된 집단 강간 사건으로 국제사회에 문제가 된 인도에서는 평균 22분에 한 번꼴로 성폭행 범죄가 발생하는데, 강간범이 모두 가난한 하층계급 출신이다. 멕시코 북부의 시우다드 후아레스에서는 폭력배들이 집단적 의례로 여성들을 살해했다. "집단강간으로 시작한 의례는 고문, 무엇보다도 유두를 가위로 자르는 고문 끝에 결국 죽음으로 이어졌다."

지젝은 우리를 더욱 혼란스럽게 만드는 것은 선진 복지국가에서도 영국 로더럼 사건과 비슷한 일들이 비일비재하게 일어나고 있다는 사실이라 했다. 2014년 캐나다 왕립기마경찰대 조사에 따르면, 1980년에서 2012년 사이에 1,200여 명의 원주민 여성이 집단 강간당하고 살해되거나 실종됐다. 캐나다 여성지위부는 4천 명 이상의 원주민 여성이 이러한 피해를 입었을 것으로 추정하고 있다. 사건 대부분이 미제로 남아 있지만 캐나다 정부가 미온적인 태도로 일관해왔는데, 2015년 집권한 자유당 소속의 쥐스탱 트뤼도 총리가 이 문제에 대한 국가 차원의 철저한 조사를 지시하여 2016년 8월에야 진상 조사 위원회가 발족했다. 또 전 세계 가톨릭교회에서 끊임없이 반복되고 있는 소아성애 성직자들의 추문은 더 이상 입에 올릴 만한 일이 아니지 않은가.

이것이 모세에서 마이모니데스, 나흐마니데스 같은 랍비들을 거쳐 로젠츠바이크와 레비나스 같은 철학자들에 이르는 유대교 전통과, 예수에서 아우구스티누스, 윌리엄 오컴, 시에나의 카트리나, 루터 같은 성직자들을 거쳐 키르케고르, 마르셀에 이르는 기독교 전통이 한결같이 입을 모아 "네 몸같이 사랑하라"는 우리의 이웃이 가진 얼굴의 어두운 한 면이다. 이웃은 언제든지 괴물로 변할 수 있는 존재다. 당신은 이런 이웃을 "네 몸같이" 사랑할 수 있겠는가? 이런 이웃을 "측은히 여겨 달려가 목을 안고 입을 맞추"고, "미소를 지으며 '너는 말이야'로

시작하는 이야기를 들려"줄 수 있겠는가? 참고로 일러두자면, 소크라
테스에서 플라톤을 거쳐 칸트, 니체에 이르는 헬레니즘 전통의 철학에
는 행복에 이르는 길로 절제, 중용, 선의지, 권력을 향한 의지Wille zur
Macht를 강조하는 윤리학은 있을지언정, 이웃사랑의 윤리학은 없다.

지젝은 난민 또는 이민자 문제와 연관해 더욱 일상적인 사례를 제
시했다. 학교 식당에서 이슬람 학생들에게 돼지고기 요리를 주지 않는
관용을 베푼다 해도, 그들이 돼지고기를 먹는 다른 아이들을 곱지 않
게 바라볼 수 있다. 이슬람 여학생들이 수업 중 히잡을 착용하도록 관
용을 베푼다 해도, 그들이 거의 벌거벗은 차림으로 등교한 다른 여학
생을 향해 눈살을 찌푸릴 수 있다. 실제로 이슬람들은 네덜란드, 독일,
덴마크 등지에서 성별을 가리지 않고 동성애자들을 공격했다. 그런가
하면 반대로 프랑스인들은 부르키니를 입고 해수욕하는 이슬람 여성
들의 옷을 강제로 벗기고 있지 않은가. 심지어 수백만의 유대인을 가
스실로 보낸 아이히만도 '평범한' 이웃이었다. 이것이 우리의 이웃이
다. 당신은 이런 이웃을 "네 몸같이" 사랑할 수 있겠는가? "달려가 목
을 안고 입을 맞추"고, "미소를 지으며 '너는 말이야'로 시작하는 이야
기를 들려"줄 수 있겠는가?

냉철하게 생각해보자. 우리가 이웃을 사랑할 수 있는 경우가 언제인
가? 그것은 그가 오직 '좋은 이웃'일 때다. 그런데 '좋은 이웃'이란 누
구인가? 나와 '동일한 이웃'이 아니던가? 알랭 바디우가 그의 《윤리
학》에서 적절하게 지적한 대로, 타자의 존재를 신神의 윤리적 이름인
"전혀-다른-타자Tout-Autre"와 연결해 신성하게 인정하는 레비나스의
'차이의 윤리학'을 신봉하는 사람이라 해도 '동일성의 폭력'을 피할 수

없다. 바디우는 이 말을 다음과 같이 했다.

> 사실상 그 유명한 '타자'란 오직 그가 좋은 타자일 때에만 제시될 수 있
> 는 것이다. 좋은 타자란 누구인가? 바로 우리와 동일자가 아닌가? 물론 차
> 이를 존중해야 한다. 그러나 그 차이 나는 자가 의회민주주의자이고, 시장
> 경제 신봉자이며, 언론 자유의 지지자이고, 페미니스트이며, 환경주의자
> 일 때에 한해서이다. (……) 윤리 신봉자들의 눈에는 심지어 자기 나라의
> 외국인 이민자들의 경우도 그들이 '정합된' 경우, 또는 그들이 통합되기를
> 원하고 있는 경우(이를 좀 더 들여다본다면, 그들이 그들의 차이를 제거하기
> 를 원한다는 것이다)에만 알맞게 차이가 나는 것이다.

이 말은 우리가 관용과 차이를 인정하는 어떠한 윤리학의 신봉자가
되더라도 타자에 대한 판단을 그만둘 수 없는 한 결국은 "나처럼 되어
라. 그러면 너의 차이를 존중하겠다"는 동일성의 폭력으로 귀착한다
는 것을 뜻한다.

여기서 우리는 양자택일의 기로에 놓인다. '상대를 소외시키는 언어
행위를 무조건 하지 말라'는 언어행위의 준칙을 지킬 것인가, 아니면
'좋은 이웃'에게만 "미소를 지으며 '너는 말이야'로 시작하는 이야기
를 들려"줄 것인가? 그것은 우리의 선택에 달려 있고, 그 선택에 따라
우리의 미래와 우리가 사는 세계가 달라질 것이다. 당신은 어떤 선택
을 하겠는가? 쉽게 답할 수 있는 문제도 아니지만, 또 쉽게 회피할 수
있는 문제도 아니다.

《새로운 계급투쟁》에서 지젝도 "적이란 당신이 아직 그의 이야기를 들어보지 못한 사람이다"라는 말에 공감한다. 아무리 흉악한 괴물이라 할지라도 그의 말에 귀를 기울여 내면 깊숙이까지 들어가 알고 보면 적으로 대할 수 없다는 뜻이다. 그는 이 말의 의미가 무엇인지를 가장 잘 보여주는 문학작품이 메리 셸리M. W. Shelley, 1797~1851의《프랑켄슈타인》이라고 했다. 왜냐하면 셸리가 작품의 핵심부에서 프랑켄슈타인이 자기 이야기를 하게 함으로써 사회로부터 낙인찍히고 규정되고 억압당하고 따돌림당하는 것이 무엇인지를 독자들에게 묻게 했기 때문이다.

지젝은 이로써 프랑켄슈타인이라는 "최악의 범죄자는 최고의 희생자로 구현되었다. 괴물 같은 살인자는 깊은 상처에 절망한 나머지 자신을 보듬어줄 사회의 품과 사랑을 갈망하는 개인임이 밝혀졌다"며, "셸리는 보수주의자라면 절대로 하지 않을 일을 해냈다"고 높이 평가했다. 그럼에도 그는 오늘날 세계 내에 현실적으로 존재하는 프랑켄슈타인들과 관련해서는 다분히 현실적인 방안을 제시했다.

첫째, 모두가 의무적으로 지킬 최소한의 규범을 만드는 것이다. '유럽 중심적'이라는 비난을 받을까 두려워할 필요는 없다. 종교의 자유, 집단적 폭력에 대항하는 개인적 자유의 보호, 여성 인권 등이 그것이다. 둘째, 이 제한 내에서 상이한 생활방식에 무조건적 관용을 행해야 한다. 이런 규범과 소통이 행해지지 않는다면 가능한 모든 형태의 법적 강제력을 집행해야 한다.

지젝은 "진보 좌파에 만연한 인도주의적 태도를 버려야 한다"고 주장한다. "주문처럼 반복되는 불평과 상황을 윤리화시키는 것―유럽은 공감을 상실했다, 타인의 고통에 무심하다 등―은 반이민주의 폭력의 반대급부일 뿐이다"라고 비판한 다음, 관용의 한계를 다음과 같이 분명히 했다.

> 만약 그들(아랍 이민자)이 아이들을 공립학교에 보내지 않으려 해도 관용을 베풀어야 할까? 여인들에게 특정 복장을 강요하더라도? 같은 집단의 동성애자를 잔인하게 폭행하더라도? 이 경우 우리는 절대 관용을 보여서는 안 된다. 또한 우리는 여성인권을 방치할 정도로 지나치게 관대해서는 안 된다.

어떤가? 지젝의 해법은 명쾌하고 현실적이며 단호하고 이성적이다. 또 현재로서는 그만한 해결책도 없어 보인다. 그러나 장기적으로 보면 반드시 그런 것은 아니다. 〈이데올로기〉 김연수 편에서 살펴본 시카고대학교의 법철학자 마사 누스바움의 주장에 또렷이 나타나 있듯이, 인간은 이성만으로는 충분히 이성적이지 못하다. 또한 《한낮의 어둠》에서 루바쇼프가 처연히 외쳤듯이, "이성 하나만으로 만들어진 나침반은 불완전하기에 목표가 안갯속으로 사라져버리는 뒤틀린 경로로 이끌" 수 있다. 그 이유를 하이데거 식으로 말하자면, 라티오ratio로서의 이성은 '어떤 것을 빛 안으로 불러들이고 나머지는 어둠 속에 내버려두기' 때문이다.

따져보자. 지젝이 내놓은 해법은 결국 어떤 한계선 안에서 관용을 행하자는 말이다. 그리고 그 한계를 벗어나는 경우에는 "가능한 모든 형태의 법적 강제력을 집행"하자는 것이다. 그렇다면 그것은 사실상 바디우가 비판했던 '좋은 타인'에게만─즉 의회민주주의자이고, 시장경제 신봉자이며, 언론 자유의 지지자이고, 페미니스트이며, 환경주의자일 때에 한해서─관용을 행하자는 태도와 큰 차이가 없다. 차이가 있다면, 상대가 관용을 베풀 '좋은 이웃'이냐 아니냐를 가름하는 기준이 '우리'가 아니라 '규범'이라는 것뿐이다.

그렇지만 "모두가 의무적으로 지킬 최소한의 규범"을 누가 만들 수 있을까? 설령 누가 그것을 만들었다 해도, 그것이 모두에게 보편타당하다는 것을 누가 판단할 수 있을까? 아니, 누구에게나 보편타당한 그런 규범의 존재 자체가 가능한가? 만일 아니라면 "가능한 모든 형태의 법적 강제력을 집행"하는 그 규범은 결국 "나처럼 되어라. 그러면 너의 차이를 존중하겠다"는 '동일성의 폭력'에 귀착되지 않을까? 그렇다면 그것은 또한 목적이 수단을 정당화함으로써 본래의 목적을 해치는 또 하나의 이데올로기로 변질되지 않을까? 의문과 의심은 꼬리를 물고 이어진다.

요컨대 지젝은 라티오로서의 이성적인 해법을 내놓았다. 그것은 단기적인 처방일 뿐이다. 그리고 이렇게 구축되는 안전지대는 '임시 대피소'일 뿐이다. 물론 지젝이 장기적 처방을 내놓지 않았다는 것은 아니다. 그가 내놓는 장기적 처방은 '파국이 임박한 자본주의의 종언'과 '새롭고 보편적인 공산주의의 재발명'이다. 그것은 지젝 자신의 강연과 저작들을 통해 이미 널리 알려져 있고, 나도 이 책 곳곳에서 소개했다. 따라서 다시 반복하고 싶지 않다. 그 대신 우리는 로고스로서의 이성적인 해법을 장기적인 처방으로 강구해보고자 한다. 왜냐하면 이렇게 구축되는 안전지대만이 —언젠가 그것이 가능해진다면— 안전지대가 될 것이기 때문이다.

로고스로서의 이성은 그 어떤 것도 어둠 속에 내버려두지 않고 모든 것을 빛 안으로 불러들이는 정신 능력이다. 이 말이 무엇을 의미하는지, 오늘날 우리를 위협하고 있는 글로벌 위험global risk 가운데 인구 문제를 예로 들어 생각해보자. 개별 국가적 차원에서 보면 인구의 노령화가 생산성을 저하시킨다. 때문에 우리나라를 포함한 선진 각국에서는 출산을 장려하기 위해 골몰하고 있다. 그러나 이것은 단지 자국의 이익만을 고려하는 라티오로서의 이성이 내놓은 해법이다. 범세계적 차원에서 보면, 이야기가 전혀 다르다.

70억이 넘는 인구가 사는 지구는 이미 포화 상태다. 게다가 지구촌 전체를 보면 인구가 폭발적으로 증가하고 있어 자연은 이제 더 이상 견뎌낼 힘이 없다. 생태학자들은 인구의 과잉성장, 환경파괴를 불러오는 화석연료의 남용으로 매년 3천에서 3만 종으로 추산되는 생물이 멸종하고 있으며, 앞으로 100년 이내에 지구 상 동식물 가운데 절반 정도가 사라질 것으로 예측한다. 또 세계의 모든 사람이 지금 선진국 수준의 풍요로운 생활을 하려면, 지구가 최소한 5개는 더 있어야 한다고 추정하기도 한다.

그뿐 아니다. '기후변화에 관한 정부 간 패널IPCC'에 따르면, 이미 급속히 진행되고 있는 기후변화 때문에 일어나는 가뭄, 홍수, 해일, 물 부족, 식량 부족, 그로 인한 이주민 증가 등이 인류를 돌이킬 수 없는 재앙으로 몰아가고 있다. 2015년 6월 18일에 프란치스코 교황은 기후 변화와 생태계 파괴를 미리 막자면서 총 6장 246항, 181쪽 분량의 회칙 〈찬미받으소서〉를 발표했다. 이어 "기후 변화가 강제 이주의 위기를 악화시키고 있다. 세상의 가난한 자들은 기후 변화에 책임이 거의 없지만 기후 변화의 영향을 가장 크게 받는다"며, "가난한 사람과 지구의 울음소리에 동시에 귀를 기울여야 한다"고 강조했다. 이렇게 보면, 자연을 위해서뿐 아니라 인류를 위해서도 인구 증가를 부추기는 출산 장려보다는 이민자와 난민들을 수용하는 정책이 당연히 더 이성적이다.

라티오로서의 이성과 로고스로서의 이성은 이렇듯 전혀 다른 판단으로 우리를 이끈다. 문제는 우리가 어떤 이성을 사용할 것인가 하는 것이다. 이제 아랍 이주민 문제에 대한 해법을 매개로 이웃 일반에 대한 우리의 태도를 탐색하고 있는 원래 이야기로 돌아가보자. 그러면 로고스로서의 이성은 '상대를 소외시키는 언어행위를 무조건 하지 말라'는 언어행위의 준칙 앞으로 다시 한 번 우리를 이끌고 간다. 그리고 이 준칙을 지킬 것인가, 아니면 지젝의 제안대로 '좋은 이웃'에게만 "미소를 지으며 '너는 말이야'로 시작하는" 말을 걸 것인가 하는 결단의 절벽으로 밀어 세운다. 그럼에도 나는 이 선택을 일단 유보하고자 한다. 아니, 당분간 당신에게 맡기고자 한다. 그 대신 앞에서 일부 소개한 심보선 시인의 시집 《눈앞에 없는 당신》 뒷면에 실린 '자서'의 전문全文을 소개하려 한다. 왜냐하면 이 글이 당신의 어려운 선택을 조금이나마 도울 수 있으리라 믿기 때문이다.

오늘 밤, 세찬 빗줄기를 뚫고 건너온, 물방울 속에 뭉쳐 있는 당신의 전언을 펼쳐 읽습니다.

안타깝게도 법과 규칙의 말들은 죄의 무릎과 무릎 사이에 놓인 순수함을 보지 못하는군요.

세계의 단단한 철판 위에 이성의 흔적을 새기는 사람들. 물의 말을 모르는 사람들.

그들은 죄악의 틈새에서 잠들고 자라나는 어린 영혼을 보고는, 아이, 불결해, 눈살을 찌푸리기만 하네요.

하지만 물방울로 이루어진 당신의 말은 그 영혼을 투명하게 비춰주는 군요.

물방울로 오로지 물방울로 싸우는 당신. 물방울의 정의를 행사하는 당신. 판결과 집행이 아니라 고투와 행복을 증언하는 당신.

당신은 말하죠. 인간은 세상의 모든 단어를 발명했어요. 사랑을 제외하고요.

사랑은 인간이 신에게서 빌려온 유일한 단어예요. 그러니 사랑 때문에, 우리는 할 수 없는 것을 하고, 말할 수 없는 것을 말하고, 쓸 수 없는 것을 쓰는 것이죠.

나는 말하죠. 오늘 밤, 당신은 나와 너무 닮아 낯설군요.

당신은 말하죠. 아니, 당신은 너무 낯설어 나를 닮았어요.

그런가요, 그래요, 그럼, 잘 자요, 당신, 내 사랑.

〈이데올로기〉 김연수 편에서 소개했듯이, 아리스토텔레스는 《수사학》에서 "연민이란 다른 사람의 불행이나 괴로움에 대해 느끼는 고통스런 감정"(《수사학》, 1385b 13 이하)이라 정의하고, 그 필요조건을 세

가지로 규정했다. 첫째는 '고통의 크기'로, 그것이 심각하다는 믿음 또는 평가다. 둘째는 '고통의 부당성'으로, 그 사람이 고통을 당해서는 안 된다(그 사람이 자초한 것이 아니다)는 믿음이다. 그리고 셋째는 '예상 가능성'으로, 나도 비슷하게 될 가능성이 있다는 믿음이다. 누스바움은 그중 세 번째 조건의 중요성을 강조하며, '이 사람 또는 이 생명체에게 좋은 일을 촉진해야 한다'는 행복주의적 명제로 확장·치환했다. 그리고 이런 의미의 연민이 없이는 "사회정의로 이어지는 필수적인 가교를 잃게 될 것이다"라고 경고했다.

프로이트가 "인간은 인간에게 늑대다"라고 규정한 이웃이란 '나도 언제든 그와 비슷하게 될 가능성이 있다'는 관점에서 보면, '나와 너무 닮아 낯설고, 너무 낯설어 나를 닮은' 또 하나의 인간이 아닐까? 그렇다면 "법과 규칙의 말들"로 "아이, 불결해, 눈살을 찌푸리기만" 할 것이 아니라, "물방울로 오로지 물방울로" 싸우며, "판결과 집행이 아니라 고투와 행복을 증언"해야 하지 않을까? 그래야만 우리가 언젠가는 임시 대피소가 아니라 '젖과 꿀이 흐르는 가나안 땅'으로 들어갈 수 있지 않을까?

나는 "세찬 빗줄기를 뚫고 건너온, 물방울 속에 뭉쳐 있는" 전언을 먼저 펼쳐 읽은 심보선 시인을 무대로 불러, 가나안 땅으로 들어가는 그 좁고 신비로운 길 이야기를 직접 들어보기로 했다.

3장

+

대담:
심보선 시인

내게 인간과 언어 이외에 의미 있는 처소를 알려다오.
거기 머물며 남아 있는 모든 계절이란 계절을 보낼 테다.

_ 심보선

시인과 이야기를 나누는 일

심보선 시인을 초대 작가로 정했을 때 인터넷에서 그에 관한 정보를 찾아보고, 이 시인이 미국 컬럼비아대학교에서 사회학을 전공했다는 것을 알았다. 그리고 잠시 생각했다. 그는 시를 쓰는 사회학자인가, 아니면 사회학을 전공한 시인인가? 결국 어느 쪽에 더 무게를 두느냐의 문제일 텐데, 사람들에게는 보통 학문을 하는 것은 이성적 작업이고 시 짓기는 감성적 작업이라는 통념이 있다. 나 역시 여전히 학문은 불의 언어로 대상을 밝혀내는 것이고, 시는 물의 언어로 대상을 살려내는 것이라는 나름의 관념을 지니고 있다.

그런데 시인들 몇을 만나본 다음부터—불과 서너 명밖에 안 되지만—나는 그 같은 통념이 잘못된 것이 아닌가 하는 의심을 품게 되었다.

그들이 한 줄기 바람에도 몸을 떠는 현악기같이 예민한 감성을 지닌 것이 사실이지만, 한 덩이 얼음같이 맑고 투명한 이성도 지녔다는 사실을 종종 확인할 수 있었기 때문이다. 그래서 학자이자 시인인 심보선 시인을 만나면, 이에 대한 그의 의견을 물어보리라 생각했다. 그런데 대담을 준비하느라 그의 시집을 읽어가며 그럴 생각이 점차 없어졌다. 특히 두 번째 시집 《슬픔이 없는 십오 초》 중 〈웃는다, 웃어야 하기에〉의 다음 구절들을 읽고는 그 이야기는 아예 꺼내지 말자고 생각을 굳혔다.

> 내게 인간과 언어 이외에 의미 있는 처소를 알려다오.
> 거기 머물며 남아 있는 모든 계절이란 계절을 보낼 테다.
> 그러나 애절하고 애통하고 애틋하여라. 지금으로서는
> 내 주어진 것들만이 전부이구나.

이 시구들을 보면, 우선 심보선 시인이 오직 '인간'과 '언어'에서만 자신의 존재 의미를 찾고 있다는 것을 알 수 있다. 그렇다면 그가 인간을 탐구하는 사회학과 언어를 탐색하는 시를 붙들고 사는 것은 특별하다기보다 오히려 당연하지 않은가. 그런데 시인은 자기에게 주어진 전부인 그것들을 "애절하고 애통하고 애틋"하게 느낀다. 그의 시집에 '슬픔'이나 '행복'이라는 말이 자주 등장하는 것도 아마 그래서일 것이다. 그에게는 사회학과 시가 슬픔이 홍수처럼 범람하는 '이날' '이곳'에서 행복이 꽃처럼 피어나는 '그날' '그곳'을 향해 달려가는 자전거의 두 바퀴일 것이다. 그렇다면 앞바퀴와 뒷바퀴 가운데 어느 바퀴가 더 우선하느지를 묻는 것이 무슨 의미가 있겠는가. 그래서 묻지 않기로 했다.

그 대신 나는 '여성 팬들이 유독 많은 이유가 무엇이라고 생각하느냐' '잘생겨서 그런 것 아니냐' 하는 실없는—나는 그에게 여성 팬들이 얼마나 있는지 전혀 모른다—물음으로 대담을 시작했다. 사실인즉 그것은 〈벨락의 아폴로〉에서 아그네스가 "참 잘생기셨어요"라는 주문을 거는 것과 같은 효과를 기대하고 건넨 인사말이었다. 그런데 기대한 효과는 나타나지 않았다. 그의 대답이 건조하고 짧았다. "진실로 받아들이겠습니다." 그래서 나는 곧장 시에 관한 이야기로 넘어갔다.

김용규　　혹시 사랑하고 자주 사용하는 단어들이 인생, 영혼, 고독, 운명, 슬픔, 천사와 같이 여성들이 선호하는 언어라서 그런 게 아닌가, 이런 생각도 해봅니다.

심보선　　선생님이 나열하신 단어들이 과연 여성들이 선호할까를 저도 생각해봤는데요. 여성들이 선호한다기보다 약간 여성적인 언어, 여성성이 담긴 언어라는 생각이 들더라고요. 직선적이라기보다 곡선적이고 논리적이라기보다 감성적이고, 굳이 이분법적으로 얘기하면요. 그러면서도 관계적이고 총체적인 전체를 아우르는 듯한 말들이죠. 그런 게 여성들이 선호하는 언어라기보다 여성적인 언어, 여성성이 담긴 언어가 아닐까 생각을 해봤습니다.

김용규　　충분히 이해가 가는 말씀입니다. 오늘 우리는 언어에 대해서 얘기했습니다. 언어가 진리의 집이라는 것, 그래서 언어가 세계를 만든다는 것, 그런데 세상에는 두 가지 진리가 있어서 언어에도 두 가지 언어가 있고 그 언어에 의해서 두 개의 세계가 만들어진다는 얘기를 함께 나눴습니다. 뿐만 아니라 저는 이 언어들을 판단의 언어와 사랑의 언어 또는 지상의 언어와 천상의 언어로 구분하기도 했습니다. 그래서 이 얘기와 연관해서, 이 카테고리 안에서 질문을 드리고자 합니다.

선생님의 첫 번째 시집 《눈앞에 없는 사랑》 뒤표지에 매우 흥미로운 글이 실려 있어요. 마치 한 편의 시 같은데요. 저는 이 글을 의미심장하게 보았습니다. 우선 이 글을 한번 낭독해주시길 바랍니다.

심보선 시인을 처음 만나 몇 마디를 주고받은 내 소감은, 그가 조용하고, 조심스럽고, 여성적―그가 앞에서 규정한 표현을 빌리자면 "직선적이라기보다 곡선적이고 논리적이라기보다 감성적"―이라는 것이었다. 그런 사람들은 대개 낯선 사람, 생소한 자리를 불편해한다. 그래서 이번에는 그가 쓴 글의 낭송을 부탁했다. 자신의 글을 읽음으로써 그가 조금 편해지길 바랐던 것이다. 그런데 반응은 오히려 청중 쪽에서 먼저 일어났다. 시인이 차분한 목소리로 낭송하자, 늦은 시간까지 이어진 긴 강연 때문에 나름 산만해졌던 청중이 차츰 몰두하기 시작했다. 이 글은 앞에서 전문을 소개했기 때문에 여기에서는 생략하지만, 낭독을 마친 다음 심보선 시인도 훨씬 편해진 것처럼 보였다.

김용규   그런데 이 글이 뭔가요? 보통 책표지 뒷면에는 책을 광고할 만한 문구를 싣기 마련인데 이게 광고문입니까? 이 자체가 하나의 시 같습니다.

심보선   '문학과지성' 시인선을 보면 아시겠지만, 책 뒤에 항상 자서白敍

라고 해서, 여느 시인선이나 책들과 달리 시인들이 직접 쓰는 전통이 있습니다. 그래서 사실은 첫 시집 낼 때도 그랬고 두 번째 낼 때도 그랬고 여기다 무슨 말을 쓸까 항상 고심합니다. 누군가에 대한 답장, 편지글을 보내기도 하지만 나한테 온 편지에 대한 답장 형식으로 편지처럼 써봤습니다.

김용규　　　예. 선생님은 계속 누군가를 상정하고 편지로 시도 쓰고, 온 편지에 대한 답도 쓰고, 항상 이렇게 상대를 가정하고 글을 쓰시는군요.

심보선　　　이게 어떤 가정이라거나 제가 염두에 두고 의식적으로 쓴다기보다는, 어떤 시들은 독백 같은 시도 있지만 저는 '시라는 게 본질적으로 그렇지 않은가' '어차피 문학이라는 것도 그렇지 않은가' '문학이 뭘까' 여러 생각을 하다가, 문학은 작품성이 좋고 훌륭하고 질이 높고 이런 것이라기보다는, 사람들이 문학을 접하고 '정말 좋다'고 할 때 마음이 움직일 텐데, 결국 그건, 먼 데서 온 친구의 편지, 오늘 나한테 당도한 어떤 모르는 사람, 그런데 읽어보니 나를 무척이나 잘 아는 사람의 편지 같은, 그게 문학이 아닐까, 그런 생각이 무의식적으로 누군가에게 말을 거는 듯한 시를 쓰게 하는지도 모르겠습니다.

김용규　　　지금 화면에 다 나오지도 않았고 한 번에 쭉 낭송하셔서 여러분이 파악하기는 어려우시겠지만, 제가 보기에 이 글은 선생님이 마치 빌라도의 법정에서 예수를 옹호하면서 사물의 본질을 밝히는 판단의 진리 앞에, 사람이 살 수 있는 바탕을 밝히는 사랑의 진리를 내세우면서 쓴 것처럼 느껴집니다. 선생님이 이 글에서 인용하신 '물의 말'이라는 말에 저는 상당히 매혹되었습니다.

물의 말이라는 말이 제가 말씀드린 사랑의 언어, 천상의 언어와 크게 다르지 않고, 다시 말해 사람을 살게 하는 생명을 북돋우고 생명들을 살게 만드는, 그런 언어로 이해했는데, 선생님 생각은 어떠세요? 만일 같다면 어떤 점에서 같고, 다르다면 어떻게 다를까요?

심보선　　저도 생각을 해봤는데 제가 물이라는 말을 쓸 때는 선생님의 표현을 빌리면 지상이라든지 불이라든지, 반대로 천상, 물 이런 걸 염두에 두지는 않았지만, 제가 선생님 강연을 들으며 많이 고개를 끄덕거리면서 공감되는 부분이 있었습니다. 제가 사실 물방울, 물이라는 표현을 썼는데, 물은 그런 것 같아요. 어떤 형태라고 한다면, 형태가 있는 것과 없는 것 사이에 아주 없지도 않고, 하지만 유동하고, 그리고 계속해서 변하는, 딱딱하게 고정되지 않는 언어라고 생각했고, 그런 언어는 사람들이 귀 기울이게 되고 그 언어에 나도 모르게 감염되는 듯한 언어인 것 같아요. '너는 무엇이다' 나한테 어떤 틀을 부여하는 판단의 언어가 아니라, 내가 그 안에서 자유롭게 놀고 느낄 수 있는 포근한 언어라고 할까요? 그래서 내가 자꾸만 매혹되는 언어, 그런 의미에서 보면 선생님이 말씀하신 천상의 언어하고도 맞닿는 면이 있는 것 같은데요. 조금 더 얘기를 하면, 나중에 그런 얘기가 나오겠지만, 지상과 천상을 분리해서 제가 빗줄기 뚫고 건너온다고 그랬잖아요? 선생님 말씀 듣고 생각한 건데, 비라는 건 천상에서 천하로 떨어지고 어떤 비는 올라가기도 한다더라고요. 저한테 물의 언어라는 것은 천상과 천하를 계속 이어주고 왔다 갔다 하는 그런 언어인 것 같습니다.

"비라는 건 천상에서 천하로 떨어지고 어떤 비는 올라가기도 한다더라고요." 능청이다. 시인만이 할 수 있는 능청이다. 용오름이라면 몰라도 하늘로 올라가는 비가 어디 있겠는가. 그렇지만 참 아름다운 시적 이미지가 담긴 능청이 아닌가. 그는 "물의 언어라는 것은 천상과 천하를 계속 이어주고 왔다 갔다 하는 그런 언어"인 것 같다고 하지 않는가. 천상과 천하를 계속 이어주고 왔다 갔다 하는 그것이 본디 무엇이겠는가, 신의 말을 나르는 천사가 아니라면! 또 그 천사가 나르는 것이 무엇이겠는가, 시가 아니라면! 나는 그날 저녁 이처럼 아름다운 시적 이미지를 지닌 시인과 이야기를 나누는 행운을 누렸다.

김용규　　　그래요. 그 물의 언어라는 말이 그런 의미를 담고 있다고 할 때 자연스럽게 불의 언어라는 짝 말을 떠올리게 되는데요. 그건 역시 제 시각에서는 오늘 우리가 한 이분법적인 구분과 관련하여 판단의 언어, 지상의 언어와 크게 다르지 않다고 봅니다. 또 선생님 글에서도 세 개의 단단한 철판 위에 이성의 흔적을 새기는, 또는 판결과 집행을 수행하는 언어라고 언급해놓았는데, 물의 언어와 불의 언어의 차이가 어떤 것인지 말씀해주세요.

이 질문을 던지면서 나는 자신이 조금 집요하다고 생각했다. 대화 상대를 내가 구체화하고자 하는 이분법적 표현의 틀에 잡아매려는 의도가 들어 있었기 때문이다. 하지만 그것이 아주 억지는 아니라는 믿음이 있었기 때문에 한 일이기도 했다. 그것은 심보선 시인의 〈둘〉이라는 시를 읽고 생겨난 믿음이었다.

　　두 줄기의 햇빛
　　두 갈래의 시간
　　두 편의 꿈

두 번의 돌아봄

두 감정

두 사람

두 단계

두 방향

두 가지 사건만이 있다.

하나는 가능성

다른 하나는 무無

_ 심보선,《슬픔이 없는 십오 초》중〈둘〉

그렇다. 이 시인도 이분법적 표현의 틀을 노래하고 있지 않은가. 그
렇다면 판단의 언어와 사랑의 언어, 불의 언어와 물의 언어 같은 이분
법적 표현으로 생각을 정리하는 일이 그에게도 특별한 거부감을 주지
는 않을 것이다. 게다가 "두 가지 사건만이 있다. / 하나는 가능성 / 다
른 하나는 무無"라는 시구들은 내가 하고자 하는 언어의 이분법적 구
분의 성격을 적확하게 표현하고 있지 않은가 하는 것이 내 생각이었
다. 그런데 심 시인은 내가 던진 질문을 받아 이야기의 고삐를 아무렇
지 않게 전혀 다른 곳으로, 그렇지만 매우 중요한 곳으로 이끌고 갔다.

사실을 넘어서는 행복한 현실

심보선　　선생님께서 말씀하신 것처럼 '너는 무엇이다' 정의하는, 아까 누

구였죠? 여자 주인공이? 아, 아그네스의 언어 '참, 잘생기셨어요'라고 하는 진실의 언어. 거기서 어떤 생각이 들었냐 하면 선생님께서는 사실과 진실을 말씀하셨지만 저한테 중요한 건 행복이거든요. 제가 여기서 행복을 증언하는 당신이라고 얘기했는데, 사실은 그 사장이나 간부들이 그 말을 듣고 중요한 것은 행복해졌다 하는 거고, 그리고 행복한 현실이 만들어졌다는 것 같아요. 그래서 저한테는 '너는 이렇다'가 아니라 '너는 사실 못생겼음에도 불구하고 너는 잘생겼다', 일종의 '그럼에도 불구하고'인 것 같아요. 사실을 넘어서는 행복한 현실을, 사실을 극복하는 행복한 현실을 시가 만들어주는 게 아닌가 그런 생각이 들었습니다.

심보선 시인의 입에서 '그럼에도 불구하고'라는 단어와 함께 "사실을 넘어서는 행복한 현실을, 사실을 극복하는 행복한 현실을 시가 만들어주는 게 아닌가 그런 생각이 들었습니다"라는 말이 나왔을 때, 나는 참 기뻤다. 그리고 그를 초대하길 참 잘했다고 생각했다.

앞에서 밝혔듯이, 나는 '그럼에도 불구하고'나 '설령 그렇지 않더라도 마치 그런 것처럼'이라는 말로 표현되는 사유와 삶의 방법을 높이 평가한다. 이 말 안에는 어떤 본능적인 것, 자연적인 것을 극복하겠다는 의지가 담겨 있기 때문이다. 그것은 오직 인간만이 취할 수 있는 귀한 삶의 자세다. 알고 보면 칸트의 '선의지'라는 것도 '그럼에도 불구하고'라는 형식을 취하고 있다. 추위에도 불구하고 타인에게 모닥불 곁자리를 내주고, 배고픔에도 불구하고 타인에게 음식을 나눠주는 것이 칸트가 말하는 선의지다. 그는 이 의지를 통해 인간이 자연으로부터 자유로워진다고 했다.

앞에서 나는 영화 〈제이콥의 거짓말〉을 매개로 '그럼에도 불구하고'와 함께 인간은 비로소 희망을 품게 된다는 것을 이야기했고, 하라리·빅토리와 같은 학자들의 연구를 근거로 '설령 ~이 아닐지라도 마치 ~인 것처럼' 말하는 허구와 함께 인류는 마침내 문명을 이루어왔다는 사실을 소개했다. 그러니 심보선 시인이 시의 본질이 '그럼에도 불구하고'라고 규정하는 말을 했을 때, 어찌 기쁘고 반갑지 않았겠는가. 또한 그것은 그가 시가 하는 일이 무엇이라고 생각하는지를 알려주는 말이기도 했다. 그는 시가 설령 현실이 행복하지 않더라도 마치 행복한 것처럼 만들어준다고 했다. 어찌 귀한 생각이 아니겠는가.

김용규　(청중을 향해서) 예, 여러분 들으셨죠? 그럼에도 불구하고! 이건 참 귀한 말입니다! 전 이 말을 다르게도 표현하는데요, '설령 ~이 아닐지라도 마치 ~인 것처럼', 이렇게도 표현합니다. 그런데 심보선 시인은 그것이 우리를 행복하게 한다고, 그게 시라고, 그러는군요. 심 시인의 시가 여러분에게 인기 있는 이유가 이제 저절로 드러났습니다. 사실을 넘어서는 행복한 현실을, 사실을 극복하는 행복한 현실을 보여주어 여러분을 행복하게 하기 때문인 거예요.

나는 원래 불의 언어와 물의 언어의 차이를 물었고, 그 이야기를 더 이어서 하고 싶었다. 하지만 심보선 시인이 이야기 고삐를 이미 다른 곳으로 돌려 행복한 현실을 만드는 시의 본질과 역할을 이야기했기 때문에, 그와 연관된 질문으로 넘어갔다.

김용규　"우리가 영혼을 가졌다는 증거는 셀 수 없이 많다. / 오늘은 그중 하나만 보여주마. / 그리고 내일 또 하나 / 그렇게 하루에 하나씩." 선생님의 시집 《눈앞에 없는 사람》의 첫 장에 실린 〈말들〉이라는 시인데, 이게 전문입니다. 이 시에서 우리가 영혼을 가졌다는 증거로 선생님이 하루에 하나씩 보여준다는 말들은 필경 시일 텐데, 시가 어떻게 우리가 영혼을 가졌다는 증거가 되는지 궁금합니다. 말씀해주세요.

심보선   제가 영혼이라는 말을 좋아해요. 기회가 되면 친구에게나 강의에서 얘기를 합니다. 영혼이라는 말을 좋아하게 된 계기가 있는데, 그 에피소드를 말씀드리려고 해요. 제가 창동이라는 동네를 방문한 적이 있어요. 거기서 친구를 만나 점심을 먹으려는데 마땅한 데가 없더라고요. 동네 허름한 곳에 들어가 김치찌개를 시켰는데 식당이 허름하고 손님도 없고, 주인과 남편으로 보이는 듯한 분이 대낮부터 술잔을 기울이고 있었어요. 심상치 않은 상황인데 '김치찌개 하나 주세요' 그러고 나서는, 이제 친구와 얘기를 하는데 친구 얘기가 귀에 안 들어와요. 두 사람이 어떤 상황인가 궁금해 귀를 기울이면서 들어봤죠. 제가 판단한 정황은 아저씨가 건설 일용직 노동자, 쉽게 얘기하면 노가다인데 일을 하다가 싸웠어요. 누구하고 싸웠냐 하면 자기보다 위의 상사랑 현장감독과 싸웠어요. 문제는 상대가 나이가 어려요. 나이가 어린 놈한테 뭔가 모욕을 당했나봐요. 그래서 '이제 더러워서 일 집어치우겠다'고 와서 술 한잔하는 상황이었어요. 그런데 갑자기 연극의 한 장면처럼 식당 문이 벌컥 열리면서 한 남자가 들어와 '형님 일 안 나가고 뭐 하십니까?' 그러는 거예요. 같이 일하는 동생이 들어와서 형을 설득해 데리고 가려고, 술자리가 새 자리가 됐어요. 흥미진진해서 계속 듣고 있는 거예요.

김용규　　김치찌개는 계속 식고요?

심보선　　김치찌개는 먹는 둥 마는 둥 하면서 귀 기울이고 있는데요. 요지는 이런 거죠. '자존심 세우지 마라. 먹고사는 게 중요하지 않냐? 여기서 뭐 하냐? 그냥 가자. 현장감독도 데려오라고 그런다.' 그러면 아저씨는 '됐다고 그래' 뻗대는 거죠. 그동안 묵묵하게 그냥 듣고만 있던 식당 아주머니가 한마디를 하셨어요. 뭐라고 하셨냐 하면 아저씨한테 '일 나가라. 당신이 일 나가지 않는 건 영혼을 낭비하는 거다.'

김용규　　(웃음) 아하, 그랬어요? 혹시 그 식당 이름이 영혼식당 아닙니까?

심보선　　(웃음) 그 얘기를 듣고 도대체 이 아주머니가 사용한 영혼이란 말은 무슨 말일까 생각했어요. 여기서 두 가지가 대립되는 거잖아요. 자존심, 하나는 먹고사는 문제. 이 둘이 싸우고 있는 와중에 이 아주머니가, 그것도 아주 허름한 식당의 평범한 아주머니가 영혼이란 말을 거기에 턱 던진 거예요. 노동자의 영혼, 이게 저한테는 '그럼에도 불구하고'의 말 같은 거죠. 그 판을 듣고 있던 저희들뿐만 아니라 싸우고 있는 사람들의 그 모든 판을 정리해버린 영혼이라는 말에 저는 너무나…… 거의 죽비로, 졸던 스님이 뒤통수를 얻어맞은 것처럼 그런 충격을 받았고 그때부터 '영혼, 영혼, 영혼, 저건 영혼일 거야, 이건 영혼일 거야, 저 사람은 영혼이 있을 거야' 영혼병 같은 게 생겼어요.

얼마나 멋진 이야기인가! 나이로 보면 나보다 20년 가까이 젊은 시인이 한 토막 짧은 이야기 안에 영혼의 본질이 무엇인가, 그것이 무슨 일을 하는가 그리고 시가 왜 영혼의 언어인가 하는 것을 짧고 분명하게 그려내고 있지 않은가! 영혼의 본질은 '그럼에도 불구하고'라고, 그것이 하는 일은 자존심과 먹고사는 일을, 이상과 현실을, 땅과 하늘을 하나로 묶는 일이라고 그리고 바로 그 일을 하는 것이 또 시라고 이야기하고 있지 않은가! 시가 어떻게 우리가 영혼을 지녔다는 증거가 되는지를 묻는 내게 이보다 더 멋지게 답할 수 있는 사람은 그리 많지 않을 것이다.

그런데 바로 그때, 불현듯 스친 생각이 하나 있었다. 그것은 지금 이 시인의 창동 식당 이야기가 어쩌면 사실이 아니고 지어낸 허구가 아닐까 하는 것이었다. 이 시인은 지금 사실을 넘어서는 행복한 현실, 사실을 극복하는 행복한 현실을 다시 하나 그려내고 있지 않은가, 또 한 편의 시를 쓰고 있는 것이 아닌가 하는 짐작이었다. 다시 말해 심보선 시인이 우리를 행복하게 해주려고 창동 어느 식당에서 있었다는 이야기를 만들어 들려주는 것이 아닌가 하는 생각이 떠올랐던 것이다. 그래서 사뭇 정색을 하고 물었다.

김용규　그 식당이 창동에 있다고요?

심보선　정확한 위치는 헤매다가 가서…….

대답이 짐작을 굳혀주었다. 그러나 그것이 사실이냐 아니냐가 중요한 것이 아니다. 정작 중요한 것은 심보선 시인이 이 이야기를 통해 전하려는 내용이 아니겠는가. 설령 그날 창동 식당에서 일어난 일이 사실이라 해도, 그 이야기에서 '그럼에도 불구하고'가 영혼의 본질이자 시의 본질이라는 생각을 이끌어낸 것은 심보선 시인이기 때문이다. 그래서 더 묻지 않고 그냥 넘어갔다.

김용규　무릇 비법이라는 건 공개 장소에서 공개하지 않는 것이기 때문에, 정확한 위치는 알려드릴 수 없겠죠. 하지만 우리도 영혼식당에 가서 김치찌개 한번 먹어야겠습니다. 우리가 영혼에 더 관심을 기울여야 하지 않나, 물질문명 사회에 살면서 우리는 영혼을 망각하며 살지 않나 하는 생각도 해봅니다. 오늘 우리가 얘기한 판단의 언어와 사랑의 언어 대립구조에서 보면, 판단의 언어는 우리에게 이성이 있다는 증거가 될 것입니다. 그리고 사랑의 언어는 우리에게 영혼이 있다는 증거가 되겠죠. 그렇다면 선생님의 시어詩語들은 사랑의 언어라 규정하는 게 논리적 귀결일 텐데요, 시가 사랑의 언어라고 할 때 그 사랑이 무엇을 뜻하며 그 대상은 뭐가 될까요?

심보선　아까 마르셀이 말한 사랑에 대해서 말씀하셨는데, 마르셀이 나오기에 선생님 말씀 듣다가 잽싸게 검색을 해봤거든요. 놀랍게도 마르셀은 '타인이 행복이다'라고 했더라고요. '타인은 지옥이다'라고 한 사르트르와 정반대의 말을 했는데, 저한테 타인은 행복인 거죠. 그냥 행복이 아니라 지옥을 통과해서 가는 행복인 것 같아요. 무슨 얘기냐 하면, 저뿐만 아니라 다 마찬가지일 텐데, 예를 들어 사랑에 빠졌다 그러면 고통이잖아요. 그런데 어떤 고통이냐 하면 그럼에도 불구하고 그 고통을 넘어서서 행복으로 나아가고 싶은 고통이죠.
　그래서 저한테 사랑은 뭐냐, 시하고 어떻게 연결하느냐 하면, 단순한 예이지만 고백을 한다고 생각해볼까요. 누구를 사랑하게 됐다 하면 턱턱턱 가서 '사랑해'라고 말하지 않잖아요? 그때부터 뭐가 시작되나 하면 고백하기 전까지 들끓는 일이 일어나는데, 말이 들끓는 거죠. '무슨 말을 할까, 어떻게 말을 할까, 말을 해도 될까, 말을 하지 말까, 나를 좋아할까 안 좋아할까, 말했다가 면박당하면 어떻게 되나' 온갖 말이 들끓는 게 고통스럽기도 하지만, 그 과정을 거쳐서 '사랑해'라는 말이 나와야 그게 맞는 사랑이라고 생각하는데, 이 들끓는 말, 안에서 들끓다가 결국에는 바깥으로 나오는, 이 주체할 수 없이 들끓는 말이 저한테는 '사랑해'라는 고백 자체보다도 훨씬 더 사랑의 언어가 아닐까 생각합니다.

김용규　　그게 바로 선생님의 시고요.

심보선　　예.

이것이다. "지옥을 통과해서 가는 행복" "그럼에도 불구하고 그 고통을 넘어서서 행복으로 나아가고 싶은 고통", 이것이 시가 사랑의 언어라고 할 때 그 사랑이 무엇을 뜻하느냐는 내 질문에 대한 심보선 시인의 답이다. 그리고 지옥을 통과해서, 고통을 넘어서서, 행복으로 나아가는 길에서 "이 들끓는 말, 안에서 들끓다가 결국에는 바깥으로 나오는, 이 주체할 수 없이 들끓는 말"이 그의 시다. 그렇다면 사랑의 대상은? 심보선 시인에게 그것은 타인이다.

"타인은 행복이다"라는 말은 — 우리가 앞에서 살펴보았듯이 — '그대가 있어야 내가 있고, 그대가 없으면 내가 없다'는 마르셀의 '우리le nous' 사유 또는 공동존재le co-esse 사유에서 나온 말이다. 심보선 시인은 그날 강연에서 마르셀에 대해 처음 듣고 인터넷 검색을 통해 그 말을 알았다고 했지만, 아니다. 그가 사전에 마르셀이라는 철학자를 알 았든 아니든, 그는 이전부터 마르셀의 사유에 벌써 깊숙이 다가가 있 었다. "나는 압니다. 당신이 없다면, / 나는 '나'를 말할 때마다 / 무無 로 향하는 컴컴한 돌계단을 한 칸씩 밟아 내려가겠지요"(심보선, 〈'나' 라는 말〉 중에서)라는 시구가 그 증거가 아닌가!

가브리엘 마르셀은 동시대의 프랑스 철학자 사르트르에 견주어 우 리에게 잘 알려지지 않았다. 그는 한때 파리대학교와 몽펠리에대학교 에서 강의하기도 했지만, 도시와 교단을 떠나 전원에서 사색과 저술에 전념하며 조용히 살았기 때문이다. 《형이상학적 일지》(1927), 《존재와 소유》(1935), 《여행하는 인간》(1944), 《존재의 비밀》(1951) 등에 담긴 그의 철학은 키르케고르와 야스퍼스 계열에 속하는 그리스도교적 실 존주의로 분류되는데, 《폴 리쾨르와의 대담》을 보면 마르셀 자신은 그 런 분류를 아주 싫어했다. 그는 작곡가였고 피아노 연주가였으며, 상 당수의 시와 20여 편의 희곡을 발표한 작가이기도 했다. 나는 그의 시 를 보지 못했지만, 짐작건대 마르셀이 심보선 시인의 〈'나'라는 말〉을 보면 무척 마음에 들어했을 것 같다.

심보선과 지젝이 만난 곳

김용규　　그래서 사람들은 심보선 시인이 말씀하신 그런 상황에 빠지면, 그러니까 '사랑을 하게 됐는데 고백을 할까 말까' 하는 처지가 되면, 심보선 시 인의 《눈앞에 없는 사람》부터 한 권 사본다고 합니다. 거기에 나온 시어들에 공감하게 된 거죠. 그래서 적당한 때 인용도 하고요. 분명 효과가 있을 텐데, 많이 팔립니까? 제가 교보문고에 가보니까 나온 지 꽤 됐는데도 베스트에 들어가 있더라고요.

심보선   처음에는 반응이 좋다가 시들해지더라고요.

김용규   아닐 겁니다. 여름엔 또 모르겠습니다. 가을쯤 되면 사람들이 사랑을 하니까 다시 올라갈 겁니다. 얘기를 바꿔보겠습니다.

우리는 앞에서 언어가 세계의 형상과 질서를 만든다고 얘기했습니다. 언어가 세계를 만든다, 천국도 만들고 지옥도 만든다는 거지요. 그런데 시인은 언어를 조탁해서 언어들의 질서와 형상을 만들어갑니다. 그렇다면 시인은 직접적으로든 간접적으로든 세계의 형상과 질서를 창조하는 자임이 분명합니다. 논리적으로 그런 만큼, 시인에게 주어진 사회적 책임과 의무가 있을 텐데요.

독일의 시인 횔덜린은 시인의 사명을 신의 빛살을 제 손으로 잡아 그 천상의 선물을 노래로 감싸 백성들에게 건네주는 것이라고 노래했습니다. 또 철학자 하이데거는 시인은 시 짓기를 통해 은폐된 존재의 진리를 열어 밝힘으로써 신이 없는 세계, 신이 사라져버린 세계, 이 궁핍한 세상에 신성한 세계를 보여주어야 한다고 그렇게 얘기했습니다. 선생님은 세계 창조자로서 시인의 책무가 뭐라고 생각하세요?

심보선   책임이라고 하니 마치 제가 공적인 책무를 맡은 것 같아요.

김용규   시인이시니까요.

심보선　　　저는 그렇게 생각하는데요. 사실 이런 건 미술 하는 분을 비롯해 창작하는 사람은 다 아실 거예요. 저는 뭔가 작은 것이든 큰 것이든 만드는 사람이라고 생각하는데, 시인은 말을 가지고 말을 재료로 해서 뭔가를 만드는 거고, 다른 예술가들은 다른 재료로 만들 테고요. 그런데 나 혼자 만들고 보고 '재밌다' 끝나는 게 아니라, 세상에 드러내는 거죠. 그때부터 책임이라기보다 좀 다른 차원이 생기는데요. 선생님은 철학 전공이시고 저는 솔직히 사회학 전공이라서 철학에 대해 잘 모릅니다.

김용규　　　저도 사회학에 대해 잘 모릅니다.

심보선　　　오늘 왠지 철학책이 읽고 싶어서 책을 펼쳤는데, 이런 우연들이 재미있는 것 같아요. 거기에 또 놀랍게도 마치 '오늘 강연에 나가면 이런 말을 해라' 하는 것처럼 니체가 이 말을 했다고 하더라고요. 예술가는 예술작품에서 행복의 약속을 발견한다고요. 행복의 약속, 마치 피그말리온처럼 조각상이 아름다운 연인으로 변해서 나와 결혼해주는 그런 거요.

김용규　　　그렇게 생각하니까 그렇게 되는 거고요?

심보선　　　그래서 저는 시인은 또는 예술가는 진실에 가깝다기보다는 행복에 가까운 사람이라고 생각해요. 그래서 사람들한테 어떤 걸 보여주느냐 하면 행복이 멀리 있는 게 아니라 '지금 여기' 있다고, 천상에 있거나 아직 오지 않은 미래에 존재하는 게 아니라고 말할 수 있다는 거죠.

예술가는 예술작품에서 행복의 약속을 발견한다고, 그래서 시인은 또는 예술가는 진실에 가깝다기보다는 행복에 가까운 사람이라고, 이것이 시인의 책무가 무엇이라고 생각하느냐에 대한 심보선 시인의 답이다. 그런데 여기서 내가 잠시 이야기의 맥을 놓쳤다. 왜 그랬는지는 기억이 나지 않는다. 아마도 시가, 예술이, 행복을 추구하고 지향한다는 그의 말이 내가 예상한 답이 아니기 때문이었던 것 같다.

심보선 시인의 예술관이 좀 색다르긴 하다. 일 년쯤 후(2013년 5월)에 출간된 그의 산문집 《그을린 예술》의 표지에는 "예술은 죽었다. 예술은 삶의 불길 속에서 되살아날 것이다"라는 아리송한 부제가 실려있는데, 그는 프롤로그에서 이에 관해 다음과 같은 설명을 덧붙였다.

나는 삶 속에서 꾸는 꿈으로서의 예술을 '그을린 예술'이라고 부르고 싶다. 이때 예술은 순수한 예술, 자율적인 예술, 천재라 불리는 예외적인 개인의 예술, 지상에 떨어진 타락한 천사의 예술, 진리를 선포하고 미래를 예언하는 선지자의 예술이 아니다. (······) 그을린 예술은 타들어가고 부스러지는 현대인의 삶, 자본주의의 성마른 불길에 사로잡힌 우리네 삶 가운데 꿈틀거리는 꿈, 긍정성의 몸짓, 유토피아적 충동이다. 그러므로 그을린 예술은 언제나 위기에 직면해 있다. 그것은 얇은 살갗과 뜨거운 불길에 노출되어 있다. 그것은 철거된 지역에 그려진 벽화처럼 또다시 철거될 운명에 처해 있다. 그러나 그을린 예술은 불길의 위협 앞에서 웃고 노래하고 춤춘다. 살기 위해서, 좀 더 잘 살기 위해서, 좀 더 자유롭게 살기 위해서, 좀 더 행복하게 살기 위해서, 그을린 예술은 삶을 재창조하려고 한다.

2012년 6월에 지젝이 우리나라에 왔다. 나중에 안 일이지만, 내가 대학로 예술가의 집에서 심보선 시인과 이야기를 나누었던 그날(6월 25일), 지젝은 하얏트 호텔에서 홍세화와 인터뷰를 했다. 그리고 나흘 뒤인 29일에는 대한문 쌍용자동차 희생자 합동분향소를 찾아가 농성 중인 해고 노동자들을 만나고 설치미술가 임민욱과 대담을 했는데,《임박한 파국》을 보면 그 자리에서 지젝은 다음과 같은 이야기를 했다.

> 예술가들이 없다면 저들의 행동은 의미 없는 투쟁이 될 수도 있습니다. 의미 없는 투쟁을 보면서, 사람들은 '그래, 우리 모두 싸우지만 모든 삶은 결국 비극일 수밖에 없다'고 체념할 수도 있겠지만, 예술가들은 '그렇지 않다'는 가능성을 열어줄 수 있는 것입니다. 대충 얼버무리려고 하는 말이 아닙니다. 예술가들은 정치적 공간을 열어줄 수 있습니다. 많은 정치 투사들이 아름다운 그림을 보고 멋진 음악을 들을 때마다, 자신들이 무엇을 위해 싸워야 하는지 확신한다고 저에게 말하곤 합니다. 예술이 없다면 투쟁은 결국 더 나은 음식이나 이익을 위한 것에 지나지 않는 것이죠.

지젝은 예술가의 임무는 정치적인 예술을 하는 것이 아니라, 투쟁과 예술, "둘을 하나로 묶어주는 것"이라 했다. 그것이 비록 "벽이나 나무에 그린 그림이라 해도 그것이 자유를 위한 내면적 공간을 열어줄 수 있다면 정치적 동기를 부여할 수" 있다는 것이다. 나는 이 점에서 예술을 대하는 심보선 시인의 생각과 지젝의 생각이 만난다고 생각한다.

그리고 이렇게 보면, 아니 이렇게 보아야 독자들이 심보선 시인에게 품을 수 있는 의문점 하나가 풀린다. 무슨 의문이냐고? 그것은 그가 사회학을 전공하고 각종 시위나 저항 모임에도 부단히 참여하는 시인임에도 불구하고, 다시 말해 그가 정치·사회적 문제에서 관심을 떼려야 뗄 수 없는 처지에 있음에도 불구하고, 그의 시집에는 용산참사 2주기에 부친 〈거기 나지막한 돌 하나라도 있다며〉처럼 사회적인 또는 정치적인 소재나 주제를 직접 다룬 시가 왜 썩 많지 않을까 하는 의문이다. 왜 그럴까?

우리 모두가 좀비다

내가 보기에는 심보선 시인이 지젝의 말대로 자신의 임무를 "정치적인 예술을 하는 것"이 아니라 "자유를 위한 내면적 공간을 열어"주는 것, 다시 말해 "살기 위해서, 좀 더 잘 살기 위해서, 좀 더 자유롭게 살기 위해서, 좀 더 행복하게 살기 위해서" 투쟁과 예술, 이 둘을 하나로 묶어주는 것이라고 인식하고 있기 때문이다. 그래서 여느 민중시나 참여시와 달리 그의 소재는 대부분 평범한 일상이고, 그의 언어는 언제나 부드럽다. 그래서 그의 시가 서정시로 읽힌다. 하지만 그 안에 "타들어가고 부스러지는 현대인의 삶, 자본주의의 성마른 불길에 사로잡힌 우리네 삶 가운데 꿈틀거리는 꿈, 긍정성의 몸짓, 유토피아적 충동"이 담겨 있다. 정말이냐고? 의심이 간다면 일례로 《눈앞에 없는 사람》에 실린 〈도시적 고독에 관한 가설〉을 보자.

고양이 한 마리

도로 위에 낙엽처럼 누워 있다

몸통이 네모나고 다리가 둥글게 말린

코끼리 같은 버스가

죽은 고양이 앞에 애도하듯 멈춰 있다

누군가 말한다

스키드 마크는

바퀴도 번민한다는 뜻이지

누군가 답한다

종점에서 바퀴는 울음을 터뜨릴 거야

새 시장은 계몽된 도시를 꿈꾸지만

시민들은 고독하고 또한 고독하다

했던 말을 자꾸 되풀이하는 것이 그 증거다

멀리서 아련히 사이렌이 울린다

한때 그것은 독재자가 돋우는 공포의 심지였으나

이제는 맹인을 이끄는 치자꽃 향기처럼 서글프다

누군가 말한다

두고 봐

종점에서 바퀴는 끝내 울음을 터뜨리고 말 거야

하루 또 하루

시민들은 고독하고 또한 고독하다

친구들과 죽은 자의 차이가 사라지는 것이 그 증거다

한 사람 또 한 사람

고양이 한 마리 또 한 마리

나는 이 시를 오늘날 우리가 살고 있는 후기자본주의 사회의 잔혹함과 절망을 그린 한 편의 풍경화로 읽는다. 마르크스가 신랄하게 비판했던 초기자본주의(또는 산업자본주의) 사회에서는 프롤레타리아와 부르주아, 노동자와 관리자가 피해자와 가해자로 구분되어 있었다. 그러나 풍경이 바뀌었다. 오늘날 우리가 사는 후기자본주의 사회에서는 사회 구성원 모두가 가혹한 몰아세움과 닦달을 당하는 프롤레타리아이자 노동자이고 피해자다(이에 대한 자세한 내용은 〈혁명〉 김선우 편의 자기-몰아세움과 자기-닦달, 〈이데올로기〉 김연수 편의 '자본주의 나라의 앨리스' 등에서 볼 수 있다).

　심보선 시인의 〈도시적 고독에 관한 가설〉은 죽은 고양이 한 마리가 "도로 위에 낙엽처럼 누워" 있고, 그 고양이를 친 버스가 "죽은 고양이 앞에 애도하듯 멈춰" 있는—비극적이지만 일상적인—풍경으로 시작한다. 프롤레타리아와 부르주아, 노동자와 관리자, 피해자와 가해자의 구분이 분명치 않은 후기자본주의 사회의 풍경이다. 사고가 고의가 아니었음을 알리는 "스키드 마크는" "몸통이 네모나고 다리가 둥글게 말린 코끼리 같은 버스"로 묘사된 부르주아, 관리자, 가해자 역시 "번민한다는 뜻"이다. 그래서 그들도 종점에서는 "끝내 울음을 터뜨리고 말 거"라 한다.

　산업자본주의 때와 매우 다른 풍경이다. 그때는 우리가 싸워야 할 적이 부르주아든, 관리자든, 독재자든 밖에 있었고 분명하게 눈에 띄었다. 그런데 지금은 그것이 후기자본주의 이데올로기라는 유령이 되어 우리의 내면으로 들어와 있고 눈에 보이지도 않는다. 그럼에도 그것은 우리에게 어느 부르주아, 어느 관리자, 어느 독재자보다도 더 가혹한 자기-채찍질(자기-몰아세움, 자기-닦달)을 강요하고 있다. 이 새로운 억압과 폭력에는 부르주아도, 관리자도, 가해자도, 심지어 독재자마저도 예외가 아니다.

하나의 유령이, 후기자본주의라는 이름의 유령이 세계를 배회하고 있다! 그래서 한때 "독재자가 돋우는 공포의 심지"였던 사이렌마저 "맹인을 이끄는 치자꽃 향기처럼 서글프다." 그리고 "시민들은 고독하고 또한 고독하다." 싸워야 할 적이 내면화한 세계에서는 우리 모두가 좀비다. 서로가 서로에게 적이고, 심지어 자기 자신에게마저 가해자다. 후기자본주의의 성마른 불길에 사로잡힌 우리 모두의 삶은 이렇게 타들어가고 부스러지고 있다. 그래서 종점에서는 모두가 "끝내 울음을 터뜨리고" 말 것이다. 그래서 시인은 그저 슬프고 또한 슬프다.

이것이 심보선 시인의 시들이 서정시로 읽히는 이유이고, 그의 시가 필히 "사실을 넘어서는 행복한 현실"을 보여줘야만 하는 까닭이다. 이런 이유에서 심보선 시인은 내게 시인의 책무가 "천상의 선물을 노래로 감싸 백성들에게 건네주는 것"(횔덜린)이나 "은폐된 존재의 진리를 열어 밝히는 것"(하이데거)이 아니고, 행복이 멀리 있는 게 아니라 '지금 여기' 있다고, 천상에 있거나 아직 오지 않은 미래에 존재하는 게 아니라 '지금 여기' 있다고 알려주는 것이라고 답한 것이다.

그러나 이런 생각들은 지금에 와서야 뒤늦게 든 것이다. 그날 심보선 시인과 대담할 때는 그가 말하는 이른바 '그을린 예술'에 대한 정보가 전혀 없었다. 그 후 거의 1년이 지나서야 그의 《그을린 예술》이 출간되었기 때문이다. 물론 그렇다 해도 심보선 시인이 앞에서부터 '주욱' 해오던 이야기, 특히 "사실을 넘어서는 행복한 현실을, 사실을 극복하는 행복한 현실을 시가 만들어주는 것"이라는 말과 연관해 생각해보면 "저는 시인은 또는 예술가는 진실에 가깝다기보다는 행복에 가까운 사람이라고 생각해요"라는 그의 대답이 충분히 이해가 가는 말이다. 그런데도 그때는 왠지 모르게 생소하게 들렸다. 그래서 탁자 위에 놓인 《눈앞에 없는 사람》을 가리키며 물었다.

김용규　　선생님은 그런 내용을 바로 여기에 쓰셨죠. 하나 골라 낭송해주시죠.

시가 진실보다는 행복에 가깝다는, 시인은 시에서 진실이 아니라 행복을 약속한다는 증거를 보여달라는 말이다. 듣기에 따라서는 도발적인 요구였는데, 그는 전혀 개의치 않는 눈치였다. 그리고 자신의 시가 아닌 다른 시를 천연스레 소개했다.

심보선　　그러면 아주 짧은 시인데, 제가 좋아하는 시입니다. 예전에 본 초등학생이 쓴 거예요. 제가 외울 수도 있어요. 너무 좋아서요. 김소연 시인이 운영하는 어린이 도서관에서 어린이들을 대상으로 백일장을 열었는데 처음이자 마지막으로 제가 심사위원을 해봤어요. 거기서 장원한 시예요. 낭송할게요.

나뭇잎이 떨어지면서 외쳤다.
슈퍼맨.

제가 이 시를 왜 소개하느냐면 보통 사람이 보면 나뭇잎은 말없이 떨어져야 되잖아요. 말없이 사라져야 되잖아요. 그런데 아이의 눈으로 보면 나뭇잎이 떨어지면서 슈퍼맨이라고 외치는 겁니다. 그야말로 초인이 되는 거죠. 시인은 그걸 보여준다는 거죠. 두 문장, 두 연이에요. 별거 아닌 존재, 이걸로 딴 세상을 보여주는데, 나뭇잎이 '슈퍼맨' 하고 말하는 세상을 지금 여기서 보여주는 겁니다.

우리는 보통 낙엽을 보면 서글픈 이미지를 연상하지만, 그것을 보고 슈퍼맨을 떠올린 것이 "사실을 넘어서는 행복한 현실을 보여준다"는 뜻으로 들렸다. 이야기가 다시 원점으로 돌아가고 있는 것 같은 느낌이었다. 지금 생각해보면 그날 심보선 시인은 오직 그 말─곧 시가, 예술이, 사실을 극복하는 행복한 현실을 만들어준다는 이야기. 아니 사실을 극복하는 행복한 현실을 만들어주는 것, 오직 그것만이 시이고 예술이라는 이야기─만 하려고 그 자리에 나온 것이다. 그래서 어떤 질문을 던져도 그 이야기를 다시금 반복했던 것이다. 하지만 대담 시간이 아직 남은 데다, 나는 그 이야기 말고도 그에게서 듣고 싶은 이야기가 많았다. 그래서 다시 말머리를 돌렸다.

시詩가 예수다

김용규　감사합니다. 시가 어떻게 사실을 넘어서는 행복한 세상을 열어 보이는가를 아이가 쓴 동시를 통해서 방금 보여주신 것 같아요. 그냥 아무 의미 없이 떨어지는 나뭇잎이 '슈퍼맨' 하고 외치는 동심의 세계를 열어 보여주는 것처럼 시가, 언어가, 하나의 행복한 세계를 만들어 보인다는 거죠.

그럼 다음 질문을 하겠습니다. 기독교 신학에서는 신이 인간으로 세상에 온 성육신成肉身, incarnation 사건의 의미를 많이 연구합니다. 그런데 저는 요즘, 세상을 말로써 창조한 신도, 세상을 구원하는 데는 말이 아닌 육신으로 했다, 이런 식으로 해석합니다. 다시 말해서 모든 구원에게는 말뿐만 아니라 행위가 요구된다는 뜻이지요. 그런데 어떻게 생각하세요? 시가 세상을 구원할 수 있다고 생각하세요? 첫 번째 모셨던 김선우 시인은 단호히 잘라 말씀하시더라고요. '시는 세상을 구원할 수 없습니다.' 두 분은 서로 잘 아시죠? 이런 문제를 놓고 두 분이 서로 이야기하신 적이 있는지요?

심보선　　(김선우 시인이) 여기 나온 줄 몰랐어요. 여기 와서 자료집 보다가 알았고, 평소에 만나면 그런 얘기 안 하고요. 시가 세상을 구원한다, 그것은 '예스Yes'이기도 하고 '노No'이기도 한 것 같아요. 시란 어떤 진리를 세상에 선포하는 게 아니라 어떤 행복의 형상을 세상에 보여주는 건데, 선생님 말씀 듣고 성육신이 뭘까 생각했어요. 그런데 성聖이라고 하는 성스러운 게 속스러운 육肉 안에 있는 거잖아요. 사실 예수님이 인간의 몸과 신, 성령과 함께 있는 그게 육화일 테고요.

저는 기독교 신자는 아니지만 성경을 좋아해요. 그런 이야기, 교훈들, 어떤 성경 구절은 저한테 시詩처럼 오더라고요. 예수님도 저에게 일종의 시 같은데요. 세상에 속할 수 없는 것, 하늘 위에 있어야 하는 것이 세상에 있는 것이 성육신이 아닐까? 세상에 속하지 않는 것은 세상 바깥에 있어야 하는데, (세상에) 속하지 않는 게 세상 안에 있는 것, 그러니까 불가능한 것이, 그럼에도 현실에 또 다른 현실로, 불행한 사회에 행복한 현실로 존재하는 것을 보여준다면, 그게 거창하게 말하면 뭐 구원이겠지만, 그 구원은 이 세상을 뒤집어 엎어버리는 유토피아가 아니라, 또다시 말씀드리면 지금 여기에 이 세상 안에 존재하는 세상 바깥의 것을 보여주는 것, 그것은 우리가 일반적으로 생각하는 불행에서 나를 건져내주는, 완전히 한 번에, 단칼에, '너 거기 있지 말고 나와라' 하는 그런 의미의 구원은 아니지만, 불행 속에서도 계속 살 수 있게 하는 느낌을 준다는 의미에서 작은 구원이지 않을까 합니다.

예수가 시詩라니, 이 또한 시가 아닌가. 나도 가끔 성서의 어느 구절들을 시처럼 생각할 때가 있다. 사실상 구약성서의 시편, 잠언, 예레미야 애가 등은 애초 시로 지어진 것들이다. 예수의 가르침 중에도 시처럼 들리는 것들이 있기는 하다. 그렇지만 심보선 시인이 한 말의 뜻은 그것이 아니다. 예수가 곧 시라는 것이다. 세상에 속하지 않는 것이 세상 안에 있는 것, 불행한 사회에 행복한 현실로 존재하는 것, 불행 속에서도 계속 살 수 있게 하는 느낌을 준다는 것, 그것이 곧 구원이라는 의미에서 예수가 곧 시라는 것이다. 시가 예수라고 해도 뜻은 마찬가지다.

그렇다면 또다시 같은 말이다! 심보선 시인은 매번 새롭고 멋진 표현으로 바꿔가며 이야기하지만 줄기차게 한 가지 말을 반복하고 있는 것이다. 우리가 그리는 유토피아는 지옥을 거쳐서 행복에 이르게 하는 시를 통해서 갈 수 있다는 말이다. 그것은 사실 내가 그를 초대해 듣고 싶었던 '우리 모두가 가나안 땅으로 들어가는 좁고 신비로운 길'에 대한 심보선 시인의 답이기도 했다. "그 구원은 이 세상을 뒤집어 엎어 버리는 유토피아가 아니라, 또다시 말씀드리면 지금 여기에 이 세상 안에 존재하는 세상 바깥의 것을 보여주는 것"이라는 그의 말을 나는 그 대답으로 받아들였다. 그러니 이때 나는 이미 그에게서 듣고 싶었던 이야기를 다 들은 셈이다.

김용규　참 많은 것을 생각하게 하는 말씀을 하셨습니다. 지젝이 자주 얘기하는 '불가능한 것의 가능성', 이것이 곧 예수가 세상에서 한 일이고, 시가 이 세상에 할 수 있는 일이라는 거지요. 사실 우리의 누추한 삶에서 그것처럼 필요한 게 없습니다.

'내가 이걸로 끝나버릴 것인가' '내 삶이 이 정도의 가치밖에 없을 것인가' '내 사랑이 이것으로 끝나버릴 것인가' 끊임없이 누추해지는 자신에 대한 절망 속에서 오직 우리에게 희망을 주는 게 있다면, 불가능한 것의 가능성이죠. 그래서 크리스마스가 기쁜 겁니다. 그날이 휴일이라서 기쁜 게 아니고, 신이 인간으로 올 수 있다는, 도저히 일어날 수 없는 일이 일어났다는, 불가능한 것이 가능해질 수 있다는, 내 삶에서도 그런 일이 일어날 수 있다는 이런 유추 때문에 기쁜 것이죠. 마찬가지로 선생님 시가 왜 사람들에게 기쁨을 주고 행복을 주는지 스스로 말씀하신 것 같습니다.

그런데 선생님께서는 시만 쓰는 게 아니라, 우리 사회를 살기 좋은 곳으로, 정의로운 곳으로 만들기 위한 각종 현장에도 부지런히 모습을 나타내신다고 들었습니다. 사회학을 전공해서 그런 일에 남다른 관심 있으리라 짐작은 합니다만, 방금 말씀하신 '불가능한 것의 가능성'을 전달하려고 하지 않나 하는 생각도 합니다. 어느 쪽입니까?

이번에는 내가 이야기를 다시 뒤로 돌린 셈이다. 조금 앞에서 심보선 시인이 에둘러 답했던 시인의 사회적 책무에 대해 어떻게 생각하느냐고 다시 물은 것이기 때문이다. 그가 이번에는 피하지 않았다.

심보선　　그게 책임감이나 그런 것 때문에 가는 게 아니고요. 김선우 씨랑 같이 시를 낭송한다거나 송경동 씨랑 같이 시를 낭송하고, 이슈나 쟁점에 대해서 글을 쓰기도 하고 그러는 건데요. 예를 들어 지금 한국 사회에서 문제가 되고 있는 게 정리해고 문제입니다. 쌍용자동차 노동자 가운데 2009년에 해고된 거의 3천여 명에 가까운 노동자 중 22명이 자살 또는 스트레스성 질환으로 목숨을 잃었어요. 그래서 이런 문제에 대해서 지금 해결을 촉구하는 움직임이 있고, 국회의원뿐만 아니라 시인들, 예술가들이 동참하고 있는데 저도 그러는 거죠.

종종 그런 얘기를 하는 분들이 있습니다. '왜 시인이 집단적인 운동권의 정치적인 곳에 있느냐'고요. 그런데 사실 운동권이라든지 집단보다 제가 그 안에서 발견하는 것은 그 무수한 영혼들, 집단이 아니라 각각의 영혼을 가진 개인들이에요. 그 개인들과의 인연, 친구 관계일 수도 있고 아니면 제가 거기서 보고 배운 어떤 몇 사람일 수도 있고, 그런 분들과의 친분 관계. 그게 조금 커지면 연대라고 하는 거죠? 저는 무슨 정치적인 흐름에 들어가는 게 아니라 그런 사람들 속에 내가 들어간다고 생각을 해요. 여기에는 물론 사회학적인 것도 있습니다. 제가 사회학자라 관심을 기울이는 면도 있지만, 궁극적으로 결국은 그것 또한 영혼의 문제 때문에 내가 그 현장에서 그 친구들과 함께하는 것이죠.

사회학은 사실 '세상이 지옥이다' 얘기하거든요. 사회학과 경제학을 비교할 때 경제학은 인간이 할 수 있는 것을 다루는 학문이고 사회학은 인간이 할 수 없는 것을 다루는 학문이라고 얘기를 해요. 사회학이야말로 가장 비관주의적이에요. 사회학 책을 보면 '너희들이 자유롭다고 생각하느냐? 자유롭다고 착각하는 것이다. 사회구조에 의해 예속되어 있고 자유롭지 못하다. 그러므로 사회는 지옥이다'라고 얘기하거든요. 저는 그래서 사회를 지옥으로 바라보지만, 지옥을 통과해서, 시를 통해서는 선생님 말씀하신 대로 천국을 보는 거죠. 저에게 사회학과 시는 중요한 한 쌍이에요. 가장 비참한 세계를 보여주는 게 사회학인데 그것에 머무르지 않고, 비관하지 않고, 그걸 통과해서 그 너머로 가게끔 하는 게 저한테는 시입니다. 이 두 가지가 저한테는 한 쌍이에요.

　사회학과 시가 그에게는 한 쌍이란다. 사회학을 통해 지옥을 바라보지만, 시를 통해서 천국을 본다고 한다. 그의 시 〈웃는다, 웃어야 하기에〉에서 "내게 인간과 언어 이외에 의미 있는 처소를 알려다오 / 거기 머물며 남아 있는 모든 계절이란 계절을 보낼 테다"라는 구절을 봤을 때 이미 눈치챘던 것이지만, 그럼에도 소득이 전혀 없었던 것은 아니다. 심보선 시인이 그 둘 중 무엇을 더 사랑하는지가 밝혀졌다. 시다! 누가 천국보다 지옥을 더 사랑하겠는가. 그 말을 그의 입을 통해 직접 들었다. 무엇을 더 바란단 말인가. 대담이 막바지를 향해 가고 있었다.

김용규　　선생님 말씀을 들으면 들을수록 왜 '그럼에도 불구하고'라는 단어를 사랑하시는지 이해가 갑니다. 나는 사회학을 했음에도 불구하고 나는 시인이다. 나는 사회학을 통해 지옥을 바라보지만 그럼에도 불구하고 시를 통해서 천국을 본다는 뜻이겠죠. 그래서 선생님 시에서는 비참하고 누추한 사회에 있음에도 불구하고 행복을 추구할 수밖에 없는 우리가 있습니다. 선생님은 시를 통해 그런 우리를 위안도 해주고 희망도 주시는데, 그래서 그런지 선생님 시에서는 우리 시에 흔치 않은 신이라든지 천사라든지 운명이라는 단어가 자주 등장합니다. 무슨 특별한 계기가 있었는지, 그것들이 의미하는 게 무엇인지요?

심보선　개인적으로 제가 여러 종교는 아니고 몇몇 종교를 전전했어요. 기독교였다가 불교였다가 지금은 무슨 교를 해볼까 그러는데, 아무튼 신에 대한 관심이 컸어요. 결국 종교에 대한 관심도 '이 세계 너머에 뭐가 있을까?' 이런 어릴 적의 고민에서 시작했는데 아직도 신에 대한 고민은 있고요. 저는 가끔 '나는 무신론자지만 유신론자처럼 살고 싶다' 그런 얘기를 합니다.

아까 선생님이 말씀하신 '마치 ~인 것처럼', 무신론자임에도 불구하고 유신론자처럼, 마치 신이 있는 것처럼요. 신이나 종교나 이런 문제에 관한 얘기를 들으면 귀가 솔깃해요. 신이 존재한다는 건 아니지만, 신이 보여주는 것 같아요. 제가 종교에 관심이 많아요. 천사의 경우, 천사 하면 어떤 이미지를 떠올릴지 모르겠지만 저한테는 천사가 아주 바쁜 이미지예요. 굉장히 분주한 노동자예요. 왜 분주한가 하면 천상과 지상을 왔다 갔다 해야 되니까요.

김용규　(웃음) 절대 가까운 거리가 아니죠?

심보선　얼마나 힘들겠어요. 그래서 좋아하는 영화가 빔 벤더스의 〈베를린 천사의 시〉인데, 추락해서 얼마나 괴로워하는지. 아! 또 그래서 하늘과 땅 사이를 계속 왔다 갔다 하다가 땅바닥에 추락해서, 곤두박질해서 고통스러워하는 게 천사이기도 하고, 사람과 사람 사이를, 나와 타인 사이를 왔다 갔다 하는, 나와 당신 사이, 제3자라고 제가 표현하기도 하는 그런 존재인 거죠. 그래서 나와 너 그리고 왔다 갔다 하는 천사는 저한테 아름답고 숭고한 이미지라기보다 굉장히 땀 많이 흘리고 분주한 노동자의 이미지예요.

김용규　저는 선생님 말씀 들으면서 선생님이 바로 그 천사 같은 일을 이 땅에서 해주시고, 선생님 시가 천사가 하는 일을 하지 않겠나 이런 생각이 들었습니다. (청중을 향해) 작가님들 모셔보면 기대한 것보다 훨씬 말씀을 잘하십니다. 하나하나 의미가 깊은 말들이기 때문에 그걸 곱씹어보려면 시간이 참 많이 걸립니다. 여러분 벌써 두 시간 넘게 앉아 계셨고 시간도 늦었으니, 아쉽지만 마지막 부탁을 드리고자 합니다. (심보선 시인에게) 이렇게 날씨도 더운데 참석해주신 여러분께 감사드리는 의미로 시 한 편 낭송해주셨으면 합니다. 《눈앞에 없는 사람》에 실린 마흔아홉 편의 시가 모두 다 아름답고 귀합니다. 하지만 오늘은 그중 한 편을 선생님께서 골라 낭독해주셨으면 하는데요.

　심보선 시인은 〈인중을 긁적거리며〉를 골라 차분한 목소리로 낭독하기 시작했다.

　　내가 아직 태어나지 않았을 때.
　　천사가 엄마 배 속의 나를 방문하고는 말했다.
　　네가 거쳐 온 모든 전생에 들었던
　　뱃사람의 울음과 이방인의 탄식일랑 잊으렴.
　　너의 인생은 아주 보잘것없는 존재부터 시작해야 해.
　　말을 끝낸 천사는 쉿, 하고 내 입술을 지그시 눌렀고
　　그때 내 입술 위에 인중이 생겼다.

　　태어난 이래 나는 줄곧 잊고 있었다.
　　뱃사람의 울음, 이방인의 탄식,
　　내가 나인 이유, 내가 그들에게 이끌리는 이유,

무엇보다 내가 그녀를 사랑하는 이유,

그 모든 것을 잊고서

어쩌다보니 나는 나이고

그들은 나의 친구이고

그녀는 나의 여인일 뿐이라고

어쩌다보니 그렇게 된 것뿐이라고 믿어 왔다.

태어난 이래 나는 줄곧

어쩌다보니,로 시작해서 어쩌다보니,로 이어지는

보잘것없는 인생을 살았다. 그러나

어떻게 하면 깨달을 수 있을까?

태어날 때 나는 이미 망각에 한 번 굴복한 채 태어났다는

사실을, 영혼 위해 생긴 주름이

자신의 늙음이 아니라 타인의 슬픔 탓이라는

사실을, 가끔 인중이 간지러운 것은

천사가 차가운 손가락을 입술로부터 거두기 때문이라는

사실을, 모든 삶에는 원인과 결과가 있고

태어난 이상 그 강철과 같은 법칙들과

죽을 때까지 싸워야 한다는 사실을.

나는 어쩌다보니 살게 된 것이 아니다.

나는 어쩌다보니 쓰게 된 것이 아니다.

나는 어쩌다보니 사랑하게 된 것이 아니다.

이 사실을 나는 홀로 깨달을 수 없다.

언제나 누군가와 함께……

추락하는 나의 친구들:

옛 연인이 살던 집 담장을 뛰어넘다 다친 친구.

옛 동지와 함께 첨탑에 올랐다 떨어져 다친 친구.

그들의 붉은 피가 내 손에 닿으면 검은 물이 되고

그 검은 물은 내 손톱 끝을 적시고

그때 나는 불현듯 영감이 떠올랐다는 듯

인중을 긁적거리며

그들의 슬픔을 손가락의 삶-쓰기로 옮겨 온다.

내가 사랑하는 여인:

3일, 5일, 6일, 9일……

달력에 사랑의 날짜를 빼곡히 채우는 여인.

오전을 서둘러 끝내고 정오를 넘어 오후를 향해

내 그림자를 길게 끌어당기는 여인. 그녀를 사랑하기에

내가 누구인지 모르는 죽음,

기억 없는 죽음, 무의미한 죽음,

내가 가장 두려워하는 죽음일랑 잊고서

인중을 긁적거리며

제발 나와 함께 영원히 살아요.

전생에서 후생에 이르기까지

단 한 번뿐인 청혼을 한다.

김용규　　예. 오늘 우리는 독일의 시인 횔덜린이 "신의 빛살을 제 손으로 잡아 천상의 선물을 감싸 백성에게 건네주는" 것이 시인의 사명이라고 했는데, 이에 딱 부합하는 시인을 만나봤습니다.

나는 이 말로 대담을 마무리했다. 하지만 그 말은 적합하지 않았다. 대담을 하면서 심보선 시인이 시인의 책무가 "천상의 선물을 노래로 감싸 백성들에게 건네주는 것"(횔덜린)이나 "은폐된 존재의 진리를 열어 밝히는 것"(하이데거)이 아니라고 생각한다는 의사를 분명히 밝혔기 때문이다. 따라서 그의 뜻에 맞게 마무리 말을 한다면, "예. 오늘 우리는 시를 통해 '사실을 넘어서는 행복한 현실을, 사실을 극복하는 행복한 현실'을 보여주려는 시인을 만나봤습니다"라고 했어야 했다.

그러나 지금도 나는 그때 내 말이 단지 적합하지 않았을 뿐, 틀렸다고는 생각지 않는다. 왜냐하면 횔덜린이 노래한 "신의 빛살을 제 손으로 잡아 천상의 선물을 감싸 백성에게 건네주는 것", 하이데거가 설파한 "은폐된 존재의 진리를 열어 밝히는 것"만이 "사실을 넘어서는 행복한 현실을, 사실을 극복하는 행복한 현실"을 보여줄 수 있다고 믿기 때문이다. 어쨌든 나는 그렇게 대담을 마무리했고, 공감하는 청중의 박수가 한동안 이어졌다.

영화 보다가 쓰는 시

그 후 순서에 따라 사회자가 '1문 1답'을 진행했다. "심보선에게 문디Mundi란?"이라는 질문에 그는 "연인이자 세상이다"라고 답했고, "영혼이란?"에는 "말하는 돌이다"라고 답했으며, "심보선에게 시란?"에는 "들끓는 사랑의 언어다"라고 했고, "시를 쓰지 않았더라면?"에는 "회계사가 됐을 것이다"라고 답했으며, "심보선이 지금 이 순간 가장 하고 싶은 일은?"이라고 물었을 때는 "같이 시를 읽었으면 좋겠습니다"라고 답했다.

1문 1답이란 본디 짤막한 질문을 던지면 짤막한 답을 바로 하는 형식이라 무슨 깊은 생각을 하고 답하는 게 아니다. 곁에서 듣기에 심 시인도 그랬다. 그러나 "같이 시를 읽었으면 좋겠습니다"라는 그의 마지막 대답은 그게 아니었다. 그 말을 듣는 순간, '어, 이게 무슨 소리야? 이건 답이 아니라 요구잖아' 하는 생각과 함께 '그쯤이야 못 들어주겠는가' 하는 생각이 들었다. 그래서 나는 청중을 향해 "그거야 할 수 있죠? 시간이 없으니까 제게 할 질문들은 생략하고, 우리 모두 심보선 시인의 시를 한 편 같이 읽었으면 합니다"라고 권했다.

청중이 호응하자, 그는 소년처럼 상기된 얼굴로 겸연쩍다는 듯이 "이런 건 처음입니다"라고 고백했다. 그리고 자신의 시집《눈앞에 없는 사람》의 첫 장에 실린 〈말들〉을 함께 낭송하자고 제안했다. 백 명도 넘는 청중이 마치 교과서에 실린 동요를 선생님과 함께 떼창하는 초등학생들처럼 그의 〈말들〉을 함께 낭송했다.

우리가 영혼을 가졌다는 증거는 셀 수 없이 많다.

오늘은 그중 하나만 보여주마.

그리고 내일 또 하나

그렇게 하루에 하나씩.

_ 심보선, 《눈앞에 없는 사람》 중에서 〈말들〉 전문

행사장 분위기가 삽시에 후끈해졌다. 심 시인의 돌발적인 제안으로 예상치 않게 벌어진 일이었지만, 참 아름다운 풍경이었다. 나는 이 같은 일이 자꾸자꾸 벌어졌으면 좋겠다고 생각했다. 시가, 이 궁핍한 시기에, 이 척박한 땅에 '다 살라'고 내리는 봄비와 같은 신의 전언이라면, 이 같은 떼창은 지금 여기 사는 사람들이 '다 살자'고 드리는 예배가 아니겠는가.

그 뒤 내게도 몇 가지 1문 1답이 주어진 다음, 순서에 따라 청중이 하는 현장 질문이 시작되었는데, 그날따라 모두 하나같이 진지하고 수준 높은 내용이었다. 그래서 모두 소개한다.

질문 1　라이너 마리아 릴케의 수기를 보면 시를 쓰는데 '찬란히 떠오르는 시'라는 말을 하잖아요? 찬란히 떠오르는 언어를 자신이 썼다고 하는데, 심보선 작가님은 시를 어떻게 쓰시는지요? 시를 곰곰이 생각하시는지, 언어 하나하나 이미지나 심상을 떠올렸다가 한 번에 토해내는지 또는 여러 번 꼼꼼히 보시는지 궁금해요.

이 질문에는 약간의 설명이 필요하다. 질문자가 릴케가 말한 '찬란

히 떠오르는 시'라는 말을 인용해 물었기 때문이다. 릴케는 시가 시인이 품은 욕망이나 열정을 토해놓은 것이 아니고, 진리 안에서 노래하는 신의 숨결이라고 생각했다. 때문에 시는 사람이 애걸복걸한다고 얻을 수 있는 것이 아니라 존재에 의해 스스로 '찬란히' 떠오른다고 했다.

이게 또 무슨 말인가 싶겠지만, 우리는 앞에서 이 같은 사유를 '존재의 언어'에 대해서 살펴보며 충분히 알아보았다. 요컨대 "시원적 사유는 존재의 은총에 대한 메아리다" "인간이 말하는 것은 (존재의) 언어에 응답하는 한에 있어서다"라는 하이데거의 후기 사상이 그것이다. 하이데거를 한 세대 앞질러 릴케는 이 같은 특별한 생각을 〈오르페우스에게 바치는 소네트〉에 고스란히 담았다.

노래는 욕망이 아니라는 것을 곧 알게 될 것이다
그것은 급기야 손에 넣을 수 있는 사물에 대한 애걸哀乞이 아니라는 것을 알게 될 것이다
노래는 존재다. 신神으로서는 쉬운 일이다
하지만 우리는 언제 존재할 수 있겠는가? 그리고 우리들은 언제

신의 명령으로 대지와 성좌星座로 다시 돌아갈 수 있게 되겠는가?
젊은이들이여, 노래는 뜨거운 첫사랑을 하면서 그대의 다문 입에
정열적인 목소리가 복받쳐오를 때가 아니다. 배워라

그대의 격한 노래를 잊어버리는 법을. 그것은 아무짝에도 소용없는 것이다

진리 안에서 노래하는 것은 다른 숨결이다

아무것도 바라지 않는 숨결, 신 안에 불고 있는 것. 바람

_ 릴케, 〈오르페우스에게 바치는 소네트〉 1부 3장에서

　릴케는 시인이 자기의 욕망과 열정을 담아 부르는 격한 노래는 "아무짝에도 소용없는 것"이고, 시는 "진리 안에서 노래하는 다른 숨결, 아무것도 바라지 않는 숨결, 신 안에 불고 있는 바람"이라 했다.

　하이데거는 《숲길》에 실린 여섯 편의 논문 가운데 하나인 그의 논문 〈무엇을 위한 시인인가〉에서 이 시의 마지막 두 연을 인용한 다음, 질풍노도운동Sturm und Drang을 주도한 독일의 사상가이자 문예비평가 요한 고트프리트 헤르더J. G. Herder, 1744~1803의 글을 소개하면서, 시어의 본질이 릴케가 묘사한 숨결이나 바람처럼 "사람들이 말하는 것과 다른 방식의 말함", 곧 존재의 진리가 스스로를 열어 밝히는 '고요의 울림'이라고 설명했다. 그런데 흥미로운 것은 김수영1921~1968 시인이 그의 산문 〈반시론反詩論〉에서 하이데거의 사유를 언급하고, 또 그가 소개한 헤르더의 글을 직접 인용하면서 릴케의 시구를 복습하는 것이 즐거운 일이라고 언급한 사건이다.

　그렇다. 내가 보기에 그것은 하나의 '사건'이었다. 김수영 시인이 1950년대 후반부터 하이데거의 철학에 공감하여 자신의 작품에 점차 수용한 것은 평론가들 사이에 이미 널리 알려진 사실이다. 그런데 그때가 언제인가? 한국의 철학자들이 하이데거의 전기 사유라 할 수 있는 실존철학Existential philosophy을 겨우 받아들여 골몰할 때다. 그런데 김수영 시인이 어느 철학자보다 먼저 그의 후기 사유를 접하고 자신의

'시 짓기[詩作]'에 열정적으로 받아들였기 때문이다. 그가 생계를 위해 영어·일어 서적들을 번역했던 것이 계기가 되었겠지만, 심지어 김수영 시인은 자신이 하이데거의 '릴케론'이 담긴 논문—〈무엇을 위한 시인인가〉를 가리킨다—의 일어판을 "거의 안 보고 외울 만큼" 연구했다고 토로할 정도로 하이데거의 후기 사유에 열정을 쏟았다.

꼼꼼히 살펴보면, 1950년대 말 이후 발표한 김수영 시인의 시들, 예를 들어 〈눈〉 〈'4·19'시〉 〈말〉 등이 그 영향 아래 씌었다. "사유는 존재의 음성에 순종하여 존재에게서 말을 구한다. 그 말로부터 존재의 진리가 언어가 된다"는 하이데거의 사유를 김수영 시인은 "이 무언의 말 / 하늘의 빛이요 물의 빛이요 우연의 빛이요 우연의 말 / (……) 이제 내 말은 내 말이 아니다"(김수영, 〈말〉 부분)라고 노래했다(이에 관한 자세한 내용은 《철학 카페에서 시 읽기》 9장 '시가 나를 찾아왔어—시인이란 누구인가—'에서 볼 수 있다). 요컨대 릴케가 말한 '찬란히 떠오르는 시'라는 말 뒤에는 이런 존재론적 사유와 연관된 시 짓기의 역사가 담겨 있다. 이 물음에 대한 심보선 시인의 답은 이랬다.

심보선　지금 말씀하신 모든 방법이 시마다 다른 것 같아요. 제가 소설가들한테 물어보면 어떻게 얘기할지 모르겠는데, 하루키는 아침에 일찍 일어나서 운동을 하고 아주 규칙적인 생활을 하고 소설을 쓴다고 하더라고요. 몇 시부터 몇 시까지 정말 작업실 컴퓨터 앞에 앉아서 소설을 쓰고, 정해진 시간이 끝나면 미련 없이 일어나서 저녁 시간 보내고 이런 식으로 어떤 루틴한 일정인데, 시는 전혀 그렇지 않고요.

예를 들어 저는 영화 보다가 자막에 꽂혀서 그 자막 때문에 시를 쓴 적도 있어요. 영어였던 것 같아요. 영화 제목은 생각나지 않지만, 하여튼 시마다 작업 방식은 달라요. 저도 한 번 소설가처럼 써보려고 정해진 몇 시간 동안 컴퓨터 앞에 앉아 있었는데 아무것도 떠오르지 않은 적도 있었고요. 회의하다가 시가 떠올라서 화장실 다녀오겠다고 하고, 전화 받는 척하면서 들락날락하며 회의하는 걸 방해하면서 시 쓴 적도 있어요. 정보는 다양한 것 같습니다. 정해진 비법은 없고요. 시가 나한테 온다고 네루다가 그랬잖아요. 시가 나한테 오다 통과해서 가는 경우도 많고, 잡으면 운이 좋은 것 같아요. 그런 것 같습니다.

심보선 시인도 결국 릴케, 하이데거, 김수영 시인의 주장과 같은 내용의 답을 한 셈이다. 한마디로 '내가 시를 머리로 생각하거나 가슴으로 느낀 것이 아니라, 시가 나도 모르게 그냥 내게로 왔다'는 뜻이다. 김수영 시인 외에도 정현종, 장정일, 김용택 시인 등, 숱한 우리 시인들이 역시 같은 사유를 담은 시들을 여럿 썼지만, 심보선 시인이 언급한 아르헨티나의 민중시인 파블로 네루다P. Neruda, 1904~1973의 〈시〉가 그 내용을 직설적으로 보여준다.

그래 그 무렵이었어…… 시가
나를 찾아왔어. 난 몰라. 그게 어디서 왔는지.
모르겠어. 겨울에서인지 강에서인지.
언제 어떻게 왔는지 나는 모르겠어.
아냐 그건 목소리가 아니었고, 말도.
침묵도 아니었어.
하지만 어느 거리에선가 날 부르고 있었지.

밤의 가지들에서

느닷없이 모르는 사람들 틈에서

격렬한 불길 속에서

혹은 혼자 돌아오는데 말야

얼굴도 없이 저만치 서 있다가 나를

건드리곤 했어.

_ 파블로 네루다, 〈시〉 중에서

질문 2　　(심보선 시인의) 시 중에 '영혼을 들어올리는 손잡이'라는 구절에 꽂혀서 그걸 본 순간부터 화두가 되어 잘 때 외우면서 잠들기도 했어요. 제가 궁금한 것은 시인이 '영혼을 들어올리는 손잡이'라는 말을 쓰셨을 때 어떤 맥락에서 그 말이 나왔을까 궁금해요. 생각을 참 많이 하게 하는 말이더라고요.

심보선　　사실은 그게 물음표잖아요? 형태적으로는요. 저는 시에 대해서 어떻게 쓴 줄도 모르겠고, 솔직히 매번 시를 쓸 때마다 '내가 쓸 수 있을까? 나는 못 쓰겠다. 못 쓰면 어떡하지? 포기할까?' 정말 매번 '모른다. 시는 뭘까?'라는 질문을 던지고 항상 모르기 때문에 쓰는 것 같아요. 폴란드의 시인 심보르스카W. Szymborska, 1923~2012도 '나는 모른다. 그러므로 시를 쓴다'고 했거든요. '모른다'는 의문부호를 가지고 시를 쓰면, 천사처럼 날아가지 않지만 요만큼 뜨는 거죠. 요만큼 떴다가 주저앉았다가 그렇게 그 질문을 가지면 제가 지상에서 요만큼은 떠서 시를 쓸 수 있지 않을까 싶습니다. '모른다. 뭘까?', 모른다는 게 저한테는 중요한 삶의 태도이기도 하고 글을 쓰는 태도이기도 한 것 같습니다. 모르기 때문이에요.

역시 같은 말이다. 시인들은 하나같이, 그들이 시를 창작하는 것이 아니라 어디선지 받는다고 한다. 그들은 예민한 악기처럼 자기가 느끼는 감정이 어디서 오는지 모르면서도 전율하고, 순진한 어린아이처럼 자신이 하는 노래의 의미가 무엇인지 모르고도 노래한다. 그럼으로써 이미 다가온 시대뿐만 아니라 다가올 시대, 또한 마땅히 다가와야 할 시대를 예비한다. 이런 의미에서 보면 시인이란 참 특이한 존재다.

질문 3　　사회학 공부를 하셨는데 시인은 다른 맥락이잖아요. 시를 쓰게 된 직접적인 계기가 궁금해요. (보통 사람들은) 전공이라는 게 있고 그런 걸로 밥벌이를 하잖아요. 시란 좋은 분야라고 생각하지만, 어떤 계기로 사회학이 아닌 시를 안정적인 직업으로 삼으셨나요?

심보선　　시인은 안정적이지 않아요. 그리고 사회학도 절대로 안정적이지 않아요. 저는 계속 사회학을 하고 사회학 글도 쓰고 있어요. 시를 쓰게 된 직접적인 계기는, 이것도 얘기가 길어지는데. 어떤 국어 선생님을 좋아했는데 그분이 시 쓰는 학생을 좋아하더라고요. 저한테 핀잔주고 그래서 '좋아. 나도 보여줘야지' 하고 썼는데 정작 못 보여드렸어요. 시 쓰면서 시 쓰는 재미에 맛을 들이게 됐고요. 제가 고등학교를 너무너무 싫어했거든요. 모범생이라 반항도 못 하고, 유일한 반항이 시 쓰는 거였어요. '나는 시 쓰는데 너네는 모르지? 너희가 볼 땐 내가 모범생이지? 말 잘 듣지? 그런데 나 시 쓴다?' 그 재미로 시작했어요. 그렇게 해서 시 쓰는 재미에 빠졌고 지금도 그 재미는 여전해요. 안정과 불안정. 직업적인 관점으로 얘기하면 요새는 안정적인 직업은 없는 것 같아요.

지네가 걸어가는 법

질문 4   저는 서울예대 문창과 학생인데, 원래 소설 전공이지만 시를 배워요. 시도 그렇고 소설도 그렇고 형식 파괴로 해체돼 있잖아요? 저는 서정시를 쓰고 싶어서 썼다가 감정과잉이라는 소리를 너무 많이 들었습니다. 그래서 작가님은 서정시와 전위주의적인 시, 해체시를 어떻게 생각하시는지 몹시 궁금해요.

심보선   제가 지금 몸담고 있는 학교에서는 예술 경영을 가르치고, 예술과 관련된 예술사회학 강의를 많이 합니다. 가끔 시 창작 강의를 해달라는 요청이 들어오는데, 제가 하기 싫어서가 아니라 어떻게 가르쳐야 하는지 정말 모르겠어요. '시는 어떻게 배우지?' 나는 어떻게 배우는지 몰라요. 그냥 썼던 것 같아요. 처음부터 잘 쓴 게 전혀 아니죠. 저는 대학교 때까지 이른바 글짓기 상은 한 번도 못 받아봤어요. 저는 글 잘 쓰는 사람이라고 생각을 못해봤어요. 아무한테도 안 보여주고 혼자서 쓰다가, 좀 아까 던진 질문인 서정시와 해체시, 전위시 이 셋의 구분조차도 사실 잘 모르겠어요. 어떤 게 서정적이고 어떤 게 전위일까 솔직히 잘 모르겠는데요.

대답이 될지 모르겠는데, 테리 이글턴이라고 제가 좋아하는 사람이 그렇게 얘기했다더라고요. 비루한 세상, 고통스러운 세상에 대해서 찡그리는 게 시가 아니다, 적절한 찡그림을 보여주는 게 시다……. 적절한 찡그림이라는 말을 하더라고요. 결국 아까 시는 제작이라고 했는데 누가 평가할지 모르겠지만 '아! 요거다' 하는 슬픔이나 기쁨이 구태의연한 말일지라도 그 말이, 그 감정이 적절하게 저한테 다가오는 때가 있어요. '아! 이거다' 하면서. 그게 아주 평이한 말일 수도 있고 어려운 말일 수도 있지만, 그 말을 쓰는 순간 저는 그냥 '아! 됐다' '기쁘다' '재미있다' '신난다' 이런 느낌이 들 때가 있거든요. 그 기쁨을 찾는 게 중요한 것 같아요. 기쁜 순간을 감정의 과잉이냐 과소냐 그게 아니라 내가 쓰고 '됐다. 기쁘다' 하는 순간을 시를 쓰면서 찾아보는 게 어떨까 싶어요. 저는 어떤 시가 낫다고는 생각하지 않고, 누구나 자기를 기쁘게 하고 즐거운 시를 쓰는 게 좋다고 생각해요. 대답이 됐을지 모르겠습니다.

질문 5　　저는 덕수고등학교 3학년 14반 담임을 맡고 있는 국어교사입니다. 제가 아침신문을 발행하는데, 아침신문에 시 〈인중을 긁적거리며〉를 실었더니 한 학생이 '나는 어쩌다보니 살게 된 게 아니다'에 되게 감동했어요. 제가 내일 아침신문을 또 써야 돼요. 오늘 질문도 했다고 애들한테 자랑도 하려고요. 두 가지 질문이 있는데요. 하나는 학창 시절에 시를 좋아했다 하셨잖아요? 외우고 다녔던 시가 뭔지 궁금하고, 저희 학생들에게도 한마디 부탁드려요.

심보선　　제가 고등학교 다닐 때 누구를 읽고 따라서 배운 게 아니라서요. 만약에 시를 쓰고 싶은 학생에게 말씀드리자면, 제일 쓰기 어렵고 쉬운 게 시예요. 왜냐면 정해진 규칙이 없기 때문에 어떻게 써야 할지 몰라서, 또 반대로 어떻게 써야 할지 몰라서 제 마음대로 쓸 수 있는 게 시라는 장르 같거든요. 시는 모두 다 쓰는 건 아니죠. 그런데 누구나 마음대로 쓸 수 있는 것 같아요.

　제가 고등학교 때 마음대로 쓴 시를 보면 전위시예요. 뭔 소리인지 하나도 모르겠어요. 미래파 시예요. 저는 미래파로 출발해서 서정시로 왔어요. 신문에 글을 쓴다면, 형식에 구애받지 말고 마음대로 재미있는 것들 가지고 자유롭게 쓰세요. 고등학교 때 시는 저한테 해방이었으니까요. 아마도 학생들과 함께 해방의 장을 만드신 것 같은데요. '너희 마음대로 써봐라' 제가 드리고 싶은 말씀입니다.

내일 아침 시로 추천할 작품은 김종삼 시인의 〈묵화〉라는 시예요.

물먹는 소 목덜미에
할머니 손이 얹혀졌다.
이 하루도
함께 지났다고,
서로 발잔등이 부었다고,
서로 적막하다고.

마지막 구절은 '적적하다고', 아니 '적막하다고'인데요. 제가 무척 좋아하는 시입니다. 이 시를 읽게 된 다음, '김종삼 시인처럼 쓰고 싶지만 절대 그렇게 못 쓰겠구나' 생각했어요. 제 시 중에서 학생들에게 재밌는 시가 뭐가 있을까요? 좀 길어도 되나요? 《슬픔이 없는 십오 초》에 〈여, 자로 끝나는 시〉가 있는데, 그게 19금일 수도 있을 것 같습니다.

심보선 시인의 〈여, 자로 끝나는 시〉는 익살맞다. 그가 왜 '19금일 수도 있을 것' 같다고 했는지는 모르겠지만, 두 페이지 분량의 문장들이 쉼표로만 연결되어 한 문장으로 구성된 이 시는 그의 말대로 좀 길다. 때문에 맛보기로 첫머리만 옮기면 다음과 같다.

안녕하세여, 어디가세여, 나 몰라라 도망가지 말아여, 우리 피시방에서 만났던가여, 아니 전생이었던 같네여, 어떻게 지내셨어여, 전 오늘 좀 슬퍼여, 사실 애인이랑 막 헤어졌어여, 육 개월 동안이나 밤낮 애무하던 그녀의 다리가 의족인 줄 어제서야 알았어여, 뭘여, 제가 나쁜 놈이지여, 저위 좀 보세여, 저놈의 달은, 누가 저기 자리를 뺏어갈까 봐 낮부터 저러고 버티고 있네여, 참 유치하지여, ……

_ 심보선, 《슬픔이 없는 십오 초》, 〈여, 자로 끝나는 시〉 중에서

질문6　언어, 어휘, 구조가 무엇이든 간에 심보선만이 쓸 수 있는 시는 무엇인지와 김용규만이 할 수 있는 철학이 무엇인지 짤막하게 대답해주시면 고맙겠습니다.

이 질문을 받고 나는 부끄러웠다. 내 고유의 철학이라고 내놓을 만한 게 없기 때문이었다. 부끄럽다는 말은 그것을 극복할 생각은 있다는 말이기도 하다. 그래서 사실을 솔직히 고백한 다음, 독일 출신의 신학자 파울 틸리히가 '그럼에도 불구하고trotzdem'라는 말과 함께 전개한 삶의 태도를 나도 좋아하는데, 같은 생각을 하고 있는 심 시인과 대화할 수 있어서 아주 기뻤다는 말로 대답을 갈음했다. 이어 심보심 시인이 답변에 나섰다.

심보선　나만의 뭐가 있을까? 솔직히 모르겠어요. 제가 더듬거리잖아요. 선생님은 고유의 철학이 없다고 겸양의 표현을 하셨는데요. 제가 좋아하는 우화 중에서 말씀드리면, 지네가 수십 개가 되는 발로 걸어가고 있는데 옆에서 다리 몇 개 안 되는 개미가 지네한테 물어봤대요. '어떻게 너는 수십 개를 가지고

빠르게 걸어다니니?' 그랬더니 지네가 그 자리에서 멈췄대요. 움직이지 못했대요. '어떻게 걸어다니지'라고 생각하자마자 한 걸음도 떼어놓을 수 없었다고 그러더라고요.

　흥미로운 우화다. 그러나 '심보선만이 쓸 수 있는 시는 무엇인지'를 묻는 질문에 대한 답이라고 하기에는 좀 뜬금없다. 아마 '그런 생각을 하게 되면 시를 쓰지 못할 것'이라는 말을 전하고 싶었던 듯하다. 역시 시인다운 멋진 답변이긴 하지만, 청중이 그 자리에서 바로 알아듣기 쉬운 답은 아니었다. 때문에 분위기가 조금 뜨악해졌는데, 이때 재기 발랄한 이은선 사회자가 급히 나서 "하하, 아주 시적인 답변이 아닌가 싶습니다. 긴 시간 함께하셨어요. 박수 부탁드립니다"라는 말로 서둘러 마무리했다. 오랫동안 박수가 이어지고, 세 시간을 넘긴 행사에 드디어 마침표가 찍혔다.

　그런데 그때 내게는 심보선 시인이 왜 그런 우화를 답으로 내놓았는지, 다시 말해 왜 심보선만이 쓸 수 있는 시는 무엇인지 생각을 하면 시를 쓸 수 없게 되는지를 묻지 못하고 대담을 끝낸 것이 못내 아쉬웠다. 왜냐하면 심 시인이 그날 대담에서 보인 화법으로 짐작하건대, 뭔가 범상치 않은 나름의 의미가 그 우화에 담겨 있으리라는 예감이 들었기 때문이다. 하지만 행사는 그리 끝났고, 이후 그 이유를 물어볼 기회가 다시 주어지지 않았다. 그런데 지금도 왜 시인이 이런저런 시를 써야겠다고 생각하면 쓰지 못한다는 것일까 하는 궁금증은 여전하다. 그래서 짐작으로나마 헤아려보면 이렇다.

　김수영 시인이 후기 하이데거의 영향을 받아서 쓴 또 하나의 범상치 않은 산문인 〈시여, 침을 뱉어라〉에는 다음과 같은 내용이 들어 있다.

　　시를 쓴다는 것이 무엇인지를 알면 다음 시를 못 쓰게 된다. 다음 시를 쓰기 위해서는 여태까지의 시에 대한 사변을 모두 파산시켜야 한다. (……) 시작詩作은 '머리'로 하는 것이 아니고 '심장'으로 하는 것도 아니고 '몸'으로 하는 것이다. '온몸'으로 밀고 나가는 것이다. 정확하게 말하자면, 온몸으로 동시에 밀고 나가는 것이다. (……) 이 말은 곧 온몸으로 바로 온몸을 밀고 나가는 것이 된다. 그런데 시의 사변에서 볼 때, 이러한 온몸에 의한 온몸의 이행이 사랑이라는 것을 알게 되고, 그것이 바로 시의 형식이라는 것을 알게 된다.

　우선 시 짓기가 '머리'나 '심장'으로 하는 것이 아니고 '몸'으로 하는 것이라는 말은 무슨 뜻일까? 또 그것이 "사랑이라는 것을 알게 되고, 바로 시의 형식이라는 것을 알게 된다"는 말은 무슨 의미일까? 마치 수수께끼 같은 이 글을 두고 평론가들의 의견이 분분하다. 하지만 그 어느 것도 이 글에 대한 이런저런 의문을 말끔히 해소하지는 못하고 있다. 그런데 우리가 앞에서 살펴보았듯이 '내가 시를 머리로 생각하거나 가슴으로 느낀 것이 아니라, 시가 나도 모르게 그냥 내게로 왔다'는 말로 표현되는 시의 '자발성'과 '선행성'이라는 관점에서 보면 의문이 단번에 풀린다.

　단도직입적으로 말하자면, 김수영 시인은 시인이란 시의 종복이라는 것을 말하고 있을 뿐이다. 그렇기 때문에 시인은 자신의 머리(이성)로도 아니고, 가슴(감성)으로도 아니고, 온몸으로, 즉 머리와 가슴을

다 합한 온몸을 다하여 주인인 시의 뜻을 따라야 한다는 의미다. 그리고 그렇게 온몸으로 따르는 것이 주인인 시를 향한 사랑이기 때문에, 시인은 내용뿐만 아니라 형식까지도 시를 따라야 한다는 말이다. 한마디로, 일찍이 하이데거가 역설했듯이 존재의 언어인 시가 말하고 시인은 내용이든 형식이든 오직 그것을 따라-말해야 한다는 뜻이다.

그런 의미에서 김수영 시인은 "시를 쓴다는 것이 무엇인지를 알면 다음 시를 못 쓰게 된다. 다음 시를 쓰기 위해서는 여태까지의 시에 대한 사변을 모두 파산시켜야 한다"는 말을 서두에 적어놓았다. 그리고 〈시여, 침을 뱉어라〉 말미에서는 같은 말을 "그런데 여기에서 중요한 것은 시의 예술성이 무의식적이라는 것이다. 시인은 자기가 시인이라는 것을 모른다. 자기가 시의 기교에 정통하고 있다는 것을 모른다"는 말도 첨부해놓았다.

그렇다, 바로 이것이다! 내 생각에는 '심보선만이 쓸 수 있는 시는 무엇인지'를 묻는 질문에 수십 개나 되는 발로 빠르게 걸어다니는 지네가 '어떻게 걸어다니지'라고 생각하자마자 한 걸음도 떼어놓을 수 없었다는 우화를 통해 심보선 시인이 전하고 싶은 이야기가 바로 이것이다. 물론 순전히 내 생각일 수도 있지만, 나는 그날 그가 한 말을 이렇게 들었다.

모두가 힘을 모아 함께 살게 하는 것

나도 남들처럼 가끔 오케스트라가 연주하는 음악회에 간다. 당연히 선호하는 지휘자나 연주자들의 공연을 골라 가지만, 어떤 때는 만족스럽고 어떤 때는 그렇지 못하다. 그럼에도 음악회가 끝나고 돌아올 때는 언제나 경이로운 느낌이 가슴에 가득하다. 때로는 휘황한 전등불빛들 때문에 달조차 보기 힘든 서울 밤하늘에 갑자기 별들이 가득히 떠오르고 은하가 폭포처럼 쏟아져 내리는 듯한 신비로운 느낌을 받곤 한다. 이유인즉 이렇다.

예컨대 어느 날 당신이 50명의 연주자들로 구성된 오케스트라의 연주를 들었다고 하자. 그 오케스트라 단원들은 대개 어려서부터 거의 날마다 최소한 20여 년, 많으면 50여 년 이상을 자신이 다루는 악기와 함께 보낸 사람들이다. 그렇다면 당신이 그날 밤 들은 소리는 아무리 적어도 천 년이라는 인간의 시간들이 모여 자아낸 소리다. 인간만이 오직 인간만이 그리고 힘을 합해서만이 오직 힘을 합해서만이 이런 소리를 만들어낼 수 있다. 이 얼마나 위대하고 경이로운 소리인가. 설령 그날 연주가 당신의 마음에 들지 않았다 해도 어쨌든 당신은 그 바로 소리를 들은 것이다.

음악의 가장 매혹적인 요소가 화성harmony이다. 내가 여기에서 말하는 음악은 17세기 말 유럽에서 완성되어 오늘날 서양 문명 속에 널리 퍼져 있는 '조성음악tonal music'인데, 이 음악의 두드러진 특성은 서로 다른 여러 음들이 동시에 울려 화음을 이룬다는 것이다. 예를 들어 내가 피아노로 '도'를 친다면 당신은 물론 그 음을 정확히 들을 수 있겠지만, 내가 '도'와 함께 '미'와 '솔'을 동시에 친다고 해도 당신이 그 음들을 혼합해서 예컨대 '파' 정도로 듣는 것은 아니다. 당신의 귀에 세 가지 음은 이른바 '으뜸화음'을 이루어, 각각의 음이 구분되지만 분리되지 않고, 연합되지만 혼합되지 않는 형태로 들린다.

그 결과 교향악에서 악기들이 각각 자기 소리를 냄으로써 그리고 4부 합창에서는 각 성부가 각각의 소리를 유지함으로써 ─ 오히려 그래야만 ─ 단성음악monophony보다 훨씬 더 풍성하고 아름다운 다성음악polyphony이 만들어진다. 물론 이 같은 현상은 우리 청각의 특성에서 기인한다. 빨간색과 파란색을 동시에 같은 곳에 칠하면 혼합되어 보라색으로 보이는 우리의 시각에서는 도저히 일어날 수 없는 일이다.

언어에 관한 이야기를 마치면서 갑자기 음악 이야기를 꺼낸 이유가 있다. 요점은 우리가 날마다 숨 쉬듯이 하는 언어행위를 단성음악이 아니라 다성음악을 연주하듯이 해야 한다는 것이다. 그래야만 각자의 다양성을 인정하면서도 전체가 하나의 하모니를 이루어 풍성하고 아름다운 세상을 만들어갈 수 있기 때문이다. 하라리는 《사피엔스》에서 다음과 같은 이야기를 했다.

개미나 벌도 많은 숫자가 모여 함께 일하는 능력이 있지만, 이들이 일하는 방식은 경직되어 있으며 그것도 가까운 친척들끼리만 함께 한다. 늑대와 침팬지의 협력은 개미보다 훨씬 더 유연하지만, 협동 상대는 친밀하게 지내는 소수의 개체들뿐이다. 사피엔스는 수없이 많은 이방인들과 매우 유연하게 협력할 수 있다. 개미는 우리가 남긴 것이나 먹고 침팬지는 동물원이나 실험실에 갇혀 있는 데 비해 사피엔스가 세상을 지배한 이유는 바로 이것이다.

그렇다. 인류는 인종·혈통·종교·문화·언어 등이 전혀 다른 수없이 많은 이방인들과 매우 유연하게 협력하여 대규모 집단을 이뤄냄으로써 오늘날 우리가 되었다. 그리고 그 대규모 집단을 이뤄낸 결정적인 요소가 바로 언어다.

언어란 인류가 혹독한 생존경쟁에서 살아남기 위해 오랫동안 개발하고 발전시켜온 도구다. 인지과학자 장 루이 데살, 인지언어학자 베르나르 빅토리, 진화인류학자 로빈 던바와 그 동료들, 사회신경과학자 매튜 리버먼 등 각자의 분야에 탁월한 학자들이 하나같이 입을 모아 증언했듯이, 인류는 언어를 통해 사회성을 기를 수 있었고, 그 덕에 대규모로 무리를 지어 살면서 지구를 정복하고 눈부신 문명을 이루어왔다. 거꾸로 말하자면 대규모로 무리 지어 함께 살게 하는 사회성을 길러낸 언어가 없었다면 인류는 지금과 같은 문화와 문명을 누리기는커녕 개미나 침팬지와 별반 다를 바 없는 신세가 되었을 것이다.

이 같은 엄연한 역사적·진화생물학적 사실이 우리에게 던지는 메시지는 유일하고 판명하다. 그것은 언어의 본질이자 목적이 '우리 모두가 힘을 모아 함께 살게 하는 것'이라는 사실이다. 그렇다면 우리가 도달하는 결론은 이 목적에 합당하게, 오직 이 목적을 위해서 언어를 사용해야 한다는 것이다. 이것이 내가 앞에서 일단 유보했던 질문, 곧 우리가 '상대를 소외시키는 언어행위를 무조건 하지 말라'는 언어행위의 준칙을 지킬 것인가, 아니면 '좋은 이웃'에게만 "미소를 지으며 '너는 말이야'로 시작하는" 말을 걸 것인가에 대한 답변이기도 하다.

행사가 끝난 뒤, 그날도 프랑스의 작곡가 자크 오펜바흐J. Offenbach의 동명 오페라로 널리 알려진 '호프만의 이야기'에 가서 수다를 떨며 뒤풀이를 하고, 자정이 넘어 집으로 향했다. 그런데 마로니에 공원을 지날 때 아르코 예술극장 앞에서 재즈를 부르는 여성 가수가 있었다. 반주가 나오는 음향기기에 맞춰 부르는 솜씨가 예사롭지 않아서 늦은 시간인데도 꽤 많은 사람들이 그 앞에 앉아 노래를 듣고 있었다. 나도 연출을 맡은 양연식 씨 부부를 비롯한 몇몇 일행과 함께 한동안 걸음을 멈추고 서서 들었다. 밤바람이 부드럽고 재즈가 감미로웠다. 지로두의 〈벨락의 아폴로〉 때문이었는지, 마르셀의 '그대-이론' 때문이었는지, 심보선 시인의 시와 대화 때문이었는지, 무엇 때문인지는 몰라도 밤이 훈훈하고 아름다웠다.

*** 감사의 말

감사해야 할 사람들이 참 많다. 우선 2012년 4월부터 대학로 예술가의 집에서 매달 네 번째 월요일마다 진행된 〈철학카페에서 작가를 만나다〉에 참여해준 김선우, 윤성희, 심보선, 김연수, 네 분 작가에게 감사한다. 시대와 삶의 고뇌를 담은 그들의 작품은 무미한 내 이야기에 풍미를 더해주었고, 함께 나눈 대담은 노쇠한 내 정신에 젊은 피를 공급해주었다. 행사를 총연출한 양연식 선생, 사회를 맡아준 이은선 작가, 피피티 자료를 만들어준 원해솔 학생, 모두 고맙다. 행사는 한국문화예술위원회의 후원으로 이뤄졌다. 실무를 담당한 정대훈 선생과 진행과 녹취 등 크고 작은 일들을 성심껏 도와준 이연경, 변자영 씨에게도 감사한다.

책으로 나오는 과정에서도 고마운 분들이 많았다. 행사장이 매번 가득 찼다. 열기가 뜨거웠다. 멀리 지방에서 올라온 분들도 많았다. 다시 한 번 깊은 감사를 전한다. 행사로 진행했던 〈철학카페에서 작가를 만나다〉를 철학에세이로 출간하자는 착상은 오랫동안 지식하우스에서 함께 일했던 김보경 전 대표가 냈다. 나는 지금도 인문교양서와 철학에세이의 차이를 잘 모른다. 단지 전자가 상대적으로 객관적 관점을, 후자가 그보다는 주관적 시점을 견지한다는 정도로 나름 구분하고 썼다. 스스로 기획하고 주도했던 네 번의 행사에 얽힌 이야기들을 에세이 형식으로 썼으니, 처음 해본 시도다. 웅진씽크빅 김정현 본부장의 승낙과 지원이 큰 힘이 되었다. 이 책을 함께 진행했던 김지혜 대표, 임주하, 송현주 편집자의 정성과 노고가 거친 원고를 좋은 책으로 만들어주었다. 두루 머리 숙여 감사한다!

*** 참고문헌

윤성희, 《**웃는 동안**》, 문학과지성사, 2011

심보선, 《**슬픔이 없는 십오 초**》, 문학과지성사, 2008

심보선, 《**눈앞에 없는 사람**》, 문학과지성사, 2011

심보선, 《**그을린 예술**》, 민음사, 2013

김수영, 《**김수영 전집 1, 2**》, 민음사, 2003

파블로 네루다, 《**네루다 시선**》, 민음사, 2007

노베르트 엘리아스, 《**죽어가는 자의 고독**》, 문학동네, 2012

마르틴 하이데거, 《**숲길**》, 나남, 2008

마셜 B. 로젠버그, 《**비폭력 대화**》, 한국NVC센터, 2011

매튜 D. 리버먼, 《**사회적 뇌**》, 시공사, 2015

발터 벤야민, 《**발터 벤야민 선집 5**》, 길, 2008

베르나르 빅토리 외 2인, 《**언어의 기원**》, 알마, 2009

슬라보예 지젝, 《**죽은 신을 위하여**》, 길, 2007

슬라보예 지젝, 《**새로운 계급투쟁**》, 자음과모음, 2016

안토니오 네그리, 《**혁명의 시간**》, 갈무리, 2004

알랭 바디우, 《**베케트에 대하여**》, 민음사, 2013

알랭 바디우, 《윤리학》, 동문선, 2001

에리히 프롬, 《사랑의 기술》, 문예출판사, 2006

윌리엄 캘빈, 《생각의 탄생》, 사이언스북스, 2006

유발 하라리, 《사피엔스》, 김영사, 2015

제럴드 에델만, 《뇌는 하늘보다 넓다》, 해나무, 2006

제럴드 에델만, 《신경과학과 마음의 세계》, 범양사, 2010

조르조 아감벤, 《남겨진 시간》, 코나투스, 2008

조지 레이코프, M. 존슨, 《삶으로서의 은유》, 박이정, 2006

지그문트 바우만, 《유동하는 공포》, 산책자, 2009

지그문트 프로이트, 《문명 속의 불만》, 열린책들, 2003

키르케고르, 《키르케고르 선집 4》, 다산글방, 2007

프랑코 비포 베라르디, 《죽음의 스펙터클》, 반비, 2016

홍세화 외 2인, 《임박한 파국》, 꾸리에, 2012

철학카페에서
작가를 만나다
2

1판 1쇄 발행 2016년 12월 5일

지은이 김용규
발행인 윤새봄 **본부장** 김정현 **편집인** 김지혜
책임편집 임주하 송현주 **디자인** 박진범
라틴어 감수 한동일 **교정교열** 김미경
제작 류정옥 **마케팅** 이현은 이은미 박기홍 김정현 최준혁

임프린트 웅진지식하우스
주소 경기도 파주시 회동길 20
주문전화 02-3670-1595
문의전화 031-956-7065~6(편집), 02-3670-1123(마케팅)

홈페이지 www.wjbooks.co.kr
페이스북 www.facebook.com/wjbook
트위터 @wjbooks

발행처 ㈜웅진씽크빅 **출판신고** 1980년 3월 29일 제406-2007-00046호

ⓒ 김용규, 2016

ISBN 978-89-01-21452-8 04100
ISBN 978-89-01-21450-4(세트)

* 이 도서의 국립중앙도서관 출판도서목록(CIP)은
서지정보유통지원시스템 홈페이지(http://www.seoji.nl.go.kr)와
국가자료공동목록시스템 (http://www.nl.go.kr/kolis/kolisnet)에서 이용하실 수 있습니다.
(CIP제어번호: 2016026929)

* 책값은 뒤표지에 있습니다.
* 잘못된 책은 구입하신 곳에서 바꾸어 드립니다.